Studien zu Kultur und Erziehung
im Pragmatismus und Konstruktivismus

AF191928

Waxmann Verlag GmbH
Steinfurter Straße 555, 48159 Münster
info@waxmann.com

Interaktionistischer Konstruktivismus

herausgegeben von
Kersten Reich und Stefan Neubert

Band 10

Waxmann 2012
Münster / New York / München / Berlin

Stefan Neubert

Studien zu Kultur und Erziehung im Pragmatismus und Konstruktivismus

Beiträge zur Kölner Dewey-Forschung und zum
interaktionistischen Konstruktivismus

Waxmann 2012
Münster / New York / München / Berlin

Bibliografische Informationen der Deutschen Nationalbibliothek

Die Deutsche Nationalbibliothek verzeichnet diese Publikation in der Deutschen Nationalbibliografie; detaillierte bibliografische Daten sind im Internet über http://dnb.d-nb.de abrufbar.

Interaktionistischer Konstruktivismus, Bd. 10

ISSN 1612-6572
ISBN 978-3-8309-2645-0

© Waxmann Verlag GmbH, 2012
Postfach 8603, 48046 Münster

www.waxmann.com
info@waxmann.com

Umschlaggestaltung: Pleßmann Design, Ascheberg
Titelbild: „John Dewey", mit freundlicher Genehmigung
des Center for Dewey Studies, USA
Gedruckt auf alterungsbeständigem Papier,
säurefrei gemäß ISO 9706

Printed in Germany

Für Andrea, Andy, Anika, Kerstin,
Martin, Mattes, Tina und Ulle

Inhalt

**Teil II: Konsequenzen des Pragmatismus und Konstruktivismus
              für die Kulturtheorie**

Einleitung

Die Philosophie John Deweys, ihre heutige Rezeption und das Programm dieser Arbeit

Die vorliegenden Studien zu Kultur und Erziehung im Pragmatismus und Konstruktivismus verstehen sich als Beiträge im Kontext der internationalen Forschungen zum Pragmatismus und Konstruktivismus in den Erziehungs-, Sozial- und Kulturwissenschaften. Es sind zum überwiegenden Teil Studien zum Verhältnis zwischen dem Pragmatismus in der Tradition John Deweys (1859–1952) und dem Kölner Programm des interaktionistischen Konstruktivismus. In den vergangenen Jahrzehnten haben Forschungen zum Pragmatismus – und hier insbesondere zum Werk Deweys – in der internationalen Diskussion zunehmend an Bedeutung und Einfluss gewonnen. Dabei hat es zugleich ein wachsendes Interesse an einem Dialog zwischen pragmatistischen und konstruktivistischen Ansätzen gegeben. Aufgrund seines Potenzials zur Begründung und Entwicklung sozial und kulturell orientierter Formen von Konstruktivismus hat der Pragmatismus in vielen zeitgenössischen Diskursen eine große Aktualität gewonnen. Viele gegenwärtige Konstruktivisten fühlen sich insbesondere von Deweys nachhaltiger und scharfsichtiger Kritik der traditionellen philosophischen Erkenntnistheorie angesprochen, die zugleich fruchtbare Alternativen bietet für ein verändertes Verständnis von Lern- und Erziehungsprozessen, Erkenntnis und Wahrheitsansprüchen, Erfahrung und Kultur. Dewey hat deutlich gemacht, dass Philosophie und Wissenschaft stets in Kontexte kultureller Praktiken eingebettet sind. Sein Pragmatismus bietet uns wichtige Perspektiven auf die Welt des Handelns und der Interaktionen, insbesondere im Blick auf den Zusammenhang dieser Prozesse mit Fragen der Partizipation an demokratischen Institutionen. Für sozial- und kulturwissenschaftliche Versionen des Konstruktivismus erscheinen die Grundbegriffe, Theorien und Methoden seines Pragmatismus daher heute als wichtige Bezugspunkte für eigene Modelle und Begründungen. Grundlagen sowohl des klassischen als auch des zeitgenössischen Pragmatismus werden im Konstruktivismus aufgegriffen und teilweise weiterentwickelt (vgl. z.B. Garrison 2008, Hickman/Neubert/Reich 2009, Reich 2001). Der interaktionistische Konstruktivismus sieht diese Auseinandersetzungen und den damit verbundenen wechselseitigen Austausch als ein vordringliches Forschungsinteresse und betrachtet den Pragmatismus – insbesondere in der Tradition Deweys – als einen seiner wichtigsten Dialogpartner (vgl. Neubert/Reich 2006, 2008).

Die Beiträge dieser Habilitationsschrift beleuchten zum überwiegenden Teil zentrale theoretische Herausforderungen, die mit einem solchen Dialog zwischen Pragmatismus und Konstruktivismus im Blick auf Grundfragen von Kultur und Erziehung verbunden

sind. Aus konstruktivistischer Sicht diskutiere ich Dewey als einen Klassiker des Pragmatismus und wichtigen Vorläufer eines kulturtheoretisch orientierten Konstruktivismus,
dessen Werke auch heute noch einen unverzichtbaren Bezugspunkt für erziehungs-, sozial- und kulturwissenschaftliche Fragen darstellen. In der folgenden Einleitung möchte ich
den/die Leser/in zunächst zu einem Überblick über Deweys Werke und ihre heutige Rezeption in der englischsprachigen (überwiegend US-amerikanischen) Forschung sowie im
deutschsprachigen Raum einladen. Damit sollen wichtige Hintergründe und Kontexte spezifiziert werden, in deren Rahmen sich die nachfolgenden insgesamt 17 Studien bewegen
werden. Im Anschluss werde ich knapp das Programm der vorliegenden Arbeit skizzieren
und die Wahl und Anordnung der diskutierten Themen erörtern.

1.   Themenvielfalt in Deweys Werk

Angesichts des immensen Reichtums von Deweys philosophischem Schaffen und des
Umfangs seiner Schriften, die in der kritischen Gesamtausgabe 37 Bände von teilweise
mehr als 400 Seiten umfassen, müsste der Versuch als aussichtslos erscheinen, hier einen
auch nur annähernd vollständigen Überblick über seine Werke zu geben. Stattdessen will
ich einige zentrale Themen aus dem Werk herausgreifen und in knapper Form skizzieren.
Es versteht sich von selbst, dass dabei eine Vereinfachung komplexer Sachverhalte unabdingbar ist. Der/die interessierte Leser/in wird hier jeweils auf Schlüsseltexte Deweys hingewiesen werden, die als Ausgangspunkte einer eigenen vertiefenden Lektüre dienen können.

1.1   „Experience" als philosophischer Grundbegriff

Deweys philosophischer Grundbegriff „experience" wird am umfassendsten und tiefgehendsten in den beiden Spätwerken *Experience and Nature* (1925/29; LW 1) und *Art as
Experience* (1934; LW 10) diskutiert.[1] *Experience and Nature*, das von manchen auch als
Deweys Metaphysik bezeichnet wird, stellt insbesondere den engen Zusammenhang zwischen seinem „experience"-Begriff und seinem Naturverständnis heraus, was sich neben
dem Titel auch in der Selbstkennzeichnung der eigenen philosophischen Position und Methode als „empirical naturalism" oder „naturalistic empiricism" zu Beginn des ersten Ka-

---

1   Es finden sich freilich schon viele kleinere Texte im mittleren Werk, in denen Deweys ausgereifter „experience"-Begriff sich bereits ankündigt und allmählich Gestalt annimmt. Vgl. dazu beispielsweise die Texte zum Stichwort „experience" und zum Thema „Immediate Empiricism" in
     MW 3 (1903–06), den Essay „The Subject-Matter of Metaphysical Inquiry" (1915; MW 8, 3–13),
     das elfte Kapitel von *Democracy and Education* (1916; MW 9, 146–158) sowie das vierte Kapitel
     von *Reconstruction in Philosophy* (1920; MW 12, 124–138).

pitels (LW 1, 10) ausdrückt. Beide Bezeichnungen, Naturalismus und Empirismus, würden als Beschreibung von Deweys Position allerdings missverstanden, wollte man sie zu eng auf hergebrachte philosophische Begriffsbestimmungen beschränken, denn beide werden von Dewey in einem grundsätzlich neuen und erweiterten Sinne gefasst. So bezieht sich „naturalism" bei ihm – unter anderem im Anschluss an Darwin[2] – nicht auf ein Verständnis von Natur als etwas essentiell Gegebenem, einer fest gefügten Ordnung von Dingen, Wesen und Arten, sondern auf einen offenen und kontingenten Prozess der Emergenz, in dem Identitäten und Beziehungen im Rahmen evolutiver Wechselwirkungen als Verwirklichung natürlicher Potentiale in konkreten Situationen entstehen. In diesem Sinne geht auch das menschliche „experience" für Dewey aus natürlichen Wechselwirkungen hervor, weshalb „nature" und „experience" keine Gegner, Feinde oder einander Fremde seien: „Die Beschaffenheit („character") des menschlichen ‚experience‘ beinhaltet ... eine wachsende und fortschreitende Selbstenthüllung der Natur ..." (LW 1, 5). Deweys „empiricism" wiederum bezieht sich auf ein Verständnis von „experience", das sich deutlich vom klassischen Erfahrungsbegriff des philosophischen Empirismus etwa bei John Locke unterscheidet.[3] „Experience" meint bei Dewey nicht die bloß subjektive Erfahrung einer objektiv gegebenen und vom Erfahrenden prinzipiell unabhängigen Wirklichkeit, es ist auch kein in erster Linie passiver Vorgang, z.B. des Aufnehmens von Sinneseindrücken. Vielmehr zeichnet sich „experience" für Dewey durch die beiden Kriterien der Kontinuität und der Interaktion aus (vgl. LW 13, 17 ff.). Grundeinheit seines „experience"-Begriffes ist die Handlung als ein Zusammenhang von Tun und Erleiden, in deren Verlauf Bedeutungen aktiv konstruiert werden. Dabei meint „primary experience" den zunächst unproblematischen Handlungsverlauf in weitgehend habitualisierten Erfahrungskontexten, in dem zwischen Erfahrung und Gegenstand, Subjekt und Objekt noch gar nicht unterschieden wird, weil beide in einer unanalysierten Ganzheit gewissermaßen aufgehoben sind (vgl. LW 1, 10 ff.). Diese unmittelbare Ganzheit des Erfahrens wird allerdings immer dann partiell aufgebrochen, wenn wir uns in einer so genannten Problemsituation befinden, in der die bisher bewährten Handlungs- und impliziten Deutungsmuster versagen. Es kommt zur Reflexion auf mögliche Handlungskonsequenzen in einer uneindeutigen und zukunftsoffenen Situation und damit zu einer Konstruktion neuer Bedeutungen von Verhaltensweisen, Objekten und Erfahrungen. Im Blick auf diese zweite Ebene spricht Dewey von „secondary" oder auch „reflective experience". Es ist die Ebene der Erkenntnisgewinnung und Theoriebildung, von der Lösung alltäglicher Konfliktsituationen bis hin zur wissenschaftlichen Forschung und philosophischen Reflexion.

---

2   Vgl. dazu auch Deweys wichtigen Essay „The Influence of Darwinism on Philosophy" (MW 4, 3–14) aus dem Jahre 1909 sowie den Beitrag von Jim Garrison (2004).

3   Vor diesem Hintergrund wird auf eine Übersetzung von Deweys „experience"-Begriff im Folgenden zumeist verzichtet, um an seinen spezifischen Bedeutungsgehalt in Deweys Philosophie zu erinnern.

Hinsichtlich des Verhältnisses beider Ebenen betont Dewey nun insbesondere zweierlei:

> (1)   „Secondary experience" stellt einen Konstruktionsprozess dar, der stets selektiv und interessebezogen auf eine konkrete Problemkonstellation des „primary experience" antwortet; Reflexion und Erkenntnis sind daher immer kontextgebundene Prozesse, die nur im kulturellen Gesamtzusammenhang des menschlichen „experience" hinreichend verstanden werden können.[4]
>
> (2)   Die sekundären Produkte der Reflexion sind stets als hypothetische Konstruktionen aufzufassen, die zu ihrer Bewährung im Bereich des „primary experience" angewendet und getestet werden müssen; Reflexion und Erkenntnis sind daher letztlich immer experimentellen Charakters, sei es im lebensweltlichen Alltag, in der Wissenschaft oder in der Philosophie.

An diese beiden Gedanken schließt sich Deweys umfangreiche Erkenntniskritik und seine Auseinandersetzung mit unterschiedlichen Modellen und Traditionen der abendländischen Philosophie an.[5] In *Experience and Nature* stellt er diese Kritik darüber hinaus in den Rahmen einer naturalistischen Metaphysik (vgl. LW 1, 62), die sich mit den „Grundzügen der Existenz" („generic traits manifested by existences of all kinds"; ebd., 308) befasst und als eine Art Metakritik eine grundlegende Orientierung („a ground-map"; ebd., 309) für jede spezifischere Form von Kritik anbieten soll. Solche existentiellen Grundzüge stellen aus Deweys naturalistischer Sicht Aspekte dar, die in jeder umfassenden Erfahrung und jedem Diskursuniversum eine Rolle spielen – Aspekte wie „qualitative Individualität und konstante Relationen"[6], „Kontingenz und Notwendigkeit", „Bewegung und Ruhe" sowie ganz allgemein die relative Ungesichertheit („precariousness") und die relative Beständigkeit von Werten (vgl. ebd., 308). Allerdings werden auch diese metaphysischen Grundannahmen von Dewey als philosophische Hypothesen verstanden, die auf stets neue Erfahrungen zu beziehen sind und dadurch erst konkrete Bedeutung im Leben der Men-

---

4   Vgl. in diesem Zusammenhang auch Deweys aufschlussreichen Essay „Context and Thought" (LW 6, 3–21) aus dem Jahre 1931, in dem er die Angewohnheit vieler Philosophen kritisiert, die „Unverzichtbarkeit des Kontextes" zu vernachlässigen und die Behauptung aufstellt, dass „der weitreichendste [*most pervasive*] Trugschluss des philosophischen Denkens auf eine Vernachlässigung des Kontextes zurückgeht" (ebd., 4).

5   Vgl. dazu insbesondere auch seine beiden Bücher *Reconstruction in Philosophy* (1920; MW 12, 77–201) und *The Quest for Certainty: A Study of the Relation of Knowledge and Action* (1929; LW 4).

6   Vgl. dazu insbesondere auch Deweys Essay „Time and Individuality" (LW 14, 98–114) aus dem Jahre 1940.

schen gewinnen. Insofern ist auch seine Metaphysik keine Philosophie des letzten Wortes, sondern versteht sich als integraler Bestandteil eines philosophischen Experimentalismus.[7]

Zu erwähnen ist weiterhin, dass der/die Leser/in im fünften Kapitel von *Experience and Nature* – das mit dem ebenso schwärmerischen wie lapidaren Satz beginnt: „Of all affairs, communication is the most wonderful" (LW 1, 132) – Deweys wohl prägnanteste Darstellung seiner insbesondere für das Spätwerk so wichtigen Kommunikationstheorie findet. Dewey hatte über das Thema bereits im einleitenden Kapitel von *Democracy and Education* (1916; MW 9) geschrieben und damit bereits die zentrale Stellung ahnen lassen, die der Kommunikationsbegriff in seiner Philosophie einnehmen sollte. In *Experience and Nature* wird die Diskussion nun beträchtlich erweitert, indem Dewey die kommunikative Grundstruktur des menschlichen „experience" umfassend herausarbeitet und in ihren pragmatischen Dimensionen analysiert. Dabei stellt er neben dem instrumentellen Aspekt zweckorientierten Kommunizierens insbesondere die qualitativ-erfüllende Dimension einer Teilhabe an gemeinsamen Bedeutungen heraus. Kommunikation ist für Dewey Mittel und Zweck zugleich; sie dient nicht nur der Mitteilung, sondern vor allem der Erzeugung von Bedeutungswelten, die eine Steigerung der unmittelbaren Qualität des „experience" derer bewirken, die an ihnen teilhaben. Jede genuine Kommunikation setzt für Dewey sowohl kreative als auch erzieherische Potenziale des menschlichen „experience" frei.

Eine Formulierung Deweys ganz am Ende des ersten Kapitels von *Experience and Nature* mag in vielerlei Hinsicht als ein Motto nicht nur dieses Werkes, sondern von Deweys pragmatistischer Philosophie insgesamt gelesen werden: „Wenn das, was auf diesen Seiten geschrieben wurde, kein anderes Resultat hat, als Respekt für das konkrete menschliche ‚experience' und seine Potenziale zu erzeugen und zu fördern, so will ich damit zufrieden sein." (LW 1, 41)

1.2   Kunsttheorie

Deweys „experience"-Begriff wird unter anderem in seiner späten Kunsttheorie *Art as Experience* (1934; LW 10) weiterentwickelt. In den ersten drei Kapiteln dieses Buches findet sich seine umfassendste und wohl prägnanteste Darstellung der qualitativ-

---

7   Es ist zudem darauf hinzuweisen, dass sich der späte Dewey schließlich explizit vom Gebrauch des Begriffes „Metaphysik" als Kennzeichnung von Aspekten seines eigenen Ansatzes distanziert hat, weil er einsehen musste, dass diese Bezeichnung häufig zu Missverständnissen im Sinne eines eher traditionellen (aristotelischen) Metaphysikverständnisses geführt hatte (vgl. die Einleitung von Sidney Hook in LW 1, viii). In einem späten Entwurf (1949–51; LW 1, 329–364) zu einem neuen Einleitungskapitel für *Experience and Nature* war Dewey sogar bereit, den Begriff „experience" aufzugeben und durch „culture" zu ersetzen, da die spezifische Verwendung des Begriffes zu Fehldeutungen geführt habe (vgl. ebd., 361).

ästhetischen Dimension des „experience".[8] Im Kunstwerk manifestiert sich diese Dimension für Dewey in besonderer Weise, was voraussetzt, dass mit Kunstwerk („work of art") mehr gemeint ist als nur ein Kunstgegenstand – nämlich die Wechselwirkung dieses Gegenstandes im „experience" sowohl der Künstlerin bzw. des Künstlers als auch der Rezipienten. Bereits der Wahrnehmung eines Kunstwerkes wohnt daher ein kreatives, poietisches Potential inne. Da Dewey Kunst zudem als die universellste Form von Kommunikation versteht, ist *Art as Experience* zugleich als ein weiterer wichtiger Beitrag zu seiner Kommunikationstheorie zu verstehen. Dabei werden insbesondere auch politische Implikationen im Blick auf die Rolle der Kunst in einer modernen Industriegesellschaft sowie ihr kritisches Potential zur Förderung der Demokratie angesprochen, denn „Kunst durchbricht Barrieren, die die Menschen voneinander trennen und die im gewöhnlichen Zusammenleben undurchdringlich sind." (Ebd., 249)

1.3   Logik und Erkenntnistheorie

Deweys Logik und Erkenntnistheorie ist wie sein „experience"-Begriff in mehreren Schritten und über viele Jahre hinweg entwickelt worden. Genannt seien an dieser Stelle nur die wichtigsten Arbeiten. Zu erwähnen sind zunächst die von einem Autorenteam des Chicagoer Philosophiedepartments unter Deweys Federführung verfassten *Studies in Logical Theory*, die 1903 veröffentlicht wurden und den Funktionalismus und Instrumentalismus der Chicagoer Schule einläuteten. Damit ist die Auffassung gemeint, dass der Gültigkeitstest einer Vorstellung oder Idee in ihrem funktionalen oder instrumentellen Gebrauch bei der Umformung eines relativ konflikthaften zu einem relativ integrierten „experience" besteht (vgl. MW 2, xvi ff.). Dies impliziert zugleich eine sehr grundsätzliche Absage an traditionelle Korrespondenztheorien von Wahrheit und Erkenntnis. „Die Wahrheit einer Vorstellung oder Theorie", schreibt Deweys Schüler Sidney Hook im einleitenden Kommentar des zweiten Bandes der *Middle Works* zu der in den *Studies* vertretenen Position, „hängt nicht von ihrer Übereinstimmung mit einer vorgängig existierenden Realität ab, sondern von der ‚Angemessenheit ihrer Leistung („performance")', einen neuen Zustand hervorzubringen, in dem die Situation, durch die der Denkprozess hervorgerufen worden war, geklärt („reconstituted") ist." (Ebd., xvii) Diese und andere erkenntnistheoretische Positionen hat Dewey in den 1916 als Aufsatzsammlung veröffentlichten *Essays in Experimental Logic* weiter ausgearbeitet und spezifiziert.[9] Das 1910 veröffentlich-

---

8   Diese Dimension wird allerdings auch in früheren Schriften wie *Experience and Nature* schon stark betont. Vgl. dazu ferner Deweys wichtigen Essay „Qualitative Thought" (LW 5, 243–262) aus dem Jahre 1930.

9   Deweys eigene Beiträge zu den *Studies* von 1903 finden sich in MW 2, seine 1916 zur Aufsatzsammlung *Essays* versammelten Texte sind in der kritischen Gesamtausgabe über mehrere Bände

te und 1933 in überarbeiteter Form erneut vorgelegte Buch *How We Think* (MW 6, 177–356; LW 8, 105–352) fasst seinen Ansatz knapp zusammen und diskutiert insbesondere Bezüge zur Erziehungstheorie. Und noch in seinem 90. Lebensjahr veröffentlichte Dewey in Ko-Autorenschaft mit Arthur F. Bentley eine umfangreiche erkenntnistheoretische Studie, das Buch *Knowing and the Known* (1949; LW 16, 1–279), das seine letzte größere Arbeit darstellen sollte.

Am umfassendsten und gründlichsten aber wird Deweys Logik und Erkenntnistheorie in dem großen Spätwerk *Logic: The Theory of Inquiry* (LW 12) entwickelt, das 1938 erschien und heute als Standardwerk für diesen Teil seiner Philosophie gelten kann. Wie der Untertitel besagt, versteht Dewey seine Logik als eine „Theory of Inquiry", was wir als Theorie des Untersuchungs- oder Forschungsprozesses verstehen können.[10] Larry Hickman (2004a, 5) hat auf Deweys Fünferschritt-Modell erfolgreichen Lernens durch „Untersuchungen" hingewiesen und dabei die Phasen der emotionalen Reaktion auf eine unbestimmte Situation, der Problemdefinition, der Hypothesenbildung, des Testens und Experimentierens sowie schließlich der Anwendung unterschieden.[11] Vor dem Hintergrund dieses Modells ist die folgende viel zitierte Definition zu verstehen, die Dewey in seiner *Logic* von 1938 gibt. „Inquiry", heißt es dort, „ist die kontrollierte oder gelenkte Umwandlung einer unbestimmten Situation in eine, die in ihren einzelnen Unterscheidungen und Relationen so bestimmt ist, dass die Elemente der ursprünglichen Situation sich in ein einheitliches Ganzes verwandeln." (LW 12, 108, im Orig. kursiv). Nach dem oben über Deweys „experience"-Begriff Gesagten wird es nicht verwundern, dass sich dieser Prozess für ihn auf einer zweifachen „existentiellen Matrix" vollzieht, nämlich auf einer biologischen und einer kulturellen Grundlage, womit wiederum die Kontinuität von „experience" und Natur sowie die kulturelle Kontextualität der Erkenntnis betont werden. Ein Resultat des Untersuchungsprozesses ist die Konstruktion wahrer Aussagen. In seiner *Logic* spezifiziert Dewey sein pragmatisches Wahrheitsverständnis weiter, indem er den Begriff der „warranted assertibility" – d.h. der „gerechtfertigten Behauptbarkeit" – als Geltungsanspruch einführt. Dadurch werden Wahrheitsansprüche temporalisiert und in einen *Pro-*

---

der *Middle Works* verteilt. Sie sind unter Zuhilfenahme des Index-Bandes der Ausgabe leicht aufzufinden.

10   „Inquiry" wird hier zumeist mit „Untersuchung" bzw. „Untersuchungsprozess" wiedergegeben. Der Begriff kann natürlich auch als „Forschung" übersetzt werden, wie im Titel der von Martin Suhr besorgten Übersetzung von Deweys *Logic* (Dewey 2002). Obwohl „Forschung" sicher der bessere Ausdruck für einen Buchtitel ist und es auch inhaltliche Gründe für seine Verwendung gibt, erscheint mir der weiter gefasste Begriff der „Untersuchung" doch besser geeignet, insbesondere die von Dewey betonte Kontinuität zwischen alltäglichen menschlichen Problemlösungsprozessen und wissenschaftlicher Forschung zu berücksichtigen. Dass beide Übersetzungen zulässig sind und je nach Kontext als sinnvoll erscheinen, wird im Übrigen auch von Suhr gesehen (vgl. sein sehr zu lobendes deutsch-englisches Glossar sowie den übersetzungskritischen Kommentar am Ende seiner deutschen Fassung von Deweys Buch; ebd., 615f.).

11   Vgl. dazu ausführlicher Kapitel 1 dieser Arbeit.

zess der Wahrheitsfindung gestellt:[12] „Gerechtfertigte Behauptbarkeit" weist einerseits
zurück auf bereits erbrachte Leistungen der Untersuchung und Beweisführung; andererseits weist der Begriff voraus auf zukünftige Anwendungen und Forschungen, wobei neue
Untersuchungsergebnisse prinzipiell zur Rechtfertigung neuer Behauptungen und zu einer
Revision bisheriger Wahrheiten führen können. Dieses experimentalistische Wahrheitsverständnis ist unter anderem als eine Zurückweisung jeglicher transzendentaler Wahrheitsansprüche zu verstehen.

1.4   Anthropologie und Sozialpsychologie

Deweys Anthropologie und sein Menschenbild werden insbesondere in der 1922 veröffentlichten Schrift *Human Nature and Conduct* (MW 14) umfassend dargelegt. Dieses
Buch, das den Untertitel „An Introduction to Social Psychology" trägt, stellt zugleich ein
wichtiges Resultat aus Deweys umfangreichen psychologischen und sozialpsychologi-
schen Arbeiten dar, die stark durch Überlegungen von William James und George Herbert
Mead beeinflusst waren. Als weitere wichtige Schriften aus diesem Bereich seien hier
exemplarisch Deweys früher Entwurf einer *Psychology* (1887; EW 2), der bahnbrechende
und äußerst einflussreiche Essay „The Reflex Arc Concept in Psychology" (1896; EW 5,
96–109) sowie aus dem Spätwerk der Aufsatz „Conduct and Experience" (1930; LW 5,
218–235) genannt. Deweys in *Human Nature and Conduct* vorgelegte Sozialpsychologie
versucht, die Natur des Menschen und seines Verhaltens durch die drei zentralen Konzepte „habit", „impulse" und „intelligence" zu bestimmen. Eine zentrale These des Buches
lautet, dass die angeborenen (Trieb-)Impulse des Menschen in seiner psychologischen
Entwicklung zwar zeitlich gesehen zuerst kommen, dass sie jedoch gegenüber den in der
Interaktion mit einem kulturellen Milieu erworbenen „habits" eine sekundäre Rolle spielen (vgl. MW 14, 65 ff.). „Habits" entstehen in der Interaktion mit signifikanten Anderen
im Kontext der Bräuche („customs") und Institutionen einer soziokulturellen Umwelt. Sie
sind von primärer Relevanz für das menschliche Verhalten, weil nur durch sie den ansonsten ziel- und wirkungslosen impulsiven Aktivitäten des Neugeborenen soziale Bedeutungen und damit Struktur und Effizienz verliehen werden. Wir können „habits" als kulturell
geformte Verhaltensweisen auffassen, worunter nach Dewey allerdings nicht nur passive
Gewöhnungen, Routinen und feststehende Gewohnheiten zu verstehen sind. Der Begriff
bezeichnet für ihn vielmehr in erster Linie aktive und dynamische Kräfte, die den Menschen in die Lage versetzen, Handlungsfähigkeit gerade auch angesichts neuer und ungewohnter Situationen zu bewahren. Die damit verbundene Anforderung, „habits" flexibel
zu halten und in einem Prozess lebenslangen Lernens immer wieder zu erweitern und partiell umzuformen, hält Dewey für eine zentrale (auch erzieherische) Herausforderung des

---

12   Vgl. dazu ausführlich Hickman (2001, 2004b).

Lebens in einer durch zunehmende Dynamik und Mobilität geprägten Industriegesellschaft. Es ist für ihn eine Frage der sozialen und kooperativen Intelligenz der Menschen in
Bezug auf konstruktive gesellschaftliche Problemlösungen. Diese Gedanken werden in
vielen politischen Schriften des Spätwerks wieder aufgegriffen und unter anderem durch
kommunikationsphilosophische Argumente erweitert und genauer spezifiziert.

1.5   Ethik und Moralphilosophie

Die systematischste Darstellung von Deweys pragmatistischer Ethik findet sich in dem
gemeinsam mit James Hayden Tufts verfassten Lehrbuch *Ethics*, das zuerst 1908 erschien
(MW 5) und 1932 in einer gründlich überarbeiteten Fassung erneut vorgelegt wurde
(LW 7). Als weitere wichtige Texte der *Middle Works*, in denen Dewey seine ethischen
Positionen schrittweise erarbeitet und weiterentwickelt hat, sind aber auch *Democracy and
Education* (MW 9), *Reconstruction in Philosophy* (MW 12, 77–201) sowie das bereits
erwähnte Buch *Human Nature and Conduct* (MW 14) zu nennen.[13] Charakteristisch für
Deweys Ethik-Ansatz ist sein Bemühen um eine mittlere Position zwischen absolutistisch-
transzendentalistischen und relativistisch-subjektivistischen Ansätzen. Er weist den Versuch zurück, apriorische und universelle Normen und Prinzipien aufzustellen, die dem
konkreten „experience" vorausgehen und ihm gewissermaßen von außen auferlegt werden.
Ebenso wenig möchte er aber ethische Normen als rein willkürliche Setzungen verstehen,
deren Geltung letztlich als beliebig erscheint und denen damit im Grunde jegliche normative Kraft fehlt. Die moralische Reflexion beginnt wie jede Reflexion für Dewey im Kontext des „primary experience", d.h. im Kontext einer spezifischen, einzigartigen und zunächst unanalysierten Situation, in der ein moralisches Problem auftritt und z.B. zu einer
Entscheidung zwischen zwei miteinander unvereinbaren Ansprüchen zwingt. Dieser
situationale Kontext ist stets zu beachten, soll der Lebendigkeit und Vielfalt des moralischen Lebens Rechnung getragen werden. Allerdings treten wir nicht in jede Situation
völlig unvorbereitet und unausgerüstet ein. Denn aus der Fülle konkret erfahrener moralischer Problemsituationen heraus entstehen in einem Generationen übergreifenden Prozess
Prinzipien und Normen, die uns zur Orientierung dienen. Ihnen kommt eine *funktionale*
Rolle im Blick auf Moralität als einer gelebten Praxis zu. Es sind verallgemeinerte moralische Vorstellungen, die ihre normative Kraft nicht aus sich selbst, sondern aus ihrer erfolgreichen Anwendung schöpfen und sich in neuen Situationen bewähren müssen, wobei
Ausnahmen von der Regel in Rechnung zu stellen sind. Dies erfordert immer auch ein

---

13   Vgl. auch den späten Essay „Three Independent Factors in Morals" (1930/1966; LW 5, 279–288)
      sowie Deweys äußerst subtile Diskussion der Relation von Mitteln und Zwecken – z.B. in dem
      Spätwerk *Theory of Valuation* von 1939 (LW 13, 189–251, hier insb. 226 ff.: „The Continuum of
      Ends-Means") –, die das teilweise noch immer verbreitete Missverständnis seines Pragmatismus
      als eines engen Utilitarismus sehr grundsätzlich entkräftet.

bestimmtes Maß an moralischer Flexibilität in der Anwendung, Anpassung und Modifi-
zierung überkommener Prinzipien, denn das Leben „ist eine veränderliche Angelegenheit,
in der alte moralische Wahrheiten aufhören, anwendbar zu sein („old moral truth ceases to
apply")" (MW 14, 164).

Insgesamt lässt sich sagen, dass die Moralphilosophie für Dewey eine Funktion des
moralischen Lebens darstellt. Will sie der Vielfalt und Veränderlichkeit des menschlichen
„experience" gerecht werden, so darf sie Moralität nicht als bloße Anwendung universeller
und ewiger Wahrheiten verstehen, sondern als eine soziale und experimentelle Praxis, die
ihre eigenen Standards aus sich heraus erzeugt. Gegenüber vielen anderen Ansätzen betont
Deweys Ethik insbesondere die affektiven, imaginativen und kreativen Dimensionen gelebter menschlicher Beziehungen.[14] Und sie macht auf die genuine Ambiguität und Ambivalenz konkreter moralischer Situationen aufmerksam, in denen oft keine vollständige
Auflösung konfligierender Ansprüche hergestellt werden kann und für die es daher in
pragmatischer Hinsicht nicht immer eine perfekte Lösung geben wird: „Eine Moralphilosophie, die die Unmöglichkeit offen anerkennen würde, alle Elemente in moralischen Situationen auf ein einziges kommensurables Prinzip zu reduzieren, die anerkennen würde,
dass jeder Mensch, so gut er kann, eine Ausbalancierung („adjustment") zwischen Kräften
herstellen muss, die genuin disparat sind, würde Licht auf die tatsächlichen Notlagen des
Verhaltens werfen und den Individuen helfen, eine angemessenere Einschätzung der Stärke jedes konkurrierenden Faktors zu treffen. Alles was wir damit verlieren würden, wäre
die Vorstellung, dass es theoretisch im Voraus eine einzige ... korrekte Lösung für jede
Schwierigkeit gibt, mit der die einzelnen Individuen konfrontiert werden. Persönlich denke ich, dass der Verzicht auf diese Vorstellung ein Gewinn statt ein Verlust wäre. Indem
er die Aufmerksamkeit weg von rigiden Regeln und Standards lenkt, würde er die Menschen dazu bringen, stärker auf die konkreten Elemente zu achten, die in die Situationen
hineinspielen, in denen sie zu handeln haben." (LW 5, 288)[15]

1.6   Sozialphilosophie und Politische Theorie

Im Mittelpunkt von Deweys Sozialphilosophie steht sein Demokratiebegriff, der eine systematische und umfassende Darstellung in *Democracy and Education* (1916; MW 9) findet und in darauf folgenden politischen Schriften noch einmal beträchtlich erweitert und
ergänzt wird. Deweys demokratische Vision kennzeichnen unter anderem zwei zentrale
Aspekte: der Gedanke einer *partizipatorischen Demokratie*, der impliziert, dass Demokratie mehr ist als nur eine Regierungsform oder ein institutionelles Gefüge, vielmehr eine
Lebensweise meint, die auf der möglichst umfassenden Teilhabe aller an den Gütern und
Interessen einer Gesellschaft beruht, und zwar zu gleichen Bedingungen und in allen rele-

---

14   Vgl. dazu auch Beispiele in Deweys *Art as Experience* (z.B. LW 10, 49 f.).

vanten Lebensbereichen;[16] der Gedanke einer *pluralen Demokratie*, der bedeutet, dass eine Vielfalt unterschiedlicher Gruppierungen, Gemeinschaften, Kulturen und Gesellschaften keine Bedrohung und keinen Verlust, sondern einen Gewinn für ein demokratisches Gemeinwesen darstellt, soweit die institutionellen Voraussetzungen für einen möglichst freien und umfassenden Austausch zwischen den unterschiedlichen Formen des Zusammenlebens gewährleistet sind (vgl. ebd., 87–106). In beiderlei Hinsicht ist Demokratie für Dewey ein melioristisches Projekt, keine Beschreibung gesellschaftlicher Realität. „Das Ziel der Demokratie ist ein radikales Ziel." (LW 11, 299)[17] Insbesondere verbindet sich mit dem Demokratiegedanken in Deweys Sozialphilosophie eine deutliche Kritik des kapitalistischen Systems in den USA, das er für eines der größten Hindernisse auf dem Weg zu einer radikaleren Demokratisierung hält. Diese Kritik gewinnt vor allem in der Zeit nach der Weltwirtschaftskrise deutlich an Schärfe, und Dewey nähert sich in seinen Schriften wie politischen Aktivitäten zunehmend dem Programm eines demokratischen Sozialismus als drittem Weg zwischen realem Kapitalismus und fiktivem Kommunismus an.[18]

Zu Deweys größeren politischen Arbeiten der 1920er und 1930er Jahre mögen hier einige knappe Hinweise genügen. In *The Public and Its Problems* (1927; LW 2, 235–372) setzt er sich mit dem grundsätzlich auch heute noch sehr aktuellen Problem auseinander, wie unter den Bedingungen der „großen Gesellschaft" des Industriezeitalters eine demokratische Öffentlichkeit hergestellt werden kann, die in der Lage ist, einen wirksamen und nachhaltigen Einfluss auf Entscheidungen zu öffentlichen Belangen auszuüben. Die Notwendigkeit einer grundsätzlichen konzeptionellen Erneuerung des traditionellen Individualismusverständnisses wird in *Individualism, Old and New* (1930; LW 5, 41–123), die Herausforderung einer ebensolchen begrifflichen Neufassung des Liberalismusgedankens in *Liberalism and Social Action* (1935; LW 11, 1–65) ausführlich diskutiert. In *Freedom and Culture* (1939; LW 13, 63–188) befasst sich Dewey mit der Gefahr des Totalitarismus als Bedrohung der Demokratie, wobei neben den faschistischen und stalinistischen Systemen jener Zeit insbesondere auch antidemokratische Tendenzen in der US-amerikanischen Gesellschaft selbst im Zentrum seiner Kritik stehen. Hier findet sich auch seine umfangreichste Auseinandersetzung mit der Philosophie des Marxismus.

---

15   Das Zitat stammt aus dem bereits erwähnten Essay „Three Independent Factors in Morals".

16   Damit ist freilich keine Ablehnung repräsentativer Strukturen gemeint, sondern ein Zusammenspiel von Formen direkter und repräsentativer Demokratie.

17   Das Zitat entstammt Deweys kleinem Text „Democracy Is Radical" (LW 11, 296–299) aus dem Jahre 1937. Vgl. auch eine Rede, die Dewey anlässlich der Feierlichkeiten zu seinem 80. Geburtstag (1939) verfasst hat und die den Titel „Creative Democracy – The Task Before Us" trägt (LW 14, 224–230).

18   Zu Deweys Aktivitäten in diesem Bereich gehört in den frühen 1930er Jahren z.B. auch der (letztlich gescheiterte) Versuch, eine neue, teilweise am Modell der europäischen Sozialdemokratien orientierte Partei zu gründen, um das verkrustete US-amerikanische Zweiparteiensystem und seine Verflechtung mit ökonomischen Interessen einflussreicher Lobbyistengruppen aufzubrechen.

Neben diesen größeren Schriften ist allerdings auch auf die Vielzahl kleinerer Texte hinzuweisen, mit denen Dewey immer wieder in Form von Kommentaren, Polemiken, Kritiken, Analysen oder Appellen in journalistischer Weise zu aktuellen politischen Ereignissen Stellung bezogen hat. Durch die nun seit über einem Jahrzehnt zur Verfügung stehende kritische Gesamtausgabe seiner Schriften sind auch diese kleineren und flüchtigeren Arbeiten zugänglich gemacht worden. Dies ist insbesondere deshalb von Bedeutung, weil Dewey in seinen größeren politischen Schriften direkte Stellungnahmen oder Empfehlungen zu konkreten politischen oder institutionellen Fragen zumeist vermieden hat. Schaut man sich hingegen seine journalistischen Arbeiten an, so findet man viele Beispiele dafür, wie seine pragmatische Methode ihn zu sehr klaren und detaillierten Positionen zu tagespolitischen Themen seiner Zeit geführt hat.

1.7   Erziehungs- und Schultheorie

In der anglo-amerikanischen Diskussion gilt Dewey heute vielen Erziehungswissenschaftler/inne/n als *der* reformpädagogische Klassiker des 20. Jahrhunderts schlechthin. Aus der Vielzahl seiner erziehungs- und schultheoretischen Arbeiten seien hier nur einige besonders wichtige Texte kurz hervorgehoben. In dem 1899 erstmals veröffentlichten kleinen Buch *The School and Society* (MW 1, 1–109), das schnell eine erhebliche Breitenwirkung unter reformorientierten Pädagog/inn/en erzielen sollte, liefert Dewey einen Erfahrungsbericht aus der Arbeit seiner 1896 an der Chicagoer Universität gegründeten „Laboratory School" und zugleich einen ersten Entwurf seiner Theorie der Schule.[19] Vor dem Hintergrund der durch Industrialisierung und urbanen Wandel erzeugten nachhaltigen sozialen Veränderungen sollte das Verhältnis von Schule und Gesellschaft in Theorie und Praxis neu bestimmt werden. Insbesondere gelte es, die Schule neu auf das Leben des Kindes hin auszurichten und eine unnötige Verschwendung von Kräften zu vermeiden. Berühmt geworden ist unter anderem Deweys Vision der Schule als einer „miniature community" bzw. „embryonic society"; im gleichen Kontext ist auch von "the child's habitat" die Rede (ebd., 12). An einer anderen Stelle spricht er im Blick auf die notwendigen Veränderungen in Schule und Unterricht von einer Verlagerung des Gravitationszentrums, die für die Pädagogik eine Revolution vergleichbar mit der Kopernikanischen Wende in der Astronomie darstelle: „In diesem Fall wird das Kind zur Sonne, um die die pädagogischen Hilfsmittel („appliances of education") sich drehen; es stellt den Mittelpunkt dar, um den herum sie organisiert werden." (Ebd., 23) Dass damit allerdings keine naiv und einseitig verstandene *Pädagogik vom Kinde aus* gemeint ist, geht allein schon aus Deweys Interaktionismus und seiner Betonung des Primats der Wechselwirkungen zwischen Lernenden und ihren (natürlichen und soziokulturellen) Umwelten hervor, der auch für seine

Sicht des Verhältnisses zwischen Kind und Lehrplan („The Child and the Curriculum" / 1902; MW 2, 271–291) bestimmend ist. Wie Larry Hickman (2004a, 5) zutreffend festgestellt hat, beginnt Lernen für Dewey stets mitten im Leben. Deshalb muss die Schule vor allem das Leben zulassen (vgl. MW 1, 24), indem sie sich zu den Lebenswelten der Schüler/innen sowie zum umfassenderen gesellschaftlichen Umfeld hin öffnet (vgl. ebd., 39–56). Als ein Ort des Lernens wird sie nach dem Modell des „Labors" (im weiten Sinne dieser Metapher) gestaltet, womit ein Lernen durch aktives Experimentieren, Konstruieren, Ausprobieren, Beobachten und Diskutieren in Kooperation mit anderen Lernenden besonders betont wird.[20]

Einen Text von besonderem pädagogisch-historischen Interesse und gleichzeitig hoher reformpädagogischer Aktualität stellt auch das gemeinsam mit Deweys Tochter Evelyn verfasste Buch *Schools of To-Morrow* (1915; MW 8, 205–404) dar, in dem eine Auswahl progressiver Schulen aus verschiedenen Landesteilen der USA vorgestellt und portraitiert wird, wobei kleinere erziehungstheoretische Kommentare Deweys jeweils einen Bogen zwischen reformpädagogischer Theorie und Praxis schlagen.

Ein Jahr nach *Schools of To-Morrow* erscheint Deweys erziehungsphilosophisches Hauptwerk, *Democracy and Education* (1916; MW 9), in dem er sich der Aufgabe einer umfassenden und systematischen Reflexion der pädagogischen Implikationen des Demokratiegedankens stellt. Es geht ihm um eine Diskussion der konstruktiven Ziele und Methoden öffentlicher Erziehung aus der Perspektive seines radikalen Demokratieverständnisses und zugleich um eine Kritik überkommener Erkenntnis- und Moraltheorien, die durch ihren Einfluss auf die Erziehung eine angemessene Verwirklichung des demokratischen Ideals eher behindern. Dewey stellt einen Zusammenhang zwischen dem Gedeihen der Demokratie, der Entwicklung der experimentellen Methode, evolutionstheoretischen Vorstellungen und den industriellen Umwälzungen her und möchte die erziehungs- und bildungstheoretischen Konsequenzen dieser vielfältigen Wandlungsprozesse untersuchen (vgl. ebd., 3). Seinem „experience"-Begriff und seinem Bild des Menschen entspricht es, dass er Erziehung dabei auf allgemeinster Ebene als einen kontinuierlichen Wachstumsprozess auffasst, der kein Ziel außerhalb seiner selbst habe (vgl. ebd., 46–58). Das umfassendste Ziel aller Erziehung kann Deweys Überzeugung nach vielmehr nur heißen: mehr Erziehung – im Sinne einer kontinuierlichen und lebenslangen „reconstruction of experience" (vgl. ebd., 82 ff.), d.h. einer konstruktiven Umformung und Bedeutungserweiterung des „experience" der Lernenden in der Auseinandersetzung mit einer durch Veränderung und Pluralität gekennzeichneten Welt. „Das Kriterium für den Wert der schulischen Bildung („education") ist der Umfang, in welchem sie ein Verlangen

---

19 Das im Nachhinein oft als „Dewey School" bezeichnete Chicagoer Experiment bestand bis 1904, dann wechselte Dewey nach New York an die Columbia University.

20 Vgl. dazu auch Deweys Essay „Monastery, Bargain-Counter, or Laboratory in Education" (LW 6, 99–111) aus dem Jahre 1932 sowie die Ausführungen in Kapitel 1 der vorliegenden Arbeit.

nach fortgesetztem Wachstum erzeugt und die Mittel zur Verfügung stellt, um dieses Verlangen tatsächlich wirksam zu machen." (Ebd., 58)

Hinzuweisen ist darüber hinaus noch auf zwei wichtige Arbeiten aus Deweys Spätwerk: Zum einen auf die Schrift „The Sources of a Science of Education" (1929/30; LW
5, 1–40), in der er Fragen eines pädagogischen Wissenschafts- und Methodenverständnis-
ses aufgreift und unter anderem die Forderung aufstellt, die Lehrerschaft stärker und unmittelbarer in den Forschungsprozess einzubeziehen („the teacher as investigator", vgl.
ebd., 23 f.), und zum anderen auf das kleine Buch *Experience and Education* (1938; LW
13, 1–62), in dem er seine Erziehungstheorie noch einmal vor dem Hintergrund seines zu
diesem Zeitpunkt beträchtlich weiterentwickelten und ausdifferenzierten philosophischen
Ansatzes überarbeitet und dabei insbesondere auch auf Missverständnisse und Fehldeutungen seiner Pädagogik im Kontext des *progressive education movement* antwortet.

1.8   Religionstheorie

Abschließend sei noch Deweys Theorie der Religion, oder genauer: der religiösen Erfahrung („religious experience") erwähnt, die er insbesondere in der 1934 veröffentlichten
kleinen Schrift *A Common Faith* (LW 9, 1–58) dargestellt hat. Er unterscheidet dort zwischen „religion" als einem Sammelbegriff für institutionalisierte Religionen aller Art, die
häufig mit Vorstellungen des Übernatürlichen verbunden sind, und „the religious" als einem empirischen Phänomen, einer Erfahrungsqualität des natürlichen „experience". Sein
besonderes Interesse gilt dieser religiösen Erfahrungsdimension, sofern sie eine Komponente im Alltagsleben gewöhnlicher Menschen darstellt. Er stellt einen Zusammenhang
zwischen ihr und den Werten eines demokratischen Zusammenlebens her, indem er nahe
legt, dass die spirituelle Bedeutung der Demokratie in religiöser Erfahrung Ausdruck finden könne. Sein Demokratieverständnis verbleibt dabei im Rahmen eines grundlegend
säkularen Ansatzes, wenngleich insbesondere Deweys Verwendung des Gottesbegriffes in
dieser Schrift Ausgangspunkt von Kontroversen und Missverständnissen gewesen ist (vgl.
dazu z.B. Eldridge 1998, 126 ff.).

2.   Hinweise zur heutigen Dewey-Rezeption

2.1   Zur anglo-amerikanischen Dewey-Forschung

Während John Dewey zu Lebzeiten als einer der führenden Vertreter amerikanischer Philosophie und einflussreicher öffentlicher Intellektueller galt, geriet sein Werk in den Jahrzehnten nach seinem Tod eher in Vergessenheit. Der Siegeszug der analytischen Philosophie verdrängte im Amerika der Nachkriegszeit das Interesse an den Klassikern des philo-

sophischen Pragmatismus. Erst seit etwa den 80er Jahren des 20. Jahrhunderts ist es in den USA zu einer breiten Renaissance des Pragmatismus und einem neu entdeckten Interesse insbesondere an der Philosophie Deweys gekommen. Sehr einflussreich war in diesem Zusammenhang unter anderem Richard Rortys Buch *Philosophy and the Mirror of Nature* (dt.: „Der Spiegel der Natur"), das 1979 erschien und in dem der aus der analytischen Tradition stammende und heute als führender Vertreter des so genannten Neopragmatismus geltende Rorty John Dewey gemeinsam mit Ludwig Wittgenstein und Martin Heidegger zu den drei bedeutendsten Philosophen des 20. Jahrhunderts rechnete (vgl. Rorty 1992, 15 ff.). Mittlerweile gibt es in den USA eine außerordentlich breite und facettenreiche Dewey-Rezeption und eine kaum mehr zu überblickende Vielfalt von neuerer Sekundärliteratur zu seinem Werk. Eine wichtige Vermittlerfunktion spielt dabei unter anderem die *Society for the Advancement of American Philosophy* (SAAP), auf deren jährlich stattfindenden Tagungen und *Summer Schools* der Dewey-Forschung eine zentrale Rolle zukommt.[21] Von großer Bedeutung ist zudem insbesondere die Arbeit des in Carbondale (Illinois) an der *Southern Illinois University* ansässigen *Center for Dewey Studies*, das heute von Larry Hickman geleitet wird.[22] Die vom Dewey-Center unter der Federführung von Hickmans Vorgängerin Jo Ann Boydston herausgegebene kritische und kommentierte Gesamtausgabe der *Collected Works of John Dewey*, die seit 1991 vollständig auch im Paperback-Format erhältlich ist, hat für die Rezeption neue Maßstäbe gesetzt und stellt heute den Standardtext für alle an der Dewey-Forschung Interessierten dar. Sie umfasst insgesamt 37 Bände, die in die drei Abteilungen „Early Works", „Middle Works" und „Later Works" aufgeteilt sind, sowie einen Index-Band. Sie ist mittlerweile auch im elektronischen Format erhältlich. Neben dieser umfassenden Werkausgabe seien Neuinteressierte an Deweys Philosophie insbesondere auch auf die von Thomas M. Alexander und Larry A. Hickman herausgegebene hervorragende Textauswahl *The Essential Dewey* hingewiesen, in der reduziert auf zwei Bände wichtige Grundlagentexte Deweys vereint sind (vgl. Hickman/Alexander 1998).

Im Blick auf die breite Themenvielfalt innerhalb der neueren anglo-amerikanischen Sekundärliteratur können hier nur sehr knapp einige exemplarische Hinweise geben werden. Als biographischer Überblick zu Deweys Leben und Werk war lange Zeit das Buch von George Dykhuizen (1973) maßgebend. Mittlerweile liegen allerdings auf der Grundlage eines beträchtlich erweiterten Forschungsstandes ausführlichere und detailreichere Biographien z.B. bei Robert B. Westbrook (1991) insbesondere im Blick auf Deweys Verhältnis zur amerikanischen Demokratie, bei Steven C. Rockefeller (1991) in Bezug auf die Bedeutung des religiösen Hintergrunds und bei Alan Ryan (1995) in Hinsicht auf Deweys liberalen Humanismus vor. Der Forschungsprozess zu Deweys Biographie ist

---

21 Informationen zur SAAP finden sich auf der Website http://www.american-philosophy.org.

22 Informationen zum US-amerikanischen *Center for Dewey Studies* finden sich auf der Website http://www.siu.edu/~deweyctr. Seit 2005 gibt es eine deutsche Kooperation in Form des Dewey-Centers der Universität zu Köln: http://www.hf.uni-koeln.de/dewey/.

allerdings keineswegs abgeschlossen. Große Teile des Nachlasses (z.B. die Korrespon-
denzen) werden gegenwärtig weiter erforscht, wodurch immer wieder auch neue Beiträge
entstehen, wie neuerdings z.B. bei Thomas C. Dalton (2002) und Jay Martin (2002). Einen
guten ersten Überblick über Entwicklungstendenzen und Themenfelder im heutigen an
Dewey anschließenden Pragmatismus kann man sich mit Hilfe der ausgezeichneten Sammelbände verschaffen, die in jüngerer Zeit z.B. von Jim Garrison (1995) und Larry A.
Hickman (1998) und William J. Gavin (2003) veröffentlicht worden sind. Themen, denen
in diesen Bänden im Anschluss an Dewey nachgegangen wird (und zu denen weiterführend umfangreiche Literaturhinweise gegeben werden), sind beispielsweise: epistemologi-
sche Grundlagen, ästhetische Theorie, Populärkunst und Erziehung, Erziehung und Demokratie, Pragmatismus und Metaphysik, Fragen der Koedukation und der wissenschaftlichen Bildung im Zeitalter lebenslangen Lernens (so einige Themen der Beiträge in dem
Band bei Garrison); Theorie der Lebenskunst, pragmatischer „Community"-Begriff,
Pragmatismus und amerikanische Sozialwissenschaften, Philosophie als Bildungsprozess,
Ethik und Moralität, Theorie der religiösen Erfahrung, Logik und Erkenntnis, Pragmatismus und Feminismus (so ausgewählte Themen bei Hickman). Der letztgenannte Themen-
komplex wird auch in einem von Charlene Haddock Seigfried (2002) herausgegebenen
Sammelband mit dezidiert feministischen Interpretationen zu John Dewey weiter vertieft,
in dem neben historischen Perspektiven im Blick auf Vorläuferinnen eines pragmatistischen Feminismus wie beispielsweise Jane Addams insbesondere Fragen des Verhältnisses von Demokratie und Erziehung, der Subjektivität und des Verhältnisses von Objektivität und Wahrheit sowie der sozialen und politischen Philosophie diskutiert werden.

Aus der Fülle der neueren anglo-amerikanischen Sekundärliteratur sei an dieser Stelle
weiterführend zumindest noch – ohne jeden Anspruch auf Vollständigkeit – auf eine kleine Auswahl von Monographien hingewiesen: Eine einflussreiche Studie zur Aktualität
von Deweys Philosophieverständnis findet sich bei Ralph W. Sleeper (1986). In Bezug auf
Deweys Kunsttheorie und Ästhetik hat das Buch von Thomas M. Alexander (1987) Maßstäbe gesetzt, das Deweys Kunsttheorie umfassend im Kontext seines philosophischen
Gesamtansatzes reflektiert. Neuere Beiträge zu diesem Themenfeld liegen vor bei Philip
W. Jackson (1998), der insbesondere auch erziehungstheoretische Implikationen disku-
tiert, bei Richard Shusterman (2000), der verstärkt popkulturelle Perspektiven (z.B. die
Rap-Kultur) mit einbezieht, sowie bei David Granger (2006), der eine an Dewey anschließende Theorie der Lebenskunst und ästhetischen Erziehung im Dialog mit den populären
Romanen von Robert Pirsig präsentiert. Deweys Sozialphilosophie wird von James
Campbell (1992) im Zusammenhang der Herausbildung des pragmatistischen „Community"-Begriffs bei Peirce, James, Mead und Dewey rekonstruiert und auf ihre aktuelle Relevanz für ein gegenwärtiges Politikverständnis befragt. Interessant ist in diesem Zusammenhang auch eine Arbeit von Michael Eldridge (1998), der Deweys Ansatz als „kulturellen Instrumentalismus" auffasst und seine Bedeutung für die Theorie und Praxis kultureller und politischer Transformationsprozesse analysiert und damit ebenso zu einer Aktuali-

sierung von Deweys Demokratietheorie beiträgt wie das Buch von William Caspary (2000) und der Sammelband von Jim Garrison (2008). Als führende Vertreterin eines feministischen Pragmatismus kann Charlene Haddock Seigfried (1996) gelten, deren bahnbrechende Arbeit das Verhältnis zwischen Pragmatismus und Feminismus sowohl in historischer als auch in konzeptioneller Perspektive durchleuchtet. Zu Deweys Ethik liegt eine Auseinandersetzung bei Jennifer Welchman (1995) vor, Deweys Metaphysik wird umfassend z.B. bei Raymond D. Boisvert (1988) sowie in einer von der philosophischen Zeitschrift *Transactions of the Charles S. Peirce Society* (1992) veröffentlichten Diskussionsrunde zwischen John J. Stuhr, Ralph W. Sleeper, Raymond D. Boisvert und Thomas M. Alexander thematisiert. Zu Deweys Logik liegt eine Arbeit bei Thomas Burke (1994) vor, die Implikationen seiner instrumentalistischen Erkenntnistheorie und Kulturphilosophie für eine Philosophie der Technologie werden insbesondere von Larry A. Hickman (2001, 2007) herausgearbeitet. Deweys Pädagogik ist in jüngerer Zeit in erziehungsphilosophischer Hinsicht z.B. von Jim Garrison (1997) weiterentwickelt worden. In Bezug auf Theorie und Praxis frühkindlicher Erziehung liegt eine Arbeit von Harriet K. Cuffaro (1995) vor, in Hinsicht auf didaktische und hochschuldidaktische Fragen eine sehr praxisnahe Studie bei Stephen M. Fishman und Lucille McCarthy (1998). Mit Deweys Chicagoer „Laboratory School" und ihrer Bedeutung für die Gegenwart setzt sich Laurel N. Tanner (1997) auseinander. Zum Verhältnis zwischen Deweys Pragmatismus und dem Kölner Programm des interaktionistischen Konstruktivismus liegen mittlerweile Sammelbände bei Jim Garrison (2008) sowie Larry Hickman, Stefan Neubert und Kersten Reich (2009) vor. Das in gemeinsamer Autorenschaft verfasste Buch von Jim Garrison, Stefan Neubert und Kersten Reich (2012) beleuchtet erziehungsphilosophische Grundlagen und Herausforderungen aus konstruktivistischer und pragmatistischer Sicht, und der von Judith Green, Stefan Neubert und Kersten Reich (2012) herausgegebene Sammelband thematisiert Zusammenhänge des an Dewey anschließenden Pragmatismus mit aktuellen Debatten um Diversität. Die Studie von Inna Semetsky (2006) eröffnet einen Dialog zwischen Deweys Pragmatismus und der postmodernen Philosophie von Gilles Deleuze.

Als Klassiker der amerikanischen Sekundärliteratur zu Dewey, auf die auch in der neueren Forschung noch vielfach Bezug genommen wird, seien hier wenigstens der hervorragende Sammelband bei Paul A. Schilpp (1951) genannt, der ursprünglich aus Anlass von Deweys 80. Geburtstag im Jahr 1939 erschien und in dem Dewey selbst in Form eines „Rejoinder" ausführlich auf die in dem Band enthaltenen Beiträge namhafter zeitgenössischer Kritiker antwortet, sowie Richard J. Bernsteins (1967) Buch mit dem schlichten Titel *John Dewey*, von dem Alan Ryan meint, dass es wie kaum ein anderes Werk in den Jahrzehnten nach Deweys Tod dazu beigetragen habe, Deweys Ansehen als Philosoph zu bewahren (vgl. Ryan 1995, 23). Schließlich sei noch auf die vom Dewey-Center unter Federführung von Barbara Levine zusammengestellte und in elektronischer Form erhältliche vierbändige Bibliographie *Works about John Dewey, 1886–1995* hingewiesen, an deren Fortführung kontinuierlich gearbeitet wird (nähere Informationen dazu finden sich auf der bereits genannten Website des *Center for Dewey Studies*).

Über den weiter gefassten Kontext der Wiederentdeckung und Neuinterpretation des klassischen Pragmatismus insgesamt und die damit verbundenen Diskussionen um das Verhältnis zwischen historischem und heutigem Pragmatismus schließlich geben beispielsweise die Beiträge in den Sammelbänden bei Lenore Langsdorf & Andrew R. Smith (1995) und bei Morris Dickstein (1998) umfassend Auskunft. Insbesondere der letztgenannte Band lässt eine Vielschichtigkeit und Breite des Themenspektrums – von der Philosophie und Erkenntniskritik über die Gesellschaftstheorie und Rechtswissenschaft bis hin zur Kultur- und Kunsttheorie – erkennen, wie sie für die heutige Auseinandersetzung mit dem (klassischen) Pragmatismus in der anglo-amerikanischen Diskussion generell kennzeichnend ist, wobei auch Kontroversen in Bezug auf zentrale Begründungsfiguren ausgetragen werden.

Eine wichtige Debatte, die dabei gegenwärtig geführt wird, hängt mit dem Umstand zusammen, dass sich – sehr vereinfachend gesprochen – unter den heutigen Pragmatisten grob zwei Lager unterscheiden lassen. Die einen wollen am philosophischen Grundbegriff „experience" festhalten, wie er im klassischen Pragmatismus insbesondere bei Dewey und James entwickelt worden ist, während die anderen im Anschluss an Entwicklungen, die insbesondere in der Folge des so genannten *linguistic turn* in der Philosophie des 20. Jahrhunderts stehen, „language" anstelle von „experience" zum philosophischen Ausgangspunkt machen wollen (vgl. Kloppenberg 1998, 84 ff.). Zur ersten Gruppe zählt James T. Kloppenberg als prominente Vertreter etwa Hilary Putnam und Richard J. Bernstein, zur zweiten Gruppe Richard Rorty und Stanley Fish. Im Kern geht es bei dem Disput um die Frage, inwieweit wir bei unseren Beschreibungen von Erfahrungswirklichkeiten immer schon aus der Sicht (und in den Grenzen) einer bestimmten Sprache bzw. eines bestimmten Sprachspiels argumentieren – und damit von einer kulturell spezifischen Position aus sprechen – und inwieweit wir andererseits in der Lage sind, im Experimentieren mit unserer Welt den Kontakt zu einer Erfahrungswirklichkeit außerhalb der Sprache herzustellen, in der sich so etwas wie „Natur" in kultureller Brechung manifestiert.[23]

2.2   Zur Rezeption in Deutschland

Auch in Deutschland sind in jüngerer Zeit Ansätze einer keimenden Dewey-Renaissance erkennbar, wenngleich die deutschsprachige Diskussion im Blick auf Breite und Facettenreichtum der amerikanischen Dewey-Forschung insgesamt gesehen noch sehr hinterherhinkt. Zum Teil tief greifende und historisch tradierte Missverständnisse haben das Ver-

---

23   Ich werde auf diesen Disput zwischen heutigen Pragmatisten in Kapitel 6 dieser Arbeit ausführlich zurückkommen und aus konstruktivistischer Sicht dazu Stellung beziehen.

ständnis des Amerikanischen Pragmatismus im Allgemeinen und der Philosophie Deweys im Besonderen von Beginn an erheblich erschwert (vgl. dazu Joas 1992 a).[24] Zudem sind über lange Zeit einzelne Komponenten von Deweys Ansatz heraus gebrochen und ohne hinreichenden Blick auf den Gesamtzusammenhang seiner Philosophie isoliert und damit sehr verkürzt betrachtet worden. Dies gilt insbesondere – wenn auch nicht ausschließlich – für die pädagogische Rezeption seiner Erziehungstheorien (vgl. dazu neuerdings Bittner 2001).[25] Die lange Zeit ausgesprochen mangelhafte Übersetzungslage (vgl. dazu exemplarisch Neubert 1999), die sich erst seit den 90er Jahren des vergangenen Jahrhunderts durch die unter anderem von Martin Suhr besorgten Übersetzungen einiger der wichtigsten philosophischen Werke allmählich zu bessern beginnt, hat ein Übriges getan und ein angemessenes Verständnis von Deweys Denken in Deutschland ebenfalls sehr behindert.[26]

In jüngerer Zeit sind deutschsprachige Monographien zu Dewey meist im Rahmen von Dissertationsprojekten entstanden. Allerdings erscheinen diese Ansätze – insbesondere im Vergleich mit der reichhaltigen anglo-amerikanischen Dewey-Forschung – noch immer als sehr vereinzelt. Zu nennen wären hier beispielsweise die Auseinandersetzung mit Deweys Kunsttheorie und Ästhetik bei Ulrich Engler (1992), die Untersuchung des Verhältnisses von Metaphysik, Gesellschaftstheorie und Ästhetik in Deweys *Art as Experience* bei Marie-Luise Raters-Mohr (1994), die Interpretation zentraler Bestandteile von Deweys Philosophie aus interaktionistisch-konstruktivistischer Sicht bei Stefan Neubert (1998 a), die vergleichende Diskussion der erkenntnistheoretischen Positionen von Dewey und Piaget bei Haci-Halil Uslucan (2001) sowie Diskussionen zur Aktualität von Deweys Demokratieverständnis bei Dirk Jörke (2003) und Robert Wentz (2006). In mehreren Arbeiten hat Hans Joas (1996, 1997) Teile von Deweys Ansätzen in seine eigene Theoriebildung

---

24 Auf einen bedeutsamen Teil dieser Geschichte von Missverständnissen, nämlich die ideengeschichtlich sehr einflussreiche Auseinandersetzung Max Schelers mit dem Pragmatismus insbesondere von Peirce und James, geht Ken Stikkers (2004) ausführlich ein.

25 Eine Erweiterung des Blickfeldes im Rahmen der pädagogischen Dewey-Rezeption zeichnete sich zwar bei Fritz Bohnsack (1976) ab. Dessen Buch über Deweys demokratisches Erziehungsverständnis fand jedoch in der pädagogischen Diskussion der 70er und 80er Jahre weniger Widerhall, als es verdient hätte.

26 Mittlerweile liegen durch Martin Suhr besorgte Übersetzungen von Schlüsselwerken wie *Experience and Nature* (vgl. Dewey 1995), *The Quest for Certainty* (vgl. Dewey 1998), *Logic: The Theory of Inquiry* (vgl. Dewey 2002) sowie neuerdings der Aufsatzsammlung *Philosophy and Civilization* (vgl. Dewey 2003) vor. Zudem ist von Hans-Peter Krüger eine deutsche Übersetzung von Deweys *The Publics and Its Problems* herausgegeben worden (vgl. Dewey 2001). Als problematisch erscheint demgegenüber die stark veraltete deutsche Übersetzung von *Democracy and Education*, die aus dem Jahr 1930 stammt und 1993 von Jürgen Oelkers unverändert neu herausgegeben worden ist (vgl. Dewey 1993). Grundsätzlich bedenklich ist, dass Oelkers alte Übersetzungen, die nicht auf der Grundlage der heutigen Dewey-Forschung kritisch revidiert wurden, als aktuellen Beitrag zur deutschen Dewey-Rezeption neu auf den Markt bringt (vgl. z.B. auch Horlacher/Oelkers 2002). Gänzlich unbrauchbar ist die deutsche Fassung von *Art as Experience* (vgl. Dewey 1980), die auf Grund gravierender qualitativer Mängel nicht als eine adäquate Wiedergabe von Deweys Gedanken angesehen werden kann (vgl. Neubert 1999).

aufgenommen. Zudem gibt es einige neuere Sammelbände, in denen Deweys Philosophie teilweise oder ganz im Zentrum steht, etwa den von Hauke Brunkhorst (1998) herausgegebenen Band zum Thema „Demokratischer Experimentalismus", den von Jürgen Oelkers und Heinz Rhyn (2000) herausgegebenen englischsprachigen Band *Dewey and European Education* oder den von Hans Joas (2000) kürzlich vorgelegten Sammelband „Philosophie der Demokratie", der Beiträge zum Werk von John Dewey sowohl aus der Feder namhafter deutscher Autoren wie auch von führenden Vertretern des amerikanischen Pragmatismus zusammenbringt. Diesen Weg einer deutsch-amerikanischen Forschungskooperation, der angesichts der noch immer insgesamt als marginal zu bezeichnenden deutschsprachigen Dewey-Rezeption nicht nur als fruchtbar und gewinnbringend, sondern geradezu als unverzichtbar erscheinen muss, wenn es gelingen soll, eine substanzvollere und facettenreichere Wahrnehmung von Deweys Werken für die Zukunft zu sichern, sind auch die Herausgeber des von Larry Hickman, Stefan Neubert und Kersten Reich (2004) vorgelegten Sammelbandes „John Dewey – zwischen Pragmatismus und Konstruktivismus" gegangen. An die einzelnen Beiträge der beteiligten (amerikanischen und deutschen) Dewey-Forscher schließt sich in diesem Sammelband ein umfangreicher Diskussionsteil zwischen den Autoren an, in dem unter anderem auf unterschiedliche Ausgangspositionen und Deutungen zwischen amerikanischen und deutschen Perspektiven eingegangen wird.

3.   Zum Programm der vorliegenden Arbeit

Vor dem Hintergrund der skizzierten Forschungssituation verfolgen die in den siebzehn Kapiteln des vorliegenden Buches versammelten Beiträge zu Kultur und Erziehung im Pragmatismus und Konstruktivismus mehrere miteinander verbundene Intentionen. Das Buch ist in drei Hauptteile gegliedert. Der erste Teil versammelt Beiträge zum Verständnis und zur Erneuerung von Deweys Philosophie aus konstruktivistischer Sicht, in denen es um wichtige Grundfragen des Verhältnisses zwischen Pragmatismus und interaktionistischem Konstruktivismus geht. In Kapitel 1 wird Dewey zunächst im Kontext des heutigen internationalen Standes der Forschungen zu seinem Werk als ein Klassiker der modernen Pädagogik vorgestellt.[27] Es wird dargelegt, warum Dewey auch heute noch ein unverzichtbarer Autor für die Pädagogik ist und worin die bleibende Aktualität seines Ansatzes für die Erziehungswissenschaft besteht. Das radikale Demokratieverständnis, dem dabei eine zentrale Bedeutung zukommt, wird dann in Kapitel 2 näher spezifiziert, das sich mit Grundlagen von Deweys politischer Philosophie beschäftigt. Kapitel 3 und 4 stellen Untersuchungen zu einer Verknüpfung von Pragmatismus und interaktionistischem

---

27   In den deutschsprachigen Kapiteln dieser Arbeit stammen alle Übersetzungen von Zitaten Deweys
      von mir.

Konstruktivismus dar, und zwar zunächst mit Blick auf spezifische Fragen der Kulturtheorie (Kapitel 3) und daran anschließend in Hinsicht auf allgemein philosophische und erkenntnistheoretische Fragestellungen in der Begründung beider Ansätze (Kapitel 4). Da die internationale Pragmatismusforschung heute vor allem im angloamerikanischen Sprachraum stattfindet und es auch in Deutschland zum Stand der Forschung gehört, mit eigenen Beiträgen an den englischsprachigen Diskussionen teilzunehmen, ist Kapitel 4 in englischer Sprache verfasst. Dasselbe gilt für die vier weiteren Kapitel des ersten Teils dieser Arbeit, die sich aktuellen Fragestellungen und Herausforderungen in Hinsicht auf eine zeitgemäße Erneuerung und Weiterentwicklung des Pragmatismus aus der Perspektive des interaktionistischen Konstruktivismus widmen. Sie sind aus Beiträgen hervorgegangen, die in den vergangenen Jahren im Rahmen deutsch-amerikanischer Forschungskooperationen entstanden sind. In Kapitel 5 wird zunächst Deweys philosophischer Grundbegriff „experience" einer kritischen Neubewertung unterzogen, wobei unter anderem neuere Entwicklungen im philosophischen Verständnis von Erfahrung, Sprache und Diskurs (z.B. die sogenannte sprachphilosophische Wende) aufgegriffen und thematisiert werden. Vor dem Hintergrund dieser grundlegenden begrifflichen Auseinandersetzung wendet sich Kapitel 6 einer Revision des in Deweys Werk enthaltenen Pluralismusgedankens aus heutiger konstruktivistischer Sicht zu, wobei sowohl die reichhaltige Tradition pluralistischen Denkens in Deweys Philosophie herausgearbeitet als auch kritisch auf Grenzen und notwendige Neubestimmungen aus heutiger Sicht reflektiert wird. In Kapitel 7 werden Herausforderungen einer zeitgemäßen Rezeption von Deweys klassischen Ansätzen zu Demokratie und Erziehung diskutiert. Im Mittelpunkt steht dabei das Beispiel einer kritischen Auseinandersetzung mit Fragen des Rassismus als einer Gefährdung von Demokratie und Erziehung, die auch für Dewey schon bedeutsam waren, aus heutiger Sicht aber nach neuen und erweiterten theoretischen wie praktischen Antworten verlangen. Kapitel 8 schließlich rundet die Auseinandersetzung mit Perspektiven einer Weiterentwicklung von Deweys Pragmatismus durch die exemplarische Diskussion dreier neuer Veröffentlichungen aus der internationalen Dewey-Forschung ab, wobei unter anderem der notwendig vielschichtige Charakter des Projektes der philosophischen Erneuerung („Reconstruction") verdeutlicht wird.

Im zweiten Teil des Buches wende ich mich weiterführenden Konsequenzen von Pragmatismus und Konstruktivismus für die Kulturtheorie zu. Kapitel 9 stellt eine ausführliche Auseinandersetzung mit ausgewählten theoretischen Beiträgen der aktuellen angloamerikanischen Multikulturalismusdebatte dar. Im Mittelpunkt des Interesses steht dabei das Verhältnis von Konstruktivismus, Multikultur und Demokratie, wobei vor dem Hintergrund der im ersten Teil diskutierten pragmatischen und konstruktivistischen Perspektiven neuere Theorien radikaler Demokratie sowie Beiträge aus den *Cultural Studies* und dem Postkolonialismus in die Diskussion einbezogen und im Blick auf zentrale Herausforderungen für eine zeitgemäße Kulturtheorie befragt werden. Kapitel 10 knüpft an diese Diskussion an und thematisiert grundlegende Konsequenzen für eine (post-)moderne

Bildungstheorie. Anschließend an die Bildungsthematik werden in Kapitel 11 Fragen gesellschaftlicher Biographisierungsprozesse aus diskurstheoretischer Perspektive erörtert,
bevor in (dem gemeinsam mit Olaf Sanders und Erol Yildiz verfassten) Kapitel 12 das
Verhältnis von Kultur und Identität näher bestimmt wird. In Kapitel 13 schließlich wird
die Diskussion um Demokratie und Multikultur noch einmal explizit auf das Werk Deweys zurückbezogen und es wird zusammenfassend gefragt, wie Deweys Ansatz aus heutiger Sicht kritisch im Übergang zwischen Moderne und Postmodern zu situieren ist.

Im dritten Teil des Buches werden exemplarisch einige Anwendungsbeispiele einer
pragmatisch und konstruktivistisch ausgerichteten Kulturtheorie diskutiert. Im Mittelpunkt
stehen dabei ausgewählte Fragen der Ästhetik, Kreativität und Beziehungswirklichkeit.
Kapitel 14 führt zunächst durch eine textkritische Beschäftigung mit der deutschen Übersetzung von Deweys ästhetischem Hauptwerk *Art as Experience* exemplarisch vor Augen,
dass sich eine anspruchsvolle Auseinandersetzung mit der Philosophie des Pragmatismus
vor Fehldeutungen hüten muss, die durch die mangelhafte Qualität vorliegender Übersetzungen entstanden sind. In Kapitel 15 werden Aspekte der Kreativität in pädagogischen
Prozessen vor dem Hintergrund von Deweys pragmatischer Kunst- und Erfahrungstheorie
sowie aus interaktionistisch-konstruktivistischer Sicht spezifiziert. Die Ausführungen in
(dem gemeinsam mit Jim Garrison verfassten) Kapitel 16 schließen an diese Diskussion
an und erörtern Fragen von Kreativität im Blick auf die pädagogisch bedeutsame Kunst
des Zuhörens. In Kapitel 17 schließlich wird anhand eines literarischen Beispiels, des
Theaterstücks „Wer hat Angst vor Virginia Woolf …?" von Edward Albee, die Bedeutsamkeit eines diskustheoretisch reflektierten Verständnisses von Beziehungswirklichkeiten als für den Pragmatismus wie Konstruktivismus hilfreiche Beobachterperspektive illustriert, die Kommunikationsprozesse in kulturellen Kontexten vertiefend zu analysieren
erlaubt.

Das Buch schließt mit einem Veröffentlichungsnachweis aller Beiträge, die in die Teile dieser Arbeit eingeflossen sind.

Teil I:

Zur Erneuerung des Pragmatismus aus konstruktivistischer Sicht

Kapitel 1:

John Dewey als Klassiker der Pädagogik –
Erziehung zur Demokratie

1.1 Einleitung

Wenn John Dewey (1859–1952) heute mit Recht als ein bleibender Klassiker der modernen Pädagogik zu bezeichnen ist, dann hängt dies nicht unwesentlich mit dem Umstand zusammen, dass er als einer der wichtigsten Väter eines radikaldemokratischen Erziehungsverständnisses im 20. Jahrhundert gelten kann. Im Rahmen seines außerordentlich umfangreichen philosophischen Gesamtwerkes hat Dewey eine Konzeption von Erziehung begründet, die konsequent am Demokratiegedanken orientiert ist. Den Lernenden soll die Möglichkeit gegeben werden, durch eigene Erfahrungen und Handlungen sowie durch Partizipation und Teilhabe an gemeinsam mit anderen durchgeführten Aktivitäten und Projekten zu einer umfassend selbsttätigen und selbst bestimmten Entwicklung ihres Lernens zu gelangen. Demokratische Selbstbestimmungs-, Mitbestimmungs- und Solidaritätsfähigkeit beginnen für Dewey im Kleinen, sie sind eine Frage konkreter Handlungen, Teilnahmen und Beobachtungen von Lernenden im alltäglichen Miteinander. Die Schule als eine gesellschaftliche Institution ist an diesem Maßstab zu messen. Sie bedarf umfassender Reformen, um den Herausforderungen des Lebens in einer komplexen modernen Industriegesellschaft zu entsprechen und demokratische Lernprozesse möglichst umfassend für alle Lerner zu ermöglichen.

1.2 Biographischer Überblick

John Dewey wurde am 20. Oktober 1859 in Burlington (Vermont) im Nordosten der USA als dritter von vier Söhnen der Eheleute Archibald und Lucina Dewey geboren. Beide Eltern stammten aus Farmerfamilien. Allerdings hatte sich Johns Vater bereits früh von dieser Tradition losgesagt und betrieb ein Lebensmittel-, später ein Tabakwarengeschäft. Burlington entwickelte sich in jenen Jahren unter anderem durch den florierenden Holzhandel allmählich von einer typisch ländlichen Kleinstadt Neu-Englands zu einem wachsenden Einwanderungs- und Industrialisierungszentrum, in dem der junge Dewey bereits

als Kind Erfahrungen mit sozialer, kultureller und religiöser Vielfalt gemacht haben dürfte.[28]

Nach der Beendigung seiner College-Zeit und einer vorübergehenden Lehrtätigkeit an
einer High-School ging Dewey 1882 an die erst wenige Jahre zuvor gegründete *Johns
Hopkins University*, wo er seine Studien unter anderem unter der Anleitung des Neu-
Hegelianers G. S. Morris fortsetzte. Diese Auseinandersetzung mit der Philosophie Hegels übte, wie Dewey im Rückblick fast fünfzig Jahre später feststellen sollte, einen nachhaltigen Einfluss auf die Entwicklung seines Denkens aus (vgl. LW 5, 154).[29] Mit Unterstützung von Morris wechselte er 1884 an die *University of Michigan* in Ann Arbor, wo er
zunächst als Dozent und dann als Professor zehn Jahre lang tätig war. In dieser Zeit ent-
fernte er sich philosophisch allmählich von seiner früheren idealistischen Einstellung und
entwickelte, beeinflusst unter anderem durch Schriften von William James, erste Ansätze
seiner späteren „pragmatistischen" bzw. „instrumentalistischen" Sichtweise. Im Jahr 1886
heiratete er Harriet Alice Chipman. Aus der Ehe gingen sieben Kinder hervor, von denen
zwei früh verstarben.

In Ann Arbor lernte Dewey auch George Herbert Mead kennen, mit dem ihn in den
folgenden Jahren eine enge Freundschaft und Zusammenarbeit verband. Beide gingen
schließlich nach Chicago, wo Dewey 1894 eine Professur für Philosophie und die Leitung
der Abteilung für Philosophie, Psychologie und Pädagogik übernahm. In Chicago unter-
hielt Dewey enge Beziehungen zum „Hull House", einem aus der „social-settlement"-
Bewegung hervorgegangenen Projekt zur Unterstützung insbesondere von proletarischen
Migrantinnen und Migranten unter der Leitung von Jane Addams. „Hull House" galt als
ein Treffpunkt unterschiedlicher progressiver und linksorientierter politischer Gruppierungen. Deweys gesellschaftskritisches Bewusstsein hat in jener Zeit wesentliche Impulse
empfangen. Immer häufiger, so berichtet sein Biograph Dykhuizen (1973, 105), verließ er
das Klassen- und Studierzimmer, um sich ins praktische Leben einzumischen und für soziale Anliegen zu kämpfen, die er für wichtig hielt. Dieser Einstellung eines „öffentlichen
Intellektuellen", der sich auch in Fragen des politischen Alltagsgeschehens immer wieder
im Sinne seines radikaldemokratischen Anliegens zu Wort meldete, ist er sein ganzes Leben über treu geblieben (vgl. hierzu insb. Westbrook 1991).

In der experimentierfreudigen Atmosphäre der neu gegründeten Chicagoer Universität
entstand auch jenes Versuchsschulprojekt, das später unter dem Namen „Dewey-School"
weltweit bekannt werden und als eines der ersten reformpädagogischen Experimente des

---

28 Zur Biographie vgl. ausführlich Dykhuizen (1973), Westbrook (1991), Rockefeller (1991), Ryan
    (1995) sowie neuerdings Dalton (2002) und Martin (2002).

29 Quellenangaben zu den Schriften Deweys erfolgen hier – wie in der neueren Dewey-Forschung
    üblich – unter Verweis auf die kritische Gesamtausgabe seiner Werke, *The Collected Works of
    John Dewey*, die in die drei Abteilungen „Early Works" (EW), „Middle Works" (MW) und
    „Later Works" (LW) eingeteilt ist (s. Literaturverzeichnis). LW 5, 154 steht für Later Works,
    Vol. 5, Seite 154.

20. Jahrhunderts in die Geschichte der Pädagogik eingehen sollte. Die „Laboratory School" wurde im Januar 1896 unter Leitung Deweys eröffnet. Sie sollte den Schülern einen Raum für experimentelle und gruppenbezogene Lernerfahrungen eröffnen und zugleich als eine Art universitäres Experimentierfeld für neue psychologische und pädagogische Theorien dienen. In seinem Buch *The School and Society* (1899), das schnell über die Grenzen Amerikas hinaus bekannt wurde, hat Dewey die Erfahrungen dieser Laborschule reflektiert. Das Projekt währte bis zum Jahr 1904, als Dewey nach Missverständnissen und Zerwürfnissen mit der Universitätsleitung Chicago abrupt verließ und nach New York City übersiedelte, wo er eine Professur an der *Columbia University* – verbunden auch mit Vorlesungen am dortigen *Teachers College* – annahm, die er bis zu seiner Emeritierung (1939) innehielt.

In den ersten Jahren in New York und unter dem Einfluss von Kollegen wie dem Philosophen Wendell T. Bush und dem Anthropologen Franz Boas erweiterte sich Deweys Blickfeld allmählich in Richtung auf ein immer stärkeres Interesse an Fragen der Kultur und soziokultureller Institutionen. In zahlreichen Essays und Diskussionen entwickelten sich allmählich die grundlegenden Züge seiner späteren Philosophie. Es entstanden Bücher wie *Ethics* (1908; in Zusammenarbeit mit James H. Tufts) und *How We Think* (1910/11). Die Mehrzahl seiner größeren philosophischen Arbeiten sollte jedoch noch folgen. Viele davon wurden erst in der zweiten Hälfte seiner Zeit an der *Columbia University* bzw. in den Jahren nach seiner Emeritierung verfasst. Zu den wichtigsten Titeln gehören *Democracy and Education* (1916), *Human Nature and Conduct* (1922), das philosophische Hauptwerk *Experience and Nature* (1925/29), *The Quest for Certainty* (1929), *Art as Experience* (1934), *Logic: The Theory of Inquiry* (1938), *Freedom and Culture* (1939) und *Knowing and the Known* (1949; in Zusammenarbeit mit Arthur F. Bentley).

Im selben Zeitraum unternahm Dewey ausgedehnte Studienreisen unter anderem nach Japan (1919), China (1919–21), in die Türkei (1924) und die Sowjetunion (1928), die zum Teil mit Gastprofessuren oder politischen Einladungen verbunden waren. In all diesen Ländern setzte er sich intensiv mit den dortigen gesellschaftlichen, kulturellen und politischen Institutionen, insbesondere dem Schulwesen auseinander und studierte aktuelle Reformbestrebungen. Auch intensivierte sich in den 1920er und 30er Jahren Deweys generelles politisches und gesellschaftliches Engagement. Er machte sich unter anderem für die gewerkschaftliche Organisierung von Lehrern und Hochschullehrern stark, unterstützte politische Bewegungen wie die *League for Industrial Democracy* und ließ sich 1929 zum Präsidenten der *League for Independent Political Action* wählen, einer Gruppe von Linksliberalen, die in jenen Jahren durch die Gründung einer dritten politischen Kraft eine teilweise am Vorbild der europäischen Sozialdemokratien orientierte Alternative zum etablierten Zweiparteiensystem von Republikanern und Demokraten in den USA schaffen wollten. Noch als fast Achtzigjähriger übernahm Dewey 1937 die Leitung der Untersuchungskommission, die in Mexiko-City die sowjetischen Vorwürfe gegen den im Exil lebenden Leon Trotzky prüfen sollte. Knapp 20 Jahre nach dem Tod seiner ersten Frau Alice heiratete Dewey 1946 die damals 42jährige Roberta Lowitz Grant. Die beiden adoptierten zwei Kinder. John Dewey starb am 1. Juni 1952 im Alter von 92 Jahren in seiner Wohnung in New York.

1.3   Zentrale pädagogische Auffassungen im Kontext von Deweys Philosophie

Deweys Erziehungstheorien können nur im Kontext seines philosophischen und kultur-theoretischen Gesamtwerkes hinreichend erfasst werden (vgl. Garrison 1997, 1998; Neubert 1998 a; Hickman/Neubert/Reich 2004). Gerade innerhalb der deutschsprachigen Rezeptionsgeschichte seiner Pädagogik hat die von Beginn an unzureichende und zum Teil schlicht fehlende Auseinandersetzung mit seinem breiteren philosophischen Ansatz häufig zu Missverständnissen und Verkürzungen geführt. Dabei hat Dewey selbst in seinen Schriften immer wieder auf die Kontextualität des Denkens hingewiesen und vor akademischer Schubladenmentalität gewarnt. Die nachfolgende kurze (und notwendigerweise zum Teil stark vereinfachte) Darstellung seiner pädagogischen Auffassungen bemüht sich daher darum, die breiteren philosophischen Bezüge und Kontexte seines Ansatzes zumindest an einigen entscheidenden Stellen erkennbar werden zu lassen. Wir beginnen mit dem Begriff des „Pragmatismus" und seiner Bedeutung für die Erziehung.

1.3.1   Pragmatismus

Unter „Pragmatismus" versteht man in erster Linie eine Richtung des philosophischen Denkens, die in den Jahrzehnten vor und nach der Wende zum 20. Jahrhundert in Nordamerika entwickelt wurde und als deren wichtigste klassische Vertreter Charles Sanders Peirce, William James, John Dewey und George Herbert Mead gelten können.[30] Diese Bewegung lässt sich als Ausdruck eines allmählich eigenständig gewordenen amerikanischen Geisteslebens auffassen, das sich selbstbewusst von den europäischen Vorgaben zu lösen begann. Die Pragmatisten wandten sich unter anderem gegen die zu Ende des 19. Jahrhunderts vorherrschenden Strömungen eines neukantianischen bzw. neuhegelianischen Idealismus, in einem umfassenderen Sinne jedoch richtete sich ihre Kritik auch gegen viele andere traditionelle Auffassungen der europäischen Philosophiegeschichte.

---

30   Auf die teilweise erheblichen Unterschiede in den Auffassungen dieser vier klassischen Vertreter des Pragmatismus kann hier nicht eingegangen werden. Neben diesen häufig genannten „großen Vier" gab es eine Vielzahl weitere bedeutsamer Protagonisten und Wegbereiter des Pragmatismus – unter anderem viele Frauen wie beispielsweise Jane Addams (vgl. dazu Seigfried 1996, 2002; Dickstein 1998).

Nicht in erster Linie durch intellektualistische Widerlegungen, sondern durch das Aufwerfen neuer Problem- und Fragestellungen wollten sie sich von dem verabschieden, was sie als unnützen Ballast der Geistesgeschichte ansahen: von einer fest gefügten transzendentalphilosophischen Ontologie ebenso wie vom dogmatischen Streit zwischen Empirismus und Rationalismus, Idealismus und Materialismus sowie vom traditionellen Ideal einer Erkenntnis, die jenseits aller partikularen Interessen im Erblicken reiner Wahrheiten zu einem Wissen absoluter Geltung gelangt. Der leitende Gedanke ihrer Kritik war dabei die Frage nach der Bedeutung, die die Anwendung einer bestimmten philosophischen Vorstellung oder Auffassung im Leben der Menschen mit sich bringt. Sie betonten den instrumentellen Charakter allen Denkens. Der Wert und die Bedeutung einer Idee oder Fragestellung sollte nach dem Kriterium ihrer möglichen praktischen Konsequenzen beurteilt werden.[31] „Um in der Lage zu sein, Begriffen eine Bedeutung zuzuschreiben, muss man in der Lage sein, sie auf das Leben („existence") anzuwenden." (LW 2, 5)[32] Schon Peirce hatte Denkprozesse grundsätzlich auf das Handeln bezogen, zu dem sie in einer dienenden Beziehung stehen, denn „Überzeugungen sind tatsächlich Handlungsregeln, und die ganze Funktion des Denkens ist nur ein Schritt in der Erzeugung von Handlungsweisen („habits of action")" (Peirce in: Dewey, ebd., 6). Und James wollte mit seinem Pragmatismus unter anderem ein Kriterium aufstellen, „das es uns ermöglichen würde zu entscheiden, ob eine gegebene philosophische Frage eine authentische und vitale Bedeutung hat oder ob sie im Gegenteil trivial und nur verbal ist; und im ersteren Fall, welche Interessen auf dem Spiel stehen, wenn man die eine oder die andere der beiden strittigen Thesen akzeptiert und bejaht" (ebd., 8). Für die Pragmatisten haben philosophische Probleme und Debatten insofern eine Bedeutung für die Menschen, als die Überzeugungen, die sie ins Spiel bringen, zu unterschiedlichen Formen des Verhaltens führen können. Dieser Bezug auf zukünftige Handlungsfolgen – „alle Erkenntnis", schreibt Dewey, „vollzieht sich im Vorausblick auf ihre Folgen" (ebd., 12) – setzt für sie die Vorstellung eines offenen und dynamischen Universums voraus, dessen Entwicklung nicht abgeschlossen und das noch immer ‚im Entstehen' („in the making"), im Prozess des Werdens ist, „eines Universums, das bis zu einem gewissen Punkt noch formbar ist" (ebd., 13).

Indem der Pragmatismus Intelligenz und Denken als Werkzeuge erfolgreichen Handelns interpretiert, verabschiedet er sich von klassischen Abbildtheorien der Erkenntnis (vgl. MW 4, 180). Stattdessen vertritt er ein Erkenntnismodell, das aus heutiger Perspektive in vielerlei Hinsicht als konstruktivistisch bezeichnet werden kann.[33] Danach ist Er-

---

31 Der Begriff „Pragmatismus" bezeichnete daher für Dewey nicht so sehr eine Lehre oder Doktrin als vielmehr eine philosophische Methode.

32 Alle Übersetzungen englischsprachiger Zitate in diesem Beitrag stammen von mir (S.N.).

33 Auf Grenzen dieses impliziten Konstruktivismus kann ich hier nicht näher eingehen. Zu einer kritischen Diskussion vgl. Kapitel 5 dieses Buches sowie Neubert (1998 a), Garrison (2004), Hickmann (2004 a), Neubert (2004 b), Reich (2004 a), Stikkers (2004), Garrison/Hickman/Neubert/Reich/Stikkers (2004), Reich (2005, 197 ff.).

kennen immer schon eine Form von Handeln. Erkenntnis und Wissen bilden nicht bloß passiv eine unabhängig von ihnen existierende Wirklichkeit ab. Sie müssen vielmehr aktiv in einem sozialen Prozess hergestellt und konstruiert werden, um reale Handlungsprobleme zu lösen. Daher sind sie stets interessenbezogen und selektiv. Für Dewey verbindet sich damit ein grundlegend experimentalistisches Wahrheitsverständnis. Alle Vorstellungen und Ideen sind für ihn von der Beschaffenheit dessen, was in der Wissenschaft als „Arbeitshypothesen" bezeichnet wird: „Vorhersagen dessen, was sich unter zukünftigen Bedingungen ereignen wird; Vorhersagen, die zudem dazu verwendet werden, Tätigkeiten so anzuleiten, dass die wünschenswerten Bedingungen, wenn möglich, verwirklicht werden. Jene Ideen, die wirklich ‚aufgehen'; die Vorhersagen, die durch zukünftige Ereignisse verifiziert werden, wenn sie sich einstellen; die Pläne und Verhaltensmethoden, die die Bedingungen erfolgreich in der erwünschten Richtung verändern, sind *wahr*; und der Begriff Wahrheit, wie er auf Urteile und Ideen angewandt wird, hat keine andere Bedeutung als diese." (MW 4, 185)

Bei der Entstehung eines philosophischen Ansatzes ist stets der Einfluss des sozial- und kulturgeschichtlichen Hintergrundes von Bedeutung, vor dem er sich entwickelt hat – in diesem Falle also die Lebenswirklichkeit in Nordamerika am Ende des 19. und in der ersten Hälfte des 20. Jahrhunderts. Es handelt sich um die zunehmend komplexer werdende gesellschaftliche Alltagswelt einer jungen Industrienation, deren soziales und ökonomisches Leben in einer rasanten Dynamik begriffen war. Züge von Individualismus, Selbstverwirklichungsstreben, Tatkraft und Fortschritts- und Machbarkeitsglauben prägten ein Lebensgefühl, das sich im Ideal eines „American Dream" verdichtete und in dem der Pioniergeist der amerikanischen Gründerzeit noch deutlich nachklang. Die stark praxisphilosophische, an der Verwirklichung von Möglichkeiten orientierte Grundeinstellung des Pragmatismus sowie seine Geringschätzung bloßer Spekulationen sind gewiss in nicht unerheblichem Maße auf diesen Einfluss zurückzuführen. Dennoch wäre es falsch, den Pragmatismus als eine bloße ideologische oder intellektuelle Widerspiegelung des „American Way of Life" zu betrachten. Dagegen sprechen nicht nur seine vielfältigen kritischen Bezüge zu europäischen Denktraditionen, sondern insbesondere auch der Umstand, dass sich die klassischen Pragmatisten durchaus kritisch mit der amerikanischen Lebenswirklichkeit auseinandergesetzt haben. Insbesondere John Dewey gehörte in der ersten Hälfte des 20. Jahrhunderts zu jenen öffentlichen Intellektuellen in den USA, die eindringlich vor den Gefahren eines rücksichtslosen Individualismus warnten und im zunehmend entfesselten Kapitalismus des Industriezeitalters eine Bedrohung für die Grundlagen der Demokratie sahen.

Bevor wir aber auf Deweys Demokratieverständnis näher eingehen, wollen wir uns zunächst einige pädagogische Implikationen der skizzierten erkenntnistheoretischen Grundannahmen des Pragmatismus anschauen. In einer Serie von drei kleinen Aufsätzen, die unter dem Titel „The Bearings of Pragmatism Upon Education" (1908/09) veröffentlicht wurden, hat Dewey solche Implikationen aufgezeigt. Ich fasse einige der wichtigsten Aspekte hier in einer etwas veränderten Reihenfolge zusammen:

(1) Jeder Lern- und Erziehungsprozess („educative process")[34] sollte damit beginnen, *etwas zu tun*, und die notwendige Schulung der Sinne, der Erinnerung, Vorstellungskraft und Urteilsbildung sollte aus den Bedingungen und Erfordernissen dieser Aktivitäten hervorgehen (vgl. MW 4, 185). Und zwar sollte es sich dabei nicht um eine willkürlich gestellte Aufgabe handeln, sondern um eine gemeinsam mit anderen ausgeführte Tätigkeit, die aus sich heraus für die Lerner als hinreichend bedeutsam erscheint, dass sie selbst ihren Wert erkennen und ein lebendiges Interesse daran entwickeln können. Dies ist die Art und Weise, wie sich Lernen von selbst bereits vor jedem schulischen Unterricht vollzieht. Schulische Bildungsprozesse sollten nach Deweys Überzeugung daran anschließen, indem die Schule eine Lernumwelt schafft – eine Welt im Kleinen („miniature world") –, die die natürlichen Lebensfunktionen der Schüler/innen anspricht und ihnen vielfältige Gelegenheiten zu selbsttätigen und selbst bestimmten Lernerfahrungen verschafft.

(2) Auch alle intellektuelle Schulung sollte aus den Erfordernissen und Potenzialen solcher gemeinsamen Tätigkeiten hervorgehen (vgl. ebd., 187 f.). Die notwendigen Lerninhalte, Informationen und Wissensbestände sollten sich um die Entwicklung dieser Aktivitäten herum gruppieren, anstatt nur mehr oder weniger isoliert angehäuft und zum bloßen Zweck des Lernens „eingetrichtert" zu werden („driven into pupils"). Dewey führt in diesem Zusammenhang das didaktische Konzept der „occupations" ein.[35] „Occupations" in diesem Sinne meint Beschäftigungen und Tätigkeiten, die auch außerhalb des schulischen Lernens bedeutsam sind. Ihr primärer Zweck liegt in der Tätigkeit selbst und ihren jeweiligen Motiven, Gegenständen, Zielen und Anforderungen. Das Lernen stellt sich als ein notwendiger Nebeneffekt ein, weil solche „occupations" nicht ohne aktive Erweiterung des Erfahrungs- und Wissenshorizonts der Lernenden bewältigt werden können. Sie müssen daher hinreichend komplex, ausgedehnt und anregungsreich sein, um zu vielfältigen und kontinuierlich aufeinander aufbauenden Lernerfahrungen anregen zu können. Als Beispiele werden von Dewey in Texten zu seiner *Laboratory School* und anderen pädagogischen Schriften um die Wende zum 20. Jahrhundert zunächst Beschäftigungen wie Gartenbau, Kochen, Weben oder Werkstattarbeiten mit unterschiedlichen Materialien genannt (vgl. ebd., 189) – Tätigkeiten, an die sich für ihn naturwissenschaftliche, geographische, historische, ökonomische und sozialwissenschaftliche Kenntnisse ebenso wie affektive, ästhetische und künstlerische Erfahrungsdimensionen anschließen lassen (vgl. MW 1, 1–111). Zu denken ist aber z.B. auch an Theaterprojekte, Tätigkeiten im Rahmen

---

34 Um der Einheitlichkeit von Deweys Terminologie zu entsprechen, gebe ich „education" in der Regel mit „Erziehung" wieder. Dabei ist zu berücksichtigen, dass der Begriff im Englischen weiter gefasst ist als der Erziehungsbegriff im Deutschen und z.B. auch Aspekte von „Bildung" mit einschließt. Einen speziellen Bildungsbegriff gibt es im Englischen nicht.

35 Später ist an diese Stelle der Begriff des „Projekts" getreten, der insbesondere durch Deweys Schüler Kilpatrick popularisiert wurde.

schulischer Selbstorganisation, Projekte zur Erkundung der Nachbarschaft und Erforschung der Arbeitswelt sowie Aktivitäten zur Mitgestaltung des Schullebens bis hin zum Bau eines eigenen „Clubhauses" für die Schüler (vgl. die vielen Beispiele in MW 8, 205–404). Aus heutiger Sicht könnte man sich ergänzend etwa auch Unterrichtsprojekte vorstellen, in denen Schüler/innen sich durch die Herstellungen einer selbst produzierten Nachrichtensendung aktiv mit der gesellschaftlichen Praxis der Berichterstattung durch moderne Massenmedien auseinandersetzen (zu diesem Beispiel vgl. Reich 2005, 118–145).

(3) Von besonderer pädagogischer Bedeutung ist für Dewey der Umstand, dass ein solches Lernen durch eigenes Ausprobieren, Erforschen, Erfinden und Konstruieren die Schüler/innen zu einer experimentellen Grundeinstellung gegenüber dem eigenen Lernen führen kann. Sie lernen, Ideen, Theorien und Prinzipien als „Arbeitshypothesen" zur Lösung von Problemen zu behandeln und nicht als dogmatische Wahrheiten, deren Wert abschließend feststeht und die fraglos von einer höheren Autorität übernommen werden müssen. Eine Erziehung im Sinne des Pragmatismus würde daher nach Deweys Auffassung zur Entwicklung von Persönlichkeiten beitragen, „denen die Notwendigkeit bewusst ist, ihre Ideen und Überzeugungen immer wieder dadurch zu testen, dass sie sie in eine praktische Anwendung bringen, und ihre Überzeugungen auf der Grundlage der Ergebnisse solcher Anwendung zu revidieren" (MW 4, 188).

(4) Schließlich würde sich, so Deweys Erwartung, mit einem solchen Lernen durch „occupations" die soziale Atmosphäre der Schule („the morale of the school") grundlegend ändern (vgl. ebd., 190 f.). Einer Isolation der Schule und ihres Kodex vom gesellschaftlichen Leben würde ebenso entgegengewirkt wie dem in ihr vorherrschenden Egoismus, Konkurrenzdenken und sozialen Gegeneinander, das dazu tendiert, gesellschaftliche Schranken und Gegensätze zu reproduzieren und zu verfestigen – ein Ausdruck dessen, was man in der späteren Sozialisationsforschung auch als den „heimlichen Lehrplan" der Schule bezeichnet hat.

1.3.2   Demokratie und Erziehung

Seine Vorstellungen zu einer Erziehung zur Demokratie hat Dewey vor allem in seinem 1916 erschienenen pädagogischen Hauptwerk *Democracy and Education* (MW 9) ausführlich dargestellt und begründet. Als Hintergrund dienten ihm dabei unter anderem die Erfahrungen, die er im Rahmen seines bereits genannten Chicagoer Schulversuchs (1896–1904) sowie in umfangreichen Auseinandersetzungen mit anderen Beispielen schulischer Reformprojekte (vgl. MW 8, 205–404) gesammelt hatte. Im Unterschied zu vielen anderen Vertretern der internationalen reformpädagogischen Bewegung jener Zeit hat Dewey ein Konzept von Erziehung entworfen, das konsequent am Demokratiegedanken ausgerichtet ist und sich jedem Versuch einer Vereinnahmung durch autoritäre bzw. totalitäre

Ideologien widersetzt. Die Schule soll als eine „miniature community" (MW 1, 12) – Dewey spricht im selben Zusammenhang auch von einer „embryonic society" – einen nach demokratischen Gesichtspunkten gestalteten Lebens- und Erfahrungsraum bilden, wobei das lebensweltliche „experience"[36] der Schüler/innen als Ausgangspunkt für gemeinsame konstruktive Lernprozesse genutzt wird. So soll von klein auf die Einübung in demokratische Umgangsformen, die Verwirklichung eigener (Lern-)Interessen, die Fähigkeit zur Kritik und autonomen Entscheidungsfindung auf der Grundlage selbst gemachter Erfahrungen sowie die Bereitschaft zu Kooperation und Verständigung bei der Verfolgung gemeinsam projektierter Handlungsziele unterstützt werden.

Dewey hat in einem seiner späteren Essays drei Metaphern geprägt, die ich an dieser Stelle aufgreifen und knapp interpretieren möchte, um wesentliche Grundgedanken seines Erziehungsverständnisses zu verdeutlichen: Die Metaphern des Klosters, des Wühltisches und des Labors (LW 6, 99–111).[37] Sie charakterisieren einflussreiche Leitbilder über Schule und damit verbundene didaktische Grundvorstellungen in der Geschichte des amerikanischen Schulwesens. Dabei versinnbildlicht die Vorstellung des Klosters das traditionelle Schulmodell aus der Pionierzeit der US-amerikanischen Gesellschaft. Es war vor allem durch den Versuch gekennzeichnet, das Erziehungssystem der Alten Welt unter den prekären Lebensbedingungen in einem noch weitgehend unerschlossenen Kontinent fortzusetzen. Beim Aufbau der neuen Zivilisation sollte der Kontakt mit der „höheren Kultur" Europas nicht verloren gehen. Insofern sieht Dewey in diesem Modell, das in den Vereinigten Staaten etwa bis Ende des Bürgerkrieges bestimmend geblieben sei, im Wesentlichen ein Erbe der alten feudalistischen Epoche. Charakteristisch für den Kloster-Typus ist nach Deweys Meinung zunächst die Trennung in eine rudimentäre Elementarschulbildung für die Masse, die aus nicht viel mehr als der Vermittlung der grundlegendsten Kulturtechniken wie Lesen, Schreiben und Rechnen bestand, und eine stark durch die Sprachen und die Literatur des Altertums geprägte höhere Bildung, die nur einer kleinen Elite offen stand. Die Schule war eine Buch- und Wissensschule, die sich durch eine Tendenz zur Trennung von Inhalten und Methoden auszeichnete, in ihren Inhalten stark vergangenheitsorientiert und in ihrer Methodik lehrstoffzentriert war. Ihr vorrangiges Ziel war die Reproduktion und Weitergabe tradierter Wissensbestände und Wahrheiten. Das Bild des Klosters betont die Abgeschlossenheit dieser Welt rein symbolischen Lernens, das sich weitgehend isoliert von der Welt des alltäglichen Lebens vollzog. Das relativ lange Funktionieren dieses Systems beruhte nach Deweys Überzeugung insbesondere darauf, dass bis in die zweite Hälfte des 19. Jahrhunderts hinein die überwiegend ländliche und vorindustrielle Produktionsweise in den USA mit einer relativ geringen Trennung von Lebens- und Arbeitswelt einherging. Die für das ökonomische Leben wichtigen Lernprozesse

---

36   Zu Deweys Begriff des „experience" vgl. weiter unten die Ausführungen in Abs. 3.3.

37   Zum Folgenden vgl. auch Reich (2005, 256 ff.).

konnten von den meisten Kindern daher noch weitgehend außerhalb der Schule erworben werden.

Dies änderte sich nachhaltig mit der industriellen Revolution, die in Amerika zwar später als in den führenden europäischen Ländern einsetze, sich angesichts der offeneren Lebensbedingungen dafür aber umso ungehinderter und durchschlagender vollzog. In Deweys Geburtsjahr 1859 wurden in Amerika, das bis dahin fast ausschließlich von Wind- und Wasserkraft sowie der Holzverarbeitung lebte, gerade die ersten Ölquellen erschlossen (vgl. Hickman 2004b, 2). Von den Technologien, die sich daraus entwickelten, hängen wir heute alle ab. Die industrielle Mechanisierung und Rationalisierung von Arbeitsprozessen, die wachsende Mobilität und Urbanisierung veränderten das gesellschaftliche Leben auf grundlegende Weise. Indem z.B. Heim und Arbeit, Konsum und Produktion räumlich und zeitlich in stärkerem Maße als zuvor getrennt wurden, wandelte sich auch für die meisten Kinder der Zugang zu den „Grundrealitäten" des sozialen Lebens. Zudem kam es durch die zunehmende Massenerzeugung und -verbreitung gedruckter Texte und Materialien zu einem veränderten Status symbolischer Produkte und Kompetenzen. Die Forderung nach universeller Schulbildung sowie die Einführung und Durchsetzung der allgemeinen Schulpflicht sind nach Dewey in diesem historischen Kontext zu sehen. Angesichts der neuen wissenschaftlichen und industriellen Lebensbedingungen kam es zugleich bald auch zu Veränderungen in Bezug auf Lehrstoffe, Lernziele und Unterrichtsmethoden.[38] Das sich beschleunigende Wachstum des Wissens führte zu einer ständigen Zunahme didaktischer Angebote, verbunden mit einer stärkeren Einbeziehung berufsorientierender Lehrstoffe, einer höheren Praxisorientierung in Inhalten und Methoden, einer größeren Schülerorientierung und Berücksichtigung individueller Interessen, Fähigkeiten und Lernprozesse. Dewey spricht in diesem Zusammenhang von einer „Erweiterung der Erziehung, um den Bedürfnissen der größeren Zahl zu entsprechen" (LW 6, 105). Damit war zugleich eine stärkere Koppelung der Schule an die Erfordernisse des Marktes verbunden. So entstand allmählich eine Situation, die Dewey in Anlehnung an zeitgenössische Kritiker als *bargain counter education* kennzeichnet, was wir hier annäherungsweise als Wühltisch-Erziehung[39] übersetzen können. Die „Wühltische" stellen ein Spiegelbild der kapitalistischen Verhältnisse dar. Die Didaktiker bieten ihre Modelle auf dem großen Markt der pädagogischen Möglichkeiten an und überlassen eine Entscheidung über die beste Auswahl mehr und mehr ihren „Kunden", d.h. den Leh-

---

38   Das amerikanische „Progressive Education Movement", das etwa mit der Jahrhundertwende einsetzte, kann zu einem großen Teil als Reaktion auf diese gewandelte Situation verstanden werden.

39   Der Begriff „bargain counter education" beinhaltet die Aspekte eines „bargaining" im Sinne von Geschäftemachen und Aushandeln nach individuellen Kosten-Nutzen-Überlegungen und eines „counting" im Sinne von Einschätzen und Verrechnen (vgl. „counting-house") – also gewissermaßen eine Pädagogik des Aushandelns und Verrechnens.

rer/inne/n, Eltern, Schüler/inne/n, Studierenden und sonstigen Interessenten, ohne noch eine verbindliche didaktische Orientierung für alle vorgeben zu können.[40]

Mit dieser veränderten Situation verbinden sich für Dewey im Vergleich zu den alten „Kloster"-Modellen durchaus eine Reihe positiver Aspekte. So hat sie zu einer weitgehenden Überwindung ehemals fest gefügter Schranken und Trennungen geführt – z.B. zwischen Erziehung und Masse, Kultur und Beruf, Theorie und Praxis (vgl. ebd., 106). Die Gleichheit im Blick auf Bildungschancen hat ebenso zugenommen wie das Ausmaß an Selbstbestimmung und Selbstverantwortung auf Seiten der Lernenden. Eine Gefahr besteht für ihn jedoch unter anderem darin, dass die „Wühltische" mit dem Nach- und Nebeneinander ihrer diversen Angebote leicht zu didaktischer Beliebigkeit und Oberflächlichkeit verführen. Dadurch wird nicht nur die Festlegung klarer Lernziele erschwert. Es kommt auch leicht zu einer Überfrachtung des Lernens mit immer neuen Inhalten, die eher unsystematisiert nebeneinander stehen und zudem häufig den aktuellen Entwicklungen des Wissens und den sich rasch wandelnden Anforderungen der Praxis um Jahre hinterherhinken. Der schwerwiegendste Einwand besteht für Dewey aber darin, dass die didaktischen Modelle noch immer zu sehr dem alten „Pipeline"-Prinzip des Lehrens und Lernens verbunden bleiben. Sie bieten den Lernstoff als etwas fertig Vorgegebenes an, das zwar zum Zweck erhöhten Anreizes und gesteigerter Effektivität meist hübscher „verpackt" ist als in früheren Zeiten, von den Lernenden jedoch nach wie vor weitgehend passiv aufgenommen werden muss, um zum Zweck der Prüfung und Benotung reproduziert zu werden (vgl. ebd., 109). Eine solche Auffassung aber reicht für eine demokratische Erziehung in Deweys Verständnis nicht hin. Sie berücksichtigt für ihn viel zu wenig die aktive und konstruktive Entwicklung des Lernens in der selbsttätigen und selbst bestimmten Auseinandersetzung von Lernenden mit ihren Erfahrungswelten.

Er führt deshalb einen dritten Typus ein, zu dessen Verwirklichung die „Wühltische" bestenfalls ein Übergangsstadium darstellen können. Zur Kennzeichnung dieses dritten Typus wählt Dewey die Metapher des „Labors". Der Begriff ist in einem weiten Sinne gemeint, er umfasst auch Aspekte der „Werkstatt" oder des „Ateliers". Es geht um ein Experimentierfeld, das – im Anschluss an die oben beschriebenen pragmatistischen Grundannahmen – Anregungen und Ressourcen, Materialien und Arbeitsmittel für ein Lernen durch eigenes Entdecken und Erfinden bereitstellt. Der Laborgedanke setzt am spontanen Neugierverhalten und den Interessen von Lernenden an. Gemeinsam mit anderen Lernenden sollen sie Probleme bearbeiten, die ihnen selbst als bedeutsam erscheinen, und dabei sowohl Kenntnisse als auch Methoden der Untersuchung und Kritik erwerben. Wichtig ist für Dewey dabei die Betonung des „daily experience" als Ausgangspunkt des Lernens (vgl. ebd., 108). Sie legt den Gedanken einer weitgehenden Öffnung der Schule und ihrer Vernetzung mit dem sozialen Umfeld in all seinen lokalen Eigenschaften und

---

40 Bis in die Gegenwart hinein stellt dieses Bild Deweys eine recht treffende Charakterisierung des modernen Didaktikbetriebs dar.

Besonderheiten nahe. Im Sinne des erwähnten didaktischen Konzepts der „occupations"
soll den Lernenden die Möglichkeit gegeben werden, die gesellschaftliche Wirklichkeit in
eigenen Lernprojekten zu erforschen. Dabei soll keineswegs auf die Vermittlung notwendiger Kenntnisse und Fertigkeiten durch Lehrer/innen bzw. durch Bücher verzichtet werden. Deren rekonstruktive Aneignung sollte nach Deweys Überzeugung aber immer im
Dienste eigener konstruktiver Lernprozesse stehen, die im „experience" der Lernenden
ansetzen. Das bringt auch für die Rolle des Lehrers eine notwendige Veränderung mit
sich. Dewey schreibt, dass er sich von einem „Diktator" oder „Cicero" in einen aufmerksamen Begleiter („watcher") und Helfer verwandeln müsse (MW 8, 318). Als Mehr-
Wisser verfügt er im Vergleich zu den Schülern über einen größeren und reiferen Schatz
an „experience", den er diesen bereitwillig zur Verfügung stellen sollte. Er ist aber kein
Besser-Wisser mehr, der alle Lernprozesse und notwendigen Resultate von vornherein
kontrolliert und kennt: „Die ältere, traditionelle Erziehung gründete sich auf den Gedanken, dass der Lehrer oder das Schulbuch im Voraus wussten, was die junge Generation
(„the young") lernen sollte. Der Lehrer oder das Schulbuch sagten dem Schüler, wie die
Dinge sind („what was so"). Die Leistung des Schülers war weitgehend beschränkt auf
passive Absorption und Reproduktion ... Die Methode des Labors ist eine experimentelle.
Es ist eine Methode des Entdeckens durch Suche, durch Untersuchung, durch Testen,
durch Beobachtung und Reflexion – alles Prozesse, die eher geistige Aktivität als bloße
Fähigkeiten der Absorption und Reproduktion erfordern." (LW 6, 109)

Der demokratische Grundgedanke seines Erziehungsverständnisses wurzelt dabei in
Deweys Überzeugung, dass sich Demokratie in letzter Instanz an der Wertschätzung der
„intrinsischen Bedeutsamkeit eines jeden sich entwickelnden („growing") ‚experience'"
(MW 9, 116) bewahrheiten muss. Damit ist angesprochen, dass Demokratie für Dewey
weit mehr bedeutet als eine spezifische Staatsform oder politische Verfassung. Der Begriff erschöpft sich auch nicht in einer bestimmten Anordnung gesellschaftlicher Institutionen. Er bezeichnet vielmehr primär eine Lebensweise („a personal way of life"; vgl. LW
14, 226), eine Haltung und Grundeinstellung des menschlichen Miteinander, die als Maßstab zur Beurteilung realer menschlicher Verhältnisse in den unterschiedlichsten gesellschaftlichen Lebensbereichen und Institutionen dienen kann – von der Familie und den
lokalen nachbarschaftlichen Gemeinschaften („local communities"; vgl. LW 2, 351–372)
über die Schule und andere pädagogische Institutionen bis hinein in die Arbeitswelt und
die Bereiche der industriellen Produktionen, um nur einige der für Dewey besonders bedeutsamen Felder zu nennen.

In *Democracy and Education* arbeitet Dewey unter anderem zwei zentrale Kriterien
heraus, die zusammen genommen als Standard zur Beurteilung der demokratischen Qualität einer sozialen Gruppe oder Gemeinschaft (bzw. auch ganzer Gesellschaften) dienen
können: (1) Ein *internes* Kriterium fragt danach, wie zahlreich und vielfältig die Interessen sind, die von den Mitgliedern der Gruppe oder Gemeinschaft bewusst geteilt werden.
(2) Ein *externes* Kriterium stellt die Frage, wie umfassend und frei der Austausch mit an-

deren Gruppen, Gemeinschaften oder sozialen Zusammenschlüssen ist (vgl. MW 9, 89). Dabei handelt es sich für ihn um ein Ideal im pragmatischen Sinne, das für wünschenswert erachtete Züge des tatsächlich bestehenden gesellschaftlichen Lebens herausgreift und verallgemeinert, um mit ihrer Hilfe andere, weniger wünschenswerte Aspekte kritisieren und Verbesserungsvorschläge machen zu können (vgl. ebd., 88). Denn Dewey lässt keinen Zweifel, dass dieses Ideal in den gesellschaftlichen Verhältnissen seiner Zeit keineswegs umfassend verwirklicht ist. Es macht für ihn die Radikalität des demokratischen Gedankens aus, dass seine Umsetzung stets neu gesucht und erprobt werden muss. Demokratie ist bestenfalls erst im Prozess ihres Werdens begriffen. „Das Ziel der Demokratie ist ein radikales Ziel. Denn es ist ein Ziel, das bisher noch in keinem Land und zu keiner Zeit adäquat verwirklicht worden ist. Es ist radikal, weil es große Veränderungen in den bestehenden ökonomischen, rechtlichen und kulturellen Institutionen der Gesellschaft erfordert." (LW 11, 298 f.; Herv. geändert) Der Wert solcher Veränderungen aber bemisst sich daran, wie sehr sie dazu beitragen, den fortlaufenden Prozess des menschlichen „experience" zu bereichern. Demokratie beruht daher für Dewey letztlich auf dem „Glauben an die Fähigkeit des menschlichen ‚experience', diejenigen Ziele und Methoden [selbst] hervorzubringen, kraft derer weiteres ‚experience' in strukturierter Reichhaltigkeit wachsen kann" (LW 14, 229).

1.3.3 „Experience", „inquiry" und „communication"[41]

Damit sind wir beim zentralen Grundkonzept von Deweys philosophischem Ansatz angekommen, dem bereits mehrfach erwähnten Begriff des „experience", den wir hier ohne eine Übersetzung ins Deutsche verwenden wollen. Denn Deweys Verständnis von „experience" unterscheidet sich sowohl vom klassischen Erfahrungsbegriff des philosophischen Empirismus also auch von der Art und Weise, wie der Begriff im üblichen Sprachgebrauch häufig verwendet wird. Gemeint ist bei Dewey nicht lediglich die rein subjektive oder „innere" Erfahrung einer vermeintlich unabhängig und getrennt vom Erfahrenden gegebenen „äußeren" Wirklichkeit. Es handelt sich auch nicht um einen in erster Linie passiven Prozess der Rezeption von Sinneseindrücken. Vielmehr besteht für Dewey die Grundeinheit des „experience" aus der Handlung, und zwar der Handlung „in ihrer vollen Entwicklung als eine[r] Verbindung zwischen Tun (‚doing') und Erleiden (‚undergoing')" (LW 11, 214). Der Begriff umfasst für ihn stets *aktive* als auch *passive* Komponenten, und erst der wahrgenommene Zusammenhang zwischen beiden macht die lebendige Bedeutung eines „experience" aus (vgl. auch MW 9, 146 ff.). „Experience" bezeichnet daher ein grundlegend interaktives Geschehen, einen umfassenden Erlebenszusammenhang, der für

---

41 Zu einer ausführlichen erziehungstheoretischen Diskussion im Blick auf diese und andere Grundbegriffe von Deweys Philosophie vgl. Garrison (1998) sowie Garrison/Neubert/Reich (2012).

Dewey neben kognitiven immer auch affektive, emotionale und ästhetische Qualitäten beinhaltet.[42]

Alles Lernen geht aus der primären Ganzheitlichkeit des „experience" hervor. Dewey spricht von „primary experience" als einer zunächst unanalysierten Totalität des Erlebens (vgl. LW 1, 10 ff.). Sofern sich unser „experience" in einem Zustand des Gleichgewichts befindet, erscheint uns die Verbindung zwischen „doing" und „undergoing" als unproblematisch. Wir denken nicht über sie nach, sondern nehmen sie als selbstverständlich hin. Dies verleiht unseren Handlungen die notwendige Stabilität. Immer wieder geraten wir jedoch unweigerlich in Situationen, in denen dieses Gleichgewicht teilweise aufgebrochen wird, weil wir etwas Neuem und bisher Unvertrautem in unserem „experience" begegnen. Dadurch entsteht ein Spannungszustand, ein Moment der Verunsicherung. Wir befinden uns, wie Dewey sagt, in einer „Problemsituation", die uns nach einer neuen Bedeutung, einer erweiterten Einsicht und einer Lösung suchen lässt, um zu einem wiederhergestellten Gleichgewicht auf neuer Ebene zurückzufinden. Gelingt uns die Suche und lässt sich die gefundene Lösung erfolgreich im „experience" anwenden, so haben wir etwas gelernt. Wir haben einen „organischen Kreislauf" („organic circle"; vgl. EW 5, 96–109) von der Problemsituation über die Reflexion zurück zum „primary experience" durchlaufen, dessen Resultat als ein bleibender Ertrag den Bedeutungsschatz dieses „experience" bereichert (vgl. dazu auch Garrison 2004).

Wichtig ist dabei, dass solches Lernen für Dewey keinen rein kognitiven Vorgang darstellt. Nach Auffassung der Pragmatisten ist Erkenntnis, wie wir oben sahen, ein Instrument des Handelns. Kognition bezeichnet daher eine spezifische Funktion *innerhalb* des „experience", macht es aber nicht in seiner Gesamtheit aus. Bevor Reflexion und Denken einsetzen, haben wir es zunächst mit einem intuitiven Gefühl, einer ästhetisch-ganzheitlichen Wahrnehmung der problematischen Situation zu tun. „Die Intuition geht der Begriffsbildung voraus und reicht tiefer als sie" (LW 5, 249). Solche Gefühle steuern unsere selektive Aufmerksamkeit. Auf ihrer Grundlage setzt ein Prozess ein, den Dewey als „inquiry", d.h. Untersuchung bezeichnet. Die berühmte Definition, die er dazu in seinem Buch *Logic* (1938) gegeben hat, lässt die ästhetische Komponente des Prozesses deutlich erkennen: „‚Inquiry' ist die kontrollierte und gelenkte Umformung einer unbestimmten Situation in eine solche, die in ihren konstitutiven Unterscheidungen und Relationen so bestimmt ist, dass die Bestandteile der ursprünglichen Situation in ein einheitliches Ganzes umgewandelt werden." (LW 12, 108) Durch intelligentes Handeln wird eine als unsicher, ungeklärt, widersprüchlich oder verwirrend empfundene Situation in eine relativ beständige und harmonische verwandelt. Dies erfordert für Dewey sowohl emotionale Empfänglichkeit als auch entschiedene Urteilsbildung, um Zusammenhänge und Kontinuitäten im „experience" herstellen zu können (vgl. Garrison 1998, 66).

---

42 Deweys komplexer „experience"-Begriff wird am Ausführlichsten in seinen beiden Büchern *Experience and Nature* (LW 1) und *Art as Experience* (LW 10) entwickelt.

In mehreren seiner Schriften[43] hat Dewey hierzu ein Fünferschritt-Modell erfolgreichen Lernens erarbeitet, das Larry Hickman folgendermaßen zusammenfasst und an einem einfachen Beispiel illustriert: „(1) *Emotionale Antwort:* Ein Kind, das sich in einem Zustand des Gleichgewichts befindet, also z.B. gerade mit einem vertrauten Spielzeug, einem Ball, spielt, erlebt plötzlich etwas Unerwartetes. Der Ball nämlich prallt gegen den Tisch und bringt die darauf stehende Kerze zum Flackern. Jetzt ist das Gleichgewicht des Kindes gestört; die Situation ist instabil geworden, und diese Instabilität löst eine *emotionale* Reaktion aus. (2) *Definition des Problems:* Das Kind versucht nun, die Situation zu stabilisieren, indem es bereits durch frühere Erfahrungen Erlerntes anwendet – die neue Situation will erkundet werden, wie schon andere zuvor. An dieser Stelle des Lernvorgangs erfolgt also eine *intellektuelle* Reaktion. (3) *Hypothesenbildung:* Nachdem die Situation ... als etwas definiert worden ist, das erkundet werden muss, wendet das Kind eine vertraute Methode an: Es greift nach der Kerze. (4) *Testen und Experimentieren:* Mit diesem Griff nach der Kerze probiert es eine nahe liegende Lösung aus, denn auch in der Vergangenheit hat es nach Gegenständen gegriffen, um sie näher kennen zu lernen. Diesmal aber ist das Ergebnis des Versuchs, diese vertraute Lösung anzuwenden, ein verbrannter Finger. (5) *Anwendung:* Sofern der Verbrennungsschmerz stark genug ist, ... hat [das Kind] den Lernkreislauf abgeschlossen. Es kennt nun die Wirkung von Flammen auf Finger und hat damit sein Wissen von der Welt durch einen neuen Anpassungskreislauf erweitert. Die Problemsituation hat sich aufgelöst und das Kind als Organismus hat wieder einen Zustand des Gleichgewichts erreicht." (Hickman 2004a, 5)

„Ein Gramm ‚experience'", schreibt Dewey, „ist besser als eine Tonne Theorie" (MW 9, 151). Wie das Beispiel veranschaulicht, beginnt Lernen für ihn stets „mitten im Leben". Ohne den Bezug zum „experience" der Lernenden verkommt es schnell zu einer bloß symbolischen Prozedur, weil jede Theorie nur im „experience" eine vitale und verifizierbare Bedeutung erlangt. Selbst ein noch so bescheidenes „experience" könne jede Menge Theorie (oder intellektuellen Inhalt) hervorbringen und transportieren. Andererseits könne eine Theorie isoliert vom „experience" des Lernenden nicht einmal als Theorie mit hinreichender Bestimmtheit verstanden werden (vgl. ebd.). Entscheidend für die Erziehung scheint es Dewey daher zu sein, dass sie Lernumwelten bereitstellt, die hinreichende Freiräume, Anlässe und Anregungen für eine konstruktive Erweiterung („reconstruction") des „experience" der Lernenden bieten (vgl. ebd., 82). Wir erziehen „niemals direkt, sondern indirekt" mittels der Umwelten, die wir gestalten (ebd., 23). Denn wir können nicht stellvertretend für andere Erfahrungen (im Sinne von „experience") machen. Sie müssen die Möglichkeit haben, selbst mit ihrer Welt zu experimentieren (vgl. ebd., 147), indem sie – in gemeinsamen Lernprozessen wie den oben beschriebenen „occupations" und gegebenenfalls unterstützt durch eine erfahrene Lehrperson – aus eigenen Aktionen („doing")

---

43 Zu nennen wären hier unter anderem die Bücher *How We Think* (MW 6, 177–356), *Democracy and Education* (MW 9) und *Logic: The Theory of Inquiry* (LW 12).

und beobachteten Wirkungen („undergoing") erfolgreich lernen. So gewinnt ihr „experience" neue Bedeutungen hinzu. Zugleich erhöht sich ihre Fähigkeit, nachfolgende Erfahrungssituationen besser selbst steuern und kontrollieren zu können (vgl. ebd., 82).

In einer solchen beständigen Umorganisation und konstruktiven Erweiterung des „experience" drückt sich für Dewey Wachstum („growth") als ein wesentliches Bestimmungsmerkmal von Erziehung aus. Wachstum beruht auf unserer Fähigkeit, „habits" auszubilden (vgl. ebd., 51 ff.). Auch dieser Begriff Deweys ist kaum angemessen ins Deutsche zu übersetzen. Wir können hier annäherungsweise darunter all jene Fertigkeiten, Verhaltensdispositionen, Einstellungen und Haltungen verstehen, die Lernende in der Interaktion mit ihren (natürlichen und kulturellen) Umwelten erwerben. „Habits" verleihen unserem „experience" Kontinuität und verankern es zugleich in unserer Körperlichkeit (vgl. Kestenbaum 1977, Alexander 1987, Garrison 1998). Ihr Spektrum reicht von der eher passiven und im Alltag kaum reflektierten Gewöhnung an einen bestimmten Lebenskontext („habituation") bis hin zu aktiven Kräften der Welterschließung („active habits"), die uns eine aktive Kontrolle über unser Umwelt durch die Kontrolle über die Instrumente unseres Handelns verschaffen (vgl. MW 9, 51 f.). Obwohl wir uns niemals gänzlich außerhalb unserer habitualisierten Erfahrungskontexte stellen können, beruht Erziehung als ein fortgesetzter Wachstumsprozess für Dewey darauf, dass „habits" als Lernressourcen in *spezifischen* Situationen flexibel eingesetzt und dabei teilweise modifiziert, d.h. zur Hervorbringung neuer bzw. erweiterter „habits" genutzt werden können (vgl. MW 14). Auch dafür sei zur Illustration nochmals auf das obige einfache Beispiel verwiesen.

Deweys Auffassung, dass der Erziehungsprozess in einer kontinuierlichen Erweiterung des „experience" der Lernenden besteht, ja dass Erziehung auf Wachstum durch erfolgreiches Handeln im jeweiligen kulturellen Kontext des Lernens beruht, führt ihn zu der Schlussfolgerung, dass die Erziehung kein Ziel jenseits oder außerhalb ihrer selbst habe (vgl. MW 9, 58). „Das Kriterium für den Wert schulischer Erziehung und Bildung („school education") ist das Ausmaß, in dem sie ein Verlangen nach fortgesetztem Wachstum erzeugt und die Mittel dafür zur Verfügung stellt, dieses Verlangen tatsächlich wirksam zu machen" (ebd.). Jede spezifische pädagogische Zielsetzung muss daher aus dem konkreten Kontext und den veränderlichen Situationen des Lernens heraus entwickelt und begründet werden. Sie muss hinreichend flexibel sein, um im Prozess selbst modifiziert und weiterentwickelt werden zu können (vgl. ebd., 107–117). Und auch alle allgemeiner gefassten Zielbestimmungen z.B. hinsichtlich einer „natürlichen Entwicklung", „gesellschaftlichen Tüchtigkeit" oder „kulturellen Teilhabe" (vgl. ebd., 118–130) müssen stets auf diesen konkreten Kontext bezogen und an ihm gemessen werden. Sie können ihm nicht ohne Schaden von außen vorgeschrieben oder „übergestülpt" werden.

Wenn es mithin das Ziel der Erziehung ist, Individuen in die Lage zu versetzen, ihre eigene Erziehung fortzusetzen (vgl. MW 9, 107), so drückt sich darin abermals das bereits erwähnte demokratische Kriterium einer Wertschätzung der „intrinsischen Bedeutsamkeit eines jeden sich entwickelnden („growing") ‚experience'" (s.o.) aus. Dies führt uns abschließend auf eine kurze Auseinandersetzung mit der Frage nach dem Stellenwert der Kommunikation als einer Grundlage in Deweys demokratischem Erziehungsverständnis. „Kommunikation", schreibt Dewey in *Experience and Nature*, „ist die wundervollste Angelegenheit der Welt. Dass die Dinge von der Ebene äußerlichen Stoßens und Ziehens auf jene übergehen können, auf der sie sich dem Menschen ... enthüllen; und dass die Frucht der Kommunikation Partizipation, Teilhabe ist, das ist ein Wunder, neben dem die Transsubstantiation[44] verblasst. Wenn Kommunikation stattfindet, werden alle natürlichen Ereignisses einem Prozess des Durchdenkens und Überarbeitens unterzogen ... Ereignisse verwandeln sich in Objekte, Dinge mit einer Bedeutung" (LW 1, 132). Alle Kommunikation, die mehr als bloß ein mechanisches Abspulen von Redegewohnheiten ist, hat für Dewey erzieherische Wirkungen („is educative"), weil sie die Teilnehmer in wechselseitig aufeinander bezogener Partizipation nicht nur von dem „experience" des/der anderen lernen lässt, sondern auch zur Übernahme der Perspektive des/der jeweils anderen im Blick auf die eigenen Aktionen und das eigene „experience" führt (vgl. MW 9, 8 f.). Durch das imaginative Sich-hinein-Versetzen in die Position des/der anderen kommt es zu einer Horizonterweiterung des eigenen „experience" – und sei sie im Einzelfall auch noch so geringfügig. Im Anschluss an Dewey lässt sich von einem „principle of shared activities" (vgl. ebd., 18 ff.) als einem grundlegenden Lernprinzip reden, wonach sich Lernprozesse im alltäglichen Leben als ein Nebeneffekt gemeinsam geteilter Tätigkeiten ergeben, die im „experience" der Lernenden als hinreichend bedeutsam und lohnend erscheinen, um ein lebendiges Interesse an ihrer Ausführung zu erzeugen. So entsteht eine Gemeinschaft des Handelns, die gesellschaftliches Leben erst möglich macht. Es gibt für Dewey mehr als eine nur verbale Verbindung zwischen den Wörtern „common", „community" und „communication". „Menschen leben in einer Gemeinschaft („community") auf Grund der Dinge, die ihnen gemeinsam sind („in common"); und Kommunikation ist die Art und Weise, in der sie dazu gelangen, Dinge gemeinsam zu besitzen" (ebd., 7). Solche „Dinge" – wie z.B. gemeinsame Ziele, Überzeugungen, Hoffnungen, Wissensbestände, ein gemeinsames Verständnis – können nicht direkt und gewissermaßen physisch vom einen zum anderen übertragen werden. Sie erfordern Kommunikation als einen bildenden Prozess der aktiven Teilhabe an gemeinsamen Tätigkeiten, der zu ähnlichen emotionalen und intellektuellen Dispositionen oder „habits" bei den an ihm Beteiligten führt (vgl. ebd.).

Auch in komplexen Gesellschaften vollziehen sich viele grundlegende Lernprozesse für Dewey durch eine solche direkte Teilnahme am sozialen Leben einer Kultur. Er spricht in diesem Zusammenhang auch von einer „indirekten oder beiläufigen („incidental") Erziehung" (ebd., 21) – an anderer Stelle ist auch von „Sozialisation" die

---

44 Gemeint ist die Verwandlung von Brot und Wein in Leib und Blut Christi beim christlichen Abendmahl.

Rede (vgl. ebd., 38, 88) –, die dazu führt, dass unser „experience" immer schon kommu-
nikativ eingebunden und verwoben ist mit dem „experience" von anderen. „Aktive Verbindungen mit anderen sind ein so inniger und vitaler Teil der Angelegenheiten, mit denen wir uns befassen, dass es unmöglich ist, scharfe Trennungslinien zu ziehen, die es uns
zum Beispiel ermöglichen würden zu sagen: ‚Hier endet mein ‚experience'; dort beginnt
deines.'" (ebd., 194) Formale Bildungsprozesse („formal education") z.B. in der Schule
und anderen pädagogischen Institutionen sollten an dieses bildende Potenzial der Kommunikation anschließen. Auf Grund ihres größeren Erfahrungsschatzes stehen Erzie-
hungs- und Lehrpersonen in der Verantwortung, das wachsende „experience" ihrer Lernenden mit den notwendigen Informationen zu versorgen, die es diesen ermöglichen, ihre
Aktivitäten in Richtung auf ein kulturell relevantes Lernen hin zu entwickeln. Der Wert
der Informationen, die durch Schule, Lehrplan und Lehrperson vermittelt werden, bemisst
sich dabei an der Frage, inwieweit sie in den Dienst eigener konstruktiver Lernprozesse
auf Seiten der Lernenden gestellt werden und dabei helfen, diese Prozesse zu vertiefen
und ihre Effektivität zu steigern (vgl. ebd.). Dies beinhaltet für Dewey grundsätzlich immer auch eine Wechselseitigkeit und mögliche Vertauschung der Rollen, so dass in „gemeinsam geteilten Tätigkeiten der Lehrer selbst ein Lernender, und der Lerner, ohne es zu
wissen, zugleich ein Lehrer ist" (ebd., 167).

In einer pluralistischen und komplexen Welt wie der unseren kommt nach Deweys
Auffassung insbesondere einer Beachtung und Wertschätzung der Vielfalt unterschiedlicher Erfahrungshorizonte von Menschen eine zentrale Bedeutung zu. „Zu koope-
rieren, indem man Unterschieden die Möglichkeit gibt, sich zu zeigen, und zwar auf
Grund der Überzeugung, dass die Artikulation von Differenzen nicht nur ein Recht anderer Personen ist, sondern zugleich ein Mittel zur Bereicherung des eigenen ‚life-
experience', das ist ein inhärenter Bestandteil von Demokratie als einer persönlichen Lebensweise." (LW 14, 228) Über Differenzen und Unterschiede hinweg zu kommunizieren, ist immer riskant, doch es eröffnet uns häufig auch unvergleichliche Möglichkeiten eines Wachstums und einer Erweiterung unserer kreativen Lernpotenziale (vgl.
Garrison/Neubert 2005). Für Dewey muss es in demokratischen Kommunikationen stets
auch darum gehen, die imaginativen Kräfte von Lernenden freizusetzen und für eine konstruktive Erprobung neuer Handlungs- und Erfahrungsmöglichkeiten zu nutzen. „Die
Imagination ist das Hauptinstrument des Guten" (LW 10, 350), so schreibt er in Anspielung auf Shelley, denn nur durch eine „imaginative Vision" lassen sich die Möglichkeiten
aufspüren, „die in der Textur des Bestehenden („the actual") verwoben sind" (ebd., 348).

1.4   Gegenwärtige Wahrnehmung und Diskussion

Im anglo-amerikanischen Sprachraum gilt Dewey heute als einer der wichtigsten pädagogischen Klassiker des 20. Jahrhunderts. Insbesondere in den USA ist es seit dem Ende der

1970er Jahre zu einer starken Renaissance der Philosophie des Pragmatismus und insbesondere des Werkes John Deweys gekommen (vgl. exemplarisch die Sammelbände bei Langsdorf/Smith 1995, Garrison 1995, Hickman 1998, Dickstein 1998, Gavin 2003). Die mittlerweile kaum mehr zu überschauende Fülle an neuerer Sekundärliteratur (vgl. zur Übersicht Neubert 2004 c, 23 ff.) zeugt von der Lebendigkeit und Reichhaltigkeit von Deweys philosophischem Ansatz, der auch heute noch vielfältige Anregungen zu Fragen unter anderem der Logik und Erkenntnistheorie, der Anthropologie, Ethik und Moralphilosophie, der Sozialphilosophie und politischen Theorie, der Kulturtheorie, Ästhetik und Kunsttheorie bietet. Dabei wird in der gegenwärtigen Diskussion einerseits die Aktualität von Deweys „klassischem" Pragmatismus hervorgehoben, andererseits wird der Versuch unternommen, unter Einbeziehung neuerer Theorieentwicklungen und in Auseinandersetzung mit der „neuen Konstellation" eines Übergangs von der Moderne zur Postmoderne kritisch über Dewey hinaus zu denken (vgl. z.B. Bernstein 1992; Rorty 1992, 1993). In der Erziehungstheorie schließen im anglo-amerikanischen Sprachraum gegenwärtig sehr viele Autorinnen und Autoren explizit oder implizit an Dewey an. Beiträge wie die von Cuffaro (1995), Garrison (1997), Tanner (1997), Fishman/McCarthy (1998) und Finkel (2000) – um hier nur einige Titel zu nennen – beziehen sich direkt auf Deweys Werk und versuchen, sein Erziehungsverständnis sowohl theoretisch als auch praktisch im Blick auf aktuelle Herausforderungen neu zu durchdenken und kritisch weiterzuentwickeln. Zugleich stellt Deweys Ansatz und das in ihm enthaltene handlungsbezogene Lernverständnis eine oft kaum mehr explizit benannte Hintergrundtheorie für viele neuere Ansätze etwa eines *problem based learning, contextual learning* oder *life long learning* dar. Insbesondere konstruktivistisch orientierte Erziehungswissenschaftler/innen berufen sich heute vielfach auf Dewey als einen pädagogischen Klassiker, der bereits ein umfassendes und philosophisch wie kulturtheoretisch breit angelegtes Modell eines konstruktiven Lernens durch *experience* entwickelt hat (vgl. dazu Reich 2004 a, 2005). Dewey radikales Demokratieverständnis bietet auch am Beginn des 21. Jahrhunderts noch bedeutsame Maßstäbe für eine Erziehung zur Demokratie, auch wenn sich die Herausforderungen, vor denen wir heute weltweit stehen, und die Probleme, mit denen wir es zu tun haben, zum Teil erheblich von der Situation Deweys unterscheiden. Von Dewey können wir lernen, dass Demokratie – verstanden als eine umfassende Lebensweise – immer wieder neu erfunden und im eigenen Handeln erprobt werden muss, dass sie unsere ganze Imaginationskraft und Phantasie erfordert, um in kleinen wie in großen Lebenszusammenhängen neue Lösungen für die drängenden und veränderlichen Problemlagen unserer Zeit zu finden.

Im Blick auf die deutschsprachige Diskussion lässt sich festhalten, dass sie bis heute stark hinter den internationalen Diskussionsstand zurückfällt.[45] Vereinzelte Beiträge wie das noch immer lesenswerte Buch von Fritz Bohnsack (1976) haben in der deutschspra-

---

45 Zur Rezeptionsgeschichte des Pragmatismus in Deutschland und zu historisch tradierten Missverständnissen vgl. Joas (1992 a), Stikkers (2004).

chigen Pädagogik leider nicht nachhaltig dazu geführt, dass es zu einer breit angelegten und systematischen Auseinandersetzung mit Deweys Erziehungstheorien im Kontext seines philosophischen Gesamtwerkes gekommen wäre.[46] Einige neuere Veröffentlichungen (z.B. Engler 1992, Raters-Mohr 1994, Brunkhorst 1998, Neubert 1998 a, Joas 2000, Usculan 2001, Jörke 2003) beleuchten Aspekte von Deweys Philosophie, ein grundlegender Neuansatz im Blick auf eine Rezeption seines Erziehungsdenkens steht aber noch weitgehend aus. Ein nicht zu unterschätzendes Erschwernis stellt dabei die nach wie vor sehr problematische Übersetzungslage dar. Viele Schriften Deweys liegen bis heute entweder gar nicht oder nur in stark überarbeitungsbedürftigen, wenn nicht ganz unbrauchbaren deutschen Übersetzungen vor (vgl. dazu exemplarisch Neubert 1999). Dies gilt insbesondere für einen Großteil seiner (im engeren Sinne) pädagogischen Arbeiten wie *Democracy and Education* und *Experience and Education*, deren deutsche Fassungen sehr veraltet und dringend revisionsbedürftig sind. Notwendig wäre hier das Projekt einer kritischen Neuübersetzung auf der Grundlage des Diskussionsstandes der heutigen internationalen Dewey-Forschung und unter Verwendung der kritischen Gesamtausgabe seiner Werke.

Empfohlene Originaltexte:

Democracy and Education (= MW 9). Das ursprünglich im Jahr 1916 veröffentlichte Buch beinhaltet Deweys klassische und zugleich umfangreichste Darstellung seiner Erziehungstheorien. Besonderes Gewicht wird dabei auf ein kritisches Verständnis des Verhältnisses von Erziehung und moderner Gesellschaft gelegt. Der Demokratiegedanke wird in seinen unterschiedlichen erziehungstheoretischen Dimensionen beleuchtet, was grundlegende lerntheoretische Aspekte ebenso einschließt wie differenzierte didaktische und methodische Überlegungen.

Experience and Education (= LW 13, 1–62). Das 1938 veröffentlichte kleine Buch erörtert zentrale pädagogische Implikationen von Deweys insbesondere im Spätwerk sehr differenziert ausformuliertem „experience"-Begriff und grenzt seinen Ansatz dabei gleichzeitig gegen Fehldeutungen und Missverständnisse im Sinne einer unkritischen *laissez-faire*-Pädagogik ab, die im Kontext des Amerikanischen *progressive education movement* der Zeit zum Teil entstanden waren.

The School and Society (= MW 1, 1–109). Der Text aus dem Jahr 1899 bietet eine leicht geschriebene Einführung in Grundlagen und Erfahrungen aus Deweys Chicagoer Laborschul-Projekt. Insbesondere die ersten drei Kapitel des Buches liefern einen lebendigen

---

46   Zur Rezeptionsgeschichte in der deutschen Erziehungswissenschaft vgl. Bittner (2001), zur erziehungstheoretischen Rezeption in Europa Oelkers/Rhyn (2000).

Eindruck von der Grundkonzeption des Ansatzes, die anhand einer Reihe konkreter Beispiele aus der Unterrichtspraxis illustriert wird.

Schools of To-Morrow (= MW 8, 205–404). Das 1915 gemeinsam mit Deweys Tochter
Evelyn verfasste Buch stellt eine Auswahl von progressiven Schulreformprojekten aus
verschiedenen Landesteilen der USA vor. Dabei wird durch kleinere erziehungstheoretische Erörterungen jeweils ein Zusammenhang zwischen reformpädagogischer
Theorie und Praxis hergestellt.

Empfohlene Sekundärliteratur:

Jim Garrison (1997): *Dewey and Eros. Wisdom and Desire in the Art of Teaching*. New
York & London (Teachers College Press). Das Buch greift zentrale Aspekte von Deweys
pädagogischem und philosophischem Ansatz auf und entwickelt auf dieser Grundlage
eine eigene erziehungstheoretische und didaktische Konzeption, die insbesondere kom-
munikationstheoretische und beziehungsorientierte Aspekte des Lernens und Unterrich-
tens in den Mittelpunkt stellt.

Larry Hickman (1998, ed.): *Reading Dewey – Interpretations for a Postmodern Generation*. Bloomington & Indianapolis (Indiana University Press). Der Sammelband umfasst
eine Reihe neuerer Beiträge amerikanischer Dewey-Forscher/innen, die jeweils eine
Grunddimension von Deweys philosophischem Ansatz einführend darstellen und auf gegenwärtige Fragen beziehen. Das Buch bietet eine sehr gute und umfassende Einführung
zu Dewey und veranschaulicht zugleich die vielfältigen thematischen Facetten innerhalb
der heutigen amerikanischen Dewey-Forschung.

Robert B. Westbrook (1991): *John Dewey and American Democracy*. Ithaca & London
(Cornell University Press). Das Buch liefert eine umfangreiche und detailgenaue Darstellung zu Deweys Biographie, wobei zugleich in grundlegende Entwicklungsschritte des
Werkes eingeführt wird. Insbesondere Deweys radikaldemokratisches Engagement und
seine Auseinandersetzungen mit den nationalen wie globalen politischen Geschehnissen
und Herausforderungen seiner Zeit werden anhand einer Fülle von Beispielen anschaulich
beleuchtet.

Larry A. Hickman/Stefan Neubert/Kersten Reich (2004, Hrsg.): *John Dewey – Zwischen
Pragmatismus und Konstruktivismus*. Münster, New York, München, Berlin (Waxmann).
Der deutschsprachige Sammelband vereinigt aktuelle Beiträge von amerikanischen und
deutschen Dewey-Forschern, die grundlegende Aspekte von Deweys Philosophie im
Blick auf das Verhältnis zwischen pragmatischen und konstruktivistischen Begründungs-

ansätzen in den Sozial- und Erziehungswissenschaften erörtern. Er bietet dem deutschen Leser zugleich eine Einführung in biographische Hintergründe und theoretische Grundlagen von Deweys Werk.

Jim Garrison/Stefan Neubert/Kersten Reich (2012): *John Dewey's Philosophy of Education – An Introduction and Recontextualization for Our Times*. New York (Palgrave Macmillan). Das von einem amerikanisch-deutschen Autorenteam verfasste Buch gibt eine Einführung in Deweys Erziehungsphilosophie, die insbesondere die Zusammenhänge seines Erziehungsdenkens mit seinem breiteren philosophischen Ansatz berücksichtigt und differenziert darstellt. Zugleich wird Deweys Ansatz in Auseinandersetzung mit aktuellen Diskursen der Sozial- und Geisteswissenschaften (Bauman, Derrida, Levinas, Foucault, Bourdieu, Rorty) neu kontextualisiert und auf seine gegenwärtige Relevanz befragt.

Kapitel 2:

Der Diskurs der Demokratie bei Dewey

John Dewey hat wie kaum ein anderer Denker zwischen Moderne und Postmoderne den Versuch unternommen, den philosophischen Diskurs in den Dienst eines radikaldemokratischen Gesellschaftsverständnisses zu stellen. Er wollte Philosophie als ein verallgemeinertes Medium kultureller und politischer Reflexion betreiben, dessen Aufgabe für ihn primär in der Erweiterung und Verbesserung der Möglichkeiten und Bedingungen demokratischer Verständigung bestand. Dewey gehörte zu den Begründern und Hauptvertretern des Amerikanischen Pragmatismus, und eben so wenig wie die anderen Pragmatisten war er ein Apologet des politischen *Status Quo* der US-amerikanischen Gesellschaft seiner Zeit, wie ein hierzulande lange gängiges Vorurteil den Vertretern dieser philosophischen Schule gerne generell unterstellte.[47] Seine politische Philosophie wurzelte vielmehr in einer nachdrücklichen Kritik an den undemokratischen Tendenzen und Entwicklungen eines ungezügelten Kapitalismus, mit denen er sich konfrontiert sah und denen er seine Vision eines radikal demokratischen Zusammenlebens entgegenstellte: als eine Hoffnung auf eine andere und bessere gesellschaftliche Zukunft. Sein gesellschaftspolitischer Entwurf eines „dritten Weges" zwischen Kapitalismus einerseits und fiktivem Kommunismus bzw. realem Stalinismus andererseits, den er insbesondere in seinem Spätwerk seit den 20er Jahren des vergangenen Jahrhunderts verfochten und für den er selbst sich immer wieder in vielfältiger Weise engagiert hat, ist in der deutschsprachigen Diskussion bis auf den heutigen Tag erstaunlicherweise kaum rezipiert worden. Eine nennenswerte Ausnahme bildet hier nur Fritz Bohnsack, der in den 1970er Jahren den Versuch unternahm, Deweys Pädagogik in ihrer demokratischen Zielsetzung der politischen Linken in der Bundesrepublik nahe zu bringen, der damit in der damaligen Diskussion aber wenig Erfolg hatte. Seither hat es in Deutschland nur sehr vereinzelt Veröffentlichungen zu Dewey gegeben, die sich zudem vorwiegend auf Einzelaspekte seines sehr umfangreichen philosophischen Werkes wie beispielsweise seine Kunsttheorie spezialisierten. Die mangelnde Kenntnis seiner politischen Philosophie steht dabei in einem auffallenden Kontrast zu der Tatsache, dass in der jüngeren anglo-amerikanischen Theoriediskussion schon seit geraumer Zeit im Zuge neopragmatistischer Entwicklungen eine deutliche Dewey-Renaissance stattgefunden hat (z.B. Putnam 1997; Rorty 1992, 1993, 1994; Langsdorf & Smith 1995; Alexander 1987, 1995), die maßgeblich auch zu einer Neubestimmung des politischen Diskurses und zu einer Abkehr von der verbreiteten Politikabstinenz beigetragen hat, wie

---

47 Zu den Missverständnissen des Amerikanischen Pragmatismus im deutschen Denken vgl. Joas (1992, 114–145).

sie noch bis in die 1970er Jahre hinein vor allem für die Vertreter der analytischen Philosophie in Amerika charakteristisch war. Linksorientierte US-amerikanische Autoren berufen sich am Ende des 20. Jahrhunderts und im beginnenden 21. Jahrhundert wieder verstärkt auf Dewey als einen der geistigen Väter jenes radikalen Demokratiebegriffs, den sie
kritisch gegen die vorherrschenden gesellschaftlichen Verhältnisse seit den 1980er und
1990er Jahren wenden (z.B. Giroux 1996, 2 f., 150). Dies mag eine Auseinandersetzung
mit seinen Theorien auch für deutsche Leser, die die gegenwärtige politische Diskussion
in den USA z.B. im Blick auf Ethnizität, Multikulturalismus und Rassismusforschung verfolgen, in neuem Maße als interessant erscheinen lassen.

Ich möchte im Folgenden überblicksartig einige Grundzüge von Deweys Demokratiemodell und seiner damit verbundenen Gesellschaftskritik darstellen. Anschließend werde
ich knapp auf pädagogische Implikationen für eine Erziehung zur Demokratie nach Dewey eingehen. Zum Schluss sollen Perspektiven einer kritischen Würdigung von Deweys
Theorien aus heutiger Sicht sowie mögliche Folgerungen für die aktuelle sozial- und geisteswissenschaftliche Theoriediskussion angedeutet werden.

2.1 Radikale Demokratie als sozialphilosophische Vision Deweys

Wie ich andernorts ausführlich gezeigt habe (vgl. Neubert 1998 a, 233–372), ist Deweys
Modell einer radikalen Demokratie nur im Rahmen seiner umfassenden Kommunikations-
philosophie angemessen zu verstehen. Die Verwirklichung der demokratischen Idee ist für
Dewey nicht allein eine Frage der verfassungsmäßigen Institutionen und der politischen
»Maschinerie« einer Gesellschaft, sondern hängt grundlegend von der Beschaffenheit der
kommunikativen Beziehungen im alltäglichen zwischenmenschlichen Miteinander ab
(vgl. Caspary 2000). Demokratie im Sinne Deweys beginnt unten, im Dickicht sozialer
Lebenswelten, setzt an den direkten *face-to-face*-Kontakten der Menschen in ihren komplexen, vielfältigen und oftmals widersprüchlichen Erfahrungsfeldern an: in den Schulen
und Betrieben, in Familie und Nachbarschaft, in sozialen Bewegungen und all jenen unmittelbaren Interessengemeinschaften, die Dewey zusammenfassend als „local communities" (vgl. LW 2, 367 ff.) bezeichnet. „Als eine Idee betrachtet", schreibt er, „ist die Demokratie nicht eine Alternative zu anderen Prinzipien des Zusammenlebens. Es ist die
Idee der Gemeinschaft selbst. (...) Das klare Bewusstsein eines Gemeinschaftslebens, in
all seinen Implikationen, macht die Idee der Demokratie aus." (LW 2, 328)[48] Als ein Bemühen um Verständigung und Interessenausgleich, um möglichst gleichberechtigte Teilhabe eines jeden an den Gütern und Werten einer Gesellschaft bzw. einer sozialen Gruppe
bei gleichzeitiger Entfaltung eigener individueller Fähigkeiten, Interessen und Gestal-

---

48   Da die Übersetzungslage im Falle Deweys äußerst ungünstig ist, habe ich alle Zitate aus den
      Werken Deweys, die im vorliegenden Aufsatz auftauchen, selbst ins Deutsche übertragen.

tungsmöglichkeiten, sowie als ein Bemühen um Verständigung und Ausgleich zwischen unterschiedlichen sozialen Gruppierungen und Interessenlagen muss diese Idee sich für Dewey gerade im Kleinen, im Alltag, in den konkreten Handlungen und Einstellungen jedes einzelnen immer wieder bewähren (vgl. Green 1999, 2002).

Damit hängt zusammen, dass Demokratie für Dewey nichts Statisches, kein erreichter oder abschließend zu erreichender Zustand ist. Vielmehr muss sie ausgehend von den grundlegenden kommunikativen Erfahrungen und Bedürfnissen der Menschen immer wieder aufs Neue gesucht, gestaltet, verändert und erweitert werden. Schon die Erziehung und der beständige Einbezug einer neuen Generation macht es unter einem demokratischen Gesichtspunkt erforderlich, die überlieferten Praktiken des sozialen Umgangs den sich verändernden Bedürfnislagen anzupassen und gemeinsam mit den Heranwachsenden die konkreten Formen eines demokratischen Zusammenlebens immer wieder neu zu erfinden und auszuhandeln. Dieses Potential zum permanenten, verständigungsgeleiteten sozialen Wandel gehört nach Deweys Überzeugung zu den wesentlichen Vorteilen der demokratischen Lebensform gerade unter den hochkomplexen Bedingungen moderner Gesellschaften mit ihren rasanten ökonomischen, demographischen und soziokulturellen Veränderungen (vgl. Eldridge 1998). Und dabei sind für ihn ausdrücklich auch die institutionellen Grundlagen einer demokratischen Gesellschaft nicht von der Notwendigkeit andauernder kritischer Prüfung und Revision ausgenommen: „Seiner eigenen Natur nach ist ein Staat immer etwas, das kritisch überprüft, erforscht und gesucht werden muss. Fast in dem Moment schon, in dem seine Form stabilisiert wird, bedarf er der Erneuerung." (Ebd., 255)

Dewey hat seine sozialphilosophische Vision auch mit dem Begriff einer „kreativen Demokratie" (LW 14, 224 ff.) bezeichnet. Die in seinem Demokratieverständnis enthaltene Kreativitätsidee lässt sich als Ausdruck eines komplexen Zusammenspiels von kommunikativer Praxis und Poiesis interpretieren, das in seiner Sozialphilosophie als ein wesentliches Charakteristikum spezifisch menschlicher Kommunikationen überhaupt erscheint (vgl. Neubert 1998 a, 364 ff.). Dewey hat vor allem in seinem philosophischen Spätwerk einen subtilen Kommunikationsbegriff entwickelt, der insbesondere über die für die klassische Aufklärungsphilosophie weitgehend bestimmende Auffassung hinausgeht, wonach Kommunikation im wesentlichen als die Praxis einer Verständigung über unabhängig vom kommunikativen Geschehen bereits bestehende Ideen, Vorstellungen, Absichten, Interessen usw. rationaler Sprachteilnehmer zu verstehen sei. Nach dieser Auffassung schien Kommunikation nicht mehr als ein Mechanismus zur Errichtung einer isomorphen Struktur von repräsentativen Ideen in zwei oder mehr Subjekten zu sein, d.h. ein Medium, das lediglich etwas transportiert und vervielfältigt, was als Idee, Vorstellung usw. schon im Voraus existiert.[49] Demgegenüber betont Dewey auf der Grundlage seiner in Zusammenarbeit mit George Herbert Mead erarbeiteten Theorie symbolvermittelter Interaktionen

---

49   Vgl. dazu ausführlicher Alexander (1995, 135).

(vgl. Neubert 1988, 237 ff.) die ursprünglich kreative und schöpferische Funktion kommunikativer Handlungssituationen, in denen über die Partizipation an den gemeinsamen symbolischen Beständen einer Gruppe oder Kultur jene Bedeutungswelten überhaupt erst entstehen, die die intersubjektive Grundlage der ins Spiel gebrachten Ideen, Vorstellungen und Interessen von Kommunikationsteilnehmern bilden. Und dabei meint nun der von mir gebrauchte Begriff einer kommunikativen Poiesis, dass es in diesem Prozess für Dewey immer wieder auch zu einer Überschreitung bzw. Erweiterung jener symbolischen Ordnungen kommt, die der je eingespielten Praxis gesellschaftlicher Verständigung zugrunde liegen. Wo Kommunikation weitgehend frei und umfassend zirkulieren kann, meint Dewey, da werden aus der notwendigerweise stets unvollständigen und verbesserungswürdigen Ordnung gesellschaftlicher Wirklichkeit heraus immer wieder neue Werte, neue soziale Ideen und Ideale entstehen, da wird die Erfahrung gesellschaftlicher Mängel und Missstände als Anlass dafür genutzt werden können, eine demokratischere und insofern bessere Zukunft zu antizipieren, die es erst noch real zu erschaffen gilt (vgl. dazu auch Campbell 1992). Hilary Putnam beschreibt den Unterschied zwischen dieser Auffassung und dem traditionellen Demokratieverständnis der Aufklärungsphilosophie folgendermaßen: „Das Dilemma, dem die klassischen Verfechter der Demokratie gegenüberstanden, ergab sich deshalb, weil sie alle von der Voraussetzung ausgingen, dass wir über unser Wesen und unsere Fähigkeiten schon Bescheid wissen. Dewey dagegen vertritt die Ansicht, dass wir weder unsere Interessen und Bedürfnisse noch unsere Fähigkeiten kennen, ehe wir uns wirklich am politischen Geschehen beteiligen. Aus dieser Ansicht ergibt sich außerdem, dass es keine endgültige Antwort geben kann auf die Frage, wie wir eigentlich leben sollten. Daher sollten wir sie stets offenlassen, um weiter darüber diskutieren und damit experimentieren zu können. Genau deshalb brauchen wir auch die Demokratie." (Putnam 1997, 238)

Insofern gibt es für Dewey ein utopisches Potential, das demokratischer Kommunikation als solcher innewohnt, ein Versprechen auf umfassendere Selbsterkenntnis und Solidarität durch Partizipation an den Werten, Gütern und Reichtümern einer Gesellschaft: „Geteiltes »experience« ist das größte menschliche Gut." (LW 1, 157) Nicht so sehr (wie bei Habermas oder bei Apel) in der Suche nach den universellen und transhistorischen Bedingungen idealer Verständigungssituationen, sondern in dem Versuch, das in den konkreten, lebensweltbezogenen, lokalen und historisch kontingenten Verständigungspraxen moderner Gesellschaften enthaltene kreative Potential zur sozialen Imagination, zu intelligenten, verständigungsorientierten Problemlösungen und zur Poetisierung der modernen Industriekultur zu nutzen und zu erweitern, besteht für Dewey daher der Kern dessen, was demokratische Kommunikation ausmacht (vgl. weiterführend auch Garrison 2008).

2.2   Konstruktion und Kritik

Nun versteht Dewey die Verwirklichung dieser kreativen Dimension demokratischer Kommunikation als eine Aufgabe, für deren Bewältigung gerade unter den konfliktbeladenen gesellschaftlichen Verhältnissen seiner Zeit und Kultur gezielte konstruktive Anstrengungen nötig sind. Im Mittelpunkt steht für ihn dabei die Frage, ob und wie die Wiederherstellung einer demokratischen Öffentlichkeit unter den veränderten Bedingungen moderner Industriegesellschaften gelingen kann. Denn gerade hierin besteht für ihn die grundlegende Krise der modernen Kultur: die umfassenden gesellschaftlichen Entwicklungen, die das Maschinenzeitalter mit sich gebracht hat, die Ausdifferenzierung der Lebens- und Arbeitswelten, die Aufspaltung und das Aufeinanderprallen klassen- und schichtspezifischer Interessen, Wahrnehmungen und Lebensformen, die Ausdifferenzierung politischer Apparate mit ihren massiven sozioökonomischen Verzweigungen sowie die wachsende Verflechtung politischer, ökonomischer und alltagsbezogener Entscheidungs- und Handlungsprozesse haben zu einer Unübersichtlichkeit geführt, die es in zunehmendem Maße schwerer macht, dass sich eine demokratischen Öffentlichkeit artikulieren und als eine solche erkennen kann. In *The Public and Its Problems*, einem der Hauptwerke seiner politischen Philosophie, spricht Dewey von einer „Verdunkelung der Öffentlichkeit" („eclipse of the public"), die infolge dieser Prozesse eingetreten und zu einer wesentlichen Bedrohung der Demokratie unter den Bedingungen der Großen Gesellschaft des Industriezeitalters geworden sei (LW 2, 304 ff.). In einer Zeit, die geprägt ist von Weltwirtschaftskrise, wachsendem Totalitarismus und steigernder Kriegsgefahr, reicht es seiner Überzeugung nach nicht hin, sich auf die demokratischen Traditionen aus der Gründerepoche der US-amerikanischen Gesellschaft zu besinnen, muss es vielmehr um neue demokratische Antworten gehen, wenn diese Traditionen nicht zu bloßen Lippenbekenntnissen einer längst undemokratisch sich entwickelnden Gesellschaft verkommen sollen.

Grundlegend ist für Dewey dabei zunächst die Bereitschaft zur Kritik. Konstruktion und Kritik gehören für ihn untrennbar zusammen (vgl. LW 5, 139 ff.), und er meint, dass es zu den wesentlichen und unverzichtbaren Aufgaben der Philosophie gehöre, Gesellschafts- und Kulturkritik im umfassenden Sinne zu sein (ebd., 141). „Kreative Tätigkeit", so schreibt er, „ist unser großes Erfordernis; Kritik aber, Selbst-Kritik, ist der Weg zu ihrer Freisetzung." (Ebd., 143) In diesem Sinne ist Deweys Demokratieverständnis aufs engste mit seiner Kapitalismuskritik verzahnt. Vorgetragen hat er diese Kritik bereits Mitte der 1920er Jahre in Schriften wie *The Public and Its Problems* (LW 2, 235–372), forcierter erscheint sie dann insbesondere in den sozialphilosophischen Schriften der 1930er Jahre (z.B. *Liberalism and Social Action*, LW 11, 1–68; *Art as Experience*, LW 10).

Dewey macht geltend, dass die kapitalistischen Besitzverhältnisse im Fortschreiten der Industrialisierung mehr und mehr zu einem Hindernis für die Verwirklichung demokratischer Kommunikationen und damit für die (Wieder-)Herstellung einer effektiven Öffentlichkeit geworden sind, weil sie die Aufspaltung der Gesellschaft in isolierte, nicht kommunizierende Bereiche und Interessensphären, die schon für das Feudalzeitalter charakteristisch war, nicht überwunden, sondern im Gegenteil verfestigt und vervielfältigt haben. Die Klage über solche Spaltungen findet sich in Deweys Schriften immer wieder. In *Art as Experience* (1934) heißt es dazu beispielsweise: „Das Leben wird in Schubfächer aufgeteilt, und die institutionalisierten Abteilungen werden als hochwertig oder als gering klassifiziert; ihre Werte als profan oder geistig, materiell oder ideell. Interessen werden äußerlich und mechanisch miteinander in Verbindung gebracht, durch ein System von Kontrolle und Ausgleich. (...) Die Kompartmentalisierung von Beschäftigungen und Interessen führt zu einer Trennung jener Form von Aktivität, die gemeinhin ‚Praxis' genannt wird, von Einsicht, der Imagination vom ausführenden Tun, des maßgeblichen Zwecks von der Arbeit, des Gefühls vom Denken und Tun. (...) Von einem Großteil unserer Erfahrung, wie sie tatsächlich unter den gegenwärtigen ökonomischen und rechtlichen institutionellen Bedingungen gelebt wird, ist es nur zu wahr, dass diese Trennungen Bestand haben." (LW 10, 26 f.) Mit dem Hinweis auf die ökonomischen und rechtlichen Verhältnisse meint Dewey dabei insbesondere die Institution des Privateigentums, insofern sie sich auf die Verfügungsmacht über Produktionsmittel und Produktivkräfte bezieht. Diese Verfügungsmacht, so seine Argumentation, ist in der gegenwärtigen Phase der kapitalistischen Entwicklung ohnehin längst aus den Händen des privaten Kapitalisten und Unternehmers in die Obhut der großen Korporationen, der Banken, Konzerne und Aktiengesellschaften übergegangen (vgl. LW 1, 185). Dort aber entzieht sie sich aufgrund der massiven und oft undurchschaubaren Verflechtungen von ökonomischer und politischer Machtausübung in noch größerem Maße als zuvor einer demokratischen Kontrolle und Einflussnahme.

Deweys Konsequenz aus dieser Entwicklung ist, dass die klassischen liberalistischen Vorstellungen von der sakrosankten Rolle des Privateigentums – als unveräußerlichem Recht von als isoliert gedachten Individuen in der Verfolgung ihrer ökonomischen Eigeninteressen – und die damit zusammenhängende Konzeption einer Politik des *laissez-faire* keine angemessene Antwort mehr auf die gesellschaftlichen und ökonomischen Verhältnisse in der Mitte des 20. Jahrhunderts sein können. Er tritt für eine Art „demokratischen Sozialismus" ein, wenn er beispielsweise 1935 in *Liberalism and Social Action* fordert, dass ein zeitgenössischer Liberalismus, wenn er nicht irrelevant werden wolle, in dem Sinne radikal sein müsse, dass er sich nicht mit gelegentlichen Reformen und sozialen Maßnahmen in Bezug auf offensichtliche Missstände begnügt, sondern die Notwendigkeit grundlegender institutioneller Veränderungen ins Auge fasst (LW 11, 41–65). Dewey macht unmissverständlich deutlich, dass er mit dieser Forderung vor allem die Vergesellschaftung und öffentliche Kontrolle der wesentlichen Produktivkräfte und ökonomischen Ressourcen, eine gleichmäßigere und gerechtere Verteilung des nationalen Reichtums und die Verwirklichung effektiver gesellschaftlicher Planungs- und Steuerungsmöglichkeiten meint.[50] Unter anderem heißt es hier: „... die Sache des Liberalismus wird für einen beträchtlichen Zeitraum verloren sein, wenn er nicht bereit ist, weiter zu gehen und die Produktivkräfte, die jetzt zur Verfügung stehen, zu sozialisieren, so dass die Freiheit der Individuen durch die Struktur der ökonomischen Organisation selbst unterstützt werden wird." (Ebd., 61 f.)

Die Nähe zum Marxismus, die sich an dieser Stelle andeutet, ist nicht zuletzt auf das gemeinsame junghegelianische Erbe und die starke Wendung zu einer Philosophie der Praxis zurückzuführen, die dem Deweysche Pragmatismus ebenso wie dem Marxismus eigen war. Gleichwohl bestehen wesentliche Unterschiede. Dewey selbst hat diese Unterschiede meist mehr als die Gemeinsamkeiten betont, insbesondere in seinen späteren Schriften, in denen er – nachdem er sich noch 1928 in Zusammenhang mit einem Besuch in der jungen Sowjetunion recht euphorisch über das Land und insbesondere das neu entstehende Schulsystem geäußert hatte (vgl. LW 3, 203–250; Dykhuizen 1973, 235–239) – meist deutlich um eine Abgrenzung von der dogmatisch-stalinistischen Variante des Marxismus bemüht war, die die Auseinandersetzung in den 1930er Jahren stark bestimmte. In theoretischer Hinsicht richtete sich seine Kritik insbesondere gegen den von Marx verwendeten Wissenschaftsbegriff und die damit verbundenen Wahrheitsansprüche. So schreibt Dewey in *Freedom and Culture* (1938/39): „... der Marxismus ist ‚überholt‘, was seine Ansprüche auf besondere Wissenschaftlichkeit betrifft. Denn so wie *Notwendigkeit* und die Suche nach einem *einzigen* all umfassenden Gesetz typisch für die intellektuelle Atmosphäre der vierziger Jahre des vorigen Jahrhunderts waren, so sind *Wahrscheinlichkeit* und *Pluralismus* die charakteristischen Merkmale des gegenwärtigen Zustands der Wissenschaft." (LW 13, 123; Herv. i. Orig.) Richard Rorty kommentiert die Implikationen dieser Auffassung im Blick auf unterschiedliche sozialphilosophische Erwartungshorizonte treffend folgendermaßen: „(...) während Marx glaubte, er könne die Umrisse der Weltgeschichte in ihrer Ganzheit übersehen und erkennen, dass die Gegenwart ein Übergangsstadium zwischen Feudalwesen und Kommunismus sei, gab sich Dewey mit der Behauptung zufrieden, die Gegenwart sei ein Übergangsstadium zu etwas, das unvorstellbar viel besser sein könne, falls wir Glück haben." (Rorty 1994, 20).

Ein zweiter, mit dieser Kritik verbundener Unterschied zwischen Dewey und Marx liegt in der Wahl der Mittel. Denn für Dewey führte der Weg zu Demokratie und Sozialismus nicht über eine Forcierung des Klassenkampfes und Diktatur des Proletariats. Revolutionärer Gewalt stand er generell ablehnend gegenüber, da er sie mit seinem Verständnis von Demokratie für nicht vereinbar hielt und wenig Vertrauen in die Vorstellung hatte, dass sie letztlich zu Befreiung und Demokratisierung beitragen könne. „Es erfordert ein ungewöhnlich gutgläubiges Vertrauen in die Hegelsche Dialektik der Gegensätze, zu denken, dass der Gebrauch von Gewalt durch eine Klasse ganz plötzlich in eine demokratische klassenlose Gesellschaft verwandelt werden wird." (LW 11, 60) Dewey hatte, bei

---

50   Vgl. dazu auch Dykhuizen (1973, 265–268).

aller Kritik an bestehenden Missständen, genug Vertrauen in das historisch gewachsene demokratische Potential der Gesellschaft, in der und für die er arbeitete und schrieb, um in der Auseinandersetzung mit seinen zeitgenössischen marxistischen Kritikern auf Wachstum statt auf Gewalt und Umsturz zu setzen. Dieses Wachstum gelte es durch neue Formen einer „sozialen Intelligenz" zu fördern, die die vorhandenen gesellschaftlichen Ressourcen der Erkenntnisgewinnung, Kommunikation und Verständigung im Sinne erweiterter demokratischer Teilhabe zu entwickeln versucht.

Dazu bedarf es eines aktiven und kontinuierlichen politischen Engagements, welches Dewey gerade von den so genannten kulturellen Eliten fordert – von den Wissenschaftlern, Philosophen, Künstlern, Pädagogen und all jenen, die heutzutage im amerikanischen Sprachgebrauch zusammenfassend als „cultural workers" bezeichnet werden –, um die kommunikativen Voraussetzungen für eine stärkere demokratische Einbeziehung der Massen zu ermöglichen.[51] Das Sich-Einmischen in politische Diskurse, das kritische Hinterfragen gewohnter Sichtweisen und Überzeugungen, die Gründung von Lehrer- und Wissenschaftlergewerkschaften, die Forderung und aktive Unterstützung von Erziehungsreformen, das öffentliche Eintreten für die sozialen und ökonomischen Rechte von Unterprivilegierten, der Protest gegen offene und versteckte Formen von Rassismus, kritischer Journalismus und eine kritische Auseinandersetzung mit den gleichschaltenden Wirkungen moderner Massenmedien, die Warnung vor sich verstärkenden imperialistischen Tendenzen in der US-amerikanischen Außenpolitik sowie der (allerdings rasch gescheiterte) Versuch, das verkrustete amerikanische Zweiparteiensystem durch die Gründung einer linksorientierten Gegenkraft aufzusprengen – dies sind nur einige Beispiele dafür, wie Dewey selbst in einem langen und ereignisreichen Leben immer wieder versucht hat, politisch im Sinne seines radikalen Demokratieverständnisses Einfluss zu nehmen (vgl. Dykhuizen 1973). Dabei ähnelte sein Verständnis von der Aufgabe des Intellektuellen in einer demokratischen Gesellschaft sehr dem, was Michel Foucault einmal zu dieser Frage gesagt hat: „Die Arbeit eines Intellektuellen besteht nicht darin, den politischen Willen der anderen zu modellieren. Sondern durch die Analysen, die er in seinen Bereichen anstellt, die Evidenzen und die Postulate wieder zu befragen, die Gewohnheiten des Handelns und des Denkens aufzurütteln, die eingebürgerten Selbstverständlichkeiten zu sprengen, die Regeln und die Institutionen neu zu vermessen und von dieser Reproblematisierung aus (in der er sein spezifisches Intellektuellenhandwerk ausübt) an der Bildung eines politischen Willens teilzunehmen" (Foucault 1989, 27 f.).

---

51 Was Dewey in *Art as Experience* über die Kunst sagt, hätte er eben so sehr über die Wissenschaft und die Erziehung sagen können: „... die Kunst selbst ist unter modernen Bedingungen solange nicht in Sicherheit, bis die Masse der Männer und Frauen, die die nützliche Arbeit der Welt verrichten, die Möglichkeit haben, die Produktionsprozesse frei zu leiten, und reichlich in ihren Fähigkeiten ausgestattet sind, die Früchte kollektiver Arbeit zu genießen. Dass das Material für die Kunst aus allen möglichen Quellen geschöpft werden und dass die Produkte der Kunst allen zu-

Anders als für Foucault und viele andere postmoderne Autoren verband sich diese
Auffassung bei Dewey allerdings noch mit jenem weitgehend ungebrochenen sozialphilosophischen Fortschrittsglauben, der für seine Epoche so kennzeichnend war. Zwar meinte
er nicht, die Entwicklung zu einem eindeutigen sozialen Fortschritt mit historischer oder
naturwissenschaftlicher Notwendigkeit vorhersagen zu können – noch gar die konkrete
Ausgestaltung einer besseren, demokratischeren Gesellschaft der Zukunft. Doch war er
zutiefst davon überzeugt, dass zumindest die Möglichkeiten zu einer solchen Entwicklung
in der bestehenden sozialen Welt bereits angelegt seien. Seine Hoffnung setzte er dabei
insbesondere auf die emanzipatorischen Kräfte von Wissenschaft und Kunst.

In der *wissenschaftlichen Methode* experimenteller Erkenntnisgewinnung sah Dewey
ein Problemlösungsverfahren, das aus seiner Sicht als ein idealtypisches Modell genutzt
werden sollte, um politische und gesellschaftliche Entscheidungsprozesse aus der Sphäre
isolierter Interessenverfolgung in einen verallgemeinerten öffentlichen Diskurs zu über-
führen, innerhalb dessen vorgeschlagene Lösungen von allen im Blick auf ihre Interessen
rational geprüft und unter möglichst umfassender Einbeziehung aller Standpunkte einer
Entscheidung zugeführt werden könnten.[52] Die soziale Welt zu erforschen und die Hypothesen und Ergebnisse dieser Forschung einer breiten Öffentlichkeit soweit als möglich
zugänglich zu machen, so glaubte Dewey, sei besser, als blind auf die wohlwollende Autorität von Politikern oder das spezialisierte, aber unzugängliche Wissen von Experten zu
vertrauen. „Eine Klasse von Experten ist unvermeidlicher Weise so weit von den gemeinsamen Interessen entfernt, dass sie eine Klasse mit privaten Interessen und einem privaten
Wissen wird" – was in Bezug auf soziale Angelegenheiten für Dewey überhaupt kein
„richtiges" Wissen ist, insofern es nicht umfassend kommuniziert wird und daher in der
Gefahr von Verzerrung und Vereinseitigung steht. Die Welt „hat mehr Leiden von Füh-
rern und Autoritäten erfahren als von den Massen" (LW 2, 364 f.).

In der *Kunst* sah Dewey die umfassendste und am stärksten universelle Form menschlicher Kommunikation, die ihm in besonderem Maße dazu geeignet schien, soziale, ökonomische, ethnische und kulturelle Grenzen von Verständigung zu überschreiten und auf
einzigartige Weise die Imaginationen der Menschen anzusprechen und zu beleben. „Die
Imagination", schreibt er in seinem kunstphilosophischen Hauptwerk *Art as Experience*,
„ist das Hauptinstrument des Guten" (LW 10, 350), weil nur eine imaginative Vision die
Möglichkeiten aufspüren könne, „die in der Textur des Bestehenden („the actual") verwoben sind" (ebd., 348). Und gerade die Künstler sind seines Erachtens immer „die wirkli-
chen Boten des Neuen" gewesen, denn es sei nicht das äußerliche Geschehnis an sich, was
neu ist, sondern das Aufleben des Gefühls, der Wahrnehmung und des erfahrenen Sinns,
die es auslöst (LW 2, 350). So ist eine lebendige Demokratie für Dewey nur als eine poeti-

---

gänglich sein sollten, ist eine Forderung, neben der die persönliche politische Absicht des Künstlers unbedeutend ist." (LW 10, 347)

52   Zu Deweys kulturkritischem Wissenschaftsverständnis und zu Abgrenzungen gegenüber verbreiteten positivistischen Auffassungen vgl. die Ausführungen in Kapitel 6 dieser Arbeit.

sierte Kultur möglich, die sich ihre verbindenden Werte und Errungenschaften zu Bildern, Metaphern und Erzählungen verdichtet, über die sie sich ihr eigenes Selbstverständnis versinnbildlicht (vgl. Neubert 1998 a, 354–363). Dewey beschreibt seine sozialphilosophische Vision zusammenfassend als „eine Gesellschaft, in der die sich immer weiter ausdehnenden und auf komplizierte Weise verzweigenden Konsequenzen gesellschaftlicher Aktivitäten im vollen Sinne des Wortes bekannt sein werden, so dass eine organisierte und artikulierte Öffentlichkeit entsteht. Die höchste und schwierigste Art der Forschung und eine subtile, feinfühlige, lebendige und empfängliche Kunst der Kommunikation müssen von der physischen Maschinerie der Übermittlung und Zirkulation Besitz ergreifen und ihr Leben einhauchen. Wenn das Maschinenzeitalter auf diese Weise seine Maschinerie vervollkommnet hat, wird es ein Mittel des Lebens und nicht sein despotischer Beherrscher sein. Die Demokratie wird zu ihrem Recht kommen, denn Demokratie ist ein Name für das Leben einer freien und bereichernden Gemeinschaft. Sie hatte ihren Seher in Walt Whitman. Sie wird zu ihrer Vollendung gelangen, wenn eine freie soziale Forschung unauflöslich mit der Kunst einer vollen und beweglichen Kommunikation verbunden ist." (LW 2, 350)

2.3   Demokratie und Erziehung: ein Beispiel

Der Zusammenhang zwischen Demokratie und Erziehung bildet den zentralen Fokus von Deweys erziehungstheoretischer Konzeption.[53] Ergänzend zu den Ausführungen in Kapitel 1 möchte ich an dieser Stelle zur Illustration kurz auf ein Beispiel zu sprechen kommen, das einem hierzulande so gut wie unbekannten Werk Deweys entnommen ist: dem 1915 in Zusammenarbeit mit seiner Tochter Evelyn entstandenen Buch *Schools of To-Morrow* (MW 8, 205–406). Dieses Buch bemüht sich um eine Art Bestandsaufnahme progressiver Schulprojekte anhand ausgewählter Beispiele aus verschiedenen Landesteilen der USA, die von Dewey jeweils mit theoretischen Reflexionen zu unterschiedlichen reformpädagogischen Fragestellungen versehen wurden. Das von mir gewählte Beispiel bezieht sich auf den demokratischen Aspekt der Schule als „social settlement", d.h. einen spezifisch amerikanischen Beitrag zur Schulreformbewegung, der in besonderem Maße

---

53   Seine Vorstellungen zu einer Erziehung zur Demokratie hat Dewey vor allem in seinem 1916 erschienenen pädagogischen Hauptwerk *Democracy and Education* (MW 9) dargestellt und begründet. Von zentraler Bedeutung für seinen schultheoretischen Ansatz ist der Gedanke des Labors (vgl. Kap. 1, Abs. 3.2), den Dewey bereits sehr früh, in seinem berühmt gewordenen Chicagoer Schulversuch (1896–1904) in die Tat umzusetzen versucht hat. Der Leser kann sich über die Praxis und die Erfahrungen von Deweys „Laboratory School" anhand vieler einzelner Unterrichtsbeispiele in Deweys Buch *The School and Society* (MW 1, 1–109), der Darstellung von Mayhew & Edwards (1966) sowie (in deutscher Sprache) in dem umfangreichen Text von Bohnsack (1976) informieren.

die eben erwähnte Vernetzung von Schule und sozialem Umfeld betont.[54] In der Tradition dieser Bewegung stand jene ausschließlich von afro-amerikanischen Schülern besuchte *Public School No. 26* in einem Armenviertel von Indianapolis, die Dewey 1915 zusammen mit seiner Tochter beschrieben hat (ebd., 339–352). Die Vorgeschichte des „Experiments", wie sie es nennen (ebd., 340), lässt sich knapp skizzieren: Die Schule liegt in einem sozialen Umfeld, das berüchtigt ist für Gesetzlosigkeit und Unordnung. Jahrelang hat es kaum Kontakte und keinerlei Unterstützung gegeben. Wegbleiben vom Unterricht, Gewalt gegen Schüler und Lehrer und Konflikte mit dem Gesetz sind keine Seltenheit.

Zufällig ergibt sich die Möglichkeit, drei leer stehende, baufällige Gebäude in unmittelbarer Nähe, die eigentlich abgerissen werden sollten, für die Schule zu nutzen. Ohne weitere finanzielle Unterstützung entschließt man sich, die Gebäude in Eigeninitiative zu einem „social settlement" für die Interessen der Schüler und der Nachbarschaft des umgebenden Wohnviertels umzugestalten. Dieser Vorschlag wird den Schülern unterbreitet, und man begibt sich zusammen mit ihnen in das Viertel, um ihre Eltern um Unterstützung in Form von Arbeitskraft, Materialien, Geräten und kleineren Geldbeträgen zu bitten. Man erhält genug Hilfe, um sich gemeinsam an die Restaurierung der Gebäude begeben zu können, in denen nach und nach verschiedene Werkstätten (für Holzarbeiten, Nähen, Kochen, Modewaren, Schuhreparatur, Schneiderarbeiten etc.), ein „Club House" für die Jungen und ein Treffpunkt für die Mädchen entstehen. Die neuen Einrichtungen werden in vielfältiger Form genutzt. Den Schülern dienen sie im Unterricht als Labors und zur praktischen Ausbildung, in der freien Zeit zum Eigenbedarf und für kleinere Auftragsarbeiten zum Nebenverdienst. Aber auch für die Eltern und die Erwachsenen der Nachbarschaft stehen die schulischen Räume zur Verfügung, beispielsweise als Abendschule und als eine Art Stadtteilzentrum für soziale Begegnungen. Für die Kinder der Umgebung wird darüber hinaus in den Ferien eine Sommerschule eingerichtet. Ein Elternverein wird gegründet, der sich um die Belange der Schule und ihres Umfeldes kümmert, und man gewinnt eine Aluminium-Gesellschaft zur Mitarbeit und Unterstützung.

„Trotz der Tatsache", schreiben die Autoren zusammenfassend, „dass die Arbeit von Mr. Valentine's Schule durch den Mangel an Geldmitteln behindert wird und dass einige der besonderen Dinge, die dort getan werden, einer spezifischen lokalen Bevölkerung entsprechen, zeigen die Veränderungen, die in der Nachbarschaft im Verhältnis der Schule zu den Eltern und in der Stimmung der Schüler bezüglich ihre Einstellung zur Schule eingetreten sind, was eine öffentliche Schule für ihre Nachbarschaft bedeuten kann, wenn sie aufhört, eine isolierte akademische Einrichtung zu sein." (Ebd., 351) Die positiven Entwicklungen und Effekte dieses Experiments, so mag man beim Lesen dieses Berichtes argwöhnen, der nicht zuletzt Werbung für die reformpädagogischen Ziele der Autoren

---

54 Dewey selbst war mit der „social-settlement"-Bewegung bereits im Chicago der Jahrhundertwende in Kontakt gekommen, wo er unter anderem in enger Beziehung zu Jane Addams und ihrem sozialreformerischen Zentrum „Hull House" stand (vgl. Dykhuizen 1973, 104 f.; Westbrook 1991).

machen wollte, wurden in ihrer recht euphorischen Darstellung gewiss ein wenig über-
zeichnet. Den basisdemokratischen Gehalt des „social-settlement"-Gedankens, um den es
mir hier geht, verdeutlicht sie dennoch recht anschaulich.

2.4   Ausblick: Perspektiven und Folgerungen für die heutige Diskussion

Die politische Situation und der ideengeschichtliche Kontext, in dem Deweys Philosophie
entstanden ist, haben sich in den vergangenen fünf Jahrzehnten in verschiedenerlei Hinsicht beträchtlich verändert. Es scheint daher angemessen, wenn eine heutige Rezeption
seines Ansatzes sich nicht auf eine bloß immanent ansetzende Rekonstruktion beschränkt.[55] Fruchtbarer erscheint mir der Versuch, die Aktualität seiner Schriften vor dem
Hintergrund heutiger Theorieentwicklungen kritisch zu durchdenken und dabei zugleich
Perspektiven einer Ergänzung und Weiterführung zu erarbeiten. Ich habe andernorts ausführlich mögliche Folgerungen und Abgrenzungen diskutiert, die sich aus einer Beschäftigung mit Dewey im Blick auf die heutige sozial- und geisteswissenschaftliche Theoriediskussion ziehen lassen (vgl. Neubert 1998 a). Den Interpretationsrahmen meiner Analyse
bietet dabei der Kölner Ansatz des Interaktionistischen Konstruktivismus (vgl. Reich
1998 a, b). Dieser Ansatz bemüht sich um eine Aufarbeitung von Theoriedefiziten bisheriger konstruktivistischer Richtungen, indem er sich verstärkt den philosophischen und
kulturwissenschaftlichen Diskursen der (Post-)Moderne öffnet, um in kritischer Auseinandersetzung mit ihnen zu einer breiteren Herleitung konstruktivistischer Ansprüche zu gelangen.[56]

Ich möchte zum Abschluss dieses Kapitels nur einige Ergebnisse meiner damaligen
Analyse kurz benennen. Gerade für Konstruktivisten, so meine ich, kann Deweys Pragmatismus viele Anregungen und Bezugspunkte für ein vertieftes Durchdenken des eigenen
Ansatzes bieten, denn viele konstruktivistische Grundgedanken finden sich bei ihm in teils
impliziter und teils expliziter Form bereits angelegt. Aufgrund der starken kulturtheoretischen Verankerung seiner Theorien, seiner Offenheit für Lebenswelt und Interaktion sowie seiner engagierten Option für den politischen Diskurs lässt eine Auseinandersetzung
mit Dewey aber auch Defizite bisheriger konstruktivistischer Ansätze deutlich werden, die
Fragen von Kultur, Interaktion und Macht aufgrund ihrer vorwiegend kybernetisch-
systemtheoretischen Orientierung bisher noch viel zu wenig thematisiert haben. Die Aufarbeitung solcher Mängel kann zu einer Weiterentwicklung konstruktivistischen Denkens
unter anderem im Blick auf eine fundiertere Reflexion politischer und sozialphiloso-
phisch-ethischer Implikationen und Begründungen führen.

---

55   Ein immanentes Verständnis kann durch ein Studium seiner eigenen Werke ohnehin am besten
      gewonnen werden.
56   Vgl. dazu die umfangreichen Arbeiten unter http://konstruktivismus.uni-koeln.de.

Zugleich ergeben sich für den Interaktionistischen Konstruktivismus aus heutiger Sicht aber auch Kritikpunkte gegenüber Dewey, die für eine weiterführende Interpretation seines Ansatzes genutzt werden können. Zu nennen sind hier beispielsweise (1) die bei Dewey noch weitgehend vorherrschende naturalistische Strategie der Erkenntnisbegründung, die nicht konsequent genug die Konstruktivität des eigenen Ansatzes reflektiert, (2) sein zirkuläres Fortschrittsmodell, das aus heutiger Sicht zu wenig die Diskontinuitäten und Brüche im Verlauf sozialer (und individueller) Entwicklungen berücksichtigt, (3) seine im Einklang mit dem vorherrschenden geistigen Klima in der ersten Hälfte unseres Jahrhunderts noch relativ ungebrochene Wissenschafts- und Technologiegläubigkeit, die aus postmoderner Sicht um eine Dekonstruktion wissenschaftlicher Geltungsansprüche im Blick auf Lebenswelt und Beziehungswelten zu ergänzen ist sowie (4) sein Kommunikationsbegriff, der durch den Einbezug neuerer Ansätze (z.B. Lacan) kritisch erweitert werden kann.

Auch in Bezug auf Deweys Demokratiemodell scheinen in diesem Zusammenhang Ergänzungen sinnvoll, um den veränderten Voraussetzungen an der Wende zum 21. Jahrhundert gerecht zu werden – einer postmodernen Situation, die, wie Joe L. Kincheloe (1996, 2) schreibt, „Dewey nur für einen Jules Verne für vorstellbar gehalten hätte". Interessant erscheint mir in diesem Zusammenhang z.B. der Beitrag zu einer zeitgenössischen Theorie radikaler Demokratie von Ernesto Laclau und Chantal Mouffe (1991), deren Vorgehensweise für mich deutlich konstruktivistische Züge trägt. Erwähnt sei an dieser Stelle auch nochmals die Arbeit von Henry A. Giroux (1996), der versucht, Deweys Programm einer Erziehung zur Demokratie unter den Bedingungen gestiegener Heterogenität und zunehmender Beweglichkeit von Konfliktlinien im Kontext milieubezogener Identitäts- und Lebensentwürfe in multikulturellen Gesellschaften neu zu durchdenken. Vielleicht stehen angesichts dieser und anderer aktueller Diskussionen die Chancen dafür nicht schlecht, dass Dewey als ein Klassiker der Demokratiedebatte im Spannungsfeld von Moderne und Postmoderne auch in Deutschland wieder entdeckt und neu gewürdigt werden könnte.

Kapitel 3:

Pragmatismus, Konstruktivismus und Kulturtheorie

Pragmatismus und Konstruktivismus haben ein gemeinsames Interesse an Kulturtheorie. Klassische Pragmatisten wie John Dewey und George Herbert Mead verstanden ihre Philosophie als einen Beitrag zur Theorie und Kritik der Kultur. Im Falle Deweys nahm „Kultur" insbesondere im Spätwerk einen zunehmend zentralen Stellenwert in vielen seiner Schriften ein. Dies ging sogar so weit, dass er am Ende seines Lebens bereit war, sein philosophisches Grundkonzept „experience" gegen den Kulturbegriff, wie er in seiner anthropologischen Bedeutung damals entwickelt war, auszutauschen (vgl. LW 1, 361 f.). Heutige Neopragmatist/inn/en stellen ihr fortdauerndes Interesse an Kultur unter Beweis, indem sie sich in ihrer philosophischen Arbeit auf Themen wie Technologie, Kunst, Erziehung oder Demokratie konzentrieren – Themen, die in der pragmatistischen Tradition tief in einer umfassenden kulturtheoretischen Orientierung verwurzelt sind. Heutige Konstruktivist/inn/en andererseits haben in den letzten Jahrzehnten eine so genannte „kulturalistische Wende" (Janich) des Konstruktivismus erlebt. Es ist mittlerweile fast schon ein Allgemeinplatz unter Konstruktivist/inn/en, dass der Konstruktivismus weder radikal noch methodisch konsistent sein kann, wenn er in seiner Erklärung menschlicher Wirklichkeitskonstruktionen die Bedeutung kultureller Kontexte nicht umfassend in Rechnung stellt.

Welche spezifischen Beiträge und Anregungen hinsichtlich kulturtheoretischer Fragestellungen können Pragmatismus und Konstruktivismus einander vor dem Hintergrund dieser gemeinsamen Interessen bieten? Auf welche Übereinstimmungen und welche Unterschiede laufen ihre jeweiligen kulturtheoretischen Perspektiven hinaus? In welcher Hinsicht können sie einander ergänzen oder voneinander lernen? Ich möchte in diesem Aufsatz versuchen, aus der Sicht des Kölner Ansatzes des interaktionistischen Konstruktivismus[57] einige Antworten auf diese Fragen zu geben. Ich werde mich in meiner Diskussion dabei weitgehend auf die Beziehung zwischen dem Konstruktivismus einerseits und dem Pramatismus in der Tradition Deweys andererseits beschränken. Hier und dort werde ich ein paar Implikationen für heutige neopragmatistische Projekte andeuten, die Dewey mit postmodernem Blick neu interpretieren.

---

57 Zur Begründung und umfassenden Darstellung des Ansatzes vgl. Reich (1998 a, b).

3.1 Zur Kulturtheorie in der Tradition Deweys

Im ersten Teil meines Essays möchte ich mich damit begnügen, drei zentrale kulturtheoretische Perspektiven in Deweys Denken hervorzuheben.[58] Jede dieser drei Perspektiven ist am umfassendsten und ausführlichsten in Deweys mittleren und insbesondere in seinen Spätwerken entwickelt worden, obwohl sie in vielerlei Hinsicht auf Quellen bereits in seiner frühen und philosophisch prägenden Lebensphase in den letzten beiden Jahrzehnten des 19. Jahrhunderts zurückgehen (vgl. Westbrook 1991). Ganz allgemein stimme ich Jim Garrison zu, wenn er behauptet, dass „Dewey ein ‚sozialer Konstruktivist' war, Jahrzehnte bevor die Bezeichnung in Mode kam" (Garrison 1997 a, 39)[59], und ich denke, dass diese Behauptung insbesondere für Deweys Kulturtheorie gilt. Die Perspektiven, die ich im Folgenden skizzieren möchte, sind meiner Ansicht nach auch heute noch hochgradig relevant für eine konstruktivistische Kulturtheorie, wenngleich ich argumentieren werde, dass sie im Lichte neuerer theoretischer Entwicklungen teilweise auch kritisch überarbeitet und erneuert werden sollten.

3.1.1 Kultur und „experience"

Bedeutsam für Deweys Kulturtheorie ist zunächst vor allem sein philosophischer Hauptbegriff, „experience". *Experience* ist nach Deweys Verständnis durch Kontinuität und Wechselwirkung („interaction") charakterisiert. Es ist ein aktivisch-passivisches Kontinuum menschlicher Sinnproduktion, dessen Grundeinheit die Handlung ist, „und zwar die Handlung in ihrer vollständigen Entwicklung als einer Verbindung von Tun und Erleiden („doing and undergoing"), die der Handlung Bedeutung verleiht, wenn sie als Verbindung wahrgenommen wird." (LW 11, 214) Im umfassendsten Sinne bedeutet *experience* Lebenserfahrung (life-experience") als Summe eines „Lebenslaufs individualisierter Aktivitäten" (LW 5, 224) und Lernprozesse, die je zu ihrer Zeit zur Qualität und Beschaffenheit nachfolgender Erfahrungen beigetragen haben. Im unmittelbarsten Sinne bezeichnet „primary experience" unser In-der-Welt-Sein – den Umstand, dass wir uns immer schon in einer Situation als einer unaufgelösten Ganzheit befinden. „,Experience'", schreibt Dewey in *Experience and Nature* (1925/29), „... kennt („recognizes") in seiner primären Ganzheit („integrity") keine Trennung zwischen Handlung und Material, Subjekt und Objekt, sondern umfasst beide in einer unanalysierten Totalität." (LW 1, 18) In der Reflexion können die Materialien des „primary experience" unterschieden und zu Objekten dessen verwandelt werden, was Dewey „secondary" oder auch „reflective experience" nennt, d.h. zu Objekten des Denkens. Dies geschieht immer dann, wenn wir uns in einer gestörten, problematischen oder spannungsgeladenen Situation befinden, die eine Untersuchung

---

58 Für eine detailliertere Analyse vgl. Neubert (1998 a).
59 Alle Übersetzungen englischsprachiger Zitate in diesem Text stammen von mir (S.N.).

(„inquiry") ihrer bestimmenden Elemente erforderlich macht, um das betreffende Problem oder die betreffende Spannung aufzulösen. Dewey lässt keinen Zweifel daran, dass dies für ihn ein Konstruktionsprozess ist (vgl. ebd., 16), der auf einer zirkulären Logik der Reflexion beruht: die sekundären und ausgearbeiteten Objekte des Denkens werden aus den „groben, makroskopischen, rohen Inhalten („subject-matters")" des „primary experience" heraus konstruiert, auf die sie dann wiederum zurückbezogen und angewendet werden müssen, um getestet und verifiziert zu werden. Jegliche Erkenntnis beruht für Dewey auf diesem Zirkel zwischen „primary" und „secondary experience".

Von Bedeutung für Deweys Kulturtheorie sind nun vor allem zwei entscheidende Aspekte. Erstens ist „primary experience", trotz seiner qualitativen Unmittelbarkeit, für Dewey niemals einfach unvermittelt oder bedeutungsleer. Ganz im Gegenteil: Weil menschliche Wesen in lebensweltlichen Kontexten aufwachsen und leben, lange bevor sie beginnen, über ihr Leben und ihre Kontexte nachzudenken, ist ihr „experience" immer schon von einem impliziten Reichtum an kulturellen Bedeutungen angefüllt und durchtränkt, die durch Tradition angehäuft und durch Erziehung und alle Formen sozialen Zusammenlebens weitergereicht werden. Die Lebenserfahrung („life-experience"), meint Dewey, ist „bereits überlagert und gesättigt mit den Produkten der Reflexion früherer Generationen und vergangener Zeitalter. Sie ist angefüllt mit Interpretationen und Klassifikationen, die hochentwickeltem Denken geschuldet sind und die zu einem integralen Bestandteil dessen geworden sind, was frisches und unschuldiges empirisches Material zu sein scheint. Es würde mehr Weisheit erfordern, als sie der gelehrteste Historiker besitzt, um all diese absorbierten Entlehnungen („borrowings") zu ihren ursprünglichen Quellen zurück zu verfolgen." (Ebd., 40). Zweitens lassen sich die Materialien und möglichen Bedeutungen, die im „groben, makroskopischen ... primary experience" angelegt sind, niemals vollständig in der Reflexion des „secondary experience" und damit in den symbolischen Ordnungen des Wissens ausschöpfen. Der wirkliche Inhalt des „experience" erstreckt sich für Dewey viel weiter als dasjenige, „was zu einer bestimmten Zeit *gewusst* wird." (ebd., 27; Herv. i. Orig.) Dewey bemüht sich sehr, die Aspekte des Verborgenen, Dunklen und Zwielichtigen hinreichend zu beachten, die undeutlichen und verschwommenen („vague") Grenzbereiche des Wissens, die in den symbolischen Systemen der Wissenschaft und Philosophie so gerne wegerklärt werden. Dies ist in erster Linie eine philosophische Kritik, die sich gegen einseitige Formen von Rationalismus oder „Intellektualismus", wie Dewey es nennt (vgl. ebd., 28), richtet. Implizit sagt diese Kritik aber bereits eine ganze Menge über seine Sicht von Kultur als einem offenen und pluralistischen Universum mit vielschichtigen Bedeutungshorizonten aus, in dem hermeneutisches Geschick und wissenschaftliche Genauigkeit bestenfalls teilweise in den Bedeutungsüberschuss des „life-experience" eindringen können. Nach diesem Verständnis von „experience" als konkret gelebter Kultur(en) bleibt bei jeder Untersuchung kultureller Bedeutungen stets ein Rest von Ambiguität, Vagheit, Ungewissheit und Überraschung.

3.1.2 Kultur und „habit"

In Deweys Theorie des „habit" wird der Gedanke einer Einbettung von Handlung und Bedeutung in kulturelle Kontexte weiter ausgearbeitet. Seine Darstellung menschlichen Verhaltens (conduct"), die sich stets durch ein großes Interesse an der lebensweltlichen Situiertheit menschlicher Praktiken auszeichnet und die er am umfassendsten in seinem Buch *Human Nature and Conduct* (1922) entwickelt hat, verweist auf ein subtiles Wechselspiel zwischen dem, was er als „habit", „impulse" und „intelligence" bezeichnet (vgl. MW 14). Dabei ist es zunächst einmal wichtig festzuhalten, dass seine Theorie menschlichen Verhaltens ungeachtet der naturalistischen Orientierung seiner Philosophie niemals einem reduktionistischen Biologismus nachgegeben hat, wie er zu Deweys Lebzeiten sowohl in den Humanwissenschaften als auch im Alltagsdenken durchaus nicht selten war. Tatsächlich stand Dewey allen Versuchen, die „menschliche Natur" ein für allemal in Form von Trieb- oder Instinkttheorien festzuschreiben, sehr skeptisch gegenüber, weil diese Theorien aus seiner Sicht allzu leicht dazu tendieren, etwas zu naturalisieren und damit zu verfestigen, was letztlich bloß kontingente und veränderliche Deutung einer gegebenen Kultur ist. Für ihn sind nicht Impulse oder angeborene Aktivitäten von primärer Bedeutung für menschliches Verhalten, sondern „habits", die in der Interaktion mit anderen Teilnehmer/inne/n eines kulturellen Milieus gebildet werden. „Obwohl sie zeitlich gesehen zuerst kommen", schreibt er, „sind die Impulse niemals tatsächlich primär; sie sind sekundär und abhängig", weil „die *Bedeutung* angeborener Aktivitäten nicht angeboren [ist]; sie wird erworben. Sie hängt von der Interaktion mit einer entwickelten („matured") sozialen Umgebung ab." (Ebd., 66)

Durch die Bildung von „habits" eignet sich das Individuum Bedeutungen an, die in den Verhaltensmustern und Bräuchen („customs") kultureller Praktiken, Routinen und Institutionen enthalten sind, die seiner Existenz als Individuum vorausgehen. Aneignung meint hierbei jedoch nicht passive Angleichung an das bereits Bestehende. Nur in extremen Fällen eingeschliffener Handlungsroutinen beschränken sich „habits" auf eine mehr oder weniger mechanische Kopie eines sozialen Modells. Was Dewey vor allem interessiert, sind die produktiven und konstruktiven Potenziale von „habits", die immer dann eine entscheidende Rolle spielen, wenn menschliches Verhalten durch die Notwendigkeit, auf veränderliche und unvorhersehbare Situationen zu reagieren, eine neue Ausrichtung erfährt und dadurch einer Individualisierung unterliegt. Dabei handelt es sich um einen hochgradig dynamischen Prozess, den Dewey mit einem aufmerksamen phänomenologischen Gespür (vgl. Kestenbaum 1977; Alexander 1987) für die wahrnehmungsmäßigen, emotionalen, kognitiven und imaginativen Aspekte des menschlichen „experience" beschreibt. Zudem ist es ein Prozess, der eine fortdauernde Bereitschaft voraussetzt, Fähigkeiten der Konstruktion und der Kritik miteinander zu verbinden (vgl. LW 5, 125–143) – oder, in der Sprache des interaktionistischen Konstruktivismus, Perspektiven der Re/De/Konstruktion. Denn um auf kreative und konstruktive Weise auf sich verändernde

Bedingungen zu reagieren, muss man zumindest teilweise seine „Ausrüstung an Überzeugungen religiöser, politischer, künstlerischer und ökonomischer Art" einer kritischen Prüfung und Neubewertung unterziehen, „zu denen man auf allen möglichen indirekten und
unkritisierten Wegen gekommen ist, und untersuchen, wie viel davon sich angesichts gegenwärtiger Erfordernisse, Möglichkeiten und Anwendungen als gültig herausstellt und
bewahrheitet." (Ebd., 142) Mit Dewey beinhaltet Konstruktivismus daher immer zugleich
Kulturkritik. „Kreative Tätigkeit", so schreibt er, „ist das, was wir vor allem brauchen (,,is
our great need"); Kritik aber, Selbstkritik, ist der Weg zu ihrer Freisetzung." (Ebd., 143)

3.1.3   Kultur und Kommunikation

Mit Deweys Philosophie der Kommunikation erhält seine Sicht von Kultur eine weitere
Vertiefung. Man findet bei ihm ein genuin sozial-konstruktivistisches Verständnis der
Erzeugung gemeinsam geteilter Bedeutungen durch Prozesse symbolvermittelter Interaktion (vgl. Garrison 1997b, 2004; Alexander 1987). Ebenso bedeutsam erscheint mir sein
waches Gespür für die Bedeutsamkeit des Imaginären in menschlicher Kommunikation.
Dieser Aspekt unterscheidet seinen Ansatz von manchen neueren Theorien, die Kommunikation weitgehend als einen kybernetischen Prozess der wechselseitigen Informations-
übertragung von Sender und Empfänger in zwischenmenschlichen Systemen auffassen
(vgl. Watzlawick u.a. 1967). Nicht nur in Deweys später, in *Art as Experience* (LW 10)
umfassend entwickelter Kunsttheorie, sondern bereits in einer früheren, allgemeinen Darstellung seiner Kommunikationstheorie, die sich im fünften Kapitel von *Experience and
Nature* (LW 1) findet, lässt sich eine große Aufmerksamkeit für jenes imaginäre Begehren
erkennen, das Menschen nach Sinnerfüllung – Dewey spricht von „fulfillment" und
„consummation" – durch Teilhabe an den gemeinsamen Bedeutungen einer Lebenswelt
streben lässt (vgl. LW 1, 132–161). Seine Beschreibung der antriebs-, gefühls- und wil-
lensmäßigen sowie der ästhetischen Aspekte dieses Begehrens, die selbst noch den abs-
traktesten Formen symbolischer Weltauslegung zugrunde liegen, liefert ein reichhaltiges
und vielschichtiges Bild von der kulturellen Bedeutung des Imaginären. Die
pragmatistische Theorie der Entstehung des Selbst durch den imaginativen Akt einer
Übernahme der „Rolle des Anderen" in Prozessen sozialer Kooperation ist im einzelnen
sicher weitaus präziser von Deweys langjährigem Freund und Kollegen George Herbert
Mead entwickelt worden (vgl. Joas 1989).[60] Aufgrund des intensiven Austauschs zwischen Mead und Dewey insbesondere während ihrer gemeinsamen Chicagoer Zeit hat sie
jedoch Deweys eigene Auffassung von Subjektivität entscheidend geprägt. Und nicht nur
Hans Joas hat darauf aufmerksam gemacht, dass Deweys und Meads Ansatz einer „prakti-

---

60   Zur Bedeutung Meads für den interaktionistischen Konstruktivismus vgl. Reich (1998 a).

schen Intersubjektivität" ein besonderes Licht auf die kreative und konstruktive Dimension menschlichen Handelns geworfen hat (vgl. Joas 1996).

Deweys Philosophie der Kommunikation steht natürlich in einer engen Beziehung zu seinem politischen Denken. Er gilt heute in weiten Kreisen als einer der wichtigsten Väter des Gedankens einer radikalen Demokratisierung und als ein maßgeblicher Vorkämpfer für diesen Gedanken in der Philosophie des 20. Jahrhunderts. Sein Eintreten für das demokratische Ideal eines Zusammenlebens in voller und unbeschränkter Kommunikation ging mit einer scharfen Kritik antidemokratischer Tendenzen in den sozialen, politischen, ökonomischen und pädagogischen Praktiken seiner Zeit einher. Und obwohl manche Kommentatoren heutzutage die Ansicht vertreten, dass in seiner demokratischen Vision – z.B. in der Suche nach einer „Great Community"[61] – mitunter ein Holismus zum Ausdruck kommt, der dazu neigt, „die ‚harten Fakten' von Macht und Beherrschung im gesellschaftlichen Leben" zu unterschätzen (Fraser 1998, 158 f.), gibt es bis in die Gegenwart eine starke und produktive sozialkritische Traditionslinie, die auf den frühen Pragmatismus und insbesondere auf Deweys Werk zurückgeht. Larry Hickmans Version eines „produktiven Pragmatismus" z.B. schließt meiner Ansicht nach an die besten Errungenschaften dieser Tradition an (vgl. Hickman 2001, 2004).[62]

3.2   Zur Kulturtheorie im Konstruktivismus

3.2.1   Beobachter/innen, Teilnehmer/innen und Akteur/inn/e/n

Eine konstruktivistische Kulturtheorie kann meiner Ansicht nach durch eine Auseinandersetzung mit Theorieperspektiven von Deweys Pragmatismus wie den soeben skizzierten viel gewinnen. Es gibt viele Affinitäten und Ähnlichkeiten zwischen beiden Ansätzen. Allerdings gibt es auch eine entscheidende konzeptionelle Wende im Übergang vom klassischen Pragmatismus zum heutigen Konstruktivismus: den Wechsel vom „experience" zum „Beobachter" (vgl. Reich 1998 a, Kap. 1). So wie Deweys Philosophie beim „experience" beginnt und endet, so nimmt eine konstruktivistische Argumentation ihren Ausgangspunkt beim Beobachter, auf den reflektierend auch jede Theoriebildung zurückbezogen wird.[63] Wenn der Konstruktivismus sich also selbst grundsätzlich als Beobachtertheorie versteht, so ist aus der Perspektive des interaktionistischen Konstruktivismus hinzuzu-

---

61   Vgl. dazu insbesondere das fünfte Kapitel von *The Public and Its Problems* (1927) in LW 2, 325–350.

62   Eine interessante neuere Interpretation des konstruktiven und (kultur-)kritischen Potentials eines an Dewey anschließenden „kulturellen Instrumentalismus" findet sich bei Eldridge (1998).

63   Damit verbindet sich für den interaktionistischen Konstruktivismus nicht die Aufforderung, das Projekt einer Theorie des „experience" aufzugeben, sondern nur, diese Theorie konsequent als Beobachterperspektive im konstruktivistischen Sinne zu kennzeichnen. Vgl. dazu die Argumentation in Kapitel 6 dieser Arbeit.

fügen, dass Beobachter/innen nach diesem Verständnis nicht in erster Linie distanzierte Zuschauer/innen sind, sondern gleichzeitig als kulturelle Teilnehmer/innen und Akteur/inn/e/n verstanden werden sollten (vgl. Reich 2002 b, 2004 c; Neubert/Reich 2001): Sie nehmen immer schon an kulturellen Praktiken, Routinen und Institutionen teil, bevor sie in der Lage sind, zu beobachten und Beschreibungen ihrer spezifischen Beobachtungen zu produzieren.[64] Darüber hinaus wird im interaktionistischen Konstruktivismus zwischen Selbstbeobachter- und Fremdbeobachterpositionen im Blick auf Beobachter/innen, Teilnehmer/innen und Akteur/inn/e/n in ihren kulturellen Kontexten unterschieden. Der Selbstbeobachter beobachtet sich und andere in den kulturellen Praktiken und Interaktionen, in denen er selbst sich unmittelbar befindet und an denen er auf Zeit teilhat. Die Fremdbeobachterin beobachtet andere in ihren Praktiken und Interaktionen von außen bzw. aus einer Distanz, wobei die Übergänge zwischen beiden Positionen allerdings fließend sind. Für jede Selbstbeobachterin bringt die (mögliche) Gegenwart eines Fremdbeobachters ein beständiges Angebot der Ver*fremd*ung mit sich, eine beständige Herausforderung, ihre eigenen Beobachtungen zu relativieren, indem sie versucht, eine fremde Sichtweise einzunehmen. In der Postmoderne betonen philosophische Diskurse über Differenz und Andersheit in zunehmendem Maße die Bedeutung solcher Relativierungen als notwendigem Bestandteil einer pluralistischen Kultur. Ich werde darauf später ausführlicher zurückkommen. Im Moment möchte ich jedoch zunächst drei weitere Perspektiven des interaktionistischen Konstruktivismus einführen, die meiner Überzeugung nach besonders viable und relevante theoretische Hilfsmittel für ein konstruktivistisches Verständnis von Beobachtungen, Teilnahmen und Aktionen in kulturellen Kontexten darstellen: die Register des Symbolischen, Imaginären und Realen. Diese drei Register haben einen großen Einfluss auf poststrukturalistische Kulturtheorien insbesondere im Anschluss an Lacan ausgeübt. Der interaktionistische Konstruktivismus greift diese Ansätze auf, stellt sie aber in eine beträchtlich erweiterte Sicht und interpretiert sie neu, wobei insbesondere die ontologischen Implikationen der Lacanschen Psychoanalyse aufgegeben werden (vgl. Reich 1998 a).

3.2.2   Das Symbolische, das Imaginäre und das Reale in der Kultur

Symbolische Repräsentationen: In neueren Kulturtheorien wird häufig versucht, den Kulturbegriff durch Bezugnahme auf symbolische Repräsentationsmittel und symbolische Praktiken zu bestimmen (vgl. beispielsweise Hall 1997; Auernheimer 1996, 2003). Im Rückgriff u.a. auf poststrukturalistische Theorien der Sprache, des Zeichens und des Diskurses wird der Anspruch einer Analyse und Dekonstruktion dessen erhoben, was man als die symbolische Ordnung von Kultur(en) bezeichnen könnte. In schließe mich diesen Positionen an, wenn ich formuliere, dass Kultur aus der Sicht des interaktionistischen Kon-

---

64   Vgl. zum kulturellen Viabilitätsbegriff ausführlich Reich (2004 c).

struktivismus in erster Linie aus diskursiven Feldern symbolischer Praktiken besteht, in denen Bedeutungen konstruiert, artikuliert und zwischen Teilnehmer/inne/n kommuniziert werden. Die kulturelle Erzeugung von Wirklichkeiten ist insofern ein Prozess viabler symbolischer Re/De/Konstruktionen innerhalb diskursiver Felder (vgl. Neubert 2002).[65] Die Frage kultureller Viabilität kann selbstverständlich von verschiedenen Beobachter/inne/n, Teilnehmer/inne/n und Akteur/inn/en innerhalb einer gegebenen Gesellschaft sehr unterschiedlich bestimmt und interpretiert werden. Dies scheint in zunehmendem Maße in postmodernen pluralistischen Gesellschaften der Fall zu sein, in denen ein gemeinsamer Nenner für kulturelle Teilnahmen kaum mehr in Sicht ist und verbleibende Ansprüche auf universelle Geltung kultureller Normen und Standards mehr und mehr überlagert werden von einer Vielfalt heterogener und zum Teil selbst widersprüchlicher Ansprüche auf Viabilität. Dennoch muss es ein Mindestmaß an gemeinsamen symbolischen Ressourcen zwischen den Mitgliedern einer kulturellen Gruppe oder Verständigungsgemeinschaft geben, damit diese in der Lage sind, Diskurse zu führen und an ihnen teilzunehmen. Insofern ist der Definition Georg Auernheimers zuzustimmen, dass die „Kultur einer Gesellschaft oder gesellschaftlichen Gruppe ... in ihrem Repertoire an Symbolbedeutungen [besteht], d.h. in ihrem Repertoire an Kommunikations- und Repräsentationsmitteln. Dabei ist sicher auch die symbolische Verwendungsweise von Dingen im Alltagsleben Teil kultureller Praxis." (Auernheimer 1996, 110)

Bedeutsam ist in diesem Zusammenhang der poststrukturalistische Gedanke, dass symbolische Bedeutungen und Repräsentationen hinsichtlich ihrer pragmatischen Verwendungen in kulturellen Praktiken prinzipiell durch Überdeterminiertheit gekennzeichnet sind.[66] Damit ist gemeint, dass es eine bewegliche und nie ganz zu stabilisierende Beziehung zwischen Signifikant und Signifikat gibt, die einen potentiellen Bedeutungsüberschuss in jeder kulturellen Verwendung von Zeichen möglich macht. Die Rede vom »Gleiten des Signifikanten« legt nahe, dass die kulturelle Re/De/Artikulation von Bedeutungen ein unabschließbarer Prozess ist, der bestenfalls vorübergehend aufgeschoben, aber niemals dauerhaft angehalten werden kann. Einerseits gibt es in allen Diskursen, vielleicht sogar in jedem diskursiven Ereignis, eine Tendenz zur symbolischen Schließung, einen Versuch, auf den Begriff zu bringen, was es zu sagen gibt (und was nicht), eine abschließende Artikulation zu erreichen. Andererseits aber gibt es in keinem Diskurs einen Schlusspunkt, der nicht wiederum als Ausgangspunkt eines neuen Diskurses genutzt werden könnte, gibt es mit anderen Worten immer die Möglichkeit von Reartikulationen und Deartikulationen, durch die Diskurse, deren Bedeutungen scheinbar geklärt waren, neu angestoßen werden.

---

65 Vgl. dazu auch Kapitel 12 dieser Arbeit.

66 Der Begriff der Überdeterminierung wird dabei aus der Freudschen Psychoanalyse – insbesondere der Traumdeutung – entlehnt.

Die folgende Passage aus einem Einführungstext von Stuart Hall liefert eine schöne Illustration dessen, was symbolische Überdeterminiertheit z.B. für den Gebrauch von Bedeutungen in der Sprache impliziert: „... wenn Bedeutungen sich historisch verändern und niemals abschließend feststehen, dann folgt daraus, dass Bedeutungsaufnahme („taking the meaning") einen aktiven Prozess der Interpretation beinhalten muss. ... Es gibt folglich eine notwendige und unvermeidliche Ungenauigkeit der Sprache. ... Und weil wir, um etwas Bedeutungsvolles zu sagen, ‚in die Sprache eintreten' müssen, wo alle möglichen Arten älterer Bedeutungen, die uns vorausgehen, bereits aus früheren Zeiten aufgespeichert sind, können wir die Sprache niemals vollständig reinigen, indem wir all die anderen, verborgenen Bedeutungen wegwischen („screening out"), die das, was wir sagen wollen, modifizieren oder verzerren könnten." (Hall 1997, 32 f.)

Imaginäres Begehren: Aus der Sicht des interaktionistischen Konstruktivismus sollte die Analyse von Kultur neben der symbolischen Seite durch die Einbeziehung der Rolle des Imaginären erweitert werden. Als Ausdruck eines imaginären Begehrens zeichnen sich kulturelle Repräsentationen durch Prozesse imaginärer Verschiebung und Verdichtung aus (vgl. Reich 1998 b), die der Dynamik symbolischer Überdeterminierung zugrunde liegen. Diese imaginären Prozesse können nicht vom Kontext sozialer Interaktionen getrennt werden. Dies bedeutet, dass das imaginäre Begehren von Subjekten stets in wechselseitige Spiegelungen zwischen Selbst und anderen verwoben ist. In diesen Spiegelungen drückt sich ein Begehren nach dem Begehren des anderen aus, das durch symbolische Formen der Verständigung und Anerkennung niemals vollständig aufgelöst bzw. in ihnen aufgehoben werden kann. Das Imaginäre erscheint daher aus dieser Sicht als eine innere Grenze symbolischer Kommunikation: Im Blick auf das imaginäre Begehren bleibt stets ein Mangel, der für zwischenmenschliche Beziehungswirklichkeiten konstitutiv ist.

Theorien der dialogischen Imagination z.B. im Anschluss an den russischen Philosophen Michail Bachtin legen ein Sichtweise nahe, die in eben dieser Widerspenstigkeit des imaginären Begehrens – d.h. in der Erfahrung einer radikalen Andersheit des anderen des Begehrens – die entscheidende Bedingung der Möglichkeit dialogischer Interaktion sieht (vgl. Roth 2004). In ähnlicher Weise spricht sich auch der interaktionistische Konstruktivismus für ein Verständnis menschlicher Beziehungswirklichkeiten aus, das die imaginäre Unschärfe von Beziehungen als einen Antrieb für und gleichzeitig als eine Grenze von symbolischer Kommunikation anerkennt. Hinsichtlich der Interaktionen zwischen Selbst und anderen wird dabei zwischen der Position eines (großen) Anderen (A) und der Position eines (kleinen) anderen (a) unterschieden. Als (A) wird der/die Andere bezeichnet, der/die sich unabhängig von mir innerhalb der Ordnung des Symbolischen selbst artikuliert, während (a) für den/die imaginierte(n) andere(n) meines Begehrens steht, wie er/sie in der imaginären Begegnung gespiegelt erscheint. Dabei ist es wichtig festzuhalten, dass die Teilnehmer an einer kommunikativen Interaktion zwar oftmals wünschen und sich vorstellen mögen, dass sie das imaginäre Begehren des anderen durch symbolische Vermittlung direkt erreichen können. Oft erst im Nachhinein stellen sich dann die Grenzen solchen Erreichen-Könnens heraus, weil die beiden Register nie gänzlich zur Deckung zu bringen sind. Dies liegt insbesondere an zwei miteinander zusammenhängenden Gründen. Zum einen wurzelt das imaginäre Begehren, wie uns die Psychoanalyse lehrt, tief im Unbewussten. Zum anderen finden imaginäre Spiegelungen auf einer weit unmittelbareren und unterschwelligeren Ebene statt als symbolische Vermittlungen. Hier sagen Gesten, Tonfall und körpersprachliche Zeichen oftmals mehr als tausend Worte. Blicke, die »töten«, können eine Konversation zum Verstummen bringen, ebenso wie eine freundliche und ermutigende Geste jemanden dazu bewegen kann, über Dinge zu reden, die er/sie sonst nicht anzusprechen gewagt hätte. Der Punkt, um den es hier geht, ist selbstverständlich nicht, dass wir über solche imaginären Beziehungsprozesse auf symbolischer Ebene überhaupt nicht kommunizieren könnten – eben dies ist mit dem Begriff »Metakommunikation« oder »Beziehungskommunikation« z.B. in vielen therapeutischen oder pädagogischen Kontexten gemeint (vgl. Reich 2002 a). Doch bleibt dabei stets eine Grenze – die Unmöglichkeit, eine imaginäre Begegnung mit dem anderen, an der immer auch unbewusste Anteile meines eigenen Begehrens beteiligt sind, vollständig in ein symbolisches Verständnis aufzulösen. Hinsichtlich dieser Grenze verwendet der interaktionistische Konstruktivismus auch den Lacanschen Begriff einer »Sprachmauer«.

Insofern also in jeder kommunikativen Beziehung stets eine Differenz zwischen (groß) A und (klein) a bleibt, subvertiert das Imaginäre unsere symbolischen Versuche, die Bedeutungen kultureller Situationen zu vereindeutigen und vollständig aufzuklären – z.B. indem wir uns auf strikt rationale Verfahren symbolischer Verständigung und Argumentation verlassen. Mit Blick auf das imaginäre Begehren in all seiner Singularität und Partikularität von Zeit und Ort kann die Suche nach symbolischen Lösungen für die Fragen kultureller Bedeutungen niemals einem Rest von Unschärfe von Beobachtungen entgehen, der Anlass zu neuen Beobachtungen und Reflexionen geben wird.

Risse und Lücken des Realen:
Aus der Sicht des interaktionistischen Konstruktivismus können unsere imaginären und symbolischen Konstruktionen kultureller Wirklichkeiten zudem niemals vollständig gegen Erfahrungen abgedichtet werden, die als Einbrüche des Realen in die Kultur bezeichnet werden. Dabei ist „das Reale (als ein Ereignis) zu unterscheiden von der Realität (als Konstrukt). Das Reale tritt als Riss oder Diskontinuität in die Erfahrung, als ein Mangel an Sinn und Bedeutung. Wir verwenden den Begriff »real«, um die Kontingenz des noch nicht symbolisch Erfassten oder imaginär Erwarteten zu bezeichnen, das hinter jeder Konstruktion von Wirklichkeit lauert." (Neubert/Reich 2001, 8) Indem sie uns überraschen und in unsere Erfahrung und Wahrnehmung unerwartet einbrechen, lassen uns reale Ereignisse immer wieder die Grenzen unserer symbolischen und imaginären Suche nach Bedeutung und Identität erkennen. „Diese Ereignisse ‚passen' nicht. Sie sind das Reale in seiner widerspenstigen Ereignishaftigkeit, das nicht einfach integriert und zum Bestandteil

eines kulturell viablen Verständnisses umgewandelt werden kann. Sie setzt uns in Erstaunen ..." (ebd.). Doch oftmals sind es gerade solche realen Ereignisse, die uns dazu bewegen, unser symbolisches Denken zu verändern und unsere imaginären Horizonte zu erweitern.[67]

Mit einem Wort, die Risse und Lücken des Realen stellen aus konstruktivistischer Sicht wichtige Grenzbedingungen jeder kulturellen Re/De/Konstruktion von Wirklichkeit dar. Wir interaktionistischen Konstruktivisten weisen allerdings jeden Versuch entschieden zurück, eine Ontologie des Realen zu erstellen. Wir sprechen vom Realen strikt im Sinne eines »leeren Signifikanten«. Wir geben uns damit zufrieden, diesen Signifikanten zur Kennzeichnung einer Grenze unserer konstruktiven Fähigkeiten als Beobachter zu verwenden. Wir bestreiten, dass irgendein/e Beobachter/in diese Grenze transzendieren und Zugang zu einer allumfassenden Beobachterperspektive erlangen könnte, die unabhängig von seinen bzw. ihren spezifischen und begrenzten kulturellen Kontexten und Ressourcen als Beobachter/in wäre. Nur ein Gott könnte diese Position eines »idealen« oder »absoluten Beobachters« beanspruchen. Für uns Menschen aber stellt selbst der Blick dieses göttlichen Auges bloß die imaginäre Projektion einer Wunschvorstellung dar, den Partikularitäten und Kontingenzen unserer begrenzten Erfahrung zu entkommen.

Für den interaktionistischen Konstruktivismus gibt es daher hinsichtlich des Realen keinen letzten und besten Beobachter. Das bedeutet, dass wir nicht wissen können, was das Reale *wirklich* ist, ohne dass wir es in unsere symbolischen und imaginären Wirklichkeitskonstruktionen einbauen und es damit in seiner bedrohlichen Ereignishaftigkeit bannen. Dann ist es aber schon unser Konstrukt und entzieht sich uns als reales Ereignis. Die Einbrüche des Realen, denen wir in unserem Leben begegnen, enthüllen mithin den *inneren* Riss, die offene Naht im Gewebe unserer Wirklichkeiten. Sie begegnen uns als das Unerkannte unserer Erkenntnis, die verkannten Zwillinge unserer Erwartungen, die dunkle Seite unseres Mondes. Insofern sind sie ebenso sehr wie unsere Re/De/Konstruktionen von Wirklichkeit Ausdruck unserer kulturellen Ressourcen. Was in unsere Erfahrung und Beobachtung als reales Ereignis eintreten kann (und was nicht), mag sich daher von Kultur zu Kultur, von Person zu Person, und selbst von Situation zu Situation beträchtlich unterscheiden.

Mit anderen Worten ist das Reale nur ein Konstrukt, das wir aufstellen, um uns daran zu erinnern, dass es eine Welt gibt, die von unseren Konstruktionen unabhängig ist, eine Welt, die niemals völlig in unseren Beobachterperspektiven aufgeht, gleichgültig wie stark wissenschaftlich oder philosophisch elaboriert diese sein mögen. Unsere relative Offenheit gegenüber dem Realen in unserem Leben ist eine Frage unserer Empfindsamkeit und Verwundbarkeit gegenüber der Welt, in der wir leben. Die Einbrüche des Realen werden oft als Ereignisse von Verlust, Mangel oder Scheitern beschrieben, die Verwirrung auslö-

---

67   Eine umfassend begründete Abgrenzung zwischen Realität und Realem findet sich in Reich (1998 a).

sen oder uns sprachlos machen, wie z.B. der unerwartete Tod eines geliebten Menschen oder das Verspüren eines plötzlichen Schmerzes in unserem Körper, für den wir keine Erklärung haben. Doch unsere Offenheit und Empfänglichkeit für das Reale kann sich ebenso sehr in der Schönheit einer Landschaft ausdrücken, die den Betrachter ergreift, oder in dem Gefühl ästhetischer Faszination, die durch ein Kunstwerk ausgelöst wird – oder auch in dem Gefühl des Verlustes und/oder des Vergnügens, das auf den Einsturz eines Kartenhauses folgt, das wir liebevoll errichtet hatten.

3.3   Auf dem Weg zu einer postmodernen Theorie der (Multi-)Kultur

3.3.1   Kultur, Diskurs und Macht

Viele der soeben im Blick auf die konstruktivistischen Beobachterperspektiven des Symbolischen, Imaginären und Realen in der Kultur angedeuteten Aspekte und Implikationen weisen eine starke Verwandtschaft mit Einsichten von Deweys Pragmatismus auf. Die pragmatistische Theorie der Bedeutungen als etwas, das im Prozess symbolvermittelter Interaktionen sozial konstruiert wird, beinhaltet beispielsweise ein Verständnis der Wirkungsweise kultureller Repräsentationen und symbolischer Praktiken, das in vielerlei Hinsicht auch dem von Stuart Hall vertretenen Ansatz sehr ähnelt. Ich vermute, dass die meisten an Dewey anschließenden Pragmatisten mehr oder weniger vorbehaltlos der oben zitierten Darstellung Halls hinsichtlich des sprachlichen Gebrauchs von Bedeutungen zustimmen würden – d.h. seiner Darstellung des historischen Wandels von Bedeutungen, des »Bedeutungsaufnehmens« als eines Aktes der Interpretation, der unaufhebbaren Ungenauigkeit der Sprache und der Unmöglichkeit des Versuchs, die Sprache gänzlich von versteckten Bedeutungen zu reinigen, die sich in der Vergangenheit in ihr abgelagert haben. Wie eingangs bereits erwähnt, gibt es in Deweys Philosophie zudem eine starke Tendenz, die Bedeutung des Imaginären in der Kultur zu betonen. Dies gilt nicht nur für seine allgemeine Theorie der menschlichen Kommunikation, seine Ästhetik und Kunstphilosophie, sondern auch für seine Theorie der wissenschaftlichen Methode und insbesondere für sein Verständnis des Sozialen und des Politischen. Seine Behauptung, dass die Imagination das „Hauptinstrument des Guten" sei (LW 10, 350), ist eine starke Mahnung gegenüber einseitig rationalistischen Versuchen, Demokratie in erster Linie auf symbolisch eindeutige Prinzipien einer universellen Vernunft zu gründen. Imagination ist für Dewey wie ein Fenster, durch das wir Möglichkeiten ins Auge fassen können, die unsere bisher konstruierten symbolischen Wirklichkeiten ebenso überschreiten wie unsere bestehenden Fähigkeiten und Vokabularien, für die Art und Weise, wie wir uns »das gute Leben« vorstellen, Beschreibungen zu finden und Gründe zu ersinnen. Schließlich gibt es auch eine starke Empfänglichkeit in Deweys Schriften für das, was ich oben aus der Sicht des interaktionistischen Konstruktivismus als »Einbrüche des Realen« bezeichnet habe. Insbesondere in wichtigen Texten seines Spätwerks, wie z.B. *Experience and Nature* (LW 1) oder *The Quest for Certainty* (LW 4), in denen er seinen komplexen Begriff des „experience" besonders prägnant herausarbeitet, findet man ein scharfsinniges Verständnis der unwiderruflich ungesicherten und riskierten Seite des menschlichen Lebens. Nach Deweys Verständnis ist Kontingenz ein unvermeidliches Charakteristikum der Welt, in der wir leben, das sich jedem Versuch entzieht, symbolische Ordnungen zu konstruieren und zu stabilisieren.[68] Das Leben bleibt ein Wagnis, gleichgültig wie stark elaboriert und wie hoch entwickelt unsere symbolischen Systeme der Vorhersage und Kontrolle auch sein mögen. „Denn in jedem Gegenstand des ‚primary experience' gibt es immer Möglichkeiten, die nicht explizit sind; jeder Gegenstand, der offen liegt, ist beladen mit möglichen Konsequenzen, die verborgen sind; die offenste Handlung hat Faktoren, die nicht explizit sind. Wir mögen das Denken so sehr bemühen, wie wir wollen, und doch können nicht alle Konsequenzen vorhergesehen oder zu einem ausdrücklichen oder erkannten Teil der Reflexion und Entscheidung gemacht werden." (LW 1, 28)

Ungeachtet dieser offenkundigen und wichtigen Parallelen gibt es allerdings auch Punkte, in denen Deweys Pragmatismus und der interaktionistische Konstruktivismus sich unterscheiden. Ich habe andernorts (vgl. Neubert 1998 a) ausführlich zu begründen versucht, dass Deweys holistische Sicht gelingender Kommunikation insgesamt dazu neigt, die symbolische Dimension gegenüber der Ebene imaginärer Spiegelungen zu überschätzen, die aus der Sicht des interaktionistischen Konstruktivismus eine radikalere Grenze gegenüber den symbolischen Möglichkeiten umfassender Verständigung darstellt, als es bei Dewey zuweilen den Anschein hat; dass seine Vision einer freien, vollen und unbeschränkten Kommunikation mitunter die komplexen Machtwirkungen vernachlässigt oder zumindest unterschätzt, die stets auf dem Spiel stehen, wenn man davon ausgeht, dass die Ordnung von Diskursen, wie Foucault so überzeugend gezeigt hat (vgl. Foucault 1981 a, b), weitgehend auf Prozeduren der Ausschließung und Einschränkung beruht; und dass der von Dewey beanspruchte naturalistische Realismus, der die Grundlage seiner reichhaltigen konstruktivistischen Einsichten bildet, letztlich der Suche nach einer Ontologie des Realen recht nahe kommt, die versucht, den leeren Signifikanten mit Inhalten zu füllen

---

68 Vgl. dazu auch eine Stelle in Deweys Essay „Philosophy and Democracy" von 1919, wo er argumentiert, dass eine Philosophie, die von dem Streben der Menschen animiert ist, Demokratie zu erreichen, den Freiheitsbegriff so konstruieren werde, dass er ein Universum bedeute, „in dem es wirkliche Ungewissheit und Kontingenz gibt, eine Welt, die nicht ganz ausgeschöpft ist, und dies auch niemals sein wird, eine Welt, die in mancherlei Hinsicht unvollständig und im Prozess ihrer Erzeugung („in the making") ist, und die in diesen Hinsichten je nach Urteil, Wertschätzung („prize"), Liebe und Arbeit der Menschen so oder so gestaltet („made") werden kann." (MW 11, 50) Wir können in Deweys radikalem Verständnis der Bedeutung von Kontingenz einen Zug erkennen, der seine Philosophie mit vielen heutigen, »postmodernen« Theoriebildungen verbindet (vgl. Rorty 1992).

(„nature" im Sinne Deweys), die unabhängig von jeder spezifischen Beobachterposition sein sollen.[69]

Ich möchte diese Kritikpunkte hier nicht im Einzelnen wiederholen. Stattdessen halte ich es für sinnvoller, zumindest kurz auf einige Aspekte näher einzugehen, die daran anschließen und die meiner Ansicht nach von besonderer Relevanz für heutige Ansätze in der Kulturtheorie sind. Ich greife dafür zunächst ein Schlagwort aus der gegenwärtigen Diskussion um Theorien radikaler Demokratie auf. Das poststrukturalistische Konzept der »Hegemonie«, wie es in jüngerer Zeit insbesondere von Ernesto Laclau und Chantal Mouffe entwickelt worden ist (vgl. Laclau/Mouffe 1991; Laclau 1990; Mouffe 1996, 2000), fasst politische Kämpfe in der Gegenwart sehr weitgehend als Kämpfe um kulturelle Deutungsmacht auf.[70] Kultur wird als ein Feld hochgradig umstrittener Bedeutungen gesehen. Während es stets hegemoniale Deutungen z.B. hinsichtlich der Bedeutung von Vorstellungen wie Nation, Demokratie, Gerechtigkeit, Sicherheit, Freiheit, Gleichheit, Geschlecht, Ethnizität, Fremdheit u.v.m. gibt, die in einer gegebenen Gesellschaft auf Zeit vorherrschend sind, gelingt es diesen hegemonialen Sichtweisen jedoch selten, einen vollständigen und dauerhaften Sieg über alternative Deutungsweisen zu erringen. Weil selbst der hegemoniale Diskurs durch Überdeterminiertheit im oben beschriebenen Sinne gekennzeichnet ist, gibt es stets auch Räume für gegendiskursive Re/Deartikulationen, die sich hegemoniale Bedeutungen zu eigen machen und sie im neuen Licht oppositioneller Strategien neu interpretieren. So verdankt sich beispielsweise ein großer Teil der Erfolge des Feminismus im 20. Jahrhundert dem Umstand, dass es ihm gelungen ist, sich die politische Bedeutung von »Gleichheit« anzueignen, die im politischen Imaginären der Moderne so tief verwurzelt ist – obwohl die Idee ursprünglich stark mit »Brüderlichkeit« (*fraternité*) verknüpft war und damit in erster Linie die Gleichheit von Männern meinte. Dem Feminismus ist es in einem beträchtlichen Maße gelungen, die Bedeutung der Idee

---

69   Zu denken wäre hier auch an Deweys Verständnis einer naturalistischen Metaphysik, wie er es in *Experience and Nature* formuliert hat – als „Erkenntnis der Grundzüge der Existenz" (LW 1, 50) bzw. als „Feststellung der Grundzüge, die Existierendes aller Art („existences of all kinds") ohne Rücksicht auf eine Unterscheidung in körperlich und geistig aufweist" (ebd., 308). Obwohl die metaphysische Suche nach den „generic traits of existence" bei Dewey nicht transzendentalphilosophisch begründet ist, sondern sich stets *innerhalb* des „experience" bewegt, unterschlägt das naturalistisch-metaphysische Argument aus konstruktivistischer Sicht zu sehr die Beobachterabhängigkeit in der Begründung des eigenen philosophischen Ansatzes. Es sei allerdings daran erinnert, dass der späte Dewey – wie sein Schüler und Kommentator Sidney Hook berichtet – eine zunehmende Skepsis hinsichtlich der Verwendung der Begriffe »Metaphysik« und »metaphysisch« zur Kennzeichnung von Aspekten seiner eigenen Position entwickelt hat und schließlich bereit war, sie ganz aufzugeben, weil „seine Verwendung der Begriffe ... der Bedeutung angeglichen worden [sei], die sie ‚in der klassischen, auf Aristoteles gegründeten Tradition' tragen." (LW 1, viii)

70   Laclau und Mouffe haben ihren Ansatz auf dem Weg einer kritischen Neuinterpretation und Dekonstruktion des Marxismus entwickelt. Das Kernkonzept »Hegemonie« haben sie dabei insbesondere aus einer kritischen poststrukturalistischen Lektüre der Arbeiten des italienischen Marxisten Antonio Gramsci gewonnen.

der Gleichheit in eine kritische Waffen zunächst gegen politische und dann gegen ökonomische und sexuelle Formen von Ungleichheit und Diskriminierung zu verwandeln, die
bis dahin weitgehend für selbstverständlich gehalten wurden. Dies nennen Laclau und
Mouffe auch die Artikulation eines Antagonismus durch die Errichtung einer
Äquivalenzkette. Ähnliche Beispiele können in der zweiten Hälfte des 20. Jahrhunderts
z.B. in der Geschichte der US-amerikanischen Bürgerrechtsbewegung, der grünen und
Ökologiebewegungen sowie der Schwulen- und Lesbenbewegungen in weiten Teilen der
westlichen Welt gefunden werden. Und man mag die Vermutung äußern, dass es gerade
die zunehmende Vermehrung, Diversifikation und gesellschaftliche Dringlichkeit solcher
oppositioneller Bewegungen sozialer Minoritäten seit der Mitte des Jahrhunderts ist – d.h.
in den Jahrzehnten nach Deweys Tod –, die den historischen Hintergrund für die Überzeugungskraft von Theorien wie der von Laclau und Mouffe bildet. Diese Theorien fassen
die Artikulationen von Streit, Dissens und antagonistischen Interessen nicht als Zeichen
eines Mangels auf, sondern als den Normalzustand in pluralistischen Demokratien, vorausgesetzt, dass die demokratischen Einstellungen und Institutionen selbst, die die Möglichkeit kontroverser Artikulationen sicherstellen, nicht aufs Spiel gesetzt werden. Statt
eine *Great Community* anzustreben oder eine alle Differenzen überwölbende demokratische Öffentlichkeitssphäre herstellen zu wollen oder einen idealtypischen herrschaftsfreien
Diskurs zu behaupten, legen sie vor allem Gewicht auf die vitale Notwendigkeit einer
Vielfalt von Diskursen und Gegendiskursen, Öffentlichkeiten und Gegenöffentlichkeiten,
als Voraussetzung pluraler Demokratie (vgl. dazu auch Fraser 1994). Sie konstruieren
damit einen politischen Diskurs, der meines Erachtens viable Perspektiven für das Projekt
einer radikalen Demokratie in postmodernen multikulturellen Gesellschaften formuliert[71]
– Perspektiven, in denen zumindest ein Wandel der Betonung im Vergleich zu den stärker
holistischen Visionen zum Ausdruck kommt, wie sie Dewey und die frühen Pragmatisten
unterhielten.[72]

---

71 Vgl. dazu ausführlicher die Diskussion in Kapitel 12 dieser Arbeit.

72 Dass es trotz dieser Unterschiede eine hohe Affinität und viele Berührungspunkte zwischen heutigen Hegemonietheorien und der politischen Philosophie des Pragmatismus insbesondere
Deweyscher Prägung gibt, ließe sich unter anderem anhand einer Arbeit James Campbells im einzelnen genauer zeigen, die den Titel *The Community Reconstructs – The Meaning of Pragmatic
Social Thought* trägt (vgl. Campbell 1992). Insbesondere in einem Kapitel über „Politics and
Conceptual Reconstruction" (ebd., 59–70) lassen sich für den mit Laclaus und Mouffes Ansätzen
vertrauten Leser vielfältige Bezüge und Anknüpfungspunkte zu hegemonietheoretischen Überlegungen ausmachen, so z.B. wenn Campbell gegenüber einer neokonservativen „rhetoric of rest-
oration" in den USA der 1980er und frühen 90er Jahre anmahnt, dass Begriffe der politischen
Sprache – wie z.B. Demokratie, Freiheit und Individualismus – aus pragmatistischer Sicht stets
bedeutungsoffene Konstrukte darstellen, die sich nicht auf die *eine* korrekte, wahre oder legitime
Deutung reduzieren lassen (z.B. unter Verweis auf Tradition oder Gründerzeit). Stattdessen gehe
es immer auch darum, „neue Vorstellungen anzubieten davon, was *Demokratie, Freiheit* und *Individualismus* hier und jetzt bedeuten können und sollten, so dass diese Begriffe weiterhin als
nützliche Symbole bei unseren Versuchen gesellschaftlicher Erneuerung („reconstruction") wir-

3.3.2 Inkommensurabilität und Andersheit

Es geht hier mit anderen Worten um eine zum Teil neuartige Form pluralistischen Denkens in der Postmoderne, die vorsichtiger und bescheidener geworden ist im Blick auf Vorstellungen einer Einheit in der Vielfalt (»comm-unity in diversity«) und demgegenüber eine Vielfalt heterogener und zum Teil widersprüchlicher Verständigungsgemeinschaften (»diversity of communities«) stärker betont, wobei, wie angedeutet, ein gesellschaftlicher Konsens über demokratische Grundüberzeugungen und Institutionen durchaus auch von Autoren wie Mouffe und Laclau gefordert wird (vgl. beispielsweise Mouffe 1996, 8). Obwohl ich glaube, dass sich diese „neue" Form von Pluralismus lediglich durch einen Wandel der Betonung von „älteren" Pluralismusvorstellungen wie der von Dewey vertretenen unterscheidet, denke ich, dass mit diesem Wandel wichtige Implikationen für unser Verständnis von Differenz und Andersheit verbunden sind, was Auswirkungen auf postmoderne Kulturtheorien hat. Eine Richtung kritischer Theoriebildung, die in diesem Zusammenhang für mich einen wichtigen Beitrag liefert, wird unter der Bezeichnung »Postkolonialismus« („postcolonial studies") zusammengefasst.[73] Postkoloniale Dekonstruktionen des universalistischen Narrativs der westlichen Moderne eröffnen Fremdbeobachterperspektiven, die es erlauben, komplexer auf die unebenen und überdeterminierten Handlungsfelder in multikulturellen Gesellschaften zu schauen und diese Komplexität multiperspektivisch zu reflektieren. Begriffe wie »différance« (Hall), »Hybridität« oder »culture's in-between« (Bhabha) radikalisieren unser Verständnis kultureller Ambivalenz in der Postmoderne. Sie stehen für Artikulationen aus der Position von Minderheitengruppen bzw. marginalisierten Gruppen (z.B. Migrant/inn/en), die das vorherrschende hegemoniale Narrativ *von innen her* bestreiten – durch das, was Homi K. Bhabha eine „Wirksamkeit ‚im Zwischenraum'" („‚intersticial' agency") nennt, die von „der Außenseite des Innern" ausgeht, „dem Teil im Ganzen" (Bhabha 1996, 58). Sie setzen sich zum Ziel, einen oberflächlichen liberalen Multikulturalismus zu dekonstruieren, der unbedarft eine universelle Anerkennung von Andersheit auf einem „ebenen Spielfeld" der Kulturen ausrufe (ebd., 56) – im Neben- und Miteinander und gleichsam *on equal terms*. Gegenüber dieser Annahme betonen sie das unterschwellige Fortbestehen von Machtasymmetrien, die die marginalisierten Gruppen daran hindern, sich zur rechten Zeit zu artikulieren und überhaupt Zugang zu den „ebenen Feldern" gleicher Anerkennung zu erlangen. Meiner Ansicht nach enttarnt diese Kritik zutreffend die oftmals allzu einfach gestrickten Fantasien eines multikulturellen *anything goes* in postmodernen Gesellschaften. Und was vielleicht noch wichtiger ist, sie unterstreicht nachdrücklich eine Ambivalenzerfahrung, die

---

ken können." (Ebd., 69; Herv. i. Orig.) Vgl. auch Deweys Hinweis (in „Philosophy and Democracy") auf die Vagheit demokratischer Leitbegriffe wie Freiheit, Gleichheit und Brüderlichkeit, die es mit sich bringe, dass diese Begriffe immer auch politisch umstrittene Vorstellungen repräsentieren (MW 11, 49).

73   Auch diese Thematik wird umfassender in Kapitel 12 diskutiert.

uns kritischer gegenüber der verlockenden, aber zugleich täuschenden Vorstellung machen kann, dass es irgendwo im kulturellen Raum eine ideale Beobachterposition gebe oder geben könne, von der aus postmoderne Multikultur *in toto* überschaut und repräsentiert werden könnte. Diese Möglichkeit bestreiten Konstruktivisten ebenso entschieden wie postkoloniale Autoren wie Bhabha und Hall. Aus der Sicht des interaktionistischen Konstruktivismus drückt sich in dieser Verneinung sogar ein zentraler Anspruch im Blick auf das Projekt radikaler Demokratie in der Postmoderne aus. Kultur sollte aus dieser Sicht eher als ein mannigfach in sich gefalteter Raum gesehen werden – ein Raum, der Diskontinuitäten, Brüche, Lücken und Zwischenräume ebenso wie Kontinuitäten und Übergänge aufweist. Im Blick auf die Frage von Differenz und Andersheit bedeutet dies, dass Inkommensurabilität ein ebenso ausgeprägtes und unvermeidliches Charakteristikum postmoderner Multikultur ist, wie die Möglichkeit der Grenzüberschreitung und des Erreichens von Gemeinsamkeit und Verständigung über Differenzen hinweg.

Bevor ich zum Schluss komme, möchte ich das Gesagte weiter spezifizieren, indem ich aus der Sicht des interaktionistischen Konstruktivismus eine Diskussion der Probleme der Inkommensurabilität und Andersheit kommentiere, die von einem Philosophen stammt, dessen eigene Grenzgänge zwischen unterschiedlichen Traditionen und Richtungen des zeitgenössischen Denkens mir sowohl für heutige (Neo-)Pragmatisten als auch für Konstruktivisten als äußerst interessant erscheinen. Richard Bernstein, der selbst in der Tradition des Pragmatismus u.a. Deweyscher Prägung steht, hat in jüngerer Zeit eine Auseinandersetzung mit einigen der Hauptthemen sogenannter postmoderner Philosophiediskurse geführt. Seine verständnisreichen Kommentare zu teilweise postmodernen/poststrukturalistischen Autoren wie Foucault, Heidegger, Derrida, Levinas und Rorty weisen eine Fülle sowohl von gemeinsamen theoretischen Interessen als auch von gemeinsamen theoretischen Bezugspunkten zwischen seinem Neopragmatismus und dem Kölner Programm des interaktionistischen Konstruktivismus auf. In seiner Diskussion zum Thema „Incommensurability and Otherness Revisited" bezieht er sich kritisch auf Arbeiten von Autoren wie Thomas Kuhn, Richard Rorty, Donald Davidson, Emmanuel Levinas und Jacques Derrida (vgl. Bernstein 1995, 57–78). Zu jedem der beiden Schlüsselbegriffe des Titels seines Essays gibt er in Form prägnanter Thesen eine Zusammenfassung der Schlussfolgerungen seiner Diskussion. Ich möchte meinen Beitrag damit abrunden, dass ich in einiger Ausführlichkeit zentrale Gedanken aus Bernsteins Thesen zu den Problemen der Inkommensurabilität herausgreife und versuche, jedes Zitat durch eine knappe Interpretation aus der Sicht des interaktionistischen Konstruktivismus zu kommentieren. Im Vorgriff sei gesagt, dass ich es insbesondere für eine Stärke der Position Bernsteins halte, dass er sehr sorgfältig und umsichtig bemüht ist, die schwierige Balance zwischen einer Anerkennung inkommensurabler Andersheit einerseits und der Suche nach Möglichkeiten eines Erreichens von Gemeinsamkeit und Verständigung über Grenzen hinweg andererseits zu halten.[74]

„Die Kontroversen über Inkommensurabilität stellen eine Herausforderung und ernsthafte Infragestellung der Überzeugung dar, dass es einen bestimmten, universellen, neutralen, ahistorischen Rahmen gebe – oder geben müsse –, innerhalb dessen alle Sprachen oder ‚Vokabularien' *adäquat* übersetzt werden können und der es uns ermöglichen kann, die Geltungsansprüche, die in diesen disparaten Sprachen gemacht werden, rational zu bewerten („evaluate"). In dieser Hinsicht ist einer der fundamentalsten Grundansprüche der westlichen Philosophie und Erkenntnistheorie in Frage gestellt worden." (Bernstein 1995, 65; Herv. i. Orig.)

Für den interaktionistischen Konstruktivismus beruht die diskursive Stärke dieser Infragestellung auf der Überzeugungskraft, die bestimmte »Kränkungsbewegungen der Vernunft« im (post-)modernen Denken gewonnen haben. Kersten Reich hat insbesondere drei sehr grundlegende Kränkungsbewegungen untersucht, die die Relationen »absolut und relativ«, »Selbst und Andere« sowie »bewusst und unbewusst« betreffen (vgl. Reich 1998 a). Postkoloniale Dekonstruktionen wie die oben angedeuteten Theorien von Hall, Bhabha und anderen können dazu genutzt werden, den Bereich dieser Analyse zu erweitern und Anregungen für die Ausarbeitung weiterführender Schlussfolgerungen für eine postmoderne Theorie der (Multi-)Kultur zu liefern.

---

74 Bernsteins unter anderem durch die Philosophie Deweys inspirierte Position kann zugleich als ein Beleg dafür gesehen werden, dass heutige (post-)moderne Ansätze trotz ihres teilweise anders artikulierten Pluralismusverständnisses auch in Hinblick auf eine *Theorie des Inkommensurablen* noch immer viele Anregungen bei Dewey finden können (auch wenn Bezüge zu Dewey im hier diskutierten Essay Bernsteins nicht explizit hergestellt werden). Es gibt in Deweys Schriften viele Stellen, an denen z.B. im Blick auf Begriffe wie »Individualität«, »Originalität« oder »Kreativität« Aspekte der Einzigartigkeit, Unreduzierbarkeit und begrenzten Vergleichbarkeit des konkreten menschlichen „experience" besonders hervorgehoben werden, wodurch Grenzen einer Kommensuration von Wirklichkeitskonstruktionen bereits in alltäglichen Erfahrungen und Kommunikationen angesprochen sind. Vgl. dazu beispielsweise den Essay „Construction and Criticism" (1929/30; LW 5, 125–143) sowie die folgende Formulierung in „Philosophy and Democracy" (1919) zur Bedeutung des demokratischen Gleichheitsbegriffs: „In sozialer und moralischer Hinsicht bedeutet Gleichheit nicht mathematische Äquivalenz. Sie bedeutet eher die Nichtanwendbarkeit von Erwägungen eines Größer oder Geringer, Überlegen oder Unterlegen. Sie bedeutet, dass gleichgültig, wie groß die quantitativen Unterschiede in Fähigkeit, Stärke, Position, Reichtum auch sein mögen, solche Unterschiede unbedeutend sind im Vergleich zu etwas anderem – der Tatsache der Individualität ..." Dies impliziere die Vorstellung einer Welt, in der jede Existenz in ihrer Einzigartigkeit gesehen werden muss und nicht etwas anderem gleichgesetzt oder in etwas anderes umgewandelt werden kann – sozusagen einer Welt „des Inkommensurablen, in der jedes für sich selbst spricht und Berücksichtigung um seiner selbst willen verlangt." (MW 11, 53) Bezeichnenderweise verwendet die führende Feministin unter den heutigen US-amerikanischen Pragmatisten, Charlene Haddock Seigfried, dieses Zitat als eine Schlüsselstelle in ihrer eigenen Rekonstruktion theoretischer Grundlinien eines „pragmatistischen Feminismus" bei Dewey (vgl. Seigfried 2002, insb. 62–65).

„Die Inkommensurabilität von Sprachen und Traditionen hat keine sich selbst verei-
telnde oder selbstreferentiell inkonsistente Form von Relativismus oder Perspektivismus
zur Folge." (Bernstein 1995, 65)

Konstruktivisten müssen die Gefahren selbstreferentieller Inkonsistenz stets im Auge
behalten. Der interaktionistische Konstruktivismus argumentiert in diesem Zusammenhang unter anderem, dass die Unterscheidung von Selbst- und Fremdbeobachterpositionen
in Diskursen uns helfen kann, uneingeschränkte und naive Formen eines Relativismus
oder Perspektivismus zu vermeiden. Im Blick auf die komplexen Verflechtungen von
Wissens- und Machtdiskursen – d.h. Geltungsansprüchen und hegemonialen Kämpfen –
argumentiert die konstruktivistische Diskurstheorie (vgl. Reich 1998 b; Neubert/Reich
2000) zum Beispiel, dass die Fremdbeobachterin, die die Geltungsansprüche inkommensurabler »Sprachspiele« relativiert, immer schon selbst (als eine Selbstbeobachterin) Teil-
nehmerin an einem Diskurs ist, der dazu tendiert, bestimmte Geltungsansprüche zu verall-
gemeinern bzw. voraussetzungslos zu unterstellen. Relativierung ist daher stets möglich,
insofern es Selbstbeobachtern gelingt, auf sich selbst aus einer Fremdbeobachterposition
zu reflektieren, doch sie ist niemals total. Außerdem impliziert die Aussage, dass bestimmte Sprachen und Traditionen inkommensurabel sind, keineswegs die Unterstellung,
dass die Beobachtung dieser Inkommensurabilität von einer absoluten Beobachterposition
aus erfolgt sei, die eine unüberwindliche Differenz ein für allemal festschreibt. Die Möglichkeit eines Dialogs über Differenzen hinweg liegt schon in der Überdeterminiertheit
von Diskursen selbst begründet, die es mit sich bringt, dass die Begegnung selbst inkommensurabler Sprachen zur Konstruktion (begrenzter) Gemeinsamkeiten führen kann. Dies
führt uns zu Bernsteins nächster These.

„Der Begriff der Inkommensurabilität ist nicht zu verwechseln mit logischer
Unvereinbarkeit oder Unvergleichbarkeit und kann auch nicht darauf reduziert werden.
Inkommensurable Sprachen können auf *vielfältige* Arten verglichen und rational bewertet
(„evaluated") werden. In praktischer Hinsicht erfordert solches Vergleichen und Bewerten
die Kultivierung hermeneutischer Sensibilität und Imagination." (Ebd.)

Ich möchte nur hinzufügen, dass unsere Standards des Vergleichs oder der Bewertung,
so kultiviert unsere Sensibilität und Imagination auch sein mögen, niemals aus einem Bereich jenseits von Machtbeziehungen entstammen. In ihnen drückt sich stets auch ein hegemonialer Moment der Begegnung zwischen unseren eigenen und »fremden« Traditionen aus. Für den interaktionistischen Konstruktivismus setzt die Konstruktion inter- bzw.
transkultureller Vergleiche und Bewertungen stets Machtansprüche in Bezug auf die
Verallgemeinerbarkeit eigener kultureller Standards (z.B. der Rationalität) voraus (vgl.
Neubert/Reich 2001).

„Inkommensurable Sprachen und Traditionen sind nicht als abgeschlossene fensterlose
Monaden vorzustellen, die nichts miteinander gemeinsam haben. ... Es gibt immer Stellen
der Überlappung und Überschneidung („overlap and criss-crossing"), auch wenn es keine
perfekte Kommensuration gibt. ... Unsere sprachlichen Horizonte sind stets offen. Dies

ermöglicht ein Vergleichen, und manchmal sogar eine ‚Horizontverschmelzung.'" (Bernstein 1995, 65)

Dieser Punkt erscheint mir als besonders bedeutsam. Im Anschluss u.a. an poststrukturalistische Diskurstheorien wird im interaktionistischen Konstruktivismus betont, dass sowohl Verständigungsgemeinschaften als auch Diskurse keine abgeschlossenen Totalitäten sind, sondern »offene Nähte« aufweisen, die in Ausgangspunkte für wechselseitige Verbindungen und Übergänge zu anderen Verständigungsgemeinschaften und Diskursen verwandelt werden können. So wenig von einer Verständigung über Differenzen hinweg erwartet werden sollte, dass sie vollständige Kommensuration mit sich bringt – d.h. die Verwendung derselben Vokabularien, die Anwendung derselben Standards, das Vertrauen auf dieselben Methoden, das Stellen derselben Fragen –, so wenig sollte Inkommensurabilität umgekehrt als bloße und sprachlose Andersheit aufgefasst werden. Wir können dies weiter spezifizieren, indem wir auf die konstruktivistischen Beobachtungsregister zurückkommen, die oben vorgestellt wurden. In der Erfahrung *realer* Andersheit begegnet mir der andere in seiner unzugänglichen Fremdheit, die meine Fähigkeit begrenzt, die Welt als eine Universalisierung meines Selbst zu begreifen. Wo immer aber eine Begegnung stattfindet, in der eine Beziehung entsteht – d.h. wo immer eine Kommunikation stattfindet, so brüchig, stockend oder unvollständig es auch sein mag –, da gibt es auch einen imaginären anderen, in dem sich mein Begehren ausdrückt, gespiegelt zu werden, und es gibt einen symbolischen Anderen, dessen Äußerungen eine eigenständige symbolische Bedeutung haben – und sei es nur die Bedeutung, für mich unverständlich zu sein. Die Diskurstheorie des interaktionistischen Konstruktivismus spezifiziert diese Aspekt dahingehend weiter, dass sie den „Diskurs der Beziehungswirklichkeit" und den „Diskurses des Unbewussten" als ergänzende Perspektiven neben dem Fokus auf die Beziehung von Wissen und Macht einführt, der viele gegenwärtige Diskurstheorien bestimmt (vgl. Reich 1998 b, Kap. 4; Neubert/Reich 2000).

„Wir können niemals der realen praktischen Möglichkeit entkommen, dass wir bei dem Versuch scheitern, ‚fremde' Traditionen sowie die Art und Weise zu verstehen, auf die sie mit den Traditionen, zu denen wir gehören, inkommensurabel sind." (Bernstein 1995, 65)

In der Tat bezeichnet Inkommensurabilität ein unbestimmtes und unscharfes Beziehungsverhältnis, in dem die Trennungslinie zwischen Verstehen und Missverstehen, Auffassen und Fehldeuten, Darstellen und Verfälschen oft instabil und in Bewegung ist. Für den interaktionistischen Konstruktivismus beinhalten Kommunikationen eine Differenz zwischen symbolischen Anderen (A) und imaginären anderen (a), was die Möglichkeiten vollständiger Verständigung sowohl auf der symbolischen Ebene als auch in Vermittlung mit dem Imaginären begrenzt. Die Grenze zwischen dem Symbolischen und dem Imaginären stellt eine grundsätzliche Unschärferelation menschlicher Kommunikationen dar – die »Sprachmauer« (vgl. ausführlich Reich 1998 a, b, 2002). Wenn Kommunikation zwischen Sprachen oder symbolischen Ordnungen stattfindet, die auf die eine oder andere Weise miteinander inkommensurabel sind, so ist diese Grenze umso nachdrücklicher in Betracht zu ziehen. Der verbreitetste imaginäre Trugschluss bei dem Versuch, »fremde« Verständigungsgemeinschaften und Traditionen zu verstehen, wird hierbei als »Ethnozentrismus« bezeichnet. Der interaktionistische Konstruktivismus argumentiert, dass der „ethnozentrische Blick" eine kulturelle Falle darstellt, die nicht ein für allemal überwunden oder abgeschafft werden kann, indem man z.B. Bezug auf die vermeintlich überlegene Beobachterperspektive einer universellen Vernunft nimmt (vgl. Neubert/Reich 2001). Er ist eine „reale praktische Möglichkeit", deren wir uns stets bewusst sein sollten – die Möglichkeit unserer eigenen Unfähigkeit, die „Art und Weise" zu verstehen, auf die fremde Traditionen „mit den Traditionen, zu denen wir gehören, inkommensurabel sind".

„Doch die Antwort auf die Gefahr dieses praktischen Scheiterns – das manchmal tragisch sein kann – sollte eine ethische Antwort sein, nämlich die Verantwortung zu übernehmen, sorgfältig zuzuhören, unsere sprachliche, emotionale und kognitive Imagination zu gebrauchen, um zu begreifen, was in ‚fremden' Traditionen ausgedrückt und gesagt wird. ... Wenn wir versuchen, die Traditionen, zu denen wir gehören, oder jene fremden Traditionen, die mit ‚unseren' Traditionen inkommensurabel sind, zu verstehen, müssen wir uns vor allem immer bemühen, einen falschen Essentialismus zu vermeiden." (Bernstein 1995, 65 f.)

Diese Kritik »falscher Essentialismen« gehört sicherlich zu den grundlegendsten Affinitäten zwischen Pragmatismus und Konstruktivismus. Obwohl sie in beiden Ansätzen in erster Linie als erkenntniskritisches Argument entwickelt worden ist, hat sie auch auf ihre kulturtheoretischen Perspektiven einen starken und nachhaltigen Einfluss ausgeübt, auf ihr Verständnis von Kommunikation, Differenz und Andersheit. Sie stellt eine starke Basis für ihr gemeinsames Eintreten für eine pluralistische Ethik radikaler Demokratisierung dar – und für ihre Bereitschaft, sich auf das ungesicherte Leben in einem pluralistischen Universum einzulassen.

„Zu lernen, mit (und unter) rivalisierenden inkommensurablen Traditionen zu leben – was eines der drängendsten Probleme des gegenwärtigen Lebens darstellt –, ist immer ein prekäres und zerbrechliches Unterfangen. Es gibt keine Algorithmen, um zu erfassen, worin Gemeinsamkeit besteht und was genuin different ist. In der Tat sind Gemeinsamkeit und Differenz selbst historisch bedingt und wandelbar („shifting"). Die Suche nach Gemeinsamkeiten und Differenzen unter inkommensurablen Traditionen ist stets eine Herausforderung und eine Verpflichtung – eine *Aufgabe*[75]." (Ebd.; Herv. i. Orig.)

Abschließend möchte ich Bernsteins Feststellung zustimmen, dass „man nur durch eine engagierte Begegnung mit dem anderen, mit der Andersheit des anderen, zu einem informierteren, strukturierteren Verständnis der Traditionen kommt, zu denen ‚wir' gehören. Es ist in unseren genuinen Begegnungen mit dem, was anders und fremd ist (auch in uns selbst), dass wir unser eigenes Selbstverständnis erweitern können." (Ebd., 66 f.) Und

---

75   Hier steht auch im englischen Originaltext das deutsche Wort.

ich möchte meine eigene Einschätzung hinzufügen, dass es eine der Hauptintentionen des vorliegenden Bandes ist, diesem Anspruch auf der bescheidenen Ebene eines theoretischen Austauschs zwischen den unterschiedlichen und doch miteinander verwandten Traditionen des Pragmatismus und Konstruktivismus zu entsprechen und zu einem Abenteuer philosophischer Grenzgänge einzuladen.

Kapitel 4:

Pragmatism and Constructivism in Contemporary Philosophical Discourse

Pragmatism and constructivism are allies in many contemporary philosophical debates. In my view, there are a great number of affinities between both traditions that by far exceed the differences. In this essay, I intend to discuss some of these affinities and differences from the perspective of the Cologne approach of interactive constructivism.[76] Responding to recent debates among Dewey scholars about the core concepts of neopragmatism[77] – "experience" (e.g. Bernstein, Putnam) vs. "language" (e.g. Rorty, Fish) –, I will argue that constructivism offers a third alternative that may be helpful for rethinking pragmatism today: the concept of the "observer". On the one hand, my thesis is that constructivism can profit a lot from pragmatism in devising an observer theory that avoids one-sidedly linguistic, cognitivistic, subjectivistic, or even biologistic reductions. Rather, we should take observers as being at the same time agents and participants in cultural practices. On the other hand, I shall suggest that a constructivist observer theory of knowledge can inspire a critical re-reading of pragmatist classics such as Dewey that takes seriously both (post)modern criticisms of naturalism and realism and poststructuralist approaches to discourse and power.

4.1 Observers / Participants / Agents

When Deweyan pragmatists hear the constructivist claim to appraise the viability of constructed realities by means of an observer theory of knowledge, many of them are likely to be reminded of what Dewey once called a "spectator theory of knowledge." In "The Quest for Certainty" Dewey strongly rejected such a theory. In his view, the phrase summed up one of the most influential philosophical fallacies to which he opposed his instrumentalist transactional account of knowing via inquiry. His famous passage reads as follows: "The theory of knowing is modeled after what was supposed to take place in the act of vision. The object refracts light to the eye and is seen; it makes a difference to the eye and to the

---

76   Interactive constructivism is a new approach in the German field of social and cultural constructivist thinking. The term "interaction" is used in the sense of what the late Dewey and Arthur F. Bentley called "transaction" (see LW 16, 63, 112 ff.). For publications in interactive constructivism see e.g. Reich (1998 a, b, 2000), Burckhart/Reich (2000), Neubert (1998 a), Neubert/Reich (2000). An English introduction is presently being prepared as a co-authored book by Neubert and Reich.

77   For an instructive survey see Kloppenberg (1998).

person having an optical apparatus, but none to the thing seen. The real object is the object so fixed in its regal aloofness that it is a king to any beholding mind that may gaze upon it. A spectator theory of knowledge is the inevitable outcome. There have been theories which hold that mental activity intervenes, but they have retained the old premise. They have therefore concluded that it is impossible to know reality. Since mind intervenes, we know, according to them, only some modified semblance of the real object, some 'appearance.' It would be hard to find a more thoroughgoing confirmation than this conclusion provides of the complete hold possessed by the belief that the object of knowledge is a reality fixed and complete in itself, in isolation from an act of inquiry which has in it any element of production of change." (LW 4, 19)

To be sure, what Dewey opposes in this paragraph is the philosophical heritage of Platonist epistemology, and contemporary constructivists are certainly not under suspicion of promoting such an approach. To conceive of the "object of knowledge" as a "reality fixed and complete in itself", isolated, unchangeable and unaffected by our will to know, is of course completely at odds with the very idea of the construction of realities by observers. However, there is maybe another and more subtle level of connotation on which, from the viewpoint of pragmatist critics, the constructivist "observer" and Dewey's Platonist "spectator" might have something in common: a level that is indicated by such words as "aloofness", "gaze" and "beholding" which indicate a specific form of detachment that is often associated with the very concept of "vision". An objection of this kind is raised e.g., by Charles Anderson who contrasts pragmatism with what he vaguely and on the whole rather indiscriminately refers to as "postmodernism." Anderson writes: "It is worthy of note that postmodernism, as positivism, takes the point of view of the detached observer. The appropriate position of the self-conscious mind is *outside* any enterprise of thought, any tradition, school, method, creed, or doctrine. (...) pragmatism, in any of its forms, must take the view that we think best not alone, but as participants, as parties to an ongoing project of inquiry." (Anderson 1997, 118)

Let me take this objection as a starting point to prevent one possible misunderstanding from the start. As interactive constructivist, when I speak of observers constructing realities I do not necessarily imply a relationship of detachment or remoteness, as exemplified by the postmodern TV-watcher who zaps her/his ways through the virtual storehouses of electronic imagery. This is of course one possible cultural context of observing, but it is not at all a paradigmatic instance for all ways of constructing reality. In general, I conceive of "observing" in a much broader fashion. It is not only seeing, but hearing, feeling, sensing, imagining as well. It is not only perceiving and thinking, but acting and participating as well. It is a case of doing and undergoing in the Deweyan sense that comprises all the immediate, fuzzy and elusive qualities of primary experience.

To argue for an observer theory of knowledge, then, should neither be misunderstood as an appeal to a narrow visual metaphor, nor should it be taken as an opposition to the pragmatic concept of joint activity in cultural contexts. Rather, the aim of maintaining such a theory is to refer knowledge claims to the *perspectives* of the observers who make them. It is to argue that all claims to knowledge be seen as provisional constructions of observers that on principle should be kept open to further re/de/constructions by other observers. This is not to say that all knowledge *per se* is relative for all observers at all times – which obviously it is not. But it is to say that there is no claim to true knowledge that *per se* warrants the consent of all observers and thus evades the possibility of relativization. I take this as a constructivist conclusion from a diversity of (post-)modern discourses on knowledge criticism that show the inherent paradoxes of the absolute and the relative in the field of truth claims (see Reich 1998 a). We shall return to this point with more details in the second part of this essay.

Given the importance for constructivism of the idea of the observer, though, there is of course the question of how we spell it out, i.e. which perspectives we prefer in devising a constructivist theory of the observer. At present there is a variety of constructivist approaches that in part differ considerably with each other over this issue.[78] Having been proliferating particularly since the 1970s, parts of the recently emerging constructivist theories were at first stimulated not so much by developments within the humanities or the social sciences, but by discourses on cybernetics and the biology of cognition. Accordingly, the observer theories they designed were in the main rather cognitivistic and subjectivistic – e.g. taking cognitive autopoiesis as the key for explaining the construction of human realities. Many of these theories tended to underestimate the interactive and sociocultural dimensions of experience. Since the 1980s and 1990s, however, there has been a broad movement which some have called a "cultural turn" in constructivism. The emphasis has shifted from cognition and biology to social and cultural perspectives, and today many constructivists are striving to overcome the more reductionistic assumptions of so called "radical constructivism" by reformulating constructivist thought within the discourses of the humanities and social sciences.

In this connection, there is at present an awakening interest in the "rediscovery" of classical pragmatism (and especially Deweyan pragmatism) among contemporary constructivists. For example, Jim Garrison (1997 a) has recently opted for "Deweyan Social Constructivism" as an alternative to von Glasersfeld's radical constructivism and subjectivism in the field of science education. I share Garrisons conviction that "Dewey was a 'social constructivist' decades before the phrase became fashionable" (Garrison 1997b, 39). On another occasion, I have pointed out in detail why and how Dewey's philosophy

---

78   This is not the place to resume in any detail the complex and highly diversified scene of present day constructivist approaches. They comprise at least perspectives as different as constructive subjective psychology (Piaget, Kelly), materialist constructive theory of culture (Wygotsky), radical constructivism (von Foerster, von Glasersfeld, Maturana), systems theory (Luhmann), methodological constructivism and culturalism (Janich, Wallner) and socio-cultural constructivisms in many varieties (e.g. Berger/Luckmann, Gergen, Garrison, Reich). For a detailed survey see Reich (2001 a). I confine myself here to outlining some main tendencies that I consider most pertinent to the present theme.

can be a major source of inspiration and reflection for constructivists today (see Neubert 1998 a). I shall confine myself now to briefly indicating three perspectives of Deweyan pragmatism that in my view are highly relevant here.

(1) Dewey's *theory of experience* offers an instructive observer perspective on the intimate relationships between knowing and making. His focus on primary experience as the source and *telos* of all reflection opens a view on life that frankly acknowledges the indeterminate, vague, obscure and fuzzy dimensions of human existence. In claiming that "the cognitive never *is* all-inclusive" (LW 1, 30, Fn. 5), his philosophical experimentalism rejects all rationalistic attempts at symbolic closure for the benefit of appreciating the varieties and perplexities of human life-experience as it is lived in the concrete. This allows for the vision of a universe that is still 'in the making' (William James), an open and pluralistic universe in which there is space for something new to happen. Dewey's radical understanding of the meaning of contingency is a trait that links his philosophy to postmodernity. Its importance for constructivism lies, in part, in the fact that for Dewey it is precisely the precariousness and incompleteness of our established systems of belief and knowledge that time and again calls upon us for new experimental constructions.

Furthermore, Dewey's philosophy rejects the idea that the objects of knowledge are passively absorbed or taken in as mental representations of a fixed outer reality. On the contrary, his view of the relationship between primary and reflective experience implies – in constructivist terms – a circular logic of observation: it shows how knowledge is actively constructed in processes of inquiry that are located in the life-worldly contexts to which the practices of knowing give meaning. This contextuality of the Deweyan experience as a continuum of 'doing' and 'undergoing' implies that construction is always a transactional affair informed by the socio-cultural interactions in which we participate. Primary experience for Dewey is deeply imbued with cultural meanings. And it is part of the greatness of his thought that his profound "respect for concrete human experience and its potentialities" (ibid., 41) allowed him to put emphasis on the potential constructivity of human activities in all fields of cultural practice. The term 'construction' is indeed a recurrent and continuous motif in Dewey's writings.

(2) Dewey's *theory of habit* further elaborates the cultural embeddedness of human constructivity. It offers an interactive phenomenology that helps us to understand the intimate relationship of constructions, reconstructions[79] and deconstructions in cultural practices, routines and institutions. For Dewey, all cultural viability rests on the operation of

---

79 I use the word "reconstruction" in a somewhat more limited and specific sense than it is commonly understood in English. In this sense "reconstruction" refers to the *re*production of previously established constructions. Although this can be an act of discovery that is largely constructive in nature, the emphasis in "reconstruction" is on the aspect of reiteration and not so much on the aspect of renewal. I always use the word "reconstruction" in connection with "construction" and "deconstruction", since the three terms taken together represent one set of observer perspectives to be distinguished but not separated.

habits that inform our active capacities to master new situations. Individual habits incorporate the customs of our life-world. They provide us with the necessary reconstructive patterns that are part of "ethnicity as a cultural resource" (see Neubert/Reich 2001 b). Taken by themselves, however, these resources readily tend to petrify and become unreflecting routines unless they are enlivened by flexible readjustments to new experiences. Dewey's emphasis on problematic situations – or what following a suggestion by Thomas Alexander we might better call "tensional situations" (see Alexander 1987, 301, fn. 32) – stresses the importance of such readjustments for constructive growth and learning. Following his account of intelligent problem solving, our initial impulsive reactions to new and puzzling events provide the starting points for partly deconstructing an 'apparently stable world' we inhabited before and thereby putting at risk the viabilities we already had achieved. However, these partial deconstructions are an inevitable precondition for the possibility of constructing new visions and attaining new solutions. Hence, for Dewey, there is an indissoluble and eminently political connection between "Construction and Criticism" (see LW 5, 125–143). His view suggests that constructivism must in part be cultural criticism lest it underestimate the delimitations imposed on the freedom of constructions by established social practices, routines, and institutions.

(3) Dewey's *theory of communication* at least in part anticipates the linguistic turn that was to follow after his death. Most impressing for me is his acute awareness of the import of the imaginative in human communication. His original distinction between the instrumental and the consummatory phase of communicative experience testifies to his extraordinary sensitivity to the imaginative desire that drives human subjects to reach consummation and fulfillment by participating in symbolically shared meanings and values. This imaginative desire is highly relevant for constructivism, too, since it points to the more subjective, impulsive, affective, emotional, and volitional dimensions that necessarily must accompany our symbolical constructions lest they lose all sense and relevance to our personal lifes.

Dewey's theory of communication is of course closely connected with his ideal of radical democracy. Although, as a constructivist, I prefer a model of communication that more persistently stresses the unavoidable gaps and fissures between the imaginative and the symbolic and thus in part relativizes Dewey's emphatic poem of free, rewarding and successful communication, I unreservedly consent to his credo that – politically as well as educationally – "Imagination is the chief instrument of the good" (LW 10, 350). And I think that for contemporary constructivists as well as for contemporary pragmatists Dewey's claim still holds true that democracy is a creative task before us (see LW 14, 224-230) that challenges our imaginative and symbolical capacities to envision and accomplish viable ways of 'the good life' that we and others wish to live.

To sum up so far, one crucial consequence of pragmatism for constructivism, in my view, is that when constructivists speak of observers, they should always have in mind agents and participants in cultural practices, routines, and institutions as well. Observing begins and ends in life-worldly contexts (as we say today) or in life-experience (as Dewey would have it) in all its ambiguities, uncertainties, contradictions and giddy varieties. Here we are always involved as agents who act in more or less consciously reflected ways on the basis of pre-established habits that largely grant the viability of our daily practices. And as agents we are always participants, too, since it is only by communication and shared activities that acting becomes meaningful and informed by performative agency. The interdependence of observers/participants/agents, then, constitutes the primary circle of what I want to suggest as a constructivist account of the cultural construction of realities.

However, this is but the first step of my argument. I shall now turn to another constructivist distinction that may help us clarify some differences between contemporary constructivism and pragmatism and provide us with some critical perspectives for a constructivist interpretation of Dewey. The diagram sketches the course of my argumentation.

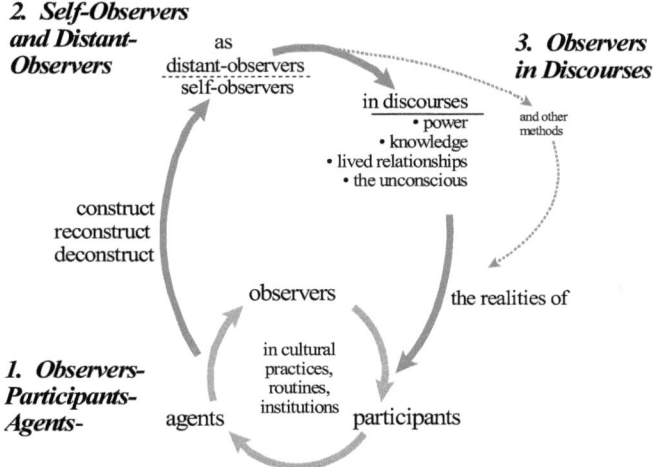

4.2   Self-Observers and Distant-Observers

According to interactive constructivism, observers are "on principle to be situated within the context of interpretive communities:[80] they are subjects who from the outset participate in the discursive construction of realities on the basis of cultural pre-understandings and in interaction with other subjects." (Neubert/Reich 2001a, 10) Furthermore, we should

---

80   I borrow this phrase from Stanley Fish (1998, 419). The German term is *Verständigungsgemeinschaft*. Translated literally this would be "community of understanding", which perhaps sounds somewhat awkward to Anglo-American ears.

distinguish between what may be called self-observers and distant-observers.[81] As self-observers, we observe ourselves and others *from within* the practices and discourses in which we directly participate. As distant-observers, we observe others in their practices and discourses *from outside*, be it by temporal or spatial detachment or from the distance of reflection. However, this distinction should not be misunderstood as a separation, for the transitions are liquid. As distant-observers we are always at the same time self-observers within our own context of observation, while as self-observers we may at any moment try to imaginarily project ourselves into the position of a distant-observer who looks and reflects from outside.

This distinction, I further suggest, is becoming more and more important for philo-sophical reflection in times of postmodernity. It is a marked trait of present day discourses that they have diversified to a degree that no one self-observer can overlook the varieties of approaches even in a limited field of discipline. In proclaiming the end of the "great projects" and "meta-narratives", postmodern criticism of knowledge focuses on how the pluralization of possible truth claims has rendered any single and comprehensive approach to knowledge questionable. Truth claims more and more seem to be stated by the ones only to be relativized by the others. "In the juxtaposition of approaches, plural knowledge gets relativized and deconstructed by itself, since discourses of knowledge have multiplied and differentiated to an extent that the *one* obligatory truth for all observers can only be seen as the fantasy of a long lost unity of science." (Ibid., 22) In my view, this situation suggests that a constant readiness to change perspectives between self- and distant-observer positions should be seen as a minimum requirement for postmodern knowledge.

At the same time, it seems to be a characteristic of postmodernity that varied interpre-tive communities of philosophical discourse tend to co-exist while sometimes taking pret-ty little notice of each other. The present juxtaposition of pragmatisms, constructivisms, deconstructivisms, poststructuralisms and the likes, all operating in their respective circles, meeting at their respective conferences, and articulating themselves in their respective publishing organs, sometimes gives one a troubling feeling of closure. Of course there are interconnections, I would not deny this. But to my mind they are often too feeble and their mutual impact remains too marginal. For example, I must confess that it took me by sur-prise that when I was reading in a comprehensive book on neopragmatism with several contributors focusing on Dewey and political theory[82] while preparing myself for this pa-

---

81   The term "distant-observer" is not a wholly equivalent translation of the German *Fremdbeobach-ter*. However, I could not find a more satisfying expression in English. The German *fremd* proper-ly means "alien" (or "strange"), but "alien-observer" would point toward the false direction, since it completely neglects the dialectical relationship of self and other implied in the German *selbst und fremd*. Simply to speak of the "other observer" would be misleading, too, because in most cases the *Fremdbeobachter* is not the other with whom we directly interact, but a third other who observes from a distance.

82   I mean the impressing and inspiring volume "The Revival of Pragmatism" edited by Morris Dick-stein (1998).

per, I did not find a single reference to what I regard as one of the most interesting recent approaches to radical democracy – namely, the poststructuralist theory launched by Ernesto Laclau and Chantal Mouffe. I shall briefly return to them later. What I want to suggest at the moment is that to me this confusing juxtaposition of communities of discourse, while certainly being an inevitable consequence of postmodernity, seems all too often to be a hindrance to exchange and mutual learning.

In a word, I think that looking more persistently for possibilities of border-crossing the discursive lines of postmodern thought is certainly one of the most promising and at the same time fascinating ways to try to advance our approaches. At least this vision inspires me to travel between contemporary constructivism and pragmatism. These boarder-crossings as self- and distant-observers often help us to increase our capacities for a thoroughgoing rethinking of the traditions to which we adhere. They may at times involve the deconstruction of even the core concepts that have become dear to us when we first learned to work with them.

To go beyond established teachings or doctrines whenever changes in our times, life-experiences, and intellectual resources demand, is of course a most Deweyan thought. So re-reading Dewey through postmodern eyes may be said to be an exercise in what – paraphrasing a famous dictum that Lacan used to qualify his relationship to Freud – we might call "going beyond Dewey – with Dewey". However, as we will see in what follows, I think that with regard to some of the specific answers to philosophical questions that Dewey gave in his time, this will at the same time partly be an exercise in going beyond Dewey – without Dewey.

Empiricism – Naturalism – Realism

As a constructivist, what I think we should deconstruct today are Dewey's claims to "empirical naturalism" or "naturalistic empiricism" (LW 1, 10). On the one hand, I believe that it makes much sense for constructivism to talk about experience in ways that Dewey did, especially with regard to the intimate and subtle connections of experience with culture that are implied, as has been mentioned above, in his philosophy.[83] So I am convinced that books like "Experience and Nature" or "The Quest for Certainty" have been pioneering works and still can be regarded today as milestones in pragmatist and constructivist thought. Dewey's characterization of natural existence as "a constant mixture of the precarious and the stable" (LW 4, 194), his sensitivity to the qualitative and aesthetic dimensions of primary experience, his complexly developed conception of the circular interdependence between primary and reflective experience, his open-mindedness to the contingency of the world in which we live and his experimentalist account of all kinds of knowledge in my view are very fruitful ways of talking about these things. They have considerably contributed to important developments in (post-)modern thought that have paved the way for present-day constructivisms.

On the other hand, I think we should abandon today the strategy of launching these ideas under the names of "empiricism" or "naturalism."[84] From the perspective of interact-tive constructivism, nature, existence or primary experience do not speak to us, but we, as human observers, speak about nature, existence and experience. Dewey's descriptions, subtle and refined as they are, are one observer perspective among others that are equally possible. As self-observers, we may readily be tempted to think that the ways we look at nature, experience or existence are grounded in something that is either completely inde-pendent of human observer perspectives or at least can be observed so generally that it may be stated as "the generic traits of existence" (LW 1, 50). As is well known, Dewey's "naturalistic metaphysics" opted for the second alternative. If, however, we look as dis-tant-observers comparing different and competing philosophical or metaphysical dis-courses on nature, existence, experience, reason, the spirit or life in hindsight, what we find is a succession and juxtaposition of approaches that each in their time and place proved to be successful explanations. In constructivist terms, that is to say they were pers-pectives constructed by observers that turned out to be viable in the contexts of their inter-pretive communities. Constructivists think that in the long run none of them should be expected to appeal equally to all observers, for none of them is grounded in anything more universal, eternal or persistent than the cultural viability they have in their time and con-texts.[85]

Hence, when Dewey e.g., proclaims his "faith in experience when intelligently used as a means of *disclosing the realities of nature*" (LW 1, 4–5; italics mine), when he refers to evidence in nature and claims to have discerned traits of aesthetic quality that "*indubitably characterize* [...] natural situations as they empirically occur" (ibid., 82; italics mine), I can understand that this was a useful and probably even indispensible strategy to back up the philosophical criticisms that he launched against the powerful and deeply entrenched tra-ditions he offended as a self-observer in the interpretive communities of his time. Howev-er, I do not think that this strategy is as useful and as inevitable in our own day. As many more recent approaches of (post)modern philosophical critique have shown, every attempt to "naturalize" culturally constructed concepts and interpretations involves the exclusion of alternative perspectives, since the "naturalized" tends to elude any attempt at decon-

83   For a more comprehensive discussion of productive as well as critical implications of Dewey's philosophy of experience as a challenge for constructivism, see also the following chapter 5 of this book.

84   For a detailed discussion that involves a constructivist critique of contemporary pragmatist de-fenders of Deweyan naturalistic metaphysics like Stuhr, Sleeper, Boisvert and Alexander see Neubert (1998 a, 66–141). See also "Transactions of the Charles S. Peirce Society, vol. XXVIII, No. 2, Spring 1992" for contributions by the pragmatist authors just mentioned.

85   Since cultural contexts are always overlapping, some observer perspectives may prove viable across different changing contexts and be of a broader and longer lasting appeal than others.

struction.[86] If constructivists avoid terms like "naturalism" and "empiricism," their aim is precisely to see to it that every observer perspective – including their own – be held open for further deconstructions.

This criticism may be extended to the very realism that undergirds both Dewey's empiricism and naturalism. To do so, I must first make some brief remarks on the constructivist concept of reality.[87] Interactive constructivism claims that realities are constructed by observers/participants/agents. However, this claim does not imply that realities constructed by observers are all-embracing and tight totalities that do not have gaps or fissures which render them *precarious* constructions. Rather, they are viable "ways of worldmaking" (Nelson Goodman) *amongst other* viable ways precisely because of this precarious and incomplete status. As a constructivist, I do not think of denying that there is always something independent of our constructions, a world that is never completely absorbed in our observer perspectives but often takes us by surprise and acts upon us when we have least expected. In interactive constructivism, we speak in this connection of the "real" that enters our experience as an event and sometimes disturbs even the most entrenched certainties of our constructed realities.

However, interactive constructivism suggests that there is no direct way of symbolically taking and articulating the "real" as a constituent part of our constructions of reality. If we talk about "the real," this is but a linguistic construction we use to denote the recurrent experience that something is missing, that something eludes even our most refined constructions and returns to us as a lack of meaning – the impossibility to attain a final closure. This recurrent experience can only be denoted as a limit. Of course, whenever we encounter real events in our life-experience – say an accident, the death of someone we love, a sudden pain without explanation, a situation that confuses us, something we could not foresee and that seems puzzling, unintelligible or even senseless – we will try to cover them imaginarily and symbolically and make them a part of our re/constructed realities. As an event, though, "the real" eludes our attempts at symbolic ordering.

Now realism, I suggest, can be defined as an approach that at some point or another ventures to grasp the "really real" as something *independent* of any specific observer position.[88] I acknowledge that many contemporary realists actually do concede (as Dewey did in his day) that human cultures are largely constructions that respond to concrete needs, interests and challenges in the contingent contexts of culture and history. However, in trying to say what reality "really is," they ultimately project themselves into a position that

---

86   See e.g. Butler (1990), Foucault (1999), Hall (1997), Popkewitz et al. (2001), and, for a comprehensive discussion from the viewpoint of interactive constructivism, Reich (1998 a).

87   For a comprehensive discussion see Reich (2001b).

88   "(...) the question at issue is what the real is", says Dewey in "Experience and Nature". "If natural existence is qualitatively individualized or genuinely plural, as well as repetitious, and if things have both temporal quality and recurrence or uniformity, then the more realistic knowledge is, the more fully it will reflect and exemplify these traits." (LW 1, 127)

neglects reference to any specific observer position. As a constructivist, I think it is wiser to jettison the question of the "really real," for any attempt to discern and define it ultimately tends to transform cultural constructions into ontological or quasi-ontological, metaphysical statements that delimit the realm of further possible re/de/constructions. Interactive constructivism emphasizes our freedom to change observer perspectives and even assume views that at some points are radically different from the ones we cherished before.[89] At the same time, it insists that the construction of realities does not occur in an isolated realm of pure subjectivity or omnipotent will. It is part of the cultural practices in which we participate. After all, even constructivists cannot simply actualize any possibility whatsoever, but only those discursive and cultural options that are available to them as viable solutions in the interpretive communities to which they belong. If there is relativism in interactive constructivism, it is a qualified version of relativism that avoids the arbitrariness of "anything goes" by pointing to the necessary contexts of culture and discourse. In this sense, I consent to Stanley Fish when he says that *anything that can be made to go goes*" (Fish 1998, 432).

To sum up, my constructivist interpretation of Deweyan pragmatism is more inclined to welcoming the linguistic turn than to opting for a realistic, empiricistic or even metaphysical concept of experience. However, my suggestion to those inclined towards the Rortyan end of the neopragmatist arc is that the focus on interpretive communities, descriptions, re-descriptions, talking and other linguistic concepts be critically linked to a constructivist observer theory that anchors the hovering language games in the concrete socio-cultural practices, routines, and institutions in which agents participate as self- and distant-observers. These cultural practices are always informed by discourses involving power relations. Hence, my third step will be to consider new approaches to discourse and power that may help to further differentiate postmodern criticisms while at the same time opening up new vistas for pragmatist thought.

4.3   Observers in Discourses

From the viewpoint of interactive constructivism, I rely in what follows on a constructivist theory of discourse that largely draws on postmodern and poststructuralist theoretical developments (see Reich 1998 b; Neubert/Reich 2000). This theory distinguishes four necessary perspectives for contemporary analyses of discourse: "power", "knowledge", "lived relationships" and "the unconscious". Although time forbids going too much into details here, I want to indicate at least some lines in which I think that constructivist and

---

89   In this sense I think that even Hilary Putnams (1998) recent attempt to launch a concept of "direct" or "natural realism" based on Deweyan and especially on Jamesian pragmatism goes in the false direction.

poststructuralist approaches to discourse can offer valuable stimulations for rethinking pragmatism today.[90]

(1) Discourse and Power

According to interactive constructivism, discourses are never unambiguously accomplished, seamless totalities, but incomplete structures with open sutures that while being established are almost already in transition toward something else (see Neubert/Reich 2001a). This view of discourses, firstly, takes over from poststructuralism the idea that discourses are largely characterized by overdetermination. That is to say that discourses are always multilayered formations of meaning that allow for diverse and even antagonistic articulations. The arbitrary and never wholly stabilized relationship between signifier and signified makes possible condensations and displacements of meanings that lead to a potentially endless 'game of differences'. Hence any given articulation allows for possible re-articulations and de-articulations that are at the most but temporarily delayed.

Secondly, discourses always involve power relations. Power, however, should not be thought of as monolithic force, but as something largely disseminated throughout discourse. Following Foucault, power operates like a chain that goes through the individuals. Accordingly, while there is no observer position within discourses that is beyond power, neither is there a position where the effects of power are total. Both arguments (overdetermination and power) stand in intimate connection. Taken together, they explain why the poststructuralist (and constructivist) argument that subjects are *constituted* in and by discourse, is by no means equivalent to saying that they are wholly *determined* by discourse. On the one hand, any concrete discursive formation implies a limited set of subject-positions that subjects may actively occupy as self- and distant-observers. These positions delimit their scope of possible observation and articulation. On the other hand, however, the overdetermined character of even dominant discourses involves that there is always the possibility of new articulations that partly elude hegemonic interpretations by displacement. Hence, while always being pervaded by power, no discourse can in the long run block the possibility of counter-strategies that subvert established hegemonies. It is precisely this discursive suspense of re/de/articulations that allows for subjective agency in discourses.

This view of discourses throws some critical light on classical pragmatism. Especially in Dewey's philosophy of communication, we find an idealization of discourse which in

---

90   I would contest the suggestion sometimes heard in association with Rortyan pragmatism that Deweyan philosophy is some kind of 'homegrown poststructuralism' that avoids the excesses of nihilism or pessimism often attributed to the adherents of Foucault while retaining the valuable critical insights. Certainly there are a number of parallels between pragmatism and poststructuralism, in particular issues concerning antiessentialism and antifoundationalism. I think, however, that there are also constructive traits in present day poststructuralism that definitely differ from Deweyan pragmatism and can provide critical perspectives for a postmodern reading of it.

some respect resembles contemporary approaches to discourse ethics. Habermas' theory of "communicative reason," e.g., bets hope on an idealtypical concept of freedom from domination as a regulative principle for the critical assessment of empirical discourses. The emancipatory value of this approach should of course not be denied. However, the very idealization of discourse that Habermas as well as Dewey build upon (although in very different theoretical ways and with different consequences for their respective understanding of democracy and democratic practices) is rendered questionable given the poststructuralist view of discourse and power. For the vision of a free, full and unconstrained communication among equals and across differences often tends to neglect the intricate power effects that are always at stake when differences are articulated in the concrete. Nancy Fraser has recently observed that many of the classical pragmatists like John Dewey, George H. Mead, Jane Addams, and W.I. Thomas are today "widely seen as having failed to give adequate weight to the 'hard facts' of power and domination in social life." (Fraser 1998, 158–59) In her view, this failure in particular implies not sufficiently having stressed "the centrality of power to the regulation of group differences in the United States." (Ibid., 159) Indeed, in spite of Dewey's penetrating social and political criticisms that – particularly in the period after World War I – unyieldingly denounced the economical injustices and antidemocratic tendencies of his time (see Neubert 1998 b, 2001a), I think that Fraser is not wholly wrong when she states that he and others "tended at times to posit imaginary, holistic 'solutions' to difficult, sometimes irreconcilable, social conflicts." (Fraser 1998, 159)

In my view, pragmatists should today be ready to deconstruct and relativize these 'holistic' tendencies as part of a political imagination that, although it certainly helped to back up the emancipatory aspirations of Dewey and many of his fellow progressives, in times of postmodernity increasingly loses plausibility. To be sure, this is not a call to abandon the social hope or the critical ideal expressed in this political imagination. Rather, what I suggest is to rethink the discursive strategies of giving reasons that support our claims to radical democracy.

(2) Democratic Communities and the Public Sphere

This, of course, has important consequences for the pragmatist conception of democratic communities. Richard Bernstein has recently provided an instructive survey of "Community in the Pragmatic Tradition" (see Bernstein 1998). I do not want to resume his argumentation in detail here. Rather, I would like to indicate one critical viewpoint from the perspective of constructivist discourse theory. In all of its forms, the classical pragmatist concept of the democratic community is clearly committed to a paradigm of reconciliation that feeds on religious sources as well as secular enlightenment ideals. It strongly emphasizes the possibility of consensus and raises high hopes of eventually attaining some kind of unity in diversity. One of the most striking examples of this hope is certainly to be found in Dewey's passionate search for the Great Community (see LW 2, 235–372).

However, this consensus oriented view of the political has been increasingly becoming doubtful towards the end of the 20th century. Informed by postmodernist and poststructuralist thinking, more recent theories of radical democracy have been striking a somewhat different note. One of the most influential approaches in this connection is the one launched by Ernesto Laclau and Chantal Mouffe (see Laclau/Mouffe 1991, Laclau 1990, Critchley/Derrida/Laclau/Rorty 1996, Mouffe 2000). They argue for an antagonistic (or agonistic) model of the political that stresses the necessity of hegemonic struggles in a contingent field of political decisions. Democratic negotiations are possible and necessary, but we should not expect too much of them in the way of achieving consensus. Radical democracy, in this view, rather implies the recognition of the indispensability of dissent and quarrel. Dissent is seen not as a lack, but a requirement for pluralist democracy. Of course consensus is necessary, but this hegemonic necessity should be limited to the very institutions that are constitutive of the democratic project itself – "the presence of institutions that establish a specific dynamic between consensus and dissent." (Mouffe 1996, 8) At the same time, pluralist democracy lives on the possibilities of expressing conflicting interests and values. And those, Mouffe suggests, "should not be seen as temporary obstacles on the road to consensus since in their absence democracy would cease to be pluralistic. This is why democratic politics cannot aim towards harmony and reconciliation. To believe that a final resolution of conflict is eventually possible, even when it is envisaged as asymptotic approaching to the regulative idea of a free unconstrained communication, as in Habermas, is to put the pluralist democratic project at risk." (Ibid.)

In a word, Laclau's and Mouffe's much more modest faith in consensus allows them to conceive of pluralism even more radical. Of course I would not deny that Deweyan communities are always to be thought of as pluralistic communities. But seen from the viewpoint of Laclau and Mouffe, the strong longing for unity in diversity tends to neglect the antagonistic character of pluralism whenever difference is articulated.

A critical approach to rethinking the democratic public sphere that defends a more radical concept of pluralism closely related to the one suggested by Mouffe has recently been offered by Nancy Fraser (1994). She argues, among other points, for a thoroughgoing revision of the traditional liberal concept of a single, comprehensive public sphere as the foundation of civic society. Based on feminist and other minority discourses, she questions "the assumption that the proliferation of a multiplicity of competing publics is necessarily a step away from, rather than toward, greater democracy" (ibid., 80). She suggests that both in the case of stratified societies and under the conditions of (hypothetical) egalitarian, multicultural societies a multiplicity of publics and counter-publics is preferable to a single, overarching public sphere. In terms of Laclaus and Mouffes theory of hegemony, we might say that the constitution of a public sphere always involves hegemonic effects that privilege certain subject-positions at the expense of excluding and marginalizing others – e.g. women, workers, peoples of color, gays and lesbians (ibid., 84). And it has been a recurring and notorious experience of social movements in the 2nd half of the 20th century that for these other, marginalized voices to articulate themselves it is at first necessary to fight for the establishment of democratic counter-discourses that contest the hegemony of the dominant public sphere. This is precisely what hegemonic struggles in present day democracies largely are about.

(3) Cultural Theory

I think that it is not at all fortuitous that these and similar criticisms should increasingly be raised in present day multicultural and postmodern societies. They testify to a deeply changed perception of societal conflicts, struggles, and visions. For interactive constructivism, they are important observer perspectives that can help us rethink the old pragmatist vision of a pluralistic universe under contemporary conditions. In my view, there are at present a number of critical approaches in the fields of cultural studies (see e.g. Hall 1996; Hall ed. 1997; Hall/Du Gay eds. 1996; Grossberg/Nelson/Treichler eds. 1992), gender studies (see e.g. Butler 1990; Benhabib/Butler/Cornell/Fraser 1995) and postcolonial studies (see e.g. Hall 1992 a, b; Bhabha 1994; Chambers/Curti 1996) that provide further suggestions for this. By proliferating deconstructive perspectives on dominant Western discourses, they increasingly introduce contextuality, diversity, parody, and hybridity into cultural theory. Focusing largely on minority and marginalized positions, they show the variety of cultural viabilities that co-exist in present day societies and, what is more, point out how difficult or even impossible it is for many of them to find equal recognition in democratic discourses. In doing so, they represent a major challenge for any constructivist or pragmatist discourse on radical democracy (see Neubert 2001 b).

Interactive Constructivism in part tries to answer the increased claims to plural recognition by introducing into cultural theory a discourse model that besides focusing on the entanglements of knowledge and power also offers perspectives on discourses of lived relationships or lived cultures. These perspectives are devised to highlight the oftentimes incommensurable observer realities in life-worldly multicultural contexts that are becoming cultural normality in the processes of globalization. With regard to lived relationships, observing sometimes gets very difficult because relationship realities are often pretty fuzzy even (some say especially) for those who actively participate. Here every distant-observer is most directly confronted with the need to relativize her/his views in the encounter with others. As a self-observer, s/he is always in danger of misunderstanding. In addition, the discourse of the unconscious suggests that there are unconscious dimensions of desire that further complicate the possible (mis)understandings of self and other. However, this should not be conceived of in a narrow psychoanalytical sense. The unconscious as an observer perspective in constructivist discourse theory comprises the subconscious and preconscious phases of habit as well as the not-yet-conscious and suspended meanings of any tensional situation. The discourse of the unconscious, then, is devised to remind us of the limits to our capacities for (self-)reflection as observers in discourses (see Reich 1998 b).

Maybe there is no better way for me to come to a close than by referring to one of the most admirable creeds of classical pragmatism. "Hands off", says William James in one of his talks to teachers and students, for "neither the whole of truth nor the whole of good is revealed to any single observer, although each observer gains a partial superiority of insight from the peculiar positions in which he stands." Thus he urges us to "tolerate, respect, and indulge those whom we see harmlessly interested and happy in their own ways, however unintelligible these may be to us." (James in: Kloppenberg 1997, 70) This, indeed, seems to me to be a most valuable tenet for a constructivist ethics of observers in a pluralistic postmodern world.

Kapitel 5:

Dewey's Concept of "Experience" Reconsidered

In this chapter, I wish to discuss some basic aspects of pragmatism as a source of a socially orientated constructivism. For the Cologne program of interactive constructivism (see Reich 1998 a, b, 2005), especially the philosophy of John Dewey has been very helpful in this respect (see Neubert 1998 a).[91] I will elaborate on some crucial affinities and differences between pragmatism and constructivism by reconsidering the relevance of Dewey's philosophical core concept, "experience," from the standpoint of interactive constructivism. Although I will not be able to explicate all the diverse and complex theoretical perspectives contained in both approaches, I will at least try to give the reader an impression of how pragmatism and constructivism might mutually enrich each other from my point of view.

For this purpose, I will use a somewhat unconventional form of presentation. I will introduce the role of a "hypothetical Dewey" who discusses and exchanges ideas with me. Contrary to the way that Richard Rorty sometimes resorts to a hypothetical Dewey in his writings, I will use this figure to give Dewey the chance to quote from his own works in order to pose questions to me and criticize my views. Nevertheless, I am aware of the potential traps that such an imaginary dialogue implies. It is up to the readers to criticize my ways of selection and omission.

Hypothetical Dewey: I find it very interesting to learn that the Cologne program of interactive constructivism regards pragmatism – and especially my philosophy – as a challenge for its own project. I'm eager to see how you try to reinvent or even appropriate my positions, and I ask the readers to watch carefully about how this accords with their understanding of pragmatism.

Stefan Neubert: So this might also be an exercise for them to look out for their own hypothetical Dewey.

H. D.: Well, then, let us begin. What connections do you see between both approaches? In what sense can constructivists today profit from my pragmatism in devising and further developing their theoretical approach? And do you think that pragmatism can – *vice versa* – also profit from your brand of constructivism?

S. N.: You pose a number of questions, and I will try to answer them step by step in the course of our discussion. Why do I think that Dewey's philosophy is a challenge for present-day constructivists? Since Dewey's philosophy is such a rich and multi-layered approach with so many constructive insights and ideas, there could be many different an-

---

91   See also the homepage of the Dewey-Center in Cologne: URL: http://dewey.uni-koeln.de.

swers to this question. Maybe the first thing that comes to mind is Dewey's philosophical core concept – "experience". From the perspective of interactive constructivism, Dewey's notion of experience is very instructive and bears a number of important implications for constructivism. One way of highlighting these implications is by contrasting Dewey's idea of experience with the more conventional understanding of the term established by the philosophical tradition of (British) empiricism.[92] The traditional concept of "experience" had been characterized by a notion of passive sense reception, the accumulation of isolated sense impressions from the past that were thought to "copy" information about the outside world. For Dewey, human experience is a lived presence that builds on the past and stretches into the future. It is a world of action, a continuum of doings and undergoings wherein meanings are socially co-constructed by those who participate in interactions with a natural and cultural environment. The constructivism that, to my mind, is implied in his philosophy of experience is grounded in culture[93] or "the Social" as "the Inclusive Philosophical Idea," as he himself once put it (LW 3, 41–54). Interactive constructivism, likewise, puts strong emphasis on the dimension of social interactions in cultural contexts as the basis of our reality constructions. If constructivists in general claim that realities are constructed by observers, interactive constructivism adds the qualification that these observers are always at the same time agents and participants in cultural practices, routines and institutions as well. Observing begins and ends in life-worldly contexts – i.e., what Dewey calls "life-experience" in all its ambiguities, uncertainties, contradictions, and fuzzy varieties. Here we are involved as agents that act in more or less consciously reflected ways on the basis of pre-established habits that largely grant the viability of our daily practices. And as agents we are always participants, too, since it is only by communication and shared activities that acting becomes meaningful and endowed with performative agency. The interconnection of our roles as observers, agents and participants represents one primary circle in interactive constructivism's account of the cultural construction of realities. Dewey's concept of experience as the starting point and *telos* of all philosophical reflection provides very productive grounds for seeing these three roles in their irreducible interdependency and complex combinations. The constructivist distinction of the three roles resonates well with his overall philosophical approach, even if Dewey himself did not use these three terms as consistently as interactive constructivism does today.

   H. D.: But from the impression that I got e.g., from radical constructivism, this approach falls back behind the cultural understanding of experience established in the pragmatic tradition and resorts to a mere subjectivism of knowledge with too little reference to action.

---

92   For an introduction to these aspects see e.g., Shook (2000).
93   See Chapter 3 (above).

S. N.: I share this critical view of one-sided and subjectivist forms of constructivism and think that it is precisely this point at which pragmatism poses an important challenge.

H. D.: Please explain a little bit more in detail what you mean when you suggest an affinity between the distinction of the three roles you mentioned and my concept of experience. As you probably know, I distinguished (in "Experience and Nature") between "primary" and "secondary experience". I wrote, e.g.: "The consideration of method may suitably begin with the contrast between gross, macroscopic, crude subject-matters in primary experience and the refined, derived objects of reflection." I drew attention "to the relationship between the objects of primary and of secondary or reflective experience. That the subject-matter of primary experience sets the problems and furnishes the first data of the reflection which constructs the secondary objects is evident; it is also obvious that test and verification of the latter is secured only by return to things of crude or macroscopic experience ..." And as to the role that the objects of reflection play, I observed that they "*explain* the primary objects, they enable us to grasp them with *understanding*" by defining or laying out "a path by which return to experienced things is of such a sort that the meaning, the significant content, of what is experienced gains an enriched and expanded force because of the path or method by which it was reached." The experienced qualities thus "cease to be isolated details; they get the meaning contained in a whole system of related objects" (LW 1, 15 f.). Could you please specify how your distinction between the roles of observers, participants and agents applies to these two levels or phases of experience?

S. N.: Well, first of all interactive constructivism claims that we are always already observers, participants and agents even *before* we begin to reflect upon these roles – i.e., on the level of primary experience.[94] And *when* we begin to reflect – i.e., on the secondary level – it is most important for interactive constructivism not to forget that our observations are not something "pure" in the sense of an isolated or detached faculty of observation – i.e., the "spectator" position of many traditional copy theories of knowledge that already Dewey aptly criticized (see LW 4, 19). Observations are always imbedded in the cultural contexts (see "Context and Thought," LW 6, 3 ff.) in which we act (observation and knowing themselves being a form of action). And they depend on our participation in communities of interpretation. What Dewey in the above quote calls "explanation" or "understanding" – a constructed outcome of inquiry – always presupposes such participation. I think that pragmatists and constructivists agree on this point. If, for Dewey, the ultimate end of such reflection is an increment of meaning in experience for which observation (inquiry) constructs "a path," this pretty well points to what in interactive constructivism is called "cultural viability." Such viability is always a solution constructed by an interpretive community. It expresses a symbolic order – a "whole system of related objects"

---

94   This is very important to avoid naturalistic claims. As an observer in a culture one is not only bound to physical environments, as Reed emphasizes (1996, 98), but also to cultural perspectives that should not be overseen.

that coordinates a multitude of perspectives. For interactive constructivism, viability in this sense always implies cultural constructions that refer to action and experience. To my mind, what seems interesting here is the question of the relation of viability, construction and experience. In this connection, the term "primary experience" which Dewey uses seems to suggest that beneath our constructions there is also something "given", something free from our own constructed viabilities, something immediately "there."

H. D.: I think what is "given" as a precondition of all our constructions is, for one thing, precisely that which has already been mentioned – namely, culture as already constructed by others. I observed that "life-experience ... is already overlaid and saturated with the products of the reflection of past generations and by-gone ages. It is filled with interpretations, classifications, due to sophisticated thought, which have become incorporated into what seems to be fresh naïve empirical material. It would take more wisdom than is possessed by the wisest historic scholar to track all of these absorbed borrowings to their original sources ... These incorporated results of past reflection, welded into the genuine materials of first-hand experience, may become organs of enrichment if they are detected and reflected upon. If they are not detected, they often obfuscate and distort" (LW 1, 40).[95]

S. N.: Obviously we do not construct all cultural meanings ourselves. Interactive constructivism also puts emphasis on the limits of our observations, actions and participations. Culture has us before we have it. Inquiry into the potential meanings of our experiences is an endless task – too much for any single observer or community. This is why interactive constructivism further distinguishes between the positions of self- and distant-observers. As self-observers, we observe ourselves and others *from within* the practices and interpretive communities in which we directly participate. As distant-observers, we observe others in their practices and interpretive communities *from outside*, be it by temporal or spatial detachment or from the distance of reflection. However, this distinction should not be misunderstood as a separation. Transitions are fluid. As distant-observers we are always at the same time self-observers within our own context of observation, while as self-observers we may at any moment try to imaginatively project ourselves into the position of a distant-observer who looks and reflects from outside. For interactive constructivism, the diversity of cultural contexts and the complexity of possible viable constructions characteristic of our (post-)modern condition demand an ironical position of self-criticism that always reckons with the ambiguities, perplexities and possible contradictions implied in this distinction.[96]

---

95   "For in any object of primary experience there are always potentialities which are not explicit; any object that is overt is charged with possible consequences that are hidden; the most overt act has factors which are not explicit. Strain thought as far as we may and not all consequences can be foreseen or made an express or known part of reflection and decision." (LW 1, 28)

96   Lyotard gives the following short explanation about the difference between modernity and postmodernity: "I will use the term modern to designate any science that legitimates itself with refer-

H. D.: I had much to say about philosophy as cultural criticism and self-criticism that comes close to the distinction you propose. For example, I argued: "An empirical philosophy is in any case a kind of intellectual disrobing. We cannot permanently divest ourselves of the intellectual habits we take on and wear when we assimilate the culture of our own time and place. But intelligent furthering of culture demands that we take some of them off, that we inspect them critically to see what they are made of and what wearing them does to us" (LW 1, 40). Does not your distinction between the positions we take as self- and distant-observers accord well with this quote? Whether or not you call this distinction "postmodern" seems to me a question of secondary import.

S. N.: Well, what the qualifier "postmodern" indicates for me, among other things, is the recognition that the necessary distinction between self- and distant-observer positions applies to a specific cultural and historical situation. To many contemporary observers, this situation is characterized by a radical and irreducible diversity of discourses that allows for no ultimate or best observer position. Therefore, there is no level of ultimate reality that could be exempt from the application of the proposed distinction.

H. D.: But for me, there is yet in another sense something "given" in immediate or primary experience. I indicated this "given" when I used such terms like "existences" or "events." I would agree with you that this "given" is not and cannot be ultimately captured in a last or best observer's perspective. But it is there, independently of our constructions. We can only point to it, and in pointing to it we recognize that there is a world beyond our constructions. I maintained that "in every event there is something obdurate, self-sufficient, wholly immediate, neither a relation nor an element in a relational whole, but terminal and exclusive." I insisted on the "irreducible, infinitely plural, undefinable and indescribable qualities which a thing must *have* in order to be, and in order to be capable of becoming the subject of relations and a theme of discourse." But such "[i]mmediacy of existence is ineffable." This ineffability "expresses the fact that of direct existence it is futile to say anything to one's self and impossible to say anything to another. Discourse can but intimate connections which if followed out may lead one to *have* an existence. Things in their immediacy are unknown and unknowable, not because they are remote or behind some impenetrable veil of sensations or ideas, but because knowledge has no concern with them. For knowledge is a memorandum of conditions of their appearance, concerned, that is, with sequences, coexistences, relations. Immediate things may be *pointed*

---

ence to a metadiscourse of this kind making explicit appeal to some grand narrative, such as the dialectics of Spirit, the hermeneutics of meaning, the emancipation of the rational or working subject, or the creation of wealth. Simplifying to the extreme I define postmodern as incredulity towards metanarratives. This incredulity is undoubtedly a product of progress in the sciences; but that progress in turn presupposes it ... The narrative function is losing its functors, its great hero, its great voyages, its great goal." (Lyotard 1984, XXIII f.). For a critical view on this position see Bernstein (1992, 200 ff.). For a broader view on the debate about postmodernity see e.g., Bauman (1993 a, b, 1997, 2000). In the context of pragmatism see e.g., Good/Velody (1998) or Goodman (1995).

to by words, but not described or defined. Description when it occurs is but a part of a circuitous method of pointing or denoting; index to a starting point and road which if taken may lead to a direct and ineffable presence" (LW 1, 74 f.).

S. N.: Interactive constructivism also recognizes that there is "a world beyond our constructions," as you call it. Indeed, not to do so would lead constructivism into a solipsist dead end. In this connection, I use the distinction between *reality* (as constructed) and *the real* (as an event).[97] Our constructions of reality can never be completely draught-proofed against experiences which interactive constructivism calls *the intrusions of the real*. In this view, "the real" represents a kind of border concept, the designation of a limit. Real events enter experience as a tear, a gap or discontinuity, a lack of sense and meaning. The term "real" denotes the contingency of the not yet symbolically registered or imaginatively expected that lurks behind any construction of reality. Taking us by surprise, real events do not "fit" into our so far constructed realities. They cannot be easily integrated and transformed into elements of a culturally viable understanding. They astonish us: there is something that could not be foreseen, something alien, strange, incomprehensible. To the degree in which we are open to expand our experiences and to learn from the real in our lives, such events may move us to change the horizons of our reality constructions. Therefore, it is important for us to respect the limits of the real.

H. D.: The way you describe the relation between reality and the real reminds me of my own account of the stable and the precarious phases of existence. For me, the world or what I called "nature" is characterized "by a constant mixture of the precarious and the stable. This mixture gives poignancy to existence" (LW 4, 194). If I may connect my terminology with the one you employ, I would think that "the stable" in my sense is what allows for and is in turn reinforced by what you call "our constructions of reality" (which always express some stability of order), while "the precarious" stands for the "sting of the real," the remaining uncertainty and indeterminateness that gives us a start and rouses us from complacency. Or in my words: "If existence were either completely necessary or completely contingent, there would be neither comedy nor tragedy in life, nor need of the will to live ... Any philosophy that in its quest for certainty ignores the reality of the uncertain in the ongoing processes of nature denies the conditions out of which it arises. The attempt to include all that is doubtful within the fixed grasp of that which is theoretically certain is committed to insincerity and evasion, and in consequence will have the stigmata of internal contradiction" (LW 4, 194 f.).[98] To "respect the limits of the real," as you call

---

97   In interactive constructivism there is a complex and elaborated theory of the real that reflects different modern and postmodern theories e.g., poststructuralist approaches to the limits of discourse or theories given by Foucault, Derrida, Levinas, Deleuze, Lacan and others. See Reich (1998 a, b).

98   "As against this common identification of reality with what is sure, regular and finished, experienced in unsophisticated forms gives evidence of a different world and points to a different metaphysics. We live in a world which is an impressive and irresistible mixture of sufficiencies, tight completenesses, order, recurrences which make possible prediction and control, and singularities,

it, to acknowledge uncertainty, indeterminacy, precariousness, incompleteness, vagueness or whatever term we may prefer for that which delimits our constructions, is after all one central message of my philosophical experimentalism.

S. N.: Yes, and this is one more reason why this philosophy is so attractive for Cologne constructivism. But as I said before, as an interactive constructivist I use the term "the real" strictly as a kind of "border concept." This is to say that I reject any attempt to devise an ontology or metaphysics of the real. I speak of the real in the sense of a void signifier that denotes a limit of our constructive capacities as observers. For interactive constructivism, there is no overall perspective, no best or final observer as to the real. We cannot know what the real *really is* without incorporating and assimilating it into our (symbolic and imaginative) constructions of reality. The intrusions of the real that we encounter in our lives expose the gaps, the inner fissures in the texture of our realities. Insofar they are as much expressions of our cultural resources as are our re/de/constructions of reality. What can (and cannot) enter our experience and observation as a real event may therefore differ quite considerably from culture to culture, from person to person, and even from situation to situation.

In other words, "the real" designates but a constructed perspective that we use to re-mind us that there is a world independent of our constructions. Our relative openness to the real is a question of our being sensitive and vulnerable to the world in which we live. The intrusions of the real are often described as events of confusing, dumbfounding, per-plexing loss, lack, or failure – witnessing the unexpected death of someone we loved or feeling a sudden pain in our body without having any explanation. What these examples highlight is the dramatic extent to which real events may take us unawares and render us speechless. But the beauty of a landscape that seizes the spectator or the sublime feeling that captures one in the presence of a work of art are quite as much examples of our being open to the "limits of the real."

H. D.: "If existence in its immediacies could speak it would proclaim: 'I may *have* relatives but *I* am not related.' In aesthetic objects, that is in all immediately enjoyed and suffered things, in things directly possessed, they thus speak for themselves ..." (LW 1, 75 f.). What would *the real*, in your constructivist understanding of that term, proclaim if it could speak?

S. N.: The hypothetical remark that Dewey resorts to indicates indeed the limits of constructions. But in saying so we have already left the real for the symbolic. The decisive point for interactive constructivism is that *the real* does not speak to us at all. *We* speak about the real and transform it into symbolic (and, as we will discuss later, imagined) real-ity. In this sense, Wittgenstein is more consequent than Dewey when he states that

---

ambiguities, uncertain possibilities, processes going on to consequences as yet indeterminate. They are mixed not mechanically but vitally like the wheat and tares of the parable. We may rec-ognize them separately but we cannot divide them, for unlike wheat and tares they grow from the same root" (LW 1, 47).

"whereof we cannot speak, thereof we should remain silent." Dewey, in his reflections on "nature" and "existence," seems to seek something more "positive" than a void signifier – an existential basis, even if it be ineffable and can only be pointed to. He seems to hold on to a residual imagination that the real *as such* has its own articulation, and that this articulation might be captured in the symbolic. But his ideas about contingency, the "precarious" and "uncertain" dimensions of experience, his notion of "problematic situations" as indispensable starting points for new and constructive learning experiences in many respects come very close to the constructivist concept of real events.[99] Therefore, maybe this difference should not be over-emphasized, because these are in part only two different ways of saying very much the same thing. After all, both versions point to real events as "the other" of language, discourse, culture etc. But there remains a difference that, for me, seems to concern the status of "realism" in both approaches.[100] What do you think?

H. D.: To my mind, we need a pragmatic and constructive form of realism because it saves us from a constructivism build on quicksand. After all, our constructions must be anchored somehow in experience. "Without a basis in qualitative events, the characteristic subject-matter of knowledge would be algebraic ghosts, relations that do not relate. To dispose of things in which relations terminate by calling them elements, is to discourse within a relational and logical scheme. Only if elements are more than just elements in a whole, only if they have something qualitatively their own, can a relational system be prevented from complete collapse" (LW 1, 75). I called this basis "existence" or "nature," and one may certainly dispute about the name it should be given. But does not your concept of "the real" throw the baby out with the bathwater and bereave us from the ground on which we may construct? I'm not quite sure whether I already completely understand the way you use that concept.

S. N.: Let me try to explain it the following way. With our senses we wander through realities, which are forever offering us the appearance of "real events." Most of the time

---

99   "The visible is set in the invisible; and in the end what is unseen decides what happens in the seen; the tangible rests precariously upon the untouched and ungrasped. The contrast and the potential maladjustment of the immediate, the conspicuous and focal phase of things, with those indirect and hidden factors which determine the origin and career of what is present, are indestructible features of any and every experience. We may term the way in which our ancestors dealt with the contrast superstitious, but the contrast is no superstition. It is a primary datum in any experience" (LW 1, 44 f.).

100 I cannot discuss all necessary aspects in the debate about naturalism, realism and constructivism here. But let me note that an author like Rescher (2000) who thinks that a so called "Pragmatism of the Right" can say: "The truth is in substantial measure determined by the thought-independent nature of things" (ibid., 246), to my mind falls very much behind Dewey's complex theory of inquiry. It is as oversimplifying as saying about a so called "Pragmatism of the Left": "What we call 'truth' is entirely a human construct" (ibid.). Interactive constructivists try to overcome such simplifications because they think that it is not very useful to put things in black and white terms as Rescher suggests (ibid., 246 ff.). For a recent introduction to questions of naturalism and realism in pragmatism, see e.g., Shook (2003).

we co-ordinate these offers with the symbolic and the imaginative, but often we also encounter gaps and contradictions, which suddenly stand up against the previous symbolic or
imaginative. Then we are surprised at ourselves, baffled by the things we are doing, but
perhaps also feeling desperate about our inability to comply with the expected symbolic
rules or to fulfill the imagined wishes. I agree with Dewey that there is no real outside of
experience. Therefore we always have to take into account the world of action as the context in which we observe and participate. But there is no way for us to an unrelated real
except through a void signifier that only relates us with our symbolic or imaginative perspectives.

   H. D.: But does not your version of constructivism ultimately end up with the displacement of "experience" by "language" that neopragmatists like Rorty and Fish propose?[101]

   S. N.: Well, to my mind, the concept of the real seems to provide one important possibility to resolve the dispute within pragmatism for or against the use of the concept experience in light of the pragmatic linguistic turn. Seen from a symbolic perspective alone,
the philosophy after Wittgenstein as reconstructed by Rorty – drawing on the works e.g.,
of Putnam, Davidson or Brandom – has taken the unavoidable linguistic turn that has
posted language into a predominant position.[102] From this point of view, experience is
always already mediated through language. It has completely lost the existential grounding that Dewey tried to establish. But even this linguistic discourse finds its surprising
supplement in Derrida's différance which denotes the reappearance of displacement and
omission even within the symbolic and points beyond. Language itself is important but
limited.[103] If we call this limit the real, then what we get is a void signifier which however
gives us the chance to relativize the new dominance of language. Although experience
always presupposes language in our symbolic and discursive undertakings, this is not to
say, on the other hand, that it is completely exhausted or swallowed up in language. It appears in our imaginations as desire or wishes not yet refined through language or reflection. And it always implies the possibility that we encounter something real which we can
linguistically reconstruct only after the event. If we concede this reconstructed sense of
Deweyan experience – and I think this is not too far from his intentions – the dispute in
pragmatism could be better understood and given a different turn even if it may not completely be resolved. This is a task of communication that pragmatists and constructivists
alike should recognize.

---

101   See e.g., Rorty (1979, 1989, 2000), Fish (1998).
102   See especially Rorty (1998).
103   Derrida was influenced by Lacan who, to my mind, has given original impact and shape to this
      specific view on language. A constructivist observer theory can learn from these perspectives
      without having to subscribe e.g., to all of Lacan's postulates that often set a limited and one-sided
      psychoanalytic focus (see also Reich 1998 a).

H. D.: I insist: "... the question at issue is what the real is. If natural existence is qualitatively individualized or genuinely plural, as well as repetitious, and if things have both
temporal quality and recurrence or uniformity, then the more realistic knowledge is, the
more fully it will reflect and exemplify these traits" (LW 1, 127). Wouldn't you agree that
your constructivist notion of *the real*, upon consequent reflection, commits you to a version of "pluralist realism" like the one envisioned by me to support your constructivist
insights? How can you use *the real* as a primary category – a name for the inescapable
limits of our "reality constructions", if I take you right – without being, in ultimate consequence, yourself some kind of realist? Shouldn't you better call your approach "constructivist realism", then, or maybe "interactive-constructivist realism", if you prefer that des-
ignation?

S. N.: The *real* as a phenomenon is a very open-ended construct. Here, it is entirely up
to the observer in his/her cultural contexts of participation and acting, what is experienced
as real. That can then be a symbolic effect, for example. After all, symbolic systems also
exist materially. They return as reality in their use by humans. But also imagined, mental
symbolic systems can appear as authoritative reality, and likewise imaginations that are
taken for real. Symbolically, I may swear that my marriage will last, I can imaginatively
trust that it will, but only future real events will show if it does. People who continually
reject the real in order to put an emphasis on the symbolic may appear to others as rationa-
lizing; people who reject it in order to primarily retain for themselves the imaginative may
appear as daydreamers or deranged; but people who tend to excessively exhaust the real
appear as fatalists. Here it is important to see through the tactics of changing observer
perspectives between the symbolic, the imaginative and real events. Therefore, I think that
it is decisive to establish a constructivist observer theory to avoid the traps of playing language off against experience. After all, only observer's perspectives can help us to situate
ourselves as observers in our participations and actions in the world. The real warns us,
not to overestimate ourselves. In consequence, interactive constructivism avoids speaking
of realism in order to prevent misunderstandings. The term realism is connected to the
imagination of either a form of copy theory of knowledge or to a view that is at some
point in the hope of an approach to reality as it "is" – given –, without sufficient regard to
observer positions.

Kapitel 6:

Dewey's Pluralism Reconsidered –
Pragmatist and Constructivist Perspectives on
Diversity and Difference

John Dewey's philosophy is a pluralistically oriented approach. The centrality of pluralist thinking is one of the main traits that make his pragmatism so attractive for present-day constructivists. His pluralism is not restricted to his political theory and vision of democracy, but is rooted in his generous understanding of human experience as rich, diversified, resourceful and abundant in meanings. His repeated and forceful comments on themes like qualitative individuality, originality, creativity and incommensurability as inextinguishable traits of experience, his insistence on the necessity of taking into account the vague, obscure and twilight phases of existence, and his frequent reminder that we always have to inquire into concrete and unique situations as providing touchstones for our judgments and beliefs, all testify to the genuine pluralism that is at the very heart of his philosophy.

In what follows, I first wish to elaborate briefly on the role that pluralism plays in Dewey's general philosophical outlook. Especially, I want to focus on some of the roots of pluralist thinking in his basic philosophical concept of experience (1.1) and turn briefly to some implications of pluralism in his political thought (1.2). In a second step, I will ask what use we, today, can make of Dewey's philosophical pluralism, given the changes and developments that distinguish our own situation from the constellations of Dewey's lifetime. I wish to highlight three possible lines of reconstruction that I think can be helpful for Deweyans to move forward (and partly beyond Dewey) in a productive way. These lines concern Dewey's ideas about three central and closely related questions: (2.1) What is the meaning of social progress and how is it related to scientific methods? (2.2) What forms of social control are appropriate for the regulation of social interactions? (2.3) What influence do social interests and power relations have on the development of democratic communications? Regarding each of these topics, I think that from a perspective of today a critical reading can detect a certain tension or ambiguity in Dewey's writings. I wish to suggest that we can make productive use of this tension if we distinguish between those aspects of his approach that can best help us to rethink the challenges and implications of pluralism for our own time and other aspects of his thought that reflect influential ideas of his time, but seem no longer appropriate or convincing today. Along the way, I will indicate some theoretical perspectives from the Cologne program of interactive constructivism that may be helpful for the necessary reconstruction work.[104]

6.1   Dewey's Pluralistic Philosophical Outlook

6.1.1   Experience, Experimentalism, and the Necessity of Context

Dewey has elaborated on the rich and inexhaustible diversity of meanings lived in the concrete life-experiences of humans in many comprehensive and subtle studies. One may only think of the extensive body of his writings e.g., in the fields of social psychology (MW 14), theory of education (MW 9), philosophy of communication (LW 1, 132 ff.), theory of art (LW 10) and political philosophy (e.g. LW 2, 235 ff; LW 11, 1 ff; LW 13, 63 ff.) that constitute a resourceful and multi-layered cultural theory which is highly sugges-tive to the present day. Basic to his philosophical pluralism is the rejection of the idea of a uniform or universal faculty of reason underlying all human inquiries – be it in the sense of some transcendental source or of an empirical entity. His plea for "experience" as the starting point of all philosophical reflection is a plea to address our world experimentally as an open universe that allows for an inexhaustible abundance of possible perspectives and interpretations. He rejects the traditional notion of reason "as the highest organ or 'faculty' for laying hold on ultimate truths" and suggests that we use the more contempo-rary word "intelligence", instead – not as something ready-made, but as "a short-hand des-ignation for great and ever-growing methods of observation, experiment and reflective reasoning" (MW 12, 258). Intelligence, for Dewey, is something that has been developed out of human experiences in a long process of cultural history.[105] Accordingly, it does not primarily designate an individual possession, but a quality of human inquiries carried out by communities of interpreters. Dewey treats theory not as an end in itself, but as instru-mental: theoretical formulations are hypotheses for conducting further inquiries based on observation that put theory to experimental test. The primacy of experimentalism against any claim to an allegedly superior or ultimate access to knowledge is essential to Dewey's idea of intelligence.

From this standpoint, knowledge always presupposes interaction and communication. Inquiry is primarily a social affair that does not only allow for, but depends on a plurality

---

104 For an introduction see Reich (2002 a, b). Theoretical foundations are extensively discussed in Reich (1998 a, b). For connections to Dewey's pragmatism see Neubert (1998 a), Hickman/Neu-bert/Reich (2004, 2009), Garrison (2008). A short English introduction to the Cologne program is given by Neubert (2003). See also Part 4 in Garrison/Neubert/Reich (2012).

105 Although he warns us that "what is called 'modern' is as yet unformed" and "inchoate" (ibid., 273), this development, in his view, has greatly been advanced by the "scientific", the "industrial" and the "political revolution" of modernity (ibid., 257).

of perspectives brought to bear on the problems at hand. And it is important to see that diversity of perspectives is not only a starting-point for Dewey, not a somewhat undesirable situation to be overcome or dialectically "resolved" by philosophical reasoning. His call to take "the Social" as "the Inclusive Philosophic Idea" (LW 3, 41–54) clearly calls on us to welcome the multitude of standpoints, interests, interpretations and values implied in social experience as necessary resources for thought. According to Dewey, "the Social" in all its diversity is the most genuine subject-matter for philosophical reflection. He does not tire of warning us against what Raymond Boisvert (1992, 193) calls the philosophical "ideal of asepsis". The most refined and unified products of inquiry, like scientific or philosophic concepts, must eventually be brought back upon primary experience in all its coarseness and crudity for experimental testing. Dewey's rejection of the philosophic search for absolute certainties, eternal and immutable truths, is a clear consequence of his profoundly experimentalist approach. For him, the implicit diversity of meanings found in lived experience is the primary context of philosophical method. It cannot be disposed of by any form of unity reached through theory and reflection. Taking "experience" – "the last inclusive context" of our interactions in and with our world – as the "basis and terminus of philosophy" (MW 6, 20), Dewey insists that we abandon the old philosophical habit of identifying reality with our systems or objects of knowledge. He thinks that existence is characterized by an ineradicable mixture of the precarious and the stable (see LW 1, 42 ff.). Stability means that we can make observations and construct theories that allow for order and orientation. But no matter how sophisticated and refined our systems of knowledge may be, we cannot get rid of the precarious phase of our experience. Contingency and ambiguity are genuine traits of life that cannot be explained away by philosophic theory. The obscure and vague remain with us. Belief and knowledge are necessarily surrounded by a context of ambiguous meanings from which they emerge through inquiry. Lived experience is much richer in potential meanings than any symbolic system can ever expose. "What is really 'in' experience extends much further than that which at any time is *known*" (LW 1, 27). It is important to note that, from the standpoint of knowledge, objects must be distinct and their meanings must be explicitly defined. "But it is equally important to note that the dark and twilight abound" (ibid., 27 f.). For Dewey, any object of primary experience has potential meanings and implications that are not yet made explicit. Any act has factors which are hidden. "Strain thought as far as we may and not all consequences can be foreseen or made an express or known part of reflection and decision" (ibid., 28).

Speaking more systematically, then, Dewey's philosophical pluralism is deeply rooted in his philosophical core concepts "experience" and "inquiry". Human "experience" implies a cultural diversity of standpoints, interests, interpretations and values. It contains an abundance of potential meanings that cannot be reduced to one single perspective. Experience is more comprehensive than any system of cognition or interpretation. It "stretches" beyond the limits of the known. "Inquiry" is of necessity partial and selective. To call it "experimental" is but to acknowledge that the underlying tension between "the precari-ous" and "the stable" allows for no wholesale resolution. We can never completely ex-haust, resolve or "stabilize" the potential implications of experienced situations. We must remain open for new and unexpected experiences that may lead to new and unexpected interpretations. To create and promote "a respect for concrete human experience and its potentialities" (LW 1, 41), philosophy must of necessity take a pluralistic stance.

For Dewey, this implies that we take the idea of context more seriously than philoso-phers often did in the past. He exposed and summarized his ideas about contextualism in a lecture delivered in Berkeley in 1931 and published under the title "Context and Thought" (LW 6, 3 ff.). There he concludes that the "significance of 'experience' for philosophic method is ... but the acknowledgement of the indispensability of context in thinking when that recognition is carried to its full term" (ibid., 20). To carry it to its full term means that we recognize the contextuality of all our observations and interpretations, even if it is im-possible for us to explicitly expose all relevant contexts at any given moment. In our nor-mal experience, context to a large extent is just there. We take it for granted. We do not think about it unless some part of it becomes problematic because we are confronted with a new and unexpected situation. As humans we inhabit our world by means of habits formed in the intercourse with a natural and cultural environment. Habit means that our experiences are pervaded by a temporal and spatial background (ibid., 11 ff.) – the dia-chronic and synchronic contexts of history and culture implicit in all our observations and interpretations. Language and the use of symbols are powerful contexts that pervade our every thought (ibid., 4 f.). "Traditions are ways of interpretation and of observation, of valuation, of everything explicitly thought of. They are the circumambient atmosphere which thought must breathe; no one ever had an idea except as he inhaled some of this atmosphere" (ibid., 12). According to Dewey, we also have to take the more "subjective" phases of context into account. All our observations and interpretations imply what he calls "selective interests" (ibid., 14 f.), i.e. the desires, motives and predilections by which we choose and distinguish e.g., the relevant from the irrelevant. "Every particular case of thinking is what it is because of some attitude" (ibid.) – and be it the attitude of being "ob-jective" in thinking. Without this phase of subjectivity, there would be neither individual-ity nor originality in thought.

Now the cultural contexts of our experiences supplied by language, traditions, habits and selective interests are resources as well as limitations. They provide us with the neces-sary tools for acting and thinking, but they also hold us captives so that we often become oblivious about context and take it as a matter of course. In everyday life this forgetfulness for the most part does no harm and is, indeed, unavoidable. But Dewey thinks that there are specific dangers for philosophy that arise from neglect or ignoring of context. "I should venture to assert that the most pervasive fallacy of philosophic thinking goes back to neglect of context" (ibid., 5). Dewey specifically mentions two "counterpart" fallacies in this connection which match each other in that they both tend to collapse pluralism into a monistic scheme of explanation. The "analytic fallacy" consists in dissolving reality into distinct and isolated elements which are then treated not as results constructed within the contexts of inquiry, but as something final and independent, as the really real, the original constituents out of which reality is made up (ibid., 6 ff.). The "fallacy of unlimited univer-salization" is found "when it is asserted ... that the goal of thinking, particularly of phi-losophic thought, is to bring all things whatsoever into a single coherent and all inclusive whole" (ibid., 8). In both cases, neglect (or even denial) of context is harmful because it involves forgetfulness of the limiting conditions of philosophic inquiry. It therefore vio-lates an important principle of every pluralist approach – the relatedness of specific per-spectives to specific contexts and thus the limitedness and incompleteness of any perspec-tive that we take. William James' famous pluralist credo that "neither the whole of truth nor the whole of good is revealed to any single observer" (James 1958, 188 f.) sounds in the background of Dewey's much more sober formulation: "Within the limits of context found in any valid inquiry, 'reality' thus means the confirmed outcome, actual or poten-tial, of the inquiry that is undertaken ... When 'reality' is sought for at large, it is without intellectual import" (LW 6, 8 f.). Although context can never be completely penetrated and made explicit by reflection, acknowledgement of the limits of context, Dewey sug-gests, can teach us philosophic "humility" and prevent us from "a too unlimited and dog-matic universalization" of our conclusions. "[We] would not freeze the quotidian truths relevant to the problems that emerge in [our] own background of culture into eternal truths inherent in the very nature of things" (ibid., 13).

6.1.2   Plural Democracy

Dewey's philosophical pluralism is of course not restricted to his theories about experi-ence, inquiry and knowledge. Most significantly, it pervades his ethical and political thought and his vision of democracy. His view of modern society is clearly pluralistic and multicultural. For example, he writes in *Democracy and Education*: "Such words as 'soci-ety' and 'community' are likely to be misleading, for they have a tendency to make us think there is single thing corresponding to the single word. As a matter of fact, a modern society is many societies more or less loosely connected" (MW 9, 25). And he goes on to argue that while in former times societies were "comparatively homogeneous", the devel-opments of "commerce, transportation, intercommunication, and emigration" have brought about cultural diversity as a characteristic and indispensable trait of modern soci-ety (ibid.). Upon the whole, Dewey suggests that this diversity enriches democracy. Al-though it must be "balanced" and its "centrifugal forces" must be "counteracted" (ibid., 26) – e.g., by means of democratic institutions like the public school – it multiplies the cultural resources necessary for solving the complex problems and challenges of mod-ern societies.

Basic to the democratic way of life, therefore, is the recognition and appreciation of differences. Dewey's two main criteria of a democratic community – "How numerous and varied are the interests which are consciously shared? How full and free is the interplay with other forms of association?" (MW 9, 89) – clearly point to the recognition of differences within social groups as well as between one social group and another. And he leaves no doubt that for him this recognition is not only a matter of benevolent tolerance, but a personally educative element of democratic communication. For example, he writes in his late essay *Creative Democracy – The Task Before Us*: "To cooperate by giving differences a chance to show themselves because of the belief that the expression of difference is not only a right of the other persons but is a means of enriching one's own life-experience, is inherent in the democratic personal way of life" (LW 14, 228). The democratic principle of equality, he insists, implies that we acknowledge "the incommensurable", i.e. the otherness of others "in a world in which an existence must be reckoned with on its own account, not as something capable of equation with and transformation into something else" (MW 11, 53). Democratic communication presupposes that all members, groups or communities have the right and opportunity not only to participate in public deliberation and decision making, but also to speak for themselves and be heard on their own behalf (see ibid.). This principle is essential to Dewey's radical notion of democracy. It is also one key to his model of education which insists that we give all learners the opportunity to participate actively, constructively and responsively in the organization of their learning and be recognized in their differences of background, history, needs, desires, motifs and interests.

6.2   Social Intelligence Revisited

The growing international scholarship on Dewey since the early 1980s shows that his philosophy in many respects still speaks to us powerfully and resourcefully as a tool of cultural interpretation and reconstruction. It would be no exaggeration to say that in many respects Dewey is still a timely thinker for us.[106] But of course, like all of us, Dewey was first of all a child of his own time. Accordingly, intertwined in his overall approach there are also a number of ideas and expectations characteristic of his own age that may appear today, in the first decade of a new century, as restricted or partly even outmoded. After all, it should not take us by surprise that some of the ideas that have been influential among intellectuals at the beginning of the 20th century – e.g., ideas emanating from the movement of American progressivism of which Dewey was an intimate participant – have now

---

106 To my mind, this is especially true for present-day constructivist approaches that can find many connections and affinities with his pragmatic and constructive philosophy (see Hickman/Neubert/Reich 2009).

lost part of their suggestive power. The challenge for Deweyans today is to try to make the best and most productive use of Dewey's approach for our own time. If we find that this task demands of us to abandon some of his ideas that do not seem appropriate any longer, or to broaden and revisit other of his views in order to overcome certain internal restrictions, we should not hesitate to do so. There is nothing un-Deweyan in reconstructing Dewey, even if such reconstruction entails that in some respects we "pass Dewey by" (see Gavin 2003). After all, he himself taught us that lesson when he reminded us that philosophy must always be prepared to reconstruct its own concepts and views with regard to the changing socio-cultural contexts of its time. And this often implies that ideas once prevalent and suggestive no longer appeal to us as urgent or convincing. For example, he wrote in *The Need for a Recovery of Philosophy* that intellectual "advance" at times involves that "[m]en's minds grow cold to their former intellectual concerns; ideas that were burning fade; interests that were urgent seem remote" (MW 10, 3). And in *The Influence of Darwinism on Philosophy* he claims that "intellectual progress usually occurs through sheer abandonment of questions ... an abandonment that results from their decreasing vitality and a change of urgent interest. We do not solve them: we get over them. Old questions are solved by disappearing, evaporating, while new questions corresponding to the changed attitude of endeavor and preference take their place" (MW 4, 14).

In what follows, I wish to briefly discuss three possible lines of reconstruction that may help us overcome what, from a perspective of today, may appear as some internal delimitations of Dewey's overall pluralist approach. With regard to all three themes, I think that helpful suggestions for the necessary reconstruction work can already be found in Dewey's writings, although they are sometimes over-shadowed by influential predilections of his time that narrowed some of his views and prevented him from elaborating others to full extent. But rather than charging Dewey with inconsistency, I think that we should see this ambivalence as a sign of the depth and richness of his thought that dived deeply into his time and moved way ahead in an attempt to anticipate future developments. We may today make productive use of the tension that necessarily resulted from this venture.

6.2.1 Social Progress and "the Scientific Method"

Dewey wrote at a time when the triumphant progress of the "scientific revolution" was for many observers still so obvious and unambiguous that the imagination of unprecedented social progress attendant to it had still much of the intemperate suggestive power it was to lose in the second half of the 20th century. Science had indeed revolutionized social practices in almost every field of daily life to an extent that it seemed self-evident for many progressive intellectuals to bet the hope for further social progress on the extension of application of the "scientific method" to the solution of human problems on an ever growing scale. These social expectations about "Science and Progress" were embedded in a strong and influential meta-narrative of modernity that was largely taken for granted by many. If we review Dewey's position in this context from the temporal distance of today, a close reading provides a rather multi-layered picture of his attitudes towards social progress, science and methods that calls for a critical as well as constructive interpretation.

Social Progress:
Of course Dewey's philosophy cannot be understood without the cultural background of American progressivism. He actively participated over his long life-time in many progressive movements of the period (see Westbrook 1991). Westbrook's phrase "progressive democracy" indeed expresses Dewey's political project pretty well (ibid., 115 ff.). Seen from a (post-)modern perspective of today, many early 20th century narratives of "progress" – e.g. in the way of peace, prosperity, technological control, socialism and other topics – used a rhetoric that suggested a rather unqualified and exaggerated optimism about the prospects of the 20th century. And also in Dewey's writings one finds formulations where the social reformer in him waxes enthusiastic with expectations of unprecedented social advancements. It is easy, therefore, to misinterpret Dewey as a simple and uncritical believer in "progress". But his ideas about the meaning of progressivism – or what he himself sometimes aptly called "meliorism" – were upon the whole more complex than that. There are many places where he reflects deeply into the ambiguous and contradictory experiences he himself had over his life-time with the ideas of social reconstruction and social progress. Books like "Experience and Nature" (LW 1) testify to his comprehensive and sensitive understanding of the past history of Western culture and thought. He repeatedly warned his contemporaries against too simple and naive ideas about "progress" as something that will come with historical necessity and ease. His deep philosophical understanding of the meaning of contingency gave him an acute sense of the precarious, complex and inherently difficult nature of all social developments. For example, in a 1916 essay – when the First World War was already raging in Europe –, Dewey defends the idea of "social progress" for which the scientific, industrial and democratic revolutions had furnished the opportunity. But he also self-critically comments on some unrealistic expectations he and others had held in the earlier period: "If we have been living in a fools' paradise, in a dream of automatic uninterrupted progress, it is well to be awakened ... For there can be no blinking the fact that much of that faith was childish and irresponsible. We confused rapidity of change with advance, and we took certain gains in our own comfort and ease as signs that cosmic forces were working inevitably to improve the whole state of human affairs" (MW 10, 234 f; see also MW 14, 197 f; LW 14, 112 f.). And, in a book like *The Public and Its Problems* (LW 2, 235–372) in which he forcefully expresses his democratic meliorism, Dewey is also quite clear about the fact that in modern societies every social advancement involves new complexities and brings with it new and extended problems to be solved.

Despite these qualifications, however, it seems to me that the underlying cultural meta-narrative of progressivism carried some "leftovers of nineteenth-century historiography" into Dewey's thought, as Raymond Boisvert critically observes (Boisvert 2003, 95).[107] Among other things, this historiography suggests a clear-cut progression in human history from an undeveloped or "primitive" to an advanced or "civilized" state of culture, combined with implicit claims about the superiority of Western civilization. Seen from a perspective of today, the underlying binary is problematic because it tends to reduce the variety of cultures into one hierarchical schema. Disciplines like anthropology, linguistics, history, ethnology, sociology or cultural studies have done much to abandon such simple schemata in the course of the 20th century because of their subject-matter's complexity and the colonialist implications that accompanied the older views (see e.g., Hall 1992 a). They have, upon the whole, adopted more decidedly pluralist approaches to culture, language and symbolic representations (see e.g., Hall 1997).

To my mind, Dewey's thinking about cultural history is at times reminiscent of this nineteenth-century historiography which pervaded large parts of the anthropology of his day. Traces of it appear e.g., in the plain contrast between "savagery" and "civilization" that he repeatedly draws on in his account of the function of education given in the first four chapters of his 1916 *Democracy and Education* (see MW 9, 10, 21, 41).[108] On the other hand, there is evidence that he increasingly emancipated himself, especially in his later period, from these implicit "leftovers." After all, he was a philosopher who often reconstructed himself over his long life-time, and his thinking about the diversity and incommensurability of cultures seems to have matured considerably in correlation to his own growing trans-cultural experiences. Especially his long and extended journeys after the First World War (e.g., to Japan, China, the Soviet Union, Turkey and Mexico; see Dykhuizen 1973, Westbrook 1991) may have provided an important background for this move. For instance, his 1934 book *Art as Experiences* (LW 10) combines a pervading cultural criticism of American civilization and its underlying capitalist order with a deep respect for the cultural and artistic achievements of other and heterogeneous cultures. It shows an extraordinary appreciation for cultural diversity and represents a mature expression of Dewey's cosmopolitan orientation that clearly points towards a global and trans-cultural vision of democracy.

Science and Methods:

Dewey was a life-long advocate of the emancipation powers of the "scientific method" as a general means for social reconstruction and an instrument for "progress". He distin-

---

107 Boisvert criticizes Dewey as a philosopher with a "fresh start view of time" (ibid., 90) that sometimes leads to simplifications and exaggerated claims. His criticism is partly suggestive, even if one does not share Boisvert's overall metaphysical project and the conservative turn of his argument.

108 For a critical reading see Sullivan (2003).

guishes between science as an attitude or method and science as a body of knowledge or subject-matter (see LW 13, 271 ff.). While the latter is an important instrument and an indispensable precondition for solving complex problems in a complex world, the former is even more important from the educational and democratic point of view. Dewey often uses "science" as a short-term phrase for social intelligence based on inquiry and communication, and he thinks that a broader social application of the scientific attitude and method is the safest way we have to more intelligent and more democratic forms of participation and decision making (see ibid., 273). In this connection, it is important to bear in mind that Dewey – like classical pragmatism in general – maintains an alternative notion of "science" as compared with the mainstream 20th century philosophy of science (see Caspary 2003, 45 ff.). Whereas the mainstream positivist notion separates "pure" science from application and holds to a copy theory of knowledge as ascertained body of facts, Dewey's understanding of the "scientific method" refers first of all to the constructive processes of solving problems through inquiry and the intelligent testing of hypotheses. It has a prospective orientation towards the creation of new phenomena and new hypotheses in response to actually experienced difficulties. The scientific attitude "is rooted in the problems that are set and questions that are raised by the conditions of actuality" (LW 13, 273). For Dewey, knowledge about "facts" is a constructed by-product of experimental problem solving, not something "pure" or complete in itself. And it is most important that such problem solving does not only take place in "science" as a specialized field of inquiry, but primarily in the complex everyday affairs of life that require intelligent solutions. "... the scientific attitude as here conceived," he writes, "is a quality that is manifested in any walk of life ... On its negative side, it is freedom from control by routine, prejudice, dogma, unexamined tradition, sheer self-interest. Positively, it is the will to inquire, to examine, to discriminate, to draw conclusions only on the basis of evidence after taking pains to gather all available evidence. It is the intention to reach beliefs, and to test those that are entertained, on the basis of observed fact, recognizing also that facts are without meaning save as they point to ideas. It is, in turn, the experimental attitude which recognizes that while ideas are necessary to deal with facts, yet they are working hypotheses to be tested by the consequences they produce" (ibid.). In short, the scientific attitude expresses for Dewey first of all a powerful cultural instrument for construction and criticism (see LW 5, 125 ff.) that can help us invent intelligent methods and find intelligent solutions for the diverse and changing difficulties we have to face as citizens of a modern democratic society. Like democracy itself, it represents an ideal of social intelligence that needs continual development and reconstruction in practice. It is not in the first place an already established practice that can serve as a ready-made and uniform model.

However, Dewey's praise of the social values implied in "the scientific method" gave many readers the impression that he wished to superimpose one fixed set of procedures – namely, the methods that had proven successful in the natural sciences – to all fields of human problem solving alike. In light of the paradigmatic role that the natural sciences played within the early 20th century narrative of "Science and Progress," it is easy to understand that for many readers Dewey seemed to suggest that there is *one* methodology that equally applies to all fields of human affairs. And Dewey may indeed be charged that he did not always sufficiently qualify his views on this point. But there are several places where he clearly explains that this was not what he meant. Contrary to any form of methodological monism, Dewey had a keen sense of the necessary and reciprocal interdependence between methods and subject-matters. For example, in one of his late essays on the future role of philosophy, he italicized the word "methods" in a passage dealing with the development of methods of inquiry into human conditions and added the following footnote that shows that he knew he had often been misunderstood on this point: "The word 'methods' is italicized as a precaution against a possible misunderstanding which would be contrary to what is intended. What is needed is not the carrying over of procedures that have approved themselves in physical science, but *new* methods as adapted to *human* issues and problems, as methods already in scientific use have shown themselves to be in physical subjectmatter" (LW 16, 379, ital. in orig.).

This insistence on the necessary correlation between methods and subject-matters – a point that Dewey also made very clear e.g., in his writings about education and learning (see MW 9) – is a direct consequence from his intense and subtle elaboration of the interdependence between means and ends (see e.g., LW 13, 226 ff.). It points to a methodological pluralism that takes his insights into the "indispensability of context" seriously. From this standpoint, Dewey's experimentalism implies that we time and again have to construct, deconstruct and reconstruct our methods with regard to the concrete problems and situations we have to deal with. This is true for science and philosophy as well as for all other fields of human problem solving. The new can only be created on the basis of a partial deconstruction of old methods and beliefs (comp. MW 12, 262 ff.).[109] And significantly, despite his alleged prepossession with the natural sciences, Dewey expects in 1930 that a new movement in philosophy "will emerge when the *significance of the social sciences and arts* has become an object of reflective attention in the same way that mathematical and physical sciences have been made the objects of thought in the past, and when their full import is grasped" (LW 5, 159; ital. mine).

From the viewpoint of the Cologne program of interactive constructivism, I think that it is a worthwhile challenge to further elaborate the methodological pluralism contained in Dewey's philosophical approach with regard to the changed contexts of our own time. We

---

109 In the 1948 new introduction to "Reconstruction in Philosophy," Dewey approvingly quotes C.D. Darlington: "Scientific discovery is often carelessly looked upon as the creation of some new knowledge which can be added to the great body of old knowledge. This is true of the strictly trivial discoveries. It is not true of the fundamental discoveries, such as those of the laws of mechanics, of chemical combination, of evolution, on which scientific advance ultimately depends. These always entail the destruction of or disintegration of old knowledge *before the new can be created* ... We need a Ministry of Disturbance, a regulated source of annoyance; a destroyer of routine; an underminer of complacency" (MW 12, 262 f.).

should today interpret Dewey's experimentalism in its most generous cultural sense – understood as the construction, deconstruction and continual reconstruction[110] of a diversity of flexible methods for solving diverse and changing problems, methods that are developed in social cooperation and time and again have to be tested through application in experience. To my mind, experimentalism in this broad sense still seems to be one of our most important cultural resources. It comprises scientific methods in all their diversity as methods among others – like artistic methods, arts of communication and arts of living, philosophical reflection, therapeutic and educational methods. All of these methods must be seen within their own "limits of context". The constructivist criterion here is cultural viability. It implies, among other things, that we may find that in certain contexts and with regard to certain purposes some methods – e.g. scientific methods – are better fitted and yield more reliable results than other methods – e.g. Creationism. There are standards of observation, experimentation and discourse within our culture that can be defended against arbitrariness or narrow dogmatisms. But there is no overall approach to "reality". Different versions of realities call for different approaches. The potential realm of experimentalism stretches beyond any established scientific or other cultural practice. To emphasize this point helps us to prevent the narrow and reductionistic (mis)understandings which the term "scientific method" easily provokes. The more we do experimentalism in science and culture, the more diversified our methodological pluralism and our constructed results will be. Following Dewey, it is a key question for democratic societies whether they decide and are able to develop experimentalism in this broad sense. The idea of "social intelligence" that it at the heart of his talk about the "scientific method" gives us one crucial philosophical resource among others for responding to this challenge.

As to the idea of "social progress," I think that it must today be critically qualified by an ambivalence theory of social developments that reflects important aspects of modern and postmodern cultural analyses (see e.g., Bauman 1993 b, 1997). This theory suggests that we abandon the idea of an overall and unambiguous progress and displace it by a more sober acknowledgement of the gains *and* losses implied in all social developments without trying to play off one side against the other. Given our ambivalent experiences with the political, cultural, scientific and technological developments in the course of the 20th century, I think that this interpretation is more appropriate to our (post-)modern situation. There is, of course, the possibility of relative betterments of social ills in specific cases and within a limited frame of time, and in this sense democratic meliorism and reconstruction are still indispensable social ideals. But we have become sceptical as to a general line of progress projected into the horizon of (post)modern expectations. The recognition of ambivalence enhances our sense for the relativity of imaginations like "progress" and for the diverse and contradictory contexts from which they emerge. From this

---

110 Interactive constructivism uses the three terms construction, deconstruction and reconstruction as closely related perspectives that mutually complement each other (see Reich 2002, Neubert/Reich 2002, Neubert 2003).

perspective, one might even be tempted to interpret Dewey's criticisms of the naive pro-gressivism held by some of his contemporaries as a first step towards the deconstruction of a modern meta-narrative. And it should be noted that Dewey's "democratic experimen-talism" based on intelligent methods of social problem solving and reconstruction through public inquiry and deliberation is itself an experiment that in many respects has still to be tried out. Among others, the books of James Campbell (1992), Michael Eldridge (1998) and William R. Caspary (2000) give rich and instructive examples of how a Deweyan model of democratic experimentalism can serve today as an important critical and con-structive approach.

6.2.2   Social Interaction and Social Control

A second and closely related line of necessary philosophical reconstruction, I suggest, concerns Dewey's ideas about "social interaction" and "social control". William J. Gavin (2003) has recently argued that there is an implicit tension in Dewey's philosophy be-tween the ideas of "interacting with a context" and "trying to control and manipulate that context from outside" (ibid., 70). Despite Dewey's overall interactional approach, Gavin thinks that he was "occasionally guilty of 'control' language" of a restricted and one-sided type (ibid.). The problem with this language is that it tends to underestimate the relative indeterminacy of contexts and to succumb to a management model of regulation and domination. Gavin gives examples from *Reconstruction in Philosophy* where Dewey uses this kind of language with regard to the management, mechanization, control and subdu-ing of nature (see ibid., 70 f; see MW 12, 107, 120 f.). But the general spirit of technologi-cal feasibility characteristic of his age also penetrates some of Dewey's thought about so-cial reform and amelioration. He repeatedly uses rather mechanistic metaphors like "social machinery" and "constructive social engineering" (e.g., MW 10, 241) in his discussion of the necessary means for responding to existing social needs and evils. These metaphors seem to suggest that the social reconstruction of existing practices, routines, traditions and institutions can be technologically "mastered" in the same way that, say, a mechanic fixes a car. But, as Gavin duly observes, "institutions ... have been known to demonstrate their own intractability, that is, their own unwillingness to be dominated or controlled" (Gavin 2003, 72). And one may suppose that Dewey's talk about "social engineering" or similar concepts was one reason for the wide-spread misunderstanding that he wished to install expert control as a primary means for social regulation. This clearly runs counter to his democratic ideal of public communication, negotiation and deliberation among all those affected by the direct or indirect consequences of transactions as the primary basis of po-litical decision making (see LW 2, 245 f.).

Moreover, we must acknowledge that today the cultural contexts with regard to ideas about social interaction and control have changed again considerably and in many ways in comparison to Dewey's life-time. Gavin mentions our changed relation to life and death, the extended globalization of contexts – e.g., through electronic communication, nuclear power and the world-wide market – and the growing significance of gender (see Gavin 2003, 75 ff.). And I may add that, speaking more generally, we have learned upon the whole to see natural, social and cultural environments in new ways that clearly point beyond early 20th-century ideas of external regulation and control. For example, we had to learn much – and on an increasingly global scale – about the unintended consequences of our technologies, scientific applications and social interventions. These experiences have made many of us more sceptical and cautious about our alleged powers of control. They have found expression e.g., in new ecological movements or the diagnosis of a risk society in late-modernity (see Beck 1986). Systems theory has taught us to understand families, organizations, schools, markets and other social institutions as complex systems in complex contexts that resist external regulation (see e.g., Luhmann 1988). In this changed situation, we must draw new and extended conclusions from Dewey's insistence on the philosophic necessity of taking context into account. Among other things, we must learn a new sense of technological "humility" that cautions us against the largely still predominant spirit of short-sighted feasibility. Or, as Gavin puts it, we must resist "the temptation to overmanage" if we are to preserve and further elaborate a "pluralistic contextualism, that is, a fat, or thick, or diversified view of reality where, although all of the different views of the universe have meaning and some connections among them do exist, nonetheless there is no one basic conceptual connection underlying all the various interpretations. No one way to attain control is either possible or desirable" (Gavin 2003, 79).

In a word, pragmatists and constructivists should today jettison older concepts of social engineering and control in behalf of a more thoroughly transactional approach to social philosophy. They may, again, find many productive clues for this necessary reconstruction work in Dewey's own writings. His profound insights into the indispensability of "interacting with a context" provide many helpful suggestions. For example, Dewey's introduction of the term "transaction" in *Knowing and the Known* (LW 16, 1–279)[111] can help us to distinguish a more reductionist from a broader and more contextual understanding of interaction. Interaction in the contextual sense – or what Dewey calls "transaction" – means that the interacting elements are themselves constituted and constructed in the interactive process. They emerge with increasing definiteness within the context of interaction. Objects, methods and identities are seen as socially co-constructed in mutual interdependence. Accordingly, instead of trying to "will" control over contexts, we must learn to see control as something that arises from within. This contextual understanding stands in sharp contrast to more reductionist theories that assume that the interacting elements are ready-made and given in advance. It insists that "interaction" is more than a mere exchange of external input and output between fixed entities. It implies a genuinely pluralist

---

111 Dewey co-authored this book with Arthur F. Bentley. It was one of his last philosophical writings.

understanding of meanings and identities that is sensitive to the multiple and changing cultural contexts of experience.

Interactive constructivism offers, among other things, three central meta-perspectives for the reflection and further elaboration of a contextual understanding of social interactions (see Reich 1998 a, b; Neubert 2002). These perspectives, which for reasons of brevity I can only indicate her, can be helpful conceptual tools for reconstructing Dewey's philosophical pluralism today (see also Reich 2004 c, 2009).

The *first meta-perspective* situates social interactions in the context of cultural practices, routines and institutions. Humans are seen as *observers, participants and agents*. These three roles designate different relations to context that can be distinguished, though not separated. As observers, we see, hear, sense, perceive and interpret our world. We construct our versions of reality on the basis of our beliefs and expectations, our interests, habits and reflections. As participants, we partake in the larger contexts of the multiple and often heterogeneous communities of interpreters that provide basic orientation in our cultural universe. We participate in social groups, communities, networks and institutions of all kinds. Our partaking is an indispensable cultural resource, but it also implies commitments, responsibilities, loyalties, and the exclusion of certain alternatives. As agents, we act and experience. We communicate and cooperate and struggle with others. We devise plans and projects to carry out our intentions. We articulate ourselves and respond to the articulation of others.

The *second meta-perspective* distinguishes between the viewpoints of *self-observers* and *distant-observers*. As self-observers, we observe ourselves and others in the cultural practices in which we find ourselves immediately involved as observers, participants and agents. We observe ourselves from within the context of our interactions with others. As distant-observers, we observe others in their cultural practices and interactions in which we are not directly involved. We observe from a distance (in time or space or reflection) – i.e. from a different context of observation and reflection. This shift of context is of course only a gradual distinction. Transitions are fluid. As distant-observers we remain self-observers within our own contexts of observation, while as self-observers we can always project ourselves into the position of an imagined distant-observer and try to observe ourselves "from outside". But it is an important distinction because it helps us to reflect more systematically on the contextual limits of our own interactions and prevents us from simply taking our own immediate context of observation for granted.

The *third meta-perspective* concerns the level of *discourses*. Interactive constructivism distinguishes four central aspects of discourses that further help to specify the multilayered cultural contexts of interactions (see Reich 1998 b, Neubert/Reich 2000, Neubert/Reich 2002). Each of them can be seen and reflected either from a self-observer or from a distant-observer-position. The first aspect is that of *power relations and hegemonies*. Discourses are part of hegemonic formations. They imply struggles for recognition and the power of interpretation. There is "no innocent discourse" (Stuart Hall) with regard to power. The second aspect concerns *truth claims and knowledge*. All discourses imply the production of knowledge and the determination of criteria for truth. The third aspect is that of *lived relationships*. Discourses can only take place through the interactions and communications of subjects as observers, participants and agents. These subjects do not only construct, deconstruct and reconstruct the contents of discourse, but also their relationships as self and others within their discursive contexts. The fourth aspect concerns *the unconscious* as a limiting condition of all discourses. It reminds us that as observers, participants and agents in discourses, we time and again stumble on the limits of our understanding, insight and reflection. It stands for the unknown or not-yet known, the incomprehensible and alien within ourselves and others.

Interactive constructivism claims that, taken together, these three constructivist metaperspectives can help us better understand the complexity of heterogeneous contexts that underlie the social interactions in our pluralistic cultural world. They may enhance our sense for the indispensable plurality of perspectives contained in the cultural construction of realities.

6.2.3   Democratic Communication and Power Relations

A third line of necessary reconstruction has already been touched by implication and should at least be rendered a bit more explicit before coming to a close. It has been mentioned that Dewey's ideal of democracy presupposes the articulation and recognition of differences as an indispensable condition of democratic communications. This raises questions about the relation between social interests in connection with power asymmetries and the development of democratic communications. That Dewey was not blind to such questions is evident, among other things, from his extensive and penetrating cultural criticism of American capitalism, especially after the experiences of the Great Depression. He repeatedly charges the existing "economic and legal institutional conditions" with erecting and petrifying barriers to democratic communication and fostering division and separation (see LW 10, 27; see also ibid., 14). "Life is compartmentalized and the institutionalized compartments are classified as high and as low; their values as profane and spiritual, as material and ideal ... Compartmentalization of occupations and interests brings about separation of that mode of activity commonly called 'practice' from insight, of imagination from executive doing, of significant purpose from work, of emotion from thought and doing" (ibid., 26 f.). Dewey makes clear in his political writings of this period that, for him, a democratic politics of recognition must be accompanied by an equally democratic politics of (re-)distribution lest the economic order increasingly become a thread to democracy (see e.g., LW 5, 90 ff; LW 11, 41 ff.). And he also recognizes that science in the modern world does not take place outside of institutions and power relations and forcefully denounces the corruption of science on behalf of anti-democratic tendencies (see e.g.,

LW 13, 156 ff, 275). These criticisms are still worthwhile reading today – despite the changes of context e.g., with regard to the much more globalized politics, economies, societies and cultures of our time that pose new problems and require new answers. But Dewey did not develop a systematic critical theory of power comparable to more recent approaches to radical democracy and hegemony e.g., in the work of Ernesto Laclau and Chantal Mouffe (see Laclau 1990, Laclau/Mouffe 1991, Mouffe 1996, 2000). Seen from a perspective of today, his discussion of issues of power contains certain "blind spots" that call for critical reconstruction.

Some of these weak points have recently been examined by Charlene Haddock Seigfried (2002). Drawing on her discussion, I want to briefly mention three points here. First, Dewey often shows a tendency to (mis-)interpret conflicts of power as lack of common understanding about interests. "By locating conflicts in different approaches to life and not in struggles for power, he frequently underestimates what is required to overcome them. He seems to think that once someone has participated in a rational process of inquiry, she or he would not persist in holding onto prejudices or unilateral power". Therefore "his analyses often do not go far enough" (ibid., 55 f.). To my mind, Dewey's holistic vision of democracy as the "Great Community" (see LW 2, 325 ff.) forms part of the background of this shortcoming (see Neubert 2004 b, 2009). Secondly, focussing his cultural criticism on economic inequalities and oppression, Dewey often tends to underestimate processes of discrimination and marginalization e.g., due to racism (see also Sullivan 2003) and gender prejudice. Seen from a perspective of today, political developments and social movements – like feminism, civil rights and other minority movements – have sharpened our awareness in the course of the 20th century of the complexities of power relations in late-capitalist societies. For example, the complex intersections of classism, racism and sexism (e.g., misogyny and homophobia) as relatively independent lines of power that cannot be simply reduced to one another have become the theme of many critical analyses of contemporary multicultural societies (see e.g., Bradley 1992). Thirdly, Dewey upon the whole "fails to follow through with an account of the role that power plays in human affairs". Especially, he does not sufficiently explore "in detail how it alters the lives of those affected by it" (Seigfried 2002, 55) – i.e., the consequences of power asymmetries in the experiences of those who are discriminated against or marginalized. And I may add that the relevance of this objection for the reconstruction of pragmatist social thought is underlined, to my mind, by the observation that it equally applies to present-day neo-pragmatists like Richard Rorty (comp. e.g., Rorty 1998).

These criticisms pose important challenges for the work of reconstructing pragmatic social philosophy. "The end of democracy is a radical end" writes Dewey in *Democracy Is Radical*. "For it is an end that has not been adequately realized in any country at any time." (LW 11, 298 f; orig. in italics) It requires great changes in existing economic, legal and cultural institutions. And it is a vision whose meanings and implications time and again must be explored and negotiated anew. Reconstructing Dewey's philosophical pluralism, we should today make use of the most up-to-date theoretical resources of our time to rethink the idea of radical democracy in the frame of our own societal and cultural contexts. From the perspective of interactive constructivism, I think that this requires a number of theoretical "border crossings." There are many approaches in contemporary cultural research that bear productive affinities to pragmatist and constructivist social thought. But some of these approaches have been developed in discursive circles and traditions with which pragmatists and constructivists so far have not sufficiently come into contact and exchange. I am thinking for example of work done in fields like *cultural studies*, *gender studies* and *post-colonial studies* (see Neubert 2002, 2004, 2009). To my mind, many of the researches and theoretical perspectives developed in these fields are highly suggestive for the project of rethinking radical democracy in the face of the multicultural societies of our increasingly globalized world. To elaborate these theoretical intersections and their implications seems to me a promising task for both pragmatists and constructivists.

Kapitel 7:

Democracy and Education in the 21st Century –
Deweyan Pragmatism and the Question of Racism

Why is John Dewey still such an important philosopher today? Writing from the perspective of the Cologne program of interactive constructivism, the present author tries in what follows to give one possible answer to this question. I should first note in passing that Cologne constructivism in many respects considers John Dewey as one of the most important predecessors of present-day constructivism and regards Deweyan pragmatism as one of its most important dialogue partners in contemporary discussions about pragmatism and constructivism in philosophy and education (see e.g., Reich 2008, 2009, Neubert 2008 b, 2009, Neubert/Reich 2006). Among the many aspects in which Dewey's works still speak powerfully to us today, I wish to select, for the present purpose, one theme that is at the heart of his philosophical approach: the relationship between democracy and education.

7.1   Democracy and Education in the World of Today

In 1938 John Dewey wrote an essay with the title "Democracy and Education in the World of Today" (LW 13, 294–303). The title, of course, refers to his 1916 water-shed book "Democracy and Education," a work that today is held by many educators worldwide as *the* 20th century classic about the crucial connections between education and democracy in theory and practice. In the 1938 essay, he underlines some important aspects in his understanding of the two terms that I briefly want to point out and comment. He begins by observing "that the relation between democracy and education is a reciprocal one, a mutual one, and vitally so." (LW 13, 294) On the one hand, democracy "is itself an educational principle, an educational measure and policy." (Ibid.) On the other hand, "democracy cannot endure, much less develop, without education" (ibid., 296). Let us begin with the first aspect. In the closing chapter of *The Public and Its Problems* (see LW 2, 351 ff.), Dewey insists that the prosperity of local communities is a necessary condition for the prosperity of democracy at large. This is so because the educative power of democracy can only be fully realized when it is experienced in direct participation in communities of shared interests that cooperatively solve joint problems. Local communities can provide opportunities for direct democratic involvement in groups, networks and social movements that articulate the multitude of experiences by which democracy in enlivened. They are a backbone of civil society. And they make democracy a lived experience of learning and growth that of itself shows its advantages as a way of life for all those who participate.

Dewey thinks that modern education needs more fully to recognize the relevance of democracy as the educational process "without which individuals cannot come into the full possession of themselves nor make a contribution … to the social well-being of others" (LW 13, 296). "Even in the classroom we are beginning to learn … that every individual becomes educated only as he has an opportunity to contribute something from his own experience, no matter how meagre or slender that background of experience may be at a given time; and … that enlightenment comes from the give and take, from the exchange of experiences and ideas." (Ibid.)

According to Dewey, all genuine communication has "educative power" (MW 9, 9). It provides the participants within a mutually shared relationship with opportunities to learn from each other's experience. And what is more, it makes it necessary for them to take the perspectives of others with regard to their own actions and experiences. The imaginative projection into the "role" or perspective of others leads to an extension of the horizons of one's own experience – be it as far-reaching or as modest as the case may be. And seen from the educational point of view, a fundamental criterion of democratic communication consists in the appreciation of "the intrinsic significance of every growing experience" (ibid., 116).

Education is necessary for democracy because "education … especially as we think of it in the school … is the essential distributing agency for whatever values and purposes any social group cherishes." (LW 13, 296) Dewey believes that educational growth is a crucial opportunity for making society more democratic provided that all members of society may have a full share in an education that offers them the necessary resources for making their own lives as well as the lives of others as rewarding as possible. Education can foster the growth of democracy because good education can compensate for shortcomings in family life and social practices. Dewey even claims that "education is the keystone of democracy." Therefore it should be "truly democratic." (LW 9, 393)

It seems to me that in our increasingly globalized world, Dewey's repeated insistence on the reciprocal relationship between democracy and education is of invaluable significance for addressing many of the urgent problems and challenges of our time. In his 1939 essay "Creative Democracy – The Task Before Us," Dewey wrote about his democratic vision: "Democracy is the faith that the process of experience is more important than any special result attained, so that special results achieved are of ultimate value only as they are used to enrich and order the ongoing process. Since the process of experience is capable of being educative, faith in democracy is all one with faith in experience and education." (LW 14, 229)

Belief in the potentials of education is an indispensable component in the democratic faith because democracy can only flourish and be further developed through being realized and appreciated in the growth of individuals in communities. "If democracy is possible it is because every individual has a degree of power to govern himself and be free in the ordinary concerns of life." (LW 6, 431) Dewey here gives a powerful response to those who argue that one can only be as democratic as "the circumstances" allow. The potential for self-government is something that we must presuppose if we are not willing to surrender our democratic faith altogether.

In the global world of today no less than in Dewey's life-time, structural conditions like sharp economic inequalities, marginalization of individuals and groups, oppressive labor, unemployment, poverty, exclusion through cultural hegemonies etc. represent important contexts that democratic education cannot ignore. Dewey already saw and criticized the dangers to democracy that these and other conditions imply. But he also thought that it is crucial for our democratic commitment and imagination to understand that the actual never exhausts the potential and that the circumstances and conditions in which we live never fully determine our experience and action. Faith in democracy, experience and education necessarily implies that there are opportunities for change. This is true as long as we live in an open and unfinished universe. Dewey thought that it is essential for education to initiate democratic learning processes from the very start and to uncover and address democratic shortcomings as a step toward increasing the chances for more democracy. For him, democracy and education are in continual need of immanent criticism that comes from within those experiences and contexts that actually constitute our lives. This is only possible through forms of lived democratic participation that are open and inclusive to all. The educational struggle to further the opportunities of all, including the socially marginalized and disadvantaged, to truly participate in the life of their society is as relevant for democracy today as it was in Dewey's time. Every success in this struggle makes democracy a lived and meaningful experience for those who partake in it.

Dewey suggests that although progresses toward more democratic education have been made in many respects, the necessity to reconstruct and improve the connections between democracy and education is recurrent. This is so because democracy itself is in need of continual reconstruction. In the 1938 essay he critically observes: "We have had, without formulating it, a conception of democracy as something static, as something that is like an inheritance that can be bequeathed ... The crisis that we are undergoing will turn out, I think, to be worthwhile if we learn through it that every generation has to accomplish democracy over again for itself; that its very nature, its essence, is something that cannot be handed on from one person or one generation to another, but has to be worked out in terms of needs, problems and conditions of the [changing] social life of which ... we are a part" (LW 13, 298 f.).

Thus the task of teaching what a democratic society means under present conditions continually needs to be addressed anew. Dewey uses the example of the great changes in economic relations that took place through the processes of industrialization in his life-time. Among other things, these changes led to the problem of millions of people having only a "minimum of control over the conditions of their own subsistence" (ibid., 300) – a problem that, he suggests, poses a completely new challenge for the relation of education and democracy. And what is even more interesting for my present purpose, he explicitly and insistently points to the threat posed to democracy by the presence of "racial intolerance" both in the Fascist countries of the time and in professedly democratic countries like the United States (see ibid., 301). In the 1938 essay, he clearly identifies this threat as a major challenge for democracy and education in the world of his day.

This brings me to a consideration of the relationship between Deweyan pragmatism and the question of racism. In the increasingly globalized and multicultural world of the beginning 21st century, the issue of racism is certainly still an urging menace to democracy and education. In present-day German educational theory and practice, approaches in the field that we call *Interkulturelle Pädagogik* (multicultural education) have since the late 1980s more and more adopted and developed theoretical perspectives on racism as well as practical approaches and methods of antiracist education. Influential, in this connection, has been a growing reception of recent international developments in the fields of *cultural and postcolonial studies* (see e.g., Auernheimer 2003, Neubert 2008 a). Dewey's overall philosophy of democracy and education certainly provides many relevant and still vital resources for present-day discussions about multicultural education. But what about his direct dealings with questions of "race" and racism?

7.2   Dewey and Racism

In a recent essay with the title "Dewey on Race and Social Change," Michael Eldridge observes: "One committed to a multicultural society will find some help in Dewey's direct statements on race; he or she will, however, find greater assistance in Dewey's more general social and political thinking and overall philosophical approach." (Eldridge 2004, 11) Eldridge finds that while Dewey has valuable things to say about "race" and racism, his anti-racist criticism and involvement does not wholly come up to what proponents of multiculturalism might have expected of him from a perspective of today. I agree with this general impression. In what follows, I will make some observations as to Dewey's positions with regard to issues of "race" and racism. I will approach the matter from a somewhat different angle than Eldridge who has his focus on Dewey's approach to social change. I start with Dewey's general theory of culture and nature. Therefore, I will only casually use material that Eldridge has already cited in his brilliant essay.

7.2.1   Culture and Nature

Dewey's philosophical claims to naturalism (see e.g., LW 1, 4) notwithstanding, it is important to note that he never indulges in reductionist approaches of "naturalizing" human culture, i.e., reducing culturally constructed meanings, identities and differences to fixed essences supposedly given by nature – ways of thought that were pretty much common in his time. His "naturalistic metaphysics" refers to what he calls the "generic traits of existence" (LW 1, 50) common to all human experience. These are reflections about the "nature of the existential world in which we live" (LW 1, 45) on a most general level. An explanation of specific human behaviors on the basis of naturalistic determination is far from his intention (see as one example his 1938 essay "Does Human Nature Change?", LW 13, 286–293).

In his 1922 book *Human Nature and Conduct* (MW 14), Dewey emphasizes the primacy of culture in understanding human behavior or what he, distancing his position from narrow behaviorism, prefers to call human conduct (see also the 1930 essay "Conduct and Experience," LW 5, 218–235). His theory of habit, as developed in that book, constitutes an elaborated and pioneering philosophical approach to rethinking perception, consciousness and mind from the perspective of cultural practice as interaction (or transaction, as Dewey later would have preferred to say). To be sure, habit presupposes a biological basis that Dewey tries to capture by the concept of "impulse." However, he shows a pronouncedly cautious attitude toward all attempts to theoretically determine and fixate such natural impulses in humans. Instead of advocating an explicit and systematic theory of impulses or drive theory – e.g., following the example of Freudian psychoanalysis – he first of all emphasizes the indeterminacy and plasticity of native "impulses" and their cultural malleability. "In the case of a tiger or eagle, anger may be identified with a serviceable life-activity, with attack and defense. With a human being it is as meaningless as a gust of wind on a mudpuddle apart from a direction given it by the presence of other persons, apart from the responses they make to it." (MW 14, 65) Because "the *meaning* of native activities is not native" but acquired and "depends on interaction with a matured social medium," (ibid.) we "need to know about the social conditions which have educated original activities into definite and significant dispositions before we can discuss the psychological element in society" (ibid., 66). Dewey is quite aware of the danger attendant to any strict drive theory to inscribe culturally constructed meanings and values into nature, thereby concealing their dependence on cultural context. This naturalistic fallacy, by the way, is quite analogous in structure to the basic philosophical fallacy that he criticized in *Experience and Nature*, namely the "conversion of eventual functions into antecedent existence" (LW 1, 34). In his account of *Human Nature and Conduct* (MW 14), the cultural life forms as expressed in "habits" and their collective manifestations in "customs" are of primordial importance for the understanding of human behavior. Individual differences in native impulses and activities only come to bear within the cultural context.

7.2.2 "Race" and Racism

This general position also informs Dewey's attitude toward cultural differences between ethnic groups and their explanation on the basis of alleged biological or racial differences. With regard to Dewey's response to discourses on "race" that were apparent in his time, I want to select several quotations mainly from some of his 1920s and 1930s writings and interpret them briefly in what follows. For instance, he observes in his 1939 book *Freedom and Culture*: "Anthropologists are practically all agreed that the differences we find in different 'races' are not due to anything in inherent physiological structure but to the effects exercised upon members of various groups by the cultural conditions under which they are reared ..." (LW 13, 76). The fact that he puts the word "race" in quotation marks already shows his scepticism and critical distance toward the prevailing use of the term. Elsewhere he argues that "race" is an abstract idea which, though influential in society, turns out to be mythical from the scientific standpoint given that "the origin of the most important races of the present world is mixed," anyway (MW 13, 438). Although Dewey does not deny the influence of native individual differences, he rejects claims to explain collective and cultural differences on the grounds of biological heredity: "... biological heredity and native individual differences ... operate within a given social form, they are shaped and take effect *within* that particular form. They are not indigenous traits that mark off one people, one group, one class, from another, but mark differences in every group. Whatever the 'white man's burden,' it was not imposed by heredity." (LW 13, 77; italics in orig.)

Dewey's critical distance toward the race discourses of his time is closely connected with his democratic vision. He thinks that the prospects of democracy stand and fall with the general and undivided "belief in the potentialities of human nature" (LW 13, 153), or, as he elsewhere puts it, the "belief in the potentialities of every human being" (LW 14, 276). This democratic faith, however, is especially threatened by the social intolerance and dismissal that often goes with labelling certain persons or groups in terms of "race," class, origin, religion etc. Dewey himself does not use the term "racism," in this connection, but speaks of "racial prejudice" or "racial intolerance." His rejection of the respective social phenomena is unequivocal: "There is no physical acid which has the corrosive power possessed by intolerance directed against persons because they belong to a group that bears a certain name. Its corrosive potency gains with what it feeds on. An anti-humanist attitude is the essence of every form of intolerance. Movements that begin by stirring up hostility against a group of people end by denying to them all human qualities." (LW 13, 153) And while these words were written, on the eve of the Second World War, with a view to the fascist dictatorships in Europe, Dewey at the same time leaves no doubt about his concerns that American democracy is not only threatened from outside, but that the menace of intolerance first of all has to be recognized and fought against at home. He observes that "racial prejudice" against Afro-Americans,[112] Catholics and Jews has a history in American life and that its present appearances represent a weakness of democracy and "a handle for the accusation that we do not act differently from Nazi Germany." (LW 13, 153)

Indeed, this is one crucial intention of the whole book (*Freedom and Culture*) from which the quotation is taken. Against the background of the rise of totalitarian systems and ideologies e.g., in Germany and Italy, Dewey wants to alert his readers to antidemocratic tendencies in contemporary American life (in common attitudes, habits, behaviors and institutions) and to the need to fight against these tendencies.[113] In place of several other examples that could be quoted from the same book, I wish to confine myself to drawing attention to the already mentioned passage in the 1938 essay "Democracy and Education in the World of Today" where he develops a similar argument and also exposes the issue as an educational challenge. He questions the assumption that certain nations like the United States are "really democratic" and have nothing else to do than to defend democracy against its enemies from outside. And he continues: "We are unfortunately familiar with the tragic racial intolerance of Germany and now of Italy. Are we entirely free from that racial intolerance, so that we can pride ourselves upon having achieved a complete democracy? Our treatment of the Negroes, anti-Semitism, the growing (at least I fear it is growing) serious opposition to the alien immigrant within our gates, is, I think, a sufficient answer to that question. Here, in relation to education, we have a problem; what are our schools doing to cultivate not merely passive toleration that will put up with people of different racial birth or different colored skin, but what are our schools doing positively and aggressively and constructively to cultivate understanding and goodwill which are essential to democratic society?" (LW 13, 301) And in accord with the enthusiasm about the democratic ideals of America that characterizes his political philosophy, this also implies for Dewey that the anti-democratic heritages of the American past that corrupt these ideals until the present must be self-critically worked off. Thus he writes in the 1941 short essay "The Basic Values and Loyalties of Democracy" that the democratic belief in the potentialities of every human being easily becomes sentimental "when it is not put systematically into practice every day in all the relationships of living" (LW 14, 277). In this connection, however, the past often puts obstacles in the way. Dewey observes that the American heritage of slavery and the use of religion to foster anti-Semitism have produced habits of racial intolerance and prejudice that continue to put the foundations of democracy at risk.

---

112 Using the language of his time, Dewey speaks of "Negroes" or "colored people."
113 Among the Jewish refugees that had emigrated from Germany to the United States was the psychoanalyst and Marxist Erich Fromm from the Frankfurt School who positively responded to *Freedom and Culture* and consented to Dewey's warning (see Fromm 1980, 11).

7.2.3   Dewey's Anti-racist Commitment: Some Examples

In addition to these general observations, it should be mentioned that there have been some more direct anti-racist involvements in Dewey's career that deserve attention. Eldridge (2004) has discussed three important examples in detail, namely Dewey's address to the "National Negro Conference" in 1909 where he argues, among other things, that the talk about substantial race differences and the idea of an "inferior race" are nonsensical and without scientific support (see MW 4, 156 f.), the paper on "Racial Prejudice and Friction" read to a Chinese audience during his Asia trip in 1919–1921 where he gives a multi-factorial account of racial prejudice as a "practical reality" with psychological, social, cultural, economical and political causes (see MW 13, 242–254), and his 1932 talk to the NAACP (see LW 6, 224–230), "an organisation he helped to found" (Eldridge 2004, 12). As a further example, Eldridge briefly mentions the case of Odell Waller. I wish to make some additional observations to this latter example because I think that Dewey here with particular insistence addresses racism as a matter that has not only to do with prejudice and intolerance, but also has deep seated structural and institutional aspects. On 15 May 1942 the *New York Times* published a letter from Dewey titled "The Case of Odell Waller" (see LW 15, 356–358) in which he tried to intervene in behalf of an Afro-American sharecropper from Virginia who had been sentenced to death for shooting his white landlord. Waller himself had pleaded self-defense. Dewey not only points to inconsistencies in the legal proceedings of the case, but discusses it in the context of structural conditions of race discrimination in the United States, underlining its exemplary aspects. He reminds his readers of the discrimination against Afro-Americans in the armed forces and defense industries. He draws attention to the institutional contradictions of a trial in which an Afro-American had to defend himself in face of an exclusively white jury and the main witness for the prosecution was an Afro-American boy who himself was an employee of the killed man's family. And he denounces the racist backgrounds of a legal system based on the notorious *poll tax* regulations that *de facto* also influenced the composition of legal juries. Therefore he approvingly cites the claim of Waller's attorney that his client "was denied his Constitutional right to trial by a jury of his peers" and concludes that if the Supreme Court will refuse to review the case, the effect shall be "to weaken the faith of the poor" – and especially Afro-Americans – "in the democratic processes" (LW 15, 357 f.).

7.2.4   Limits of Dewey's Dealings with Racism

The foregoing discussion suggests that a survey of Dewey's writings shows him as a philosopher who was aware of the appearances of racism in the society of his time and who unambiguously criticized racism as inconsistent with his democratic vision. However, such a survey also reveals that despite the emphatic rejection of racist attitudes, behaviors and structures that is articulated in the passages quoted above, the question of racism, upon the whole, plays a less significant role in Dewey's political writings than one would possibly expect from a perspective of today. His explicit statements about "race" and racism are relatively limited in number, incidental and dispersed. Certainly one cannot speak of a systematic, comprehensive and thorough-going account of racism in Dewey. For instance, he does not address the issue at all in his 1926/27 book *The Public and Its Problems* which was one of his most important and influential political writings. And although the Odell Waller case shows that he was not unaware of the need of decided public intervention against appearances and structural conditions of racist discrimination, the amount of his direct involvements in anti-racist activities or campaigns was certainly limited, too. Eldridge writes that "of Dewey's many public interventions in behalf of various victims" the Odell Waller case "is the only one that I found involving race." (Eldridge 2004, 14) He observes that "[r]acial prejudice was a concern of Dewey's ... He was disturbed by the lynchings that were all too common in his time, but he participated in no crusade against them." (Ibid., 19) And he concludes that "[g]iven the pervasive, deep problem of racism in American history, Dewey could have and perhaps should have said and written more. It was but one of many issues that he addressed." (Ibid., 15)

7.3   Reconstructing Deweyan Pragmatism: Some Suggestions

Dewey was a philosopher of reconstruction. He thought that education, on the most general level, is a process of reconstruction of experience (see MW 9, 82). Because we live in an open and evolving universe, the need of reconstruction is recurrent in the lives of individuals as well as societies. We repeatedly need to reconstruct meanings, values, habits, beliefs, practices, and institutions in response to changing contexts of life and emerging new conditions of living. Dewey believed that this is a crucial task of social intelligence that can best be accomplished under democratic conditions. And he argued that the need for reconstruction also applies to philosophy itself because "the distinctive office, problems and subjectmatter of philosophy grow out of stresses and strains in the community life in which a given form of philosophy arises, and ..., accordingly, its specific problems vary with the changes in human life that are always going on ..." (MW 12, 256). From a Deweyan perspective, the best use we can make today of his philosophy is to reconstruct it ourselves in and for our own contexts.

This is a comprehensive and very complex task that of necessity involves many perspectives. It is successful, I suggest, to the degree that we can make productive use of the tension that exists between the continuation of a philosophical tradition that originated more than a century ago in a different socio-cultural context and the re-invention and revitalization of that tradition with regard to present needs and challenges, enhancing its resources as a philosophical perspective for our time. This involves efforts to make strong and productive use of the tradition and to articulate new implications with regard to changes in human life-experience. For example, Eldridge (2004) makes helpful suggestions as to how Dewey's general approach to social change can be used today for addressing questions of multiculturalism, "race" and racism. At the same time, I suggest, the task of reconstructing Deweyan pragmatism also involves the challenge to go beyond what is inherited by establishing new links with more recent theoretical developments and approaches in order to adopt and develop new conceptual tools and practical applications. From the perspective of the Cologne program of interactive constructivism, I wish to use the remaining section of this essay to suggest some possible lines of reconstruction along which Deweyan pragmatism can be fruitfully connected with some more recently developed approaches in the theory of culture. My basic thesis is that following these lines, Deweyan pragmatists may find some valuable resources for responding to the still urging challenge of racism for 21st century democracy and education. At the same time, they may bring their strong and productive tradition into a new border-crossing dialogue about what democracy and education mean in the world of today.

I think that in the Anglo-American debates on multiculturalism of the last decades there are many interesting dialogue partners for Deweyan pragmatism. Among other things, approaches developed in the fields of *cultural studies* and *post-colonial studies*, to my mind, bear enough affinities[114] as well as enough differences to be valuable partners for mutually fruitful exchanges with classical pragmatism. With regard to issues of racism as a challenge for democracy and education, I briefly want to turn to two important proponents of these fields of thought and exemplarily discuss some aspects in which their theories might be helpful for reconstructing pragmatism today.

One of the most important present-day proponents of both *cultural studies* and *post-colonial studies* is the Jamaican-British sociologist Stuart Hall. Among other things, he has made many influential contributions to new approaches on racism. For instance, Hall has helped to broaden our understanding of some of the larger socio-historical contexts that are relevant for addressing phenomena of racism in theoretically more thoroughgoing and systematic ways than we find in classical Deweyan pragmatism. Hall's postcolonial theory offers what may be called a *genealogical perspective* (in the Foucaultian sense) for understanding and criticizing racism in modern societies. He provides a much more comprehensive and complex understanding of the necessary historical backgrounds to which

---

114 Among these affinities are e.g., the attempt to understand culture as lived experience with all its ambiguities, indeterminacy, ambivalences, contradictions and contingencies; the assumption that meanings and identities are co-constructed in cultural practices; the insistence to take contexts (linguistic as well as broader cultural contexts) seriously; partly also the critical attitude toward central enlightenment tenets like the universalized claims of reason, the dualisms of theory and practice, mind and body, subject and object, unqualified idealizations of necessary, unambiguous and linear progress in modern historiography, and the separation of high culture (art) from everyday experience.

Dewey pointed in rather occasional and limited ways e.g., when he reminded his readers of the problematic heritage of US-American slavery that continued to trouble the present scene. In his essay "When was 'the post-colonial'? Thinking at the limit," Hall characterizes post-colonialism as offering "an alternative narrative, highlighting different key conjunctures to those embedded in the classical narrative of Modernity." (Hall 1996, 249) Colonialism, for Hall, was not only a minor event at the margins of modernity, but should rather be seen as the constitutive outside of the development of capitalist modernity first in Europe and then in the whole West. "In the re-staged narrative of the post-colonial, colonisation assumes the place and significance of a major, extended and ruptural world-historical event." (Ibid.) Accordingly, the deconstructive strategy of the post-colonial opens new perspectives for a critical reconstruction of our understanding of the historical developments of Modernity: "It is the retrospective re-phrasing of Modernity within the framework of 'globalisation' in all its various ruptural forms and moments (from the Portuguese entry to the Indian Ocean and the conquest of the New World to the internationalisation of financial markets and information flows) which is the really distinctive element in a 'post-colonial' periodisation. In this way, the 'post-colonial' marks a critical interruption into that whole grand historiographical narrative which, in liberal historiography and Weberian historical sociology, as much as in the dominant traditions of Western Marxism, gave this global dimension a subordinate presence in a story which could essentially be told from within its European parameters." (Ibid., 250)

One important implication of this "re-phrasing" is, according to Hall, the insight that the processes of colonization and decolonization have shaped the colonizing societies in no less powerful (although different) ways than the colonized societies. For the societies of the imperial metropolis, too, colonization was never merely an external affair, but a process whose effects have deeply affected them until the present day (see ibid., 246 ff.). Hall uses the phrase "double inscription" (ibid., 247) to characterize the endemic ambivalence of colonialism that stems from the presence of a marginalized other that is supposed to be outside but returns – as the outside-of-the-inside – as a disturbing and alien gaze within. His analysis suggests that this troubling ambivalence is an important source of many modern appearances of racism. It points to deep-seated conflicts and contradictions in modern culture, connected with the colonial heritage, and thus identifies powerful historical roots of racism that, by comparison, find too limited attention in Dewey's criticism.

Hall gives a basic introduction to his postcolonial perspectives in an essay titled "The West and the Rest" (Hall 1992 a). Among other things, he uses Foucaultian theories about discourse and power, discursive formations, power/knowledge, the archive etc. to develop and expose his genealogical approach to racism. He shows how ways of "representing 'the other'" (ibid., 296 ff.) are deeply embedded in socio-historical constructions like Orientalism (following Said), Europe and America, "'noble' vs 'ignoble savages'" or "'rude' and 'refined' nations" (ibid., 310, 312) that build on cultural stereotypes (see also Hall 1997). Such stereotypes are often of a dualistic nature and turn out to be deeply ambivalent. Ac-

cording to Hall, they often involve ways of idealization as well as degradation, unconscious projections of fantasy and desire, the failure to "recognize and respect difference"
as well as "the tendency … to see difference through the modes of perception and representation of the West" (Hall 1992 a, 308). Hall thus underlines the complex and contradictory structure and dynamics of racism as a system of representation deeply rooted in desire
– an observation that partly accounts for its often extraordinarily persistent nature. "All
that symbolic and narrative energy and work is directed to secure us 'over here' and them
'over there,' to fix each in its appointed species place. It is a way of masking how deeply
our histories actually intertwine and interpenetrate; how necessary 'the Other' is to our
own sense of identity; how even the dominant … power only knows who and what it is
and can only experience the pleasure of its own power of domination in and through the
construction of the Other." (Hall in: Grossberg 1994, 14 f.) This insistence on the psychological deep structure of racist stereotypes helps to illuminate important backgrounds of
what Dewey, as we saw above, criticized as "racial prejudice" or "racial intolerance." Putting more emphasis than Dewey on the connections of racism with cultural contradictions,
ambivalent desires, processes of disavowal and projection, the complex masquerade of
self and other, Hall gives us a much more elaborate account of "racism's very rigidity that
is due to its complexity." (Ibid.)

The second proponent of both *cultural* and *postcolonial studies* that I briefly want to
turn to is Homi K. Bhabha who – also against the background of his own life-experience
as a migrant intellectual – has developed powerful accounts and theoretical reflections on
the experiences of those who live, as he calls it, in "Culture's In-Between" (Bhabha 1996)
like for instance migrants and other cultural minorities or marginalized groups. With regard to understanding racism, Bhabha among other things offers insightful perspectives on
the consequences of power asymmetries in the experiences of those who are discriminated
against or marginalized (see also Bhabha 1994). To my mind, his approach can be a valuable dialogue partner for Deweyan pragmatism especially in face of the fact that Dewey
himself, as Charlene Haddock Seigfried has critically observed, upon the whole often
"fails to follow through with an account of the role that power plays in human affairs" and
"how it alters the lives of those affected by it" (Seigfried 2002, 55) – an observation that I
think equally applies to the neo-pragmatism of Richard Rorty (see e.g., Rorty 1999).

According to Bhabha, the "discourse of minorities … presupposes a social subject
constituted through cultural hybridization, the overdetermination of communal or group
differences, the articulation of baffling alikeness and banal divergence." (Bhabha 1996,
54) From the perspective of these cultural experiences, the liberal ideal of multicultural
recognition *on equal terms* from the very start appears as distorted by power asymmetries.
Bhabha suggests that the presupposition of universal commensurability often blinds multi-
culturalists to the specific experiences of cultural minorities and other marginalized
groups. He portrays the situation of these groups as characterized by experiences of displacement, dislocation, disjunctive temporality and lateness – or, as he calls it, a kind of

cultural "time lag". "The discriminated subject or community occupies a contemporary moment that is historically untimely, forever belated. 'You come too late, much too late. There will always be a world – a white world – between you and us …'[115] By contrast, the liberal dialectic of recognition is at first sight right on time. The subject of recognition stands in a synchronous space (as befits the Ideal Observer), surveying the level playing field that Charles Taylor defines as the quintessential liberal territory: 'the presumption of equal respect' for cultural diversity." (Bhabha 1996, 56)

Thus the liberal dialectic of recognition, according to Bhabha, fails to recognize the "disjunctive, 'borderline' temporalities of partial, minority cultures" (ibid.). We can interpret this as a plea for self-criticism: the idea of impartial and mutual recognition on equal terms easily leads to an underestimation of the import of postcolonial experiences of being belated. These experiences have already been affected by effects of power that turn the "contemporary moment" that the marginalized subject or community occupies into a moment that partially has already been lost: What had to be said cannot be said right on time anymore. This is not an appeal to deny liberal claims to equality or equity. But it is meant to warn against an uncritical multiculturalism that neglects the ambivalences and ambiguities of hybrid interstices that have been produced by power asymmetries and unequal ways of recognition. And it is meant as a warning not to content ourselves all too easily with fancies of a multicultural *anything goes*.

For the Deweyan pragmatist, the openness to dissent as well as the willingness to cooperate across differences and to see the expression of difference as a potential enrichment of one's own life-experience is an inherent component in "the democratic personal way of life" (LW 14, 228). From the perspective of this fundamental democratic claim, Bhabha's articulation and theoretical interpretation of the experiences of marginalized communities can be seen as a call for an increased sensitivity to the precariousness of the in-between, to the difficulties and hindrances that often stand in the way of equal and timely articulation. Bhabha also emphasizes the subversive as well as creative potentials attendant to the hybrid position in postcolonial multi-culture. The in-between can become a particularly apt place for deconstructing the inherited and creating something new. He writes that "[h]ybrid agencies … deploy the partial culture from which they emerge to construct visions of community, and versions of historic memory, that give narrative form to the minority positions they occupy" (Bhabha 1996, 58), and he cites Toni Morrison's novel *Beloved* as an example. But certainly the dangers of being silenced and getting lost in resignation that equally belong to the minority experience should not be underestimated, too.

Dewey once said that it is "because I believe in democracy that I believe in [the] … principle of just representation, especially when it is backed up by proportional representation that gives the minority its full voice." (LW 9, 318)[116] Of course Dewey here speaks of

---

115 The quote within the quote is taken from Franz Fanon (*Black Skin, White Masks*).

116 The passage is taken from a stenographic report of an address that Dewey gave to the Teachers Union in 1933.

political minorities. But an analogous claim can be made, I suggest, with regard to cultural minorities if we take the implications of Deweyan democracy for contemporary multicultural societies seriously. And I think that Bhabha's approach can be helpful, in this connection, for understanding more thoroughly and more deeply some important aspects of what "giving the minority its full voice" means as a problem and challenge for democracy and education in the world of today.

Kapitel 8:

Reconstructing Deweyan Pragmatism –
A Discussion on Some Recent Publications

John Dewey (1859–1952) was a philosopher of reconstruction. He defined educational growth, on the most general level, as a process of reconstruction of experience (see MW 9, 82) and regarded his comprehensive philosophical project as a response to the recurrent need for reconstruction in and of philosophy (see MW 12, 256). He even reconstructed himself as a philosopher several times during his long life-time. Dewey argued that the need for reconstruction of philosophy is recurrent because "the distinctive office, problems and subjectmatter of philosophy grow out of stresses and strains in the community life in which a given form of philosophy arises, and that, accordingly, its specific problems vary with the changes in human life that are always going on ..." (MW 12, 256). In other words, it is its intimate relation to context that requires of thought to re-invent itself time and again in accord with the changes in socio-cultural life forms. This idea of reconstruction is a fundamental and constitutive principle of Deweyan pragmatism, elaborated not only in such major works as *Reconstruction in Philosophy* (MW 12, 77–201) *Experience and Nature* (LW 1), or *The Quest for Certainty* (LW 4), but also in brilliant essays like "Construction and Criticism" (LW 5, 125–143) and, most importantly, "Context and Thought" (LW 6, 3–21). The best use we can make today of Dewey's work is therefore to reconstruct it ourselves in and for our own contexts.

Publications in Deweyan pragmatism today thus face the somewhat ambiguous and necessarily open-ended task of continuing a philosophical tradition that originated more than a century ago in a different socio-cultural context and trying to reconstruct that tradition with regard to present needs and challenges, thereby enhancing its resources as a philosophical perspective for our time. The "unfinished work of pragmatic reconstruction" (see Gavin 2003) is successful, I suggest, in the degree in which it manages to make constructive use of the tradition in order to revitalize its meaning and potential, while at the same time critically reflecting on the need to go beyond what in inherited and adopt and develop new theoretical conceptions and practical applications. The Cologne program of interactive constructivism from whose perspective the present author writes has tried to contribute to such reconstruction work in recent years with specific regard to the relationship between pragmatism and constructivism.[117] We have tried to forward both construc-

---

117 Interactive constructivism was founded by Kersten Reich who has also elaborated on its general theories of education and didactics. See Reich (1998 a, b, 2005[5], 2006[3], 2007).

tivist and pragmatist discussions through a border-crossing dialogue in contexts of philosophy and education (see Neubert 1998 a; Neubert/Reich 2006; Hickman/Neubert/Reich 2009; Garrison 2008).

On the present occasion, though, I must resist the temptation to repeat what has been said elsewhere. My intention is to invite the reader to a discussion about and with three recently published books in the field of Dewey scholarship and explore some of their contributions to the project of reconstruction: Larry A. Hickman's *Pragmatism as Post-Postmodernism*, Inna Semetsky's *Deleuze, Education and Becoming*, and David A. Granger's *John Dewey, Robert Pirsig, and the Art of Living*. All three books, to say it in advance, are to my mind valuable and highly recommendable works, although I will venture to discuss them critically and question some of their assumptions. In content, form, and style they are quite diverse. I will try to navigate the reader through this collage of discourses by locating them in relation to different aspects of reconstruction. Having the dialogue between Cologne constructivism and Deweyan pragmatism in the back of my mind, I will occasionally bring in arguments from that context.

With regard to the comprehensive and complex work of reconstructing Deweyan pragmatism, I wish to distinguish, for the present purpose, between three necessary and equally valuable components. The project of reconstruction includes, among other things, (1) making strong and productive use of the tradition, (2) establishing new links in order to adopt and develop new conceptual tools, and (3) reconsidering implications with a view to new articulations of human life-experience. These three components are of course overlapping and interconnected. To a certain degree all three books discussed here can be said to articulate all three components. However, it seems to me that each of them illustrates one component in particular, and I wish to use my discussion about and with them to underline the importance of all three elements. It should be said in passing that in the confined space allotted to me in this short essay, I cannot do justice to the discussed works in all of their detailed and multilayered argumentation. I confine myself to responding to what I take as some dominant features of their ways of presenting, treating, and advancing Deweyan pragmatism.

8.1   Making Strong and Productive Use of the Tradition

Larry Hickman has been a force for many years in furthering and promoting Deweyan pragmatism as a vital and resourceful philosophical tradition. As the director of the Center for Dewey Studies at Southern Illinois University he has done invaluable work to advance the renaissance of Dewey scholarship both in the United States and internationally. As a philosopher of technology inspired by Dewey's work, he has launched and continually further developed his version of "productive pragmatism" (Hickman 2001, 65) as a critical and constructive response to many pressing issues of our time. In his recent book, *Prag-*

matism as Post-Postmodernism – Lessons from John Dewey (Hickman 2007) that I take as my first dialogue partner for this essay, Hickman picks up threads from his previous publications such as *Philosophical Tools for Technological Culture* (2001), develops them further and weds them into a critical discussion about the complex relationships between philosophical postmodernism and classical pragmatism.[118]

A substantial portion of the book (parts 2 and 3) is dedicated to questions of technology and related issues of environmentalism. The author here provides new arguments to support his version of productive pragmatism and defends his approach against competing traditions in the philosophy of technology. He gives a good summary of his Deweyan perspective in a chapter that conceives of technology as "Doing and Making in a Democracy" based on Dewey's democratic belief "in the ability of human experience to generate the aims and methods by which further experience will grow in ordered richness." (LW 14, 229) Having called Dewey's approach a version of "Instrumentalism-constructivism" (Hickman 2007, 83), Hickman makes an important constructivist argument when he claims (with Dewey) the priority of technology (doing and making) to science and knowledge.[119] With regard to epistemology, he locates technology or technological instrumentality as "the most primitive relation between the activities of men and women and the world of their experience." (Hickman 2007, 123) He conceives of knowledge, depending on such activities, as a constructed by-product of problem-solving that serves as a tool in inquiry. Hickman quotes consequences of Dewey's implicit constructivism according to which knowledge "ceases to be a mental mirror of the universe and becomes a practical tool in the manipulation of matter" (LW 11, 457). And: "In the practice of science, knowledge is an affair of *making* sure, not of grasping antecedently given sureties." (LW 1, 123)

To give further contours to his position, Hickman critically traces important parts in the history of philosophy of science and technologies. He investigates into what from his perspective were fallacious locations of technology e.g., in Greek thought and in early modern philosophy of science and how these have affected theories of technology until the present day (see Hickman 2007, 122 ff.). Equally important and instructive are his comparisons with other contemporary positions in the philosophy of technology (see ibid., 65–111). Among other things, they help to underline many strengths of his "productive pragmatism." In his 2001 book Hickman had defined technology as involving "the *invention, development, and cognitive deployment of tools and other artifacts, brought to bear on raw materials and intermediate stock parts, with a view to the resolution of perceived problems.* Technology in this sense is what establishes and maintains the stable technical platforms – the habitualized tools, artifacts, and skills – that allow us to continue to func-

---

118 The book is a collection of essay most of which have been previously published at different places. They are now taken together into a well-balanced whole.

119 In Germany, an analogous argumentation has been established by the school of *Methodischer Konstruktivismus* ("Methodic constructivism") or *Methodischer Kulturalismus* ("Methodic culturalism"); see Hartmann/Janich (1996, 1998).

tion and flourish." (Hickman 2001, 12) Now he contrasts his pragmatic understanding of technology with positions of influential authors like Habermas, Feenberg, and Borgmann. He shows, among other things, how Dewey can be helpful to avoid unnecessary dualisms (in the discussion of Habermas), evade the traps of essentialism (in the discussion of Borgmann), and establish necessary links between a critical approach to technology and a philosophy of democracy and education (in the discussion of Feenberg).

In his treatments of technology and environment, Hickman altogether makes a strong and convincing case for the significance and relevance of (classical) pragmatism. As a frame for discussing these issues, he concentrates in part 1 and 4 of his new book on questions of postmodernism and classical pragmatism. For many authors, the relation between the two has become a crucial issue in recent years (see e.g., Dickstein 1998; Langsdorf/Smith 1995). How does pragmatism respond to the so-called "postmodern condition" (Lyotard)? How does it come to terms with the changed intellectual climate indicated by that name? How does it speak to the issues and questions raised by so-called "postmodernist" philosophers such as Foucault, Deleuze and Guattari, Lyotard, or Derrida? Can there be a fruitful and rewarding exchange between both "camps"? And what translations and conceptual reconstructions are necessary in order to promote it?

As much as I appreciate Larry Hickman's productive pragmatism and his strong use of the Deweyan tradition, I must confess that I partly disagree with his response to "postmodernism." In part 1 of his book, he develops the main arguments that are employed to support the title of the book. He writes about his program: "The founding pragmatists are thus presented as 'waiting at the end of the road' – to use Richard Rorty's felicitous phrase – that postmodern philosophy is traveling. It is in this sense that I cast classical Pragmatism as a form of post-postmodernism." (Hickman 2007, 2) I agree with Hickman when he credits "French-inspired postmodernist philosophers" with certain advantages over their "modern predecessors" – like antifoundationalism and "a deflationary attitude toward traditional metaphysics" (ibid.) – and argues that these advances to a large part had already been anticipated and established by classical pragmatism. Among other things, he claims that "Dewey is thus a postmodernist in the sense that he rejects the notion that there is some foundation of certainty on which we can stand." (Ibid., 20) But I have some reservations, as I will briefly try to justify in the following, when he goes on to claim that Dewey "… is post-postmodernist in the sense that he reconstructed and put to work what the postmodernists had simply dismissed: a set of organic functions or activities that are natural to human beings as a group, that reveal their common evolution, and that can be employed as a part of the process of testing and securing desired ends." (Ibid.) Dewey's "… reconstructed metaphysics … has a connection to the existential, which is to say objective, world that exhibits certain generic traits." (Ibid., 26) According to Hickman, this allows not only for objectivity in inquiry, but also for the termination of "processes of infinite self-referentiality, redescription, and reinterpretation in ways that can produce reliable platforms for action." (Ibid., 2)

The argument is of course directed against certain consequences of the linguistic turn in 20th century philosophy that have influenced, among other things, Richard Rorty's "postmodernist" version of neo-pragmatism. From the perspective of Cologne constructivism, Kersten Reich and I have recently argued that with regard to the current debate in pragmatism between experience (classical pragmatism) and language (neopragmatism) we think it is necessary to recognize the arguments of both sides (see Neubert/Reich 2006). Against one-sided linguistic conceptions and mere language-games that end up in "self-referentiality, redescription, and reinterpretation" we must insist (with Hickman) that language is a powerful, but always limited instrument. Interactive constructivism uses the terms "the imaginative" and "the real" to indicate such limits of language, or more comprehensively: limits of "the symbolic." With regard to the imaginative and the real, it is crucial to insist that experience is never swallowed up in symbolic articulations, but has important non-linguistic dimensions (see also Shusterman 1999). Likewise, inquiry is never merely a symbolic process, but involves imaginations and encounters with real events. And the necessary platforms for action and further inquiries that it creates are not only language games, but have real effects in experience. But on the other hand, we should also conclude (with the linguistic turn) that although it is possible to have non-linguistic experiences in the imaginative and the real, we have to use the symbolic in order to recognize them, and we must employ language games in order to communicate them in a full sense. For interactive constructivism, this pronounced insistence on the relevance of language games and discourses is an important lesson to be learnt from postmodern philosophies. And it is precisely here that, to my mind, Larry Hickman's response to postmodernism is too short-sighted. Taking the linguistic turn seriously, we should recognize that when we speak about "platforms for action," "objectivity," "generic traits" of the "existential world," "natural functions and activities," or a "common evolution," we are already involved as observers, participants, and agents in discourses or language games (see Reich 2009). And with regard to being in discourses, I think that the discussion of "postmodernist" philosophers like Foucault, Derrida, Laclau, or Lyotard about the effects e.g., of subject-positions, over-determination, *différance*, dislocation, and hegemonic power have more to say for the reconstruction of pragmatism than Hickman seems to assume (see also Mouffe 1996; Hall 1997; Reich 1998 a, b; Neubert/Reich 2002; Neubert 2008 b).

But the field of possible exchanges is of course much broader than this. Calling Dewey a postmodernist in important respects, Hickman recognizes that there are substantial affinities between pragmatism and certain "postmodernist" approaches. Many of these affinities, I suggest, are worthy of being explored in more details across differences in terminology and conceptualization. In a moment, I will consider a text that probes in detail the relation between Deweyan pragmatism and the poststructuralist philosophy of Gilles Deleuze. One important question in advance, however, is what we expect from such border-crossing exchange. Here Hickman's interpretation of "pragmatism as post-postmodernism" (waiting "at the end of the road") seems to suggest that there is after all but little that pragmatism can learn from the work of authors commonly called "postmod-ernists". For example, he writes: "I have trolled the works of Deleuze and Félix Guattari, Jacques Derrida, Roland Barthes, and even the master postmodernist Lyotard, in search of a comprehensive and coherent theory of inquiry. Nothing I have found approaches the treatment that Dewey gave the subject ..." (Hickman 2007, 29) But if we see the dialogue that is expected not so much as an emulation but as a border-crossing work of translation and mutual re-interpretation, there might well be possibilities of conceptual reconstruction and theoretical renewal that shed new light on each perspective even if neither of them fully "approaches the treatment" of the other. To illustrate this with regard to Dewey and Deleuze, let us now turn to the second book that I have chosen.

8.2   Establishing New Links in Order to Adopt and Develop New Conceptual Tools

Inna Semetsky's (2006) book *Deleuze, Education and Becoming* undertakes a pioneering project with regard to a comparison of central concepts and perspectives of Deweyan pragmatism and the poststructuralist philosophy of Gilles Deleuze. She invites the reader to a constructive and critical dialogue between both approaches that explores, so to speak, mutual opportunities for "becoming-other" (Deleuze) or "growth" (Dewey) through an exchange of perspectives. I will focus in what follows on some suggestions this implies for the work of reconstructing Deweyan pragmatism.

It is the intention of Semetsky's book to "address Deleuze's philosophy for the spe-cific purpose of considering its potential practical effects and educational implications so as, ultimately, to make Deleuze and Guattari's voice be heard in connection with what has recently been called" – by Jim Garrison (1995) – "the new scholarship on Dewey." (Se-metsky 2006, xxiii) For this purpose, she undertakes an impressive and comprehensive work of translation and conceptual reconstruction between both approaches, based on the assumption of an underlying continuity due to their common adherence to an "experiential and experimental" as well as cooperative model of inquiry in philosophy (ibid., xxiv). Her juxtaposition of Deweyan and Deleuzean terminology throughout the book offers multiple invitations to rethink some of the conceptual constructions and implications of both. I can only give some illustrations here.

One of the most important and influential poststructuralist concepts of Deleuze (and Guattari) is "the fold" which includes the idea of irreducible multiplicities in and of ex-perience. I will briefly try to explain how the metaphor of the "fold" can be fruitful and suggestive for Deweyan pragmatists as a conceptual tool that helps to articulate certain important implications of the theory of experience and inquiry. According to Semetsky, the concept of the fold as "the inside of the outside" is basic for the anti-dualisms in Deleuze's philosophy. It "contributes to the blurring of the boundaries between epistemology and psychology, and subjectivity is able to express itself through the emergence of a new form of content by way of interaction, or the double transformation." (Ibid., xxii) There is a clear affinity here to Dewey's pragmatic understanding of experimental transaction and inquiry. According to Semetsky, "[t]he transformational pragmatics of Deleuze and Guattari begin in the middle and muddle of life ..." (Ibid., xxiii) In Deweyan terms, we might say that we always start from "primary experience" as an "unanalyzed totality" in all its ambiguity and abundance of potential meanings (LW 1, 18). Such experience may be said to "folded" in the sense that it "is already overlaid and saturated with the products of past generations and by-gone ages. It is filled with interpretations, classifications, due to sophisticated thought, which have become incorporated into what seems to be fresh naïve empirical material." (LW 1, 40) And with regard to future consequences, any object of primary experience may be said to be "folded" in the sense that "there are always potentialities [in it] which are not explicit; any object that is overt is charged with possible consequences that are hidden ..." (LW 1, 28) For the Deweyan pragmatist, the actualization of such potentialities e.g., in processes of inquiry, always depends on the limiting conditions of context, and we should be cautious against the "fallacy ... of unlimited ... universalization" (LW 6, 8) in philosophical as well as scientific inquiries. In more Deleuzean terms, Semetsky writes that "the quality of *folded* experience includes multiplicities of both material and immaterial signs, or pure events, giving rise to meaning, producing truth ... contingent on the context of local situations. Experience is rendered meaningful not by grounding empirical particulars in abstract universals but by experimentation ..." (Semetsky 2006, xxiii). Semetsky further suggests that although Deleuze is not as explicit about education as Dewey, experimentalism for both authors has important educational consequences. Like Dewey, "Deleuze too has identified teaching and learning with the 'research laboratory'..." (ibid., 119).

The dynamics of "becoming-other," in Semetsky's interpretation (see ibid., 1–26), offer a Deleuzean perspective on educational growth that insists that the vital self is of necessity a growing self, a self as "becoming-other." Self-identity loses its stable meaning, it is seen as a transactional construction with multiple meanings "not limited to just a person" but involving a whole context (ibid., 12). The process of "becoming-other" implies a multiplicity that expands its connections. It includes the precarious aspect of "becoming-minor" because all becomings are movements towards the margin where "the element of minority" serves "as a medium of becoming." (Ibid., 3) In Deweyan terms, we might say that in order to grow the habitual self has to put some of its stable achievements at risk. It has to be decentred, to some degree, in order to establish new connections and realize new meanings. Furthermore, in the Deleuzean dynamics of becoming, there is a priority of relations which are "irreducible to their terms ..." (ibid., 4) The experiential world "continuously varies depending on the relations and is therefore open-ended; it is the relations that *affect* the world." (Ibid.) In a more Deweyan language we may say that educational growth is only possible in an unfinished universe where new relations can emerge through transactions in experience that exceed previous fixations (terms) and reconstruct the horizons of meaning. From Semetsky's Deleuzean perspective (as well as for Dewey), this is a creative process of "giving shape to one's existence rather than discovering its eternal and invariant form." (Ibid., 5) It involves affects, percepts, and concepts as three inseparable dimensions. As Dewey would have said, things and situations are had (and felt) before they are known.

"Rhizome" is a name given by Deleuze to the dynamic and experimental process of knowing along diverse lines of flight that involves an "open system of multiple interactions and connections on various disparate planes, with a view that there isn't a single crossing point but rather a multiplicity of 'transversal communications between different lines' ..." (ibid., xxi–xxii) It seems to me that this metaphor articulates a radically pluralistic space for knowledge production that partly accords with pragmatism's pluralistic "universe of discourse" but also differs from it in putting more emphasis on the disparate, polyvocal, and discontinuous and less on consensus and continuity established in inquiry.[120] Nevertheless, I think that the related Deleuzean metaphor of the "nomad" articulates aspects of inquiry that are also of great interest for pragmatism. The concept "nomad" emphasizes the in-between, the transitory phase of becoming, the no-more-here-and-not-yet-there attendant to any genuine process of inquiry. As such, it indicates a quality immanent to experience and experiment in a pluralist and unfinished universe. "Nomad's way is an immanent trajectory and not a transcendental end, a deviant footpath and not the royal road." (Semetsky 2006, 44) It acknowledges and even welcomes the contingency and precariousness of becoming: "Nomads must continuously readapt themselves to the open-ended world in which even the line of horizon may be affected by the changing conditions of wind, shifting sands or storms ..." (ibid.). Without fully knowing their way in advance, nomads must discover and continuously rediscover their direction while they are moving.

Semetsky invites the reader to rethink many Deweyan ideas like the reconstruction or reorganization of experience, the nature of thought and the function of imagination (see ibid., 39), the role of intuition (see ibid., 43), the formation and transformation of habit (see ibid., 65), the role of impulse (see ibid., 41) and intelligence (see ibid., 59) through the dialogue with Deleuze. She repeatedly draws conclusions with regard to Deweyan education (see e.g., ibid., 105–123). For example, she offers of a Deleuzean perspective on the importance of primary experience (or Firstness, in Peirce's term) in the classroom (see ibid., 52). Her approach to learning and education shows many constructivist implications which also become evident when she says that for Deleuze to "think means to construct a plane – to actually show that it is there rather than merely 'to think' it ..." (ibid., 40). I

---

120 For some constructivist considerations on Dewey's philosophical pluralism see chapter 6 in this book.

may only note in passing that the latter formulation also bears some affinity to Larry Hickman's notion of "reliable platforms" produced in and through inquiry.

With regard to the reconstruction of Deweyan pragmatism, I think that the comparison of Dewey and Deleuze (and Guattari) as elaborated by Semetsky can help, among other things, to shed new and somewhat intensified light on the transitory phases of necessary in-betweenness implied in all experiential and experimental transaction. It provides new conceptual tools for reflecting on these aspects. Insofar it offers a fresh reading through a Deleuzean lens. In place of many quotes from Dewey that Semetsky discusses, I wish to pick out only two passages from *Experience and Nature* that I used years ago in my book on Dewey and interactive constructivism as key quotations with regard to Dewey's account of the "intermediary position of subjectivity" (Neubert 1998 a, 276, 293 ff.). They came back to my mind while reading Semetsky's book because they gained some renewed significance against the background of her Deleuzean interpretation. The first is of particular importance, I suggest, because Dewey here clearly points out the inevitable ambivalence of the self with regard to what Semetsky (following Deleuze) calls "becoming-other." This throws important light upon the self as an event and upon individuality as a process of construction in-between symbolic closure and imaginative dislocation. At the same time, Dewey suggests that such "becoming-other," if we apply the Deleuzean term, is a necessary component in all genuine inquiry. Against the background of Semetsky's discussion, we can say that this insistence articulates a "nomadic" dimension in Dewey's theory of human inquiry that is important to fully understand his notion of reconstructing experience. Here is the quote I have in mind: "The individual, the self, centred in a settled world which owns and sponsors it, and which in turn it owns and enjoys, is finished, closed. Surrender of what is possessed, disowning of what supports one in secure ease, is involved in all inquiry and discovery; the latter implicate an individual still to make … For to arrive at new truth and vision is to alter. The old self is put off and the new self is only forming, and the form it finally takes will depend upon the unforeseeable result of an adventure." (LW 1, 188 f.) The Deleuzean insistence on the nomadic qualities of inquiry not only underlines the fundamental importance of this Deweyan insight, but it can also help Deweyan pragmatists to counter the all too common misunderstanding that methods of (e.g., scientific) inquiry are something fixed or ready-made in advance, independent of and separated from its contents.[121]

Secondly, I wish to draw attention to a passage several pages before the one just quoted, where we find that the processes of "becoming-other" (and the "nomadic" qualities of inquiry) even put limits to communication for Dewey. This is important because it reminds us that communication is not a fully transparent process. There is an in-betweenness of meaning for Dewey that evades symbolic articulation. This accords pretty

---

121 With regard to methodological pluralism in pragmatism and constructivism see chapter 6 in this book.

well with the Deleuzean notions of "the fold" and "the inside of the outside" as discussed by Semetsky: "There is a peculiar intrinsic privacy and incommunicability attending the preparatory intermediate stage. When an old essence or meaning is in process of dissolution and a new one has not taken shape even as a hypothetical scheme, the intervening existence is too fluid and formless for publication, even to one's self. Its very existence is ceaseless transformation … This process of flux and ineffability is intrinsic to any thought which is subjective … It marks 'consciousness' as bare event." (LW 1, 171)

As these two examples can only briefly indicate, I think that Semetsky is right to suggest that Deleuze can be a resourceful and creative dialogue-partner for the project of reconstructing Deweyan pragmatism. The link that she seeks to establish invites to rethink important questions (like the limits of communication, the "nomadic" qualities of inquiry, the ambivalence of the self).[122] However, one temptation in a project like Semetsky's is to underestimate differences in face of the affinities one seeks to establish. At least I have this impression with regard to her treatment of communication in the chapter "becoming-language." (Semetsky 2006, 53–69) As far as I can see, Dewey has a much richer understanding of community than offered by Deleuze. Indeed, the idea of community is central to Dewey's very understanding of communication. He insists in *Democracy and Education* that "there is more than a verbal tie between the words common, community, and communication. Men live in a community in virtue of the things which they have in common; and communication is the way in which they come to possess things in common." (MW 9, 7) Strikingly, however, Semetsky does not at all refer to the issue of community in her discussion of communication and "becoming-language." Maybe one problem in the background here is her reliance on the radical constructivism of Chilean biologist Varela and his concept of autopoiesis (see Semetsky 2006, 53 ff.). From the standpoint of interactive constructivism, the theory of autopoiesis offers a too limited perspective on interaction (or transaction), conceiving of it as "structural coupling" of operationally closed autopoietic systems (see Reich 1998 a, 160–175). Communication here tends to be reduced to "perturbation." It is not sufficiently recognized as a social co-construction of meanings that depends on and allows for communities of action. This is however crucial for Dewey, because his notion of community is strongly connected to his idea of democracy that qualifies his whole philosophical and educational approach. In this connection, I think that Dewey's comprehensive and emphatic philosophy of democracy can indeed be regarded as a challenge for poststructuralist theories like Deleuze (and also Foucault). This applies equally to more recent approaches – such as the one launched by Michael Hardt and Antonio Negri (see Hardt/Negri 2001, 2005) – that build on these and other resources.

---

122 One might even go further and speculate about the relationship between the implicit "nomadic" traits in Dewey's thought and his own "nomadic" life-experiences as an internationally travelling intellectual who used his experiences abroad (e.g., his extensive travels to Russia, China, Japan, Turkey etc.) to reconstruct himself as well as important parts of his philosophy. Here could be some valuable suggestions for future research on Dewey's biography and his thought.

8.3   Reconsidering Implications with Regard to New Articulations of Human Life-Experience

In recent decades, new discussions about the "arts of living" have engendered significant interest in many philosophical and educational as well as popular debates.[123] Deweyan pragmatism represents a rich and resourceful philosophical tradition to contribute to these debates. However, it can fairly be said that during his life-time, Dewey's theory of art and aesthetics has been largely underestimated in the general reception of his philosophy. This is partly due to the fact that although he had repeatedly discussed questions of art and aesthetic experience in his major philosophical books – see e.g., chapter 9 of *Experience and Nature* (LW 1) – he worked out his comprehensive and systematic account of the matter relatively late in the 1934 volume *Art as Experience* (LW 10). Only in more recent Dewey scholarship authors like Kestenbaum (1977), Alexander (1987), Shusterman (2000) and others have successfully established a brand of interpretation that reads Dewey's theory of art as experience as key to understanding his whole philosophy, including his pragmatic ethics, his vision of democracy and his constructive and critical theory of culture. With regard to the role of art and aesthetic experience in education, it is a pity that Dewey himself did not take up the matter in a comprehensive and systematic way after the publication of his great art book of 1934. This is particularly unfortunate in face of the fact that in his earlier educational books like *The School and Society* (MW 1, 1–111) and *Democracy and Education* (MW 9), he had only given rather concise remarks on it.[124] Among those who have more recently tried to fill the gap and work towards a general theory of education that systematically integrates crucial implications from Dewey's *Art as Experience* are Jim Garrison's (1997) pioneering work about *Dewey and Eros* and Philip W. Jackson's (1998) *John Dewey and the Lessons of Art.*

This situation constitutes the background of David A. Granger's (2006) book *John Dewey, Robert Pirsig, and the Art of Living* that aims to revision aesthetic education on the basis of a systematic reconstruction of Dewey's theory of art as experience. As the title indicates, Granger ventures to illuminate the relevance of Dewey for a general theory of the art of living by juxtaposing his philosophical approach with the literary narratives of Robert Pirsig. This not only renders the reading of his book a vivid, playful, and highly imaginative experience. It also makes much sense in view of the fact that Pirsig's widely read novels like *Zen and the Art of Motorcycle Maintenance: An Inquiry into Values* and

---

123 For a philosophical perspective largely inspired by Foucault see e.g., Schmid (1999, 2000).

124 I should note in passing that in my own country (Germany), the tradition of educational reception of Dewey has almost entirely neglected his art theory as well as other important parts of his philosophy. Attention has very largely been restricted to Dewey's educational writings in the narrow sense. An exception is the book by Fritz Bohnsack, *Erziehung zur Demokratie* (Bohnsack 1976). In addition, the German translation of *Art as Experience* is of such a poor quality that it cannot be regarded as representative of Deweyan thought. See my critical review in Neubert (1999).

Lila: An Inquiry into Morals (the two books that Granger chooses as his literary counter-parts to Dewey's theories) are particularly popular among contemporary readers interested in the arts of living. Granger's comparison therefore seems to pave a promising way for attracting new generations of students and readers to Dewey.

The author grounds his analysis in a comprehensive reconstruction of Dewey's meta-physics and aesthetics (chapters 1 to 4). He finds many affinities between Dewey's ideas about experience, nature, and art and Pirsig's more literary reflections. Granger then goes on to draw theoretical consequences for a Deweyan understanding of educational growth (chapters 5 & 6). Reconsidering growth as both a poetics of cultural renewal and a poetics of personal renewal, he reformulates crucial implications of art as experience for contem-porary educational theory. The comparison with Pirsig here serves to illuminate not only through literary parallels, but also because of some important contrasts. Among many in-teresting details, I wish to underline only two important implications. First, with regard to educational growth as a poetics of cultural renewal, Granger aptly emphasizes that indi-viduality, for Dewey, is born out of participation in social life (see Granger 2006, 203). It is not something given, but a "product" – with Dewey we could also use the term "con-struction" – that emerges from transactions with others in a socio-cultural environment. Individuality depends on sociality. Granger contrasts this view with Pirsig whom, in this respect, he locates closer to Emerson than to Dewey. "With Emerson and Pirsig, individu-ality is premised upon a subject to some degree capable – if rather heroically – of flourish-ing apart from overt participation in social life, existing as an 'original unit,' as Emerson calls it …" (ibid.). They "conceive of liberty in mainly negative terms – as freedom from control or coercion … But in viewing individuality as a result of the creative assimilation of culture, Dewey conceives of liberty in terms of positive … or 'effective' freedom" which "signifies the opportunities, resources, and skills to make the most of oneself in and through interaction with others." It "is a concrete good requiring the mediation of democ-ratic social agencies and conditions …" (ibid., 204). This has of course crucial conse-quences for education as a means to promote cultural renewal in a democracy, as Granger further points out. It is especially important, one may add, in face of the still often pre-dominant narrow individualism of mainstream liberalism that pervades many popular de-bates on aesthetic education or, more generally, the arts of living.

Secondly, in the context of discussing educational growth as a poetics of personal re-newal, Granger develops a similar contrast with regard to the primary medium of renewal. Whereas for Emerson (see ibid., 209) and also according to "Pirsig's value hierarchy" (ibid., 223) the focus is mainly on language (e.g., the processes of writing and reading), Granger reminds us that for Dewey the primary medium of meaning is the habitual body which "is prefigured in every mode of human behavior and expression, including linguis-tic activity." (Ibid., 224) He elaborates on Dewey's profound theory of habit (see MW 14) which points to a "poetics of the body" (ibid., 223) with important implications for issues of personal renewal. And he also explores some environmental consequences attendant to

this perspective (see ibid., 224 f.). These considerations likewise have important consequences for education (see e.g., ibid., 230 ff.). It only surprises the reader that, in both
chapters, Granger does not even once mention the influence of George Herbert Mead on
Dewey's thought with regard to the social and the body.

From the perspective of interactive constructivism, both aspects just sketched are crucial advantages of a Deweyan understanding of educational growth (see Neubert 1998 a,
2006). They could also be used to provide further opportunities for reconstructing pragmatism through creative and critical connections with other contemporary approaches. For
example, Granger mentions in passing that "... culture, with its complex of symbol systems, ideals, values, beliefs, and customs has its roots in the lived body. And as Michel
Foucault forcefully reminds us, this makes it a malleable site for inscribing social power."
(Granger 2006, 221) Unfortunately, Granger does not go on to elaborate on the issue. I
think that here is indeed a potential site for further research to establish and elaborate in
more details new links between pragmatist and "postmodernist" or poststructuralist philosophy. It seems to me that the connection to Foucault is particularly appropriate because
of the fact that Dewey sometimes tended to underestimate power relations and their often
contradictory and ambiguous effects in experience (see e.g., Seigfried 2002; Fraser 1998;
Neubert 2008 b). Against this background, Foucault's elaborate theories and genealogical
analyses of power offer critical challenges for reconstructing pragmatism today. Furthermore, in the given context of Granger's discussion, potential connections could even be
extended to the late Foucault's technologies of the self, his arts of living, and his theory of
governmentality (see Dahlmanns 2008). In a word, my impression is that Granger's approach aptly demonstrates the relevance of Deweyan pragmatism for contemporary discussions about the arts of living and aesthetic education. This is his intention, and he ful-
fils it well. But from the perspective of reconstruction as here discussed it would have
been fortunate if in addition he had also used the opportunity to critically connect classical
pragmatism with more recent theoretical and philosophical developments that have
strongly influenced debates about the arts of living in postmodernity.

In the closing chapter of his book, Granger develops some practical consequences for
learning and teaching art as experience (see Granger 2006, 248 ff.). He discusses formal
and informal conditions of appropriate learning environments that facilitate the teaching of
"quality" (in Pirsig's terminology) and foster aesthetic experience as an opportunity for
educational growth (in more Deweyan terms). In this connection, the critical comparison
with Pirsig is suggestive with regard to a contemporary articulation of important educational consequences of Dewey's aesthetics. Particularly illuminating is Granger's extensive discussion of an episode from one of Pirsig's novels about the efforts and difficulties
of an educator trying to teach "quality" to his students. From the viewpoint of interactive
constructivism, Granger here develops an important constructivist argument when he suggests, among other things, that in order to support aesthetic education, teachers must provide a "space of indeterminacy" (ibid., 267) or what he also aptly calls a "space of some-

thing, perhaps" (ibid., 263) that allows for constructive learning experiences through an encounter with real events (see Reich 2006, 2007). Using the language of contemporary fiction, the author thus recovers crucial Deweyan ideas about experience and education and connects them with examples that respond to the life-worlds of many present-day readers.

It remains for me to mention that Granger's book shows an exemplarily well-designed structure and form of presentation that makes it highly readable even for newcomers to the field. He develops his argumentation around four central questions – namely, "(1) What sort of world is it that makes art as experience possible? (2) What is the general nature of aesthetic experience and how might it serve to nurture the human *eros*? (3) How might art as experience contribute to an everyday poetics of living? (4) What kinds of learning environments – formal and informal – help to foster art as experience?" (Granger 2006, 4) And he summarizes his results at the end of each chapter. The book thus offers a thoroughgoing as well as accessible reformulation of important insights of Deweyan pragmatism that has the power – so one may hope – to attract the attention of a new generation of readers.

8.4   Conclusion

We have discussed three recent publications in the field of Dewey studies that, each in its own peculiar way, contribute to the project of advancing pragmatism and making its voice heard in our time. Taken together, they show some of the complexity of the comprehensive task of reconstructing the Deweyan inheritance. Three important components of the overall reconstruction project have been distinguished, and I have argued that each of the three books can be seen as exemplary of one component in particular. Each relates and contributes in a different way to the work of reconstruction.

First, Larry Hickman's book *Pragmatism as Post-Postmodernism* has been taken as exemplary of the attempt to make strong and productive use of the tradition in order to claim and prove its relevance for our time. His approach shows the vitality of classical Deweyan pragmatism and its many advantages, especially with regard to present philosophical debates about technology and environmentalism. But it has also been argued that with his claim about pragmatism as "post-postmodernism," Hickman at the same time runs the risk of underestimating the potentials of fruitful exchanges with other and more recent philosophical positions. My discussion has suggested that this puts unnecessary limits to reconstruction and that there can be other and more productive ways to approach the dialogue with "postmodernism" than Hickman seems to suppose.

Secondly, I have chosen Inna Semestky's book *Deleuze, Education and Becoming* as an example for a promising and border-crossing dialogue between Deweyan pragmatism and one influential "postmodern" philosopher, namely Gilles Deleuze. In contrast to

Hickman's approach, her particular contribution to the reconstruction project consists of an attempt to establish new theoretical links for adopting and developing new conceptual tools. This was briefly illustrated with regard to Deleuzean concepts like "the fold," "becoming-other," and "the nomad." I have suggested that Semetsky's contribution can be helpful for advancing pragmatism and reconstructing Dewey because the dialogue with Deleuze provides new perspectives for re-interpreting important implications like the "nomadic" qualities of inquiry, the ambivalence of the self, and the limits of communication that are articulated more pronouncedly in the Deleuzean tradition. However, I have also argued that Semetsky's attempt to establish affinities involves the temptation to underestimate the differences that remain between the two approaches, and I have cited the meaning and status of community as one example. For the project of reconstructing Deweyan pragmatism through border-crossing dialogues with other traditions, it is important to see both sides.

Thirdly, David Granger's book *John Dewey, Robert Pirsig, and the Art of Living* was discussed as an example of yet another important component in the overall reconstruction project, namely to reconsider implications of traditional theories with regard to new articulations of human living. In this case, the focus was on Dewey's theory of art as experience and its relevance for contemporary discussions. I have pointed out that Granger's approach, to my mind, has the advantage of revitalizing parts of the Deweyan tradition through connecting them with the popular novels of Pirsig. The book not only has the potential to attract new readers to Dewey's philosophy, but also shows how his theories can be used today to reflect and criticize prevailing ideas and debates about the arts of living and models of aesthetic education. This is important for reconstruction because it illustrates the strength of the tradition and at the same time connects it with more contemporary ways of expression. But I have also suggested that the potential for reconstruction could be further explored by using the discussion about the arts of living as an opportunity for more intensive exchanges between pragmatism and other contemporary philosophical approaches like, in this case, the theories of Michel Foucault.

It was my suggestion from the start that the components of reconstruction distinguished here can and should be seen as complementary. The overall project of reconstructing Deweyan pragmatism of necessity has many perspectives. The three examples discussed in the frame of this chapter illustrate some aspects of this diversity. Despite their differences in content, form, intention, and style, each of them underlines the continued relevance of Dewey's work as an immensely resourceful dialogue partner for contemporary thought in philosophy and education.

Teil II:

Konsequenzen des Pragmatismus und Konstruktivismus für die Kulturtheorie

Kapitel 9:

Konstruktivismus, Demokratie und Multikultur – Konstruktivistische Überlegungen zu ausgewählten theoretischen Grundlagen der anglo-amerikanischen Multikulturalismusdebatte

Ich befasse mich in diesem Kapitel aus konstruktivistischer Sicht mit einigen ausgewählten theoretischen Grundlagen der gegenwärtigen anglo-amerikanischen Multikulturalismusdebatte. Dabei ist es nicht meine Absicht, einen Überblick über die vielfältigen, heterogenen und teilweise widersprüchlichen Ansätze zu geben, die diese Debatte in ihrer Gesamtheit ausmachen (vgl. dazu einführend unter anderem Grossberg/Nelson/Treichler 1992; Chambers/Curti 1996; Bronfen/Marius/Steffen 1997; Hörning/Winter 1999). Vielmehr sollen aus der Fülle der Diskurse sehr gezielt einige Argumentationsstränge herausgegriffen werden, die meiner Überzeugung nach sowohl für ein konstruktivistisches Kulturverständnis in der Postmoderne als auch für eine kritische Reflexion der politischen Herausforderungen multikultureller Gesellschaften der Gegenwart von besonderer Bedeutung sind. Ich werde dazu zunächst knapp in Grundlagen des von mir vertretenen Kölner Ansatzes des interaktionistischen Konstruktivismus einführen[125], auf denen die nachfolgende Argumentation weitgehend aufbaut (Abs. 9.1). Den Hauptteil meines Textes (Abs. 9.2) wird dann eine Diskussion bilden, die ausgehend von Theorien radikaler Demokratie (Abs. 9.2.1) und postkolonialer Kulturkritik (Abs. 9.2.2) ausgewählte Themen der anglo-amerikanischen Diskussion aufgreift und konstruktivistisch reflektiert. Auf diese Weise sollen zentrale Perspektiven einer konstruktivistischen Theorie der (Multi-)Kultur herausgearbeitet werden, die anschließend zusammengefasst und in Hinsicht auf weiterführende Fragestellungen spezifiziert werden sollen (Abs. 9.2.3). Ein knapper Ausblick zu Theorie- und Anwendungsperspektiven wird die Diskussion abrunden (Abs. 9.3).

---

125 Eine umfassende Grundlegung des interaktionistischen Konstruktivismus liegt bei Reich (1998 a, b) vor.

9.1 Interaktionistischer Konstruktivismus

9.1.1 Beobachter/innen – Teilnehmer/innen – Akteur/inn/e/n

Als Konstruktivist gehe ich davon aus, dass Wirklichkeit eine Konstruktion von Beobachtern ist.[126] Erforderlich ist daher eine Beobachtertheorie, die den Status und das Verhältnis von Beobachter und Beobachtung klärt.[127] Hierzu gibt es in unterschiedlichen konstruktivistischen Ansätzen unterschiedliche Antworten. Der interaktionistische Konstruktivismus favorisiert ein Beobachtermodell, das auf interaktionistisch-kulturellen Grundannahmen beruht und Beobachter und Beobachtung im Kontext kultureller Praktiken und Interaktionen situiert.[128] Hier kann zwischen beobachtenden, teilnehmenden und agierenden Positionen unterschieden werden, es ist aber nicht sinnvoll, diese Positionen voneinander zu trennen. Beobachter sind aus der Sicht des interaktionistischen Konstruktivismus immer zugleich Akteure, die an spezifischen kulturellen Praktiken partizipieren, ebenso wie Handelnde immer zugleich Beobachter der spezifischen kulturellen Praktiken sind, an denen sie teilnehmen. Die Kategorie des Beobachters impliziert für mich daher nicht notwendig ein in besonderem Maße distanziertes oder reflektiertes Verhältnis von Beobachter und Beobachtung. Entscheidend ist vielmehr, dass Beobachtung immer zugleich Bestandteil als auch Ausdruck kultureller Praktiken ist, in denen Beobachter miteinander (oder auch mit sich selbst) interagieren, gleichgültig wie stark distanziert oder reflektiert dies von ihnen beobachtet werden mag.

Zudem wird im interaktionistischen Konstruktivismus zwischen Selbst- und Fremdbeobachtern unterschieden. Als Selbstbeobachter beobachten wir kulturelle Praktiken, in denen wir uns selbst unmittelbar vorfinden, d.h. wir beobachten uns selbst als Teilnehmer und Akteure kultureller Praktiken. Als Fremdbeobachter beobachten wir andere Beobachter, Teilnehmer und Akteure in ihren kulturellen Praktiken, bei denen wir selbst nicht (oder zumindest nicht unmittelbar) beteiligt sind oder als Akteure in Erscheinung treten. Die Distanz (und oft auch der Reflexionsgrad) zwischen Beobachter und Beobachtung ist daher im Fall des Fremdbeobachters meist größer als im Fall des Selbstbeobachters. Allerdings sollte beachtet werden, dass die Unterscheidung zwischen Selbst- und Fremdbeobachtern nur eine graduelle ist, insofern beide wechselseitig füreinander Fremd- und Selbstbeobachter sind und daher jeder von ihnen sich selbst im Blick auf andere Beobachter sowohl als Selbst- als auch als Fremdbeobachter sehen und reflektieren kann.

---

126 Selbstverständlich ist die weibliche Form immer mit gemeint.

127 Zum Begriff der Konstruktion gehören für mich dabei immer auch Aspekte von Rekonstruktion und Dekonstruktion. Zur Unterscheidung dieser drei Perspektiven vgl. Reich (2000 a, Kap. 5) sowie Neubert (1998 a, Kap. 1).

128 Vgl. dazu und zum Folgenden auch das Schaubild in Kapitel 4 dieser Arbeit.

9.1.2 Diskurse

Kulturelle Praktiken sind nie vom Diskurs und damit von diskursiven Praktiken abzulösen. Die Konstruktion ihrer Bedeutung als Wirklichkeit für Beobachter/Teilnehmer/Akteure geschieht in Diskursen. Das bedeutet nicht, dass alle kulturellen Praktiken Diskurse sind. Vielmehr sind Diskurse eine ganz spezifische Art kultureller Praktiken, die die Voraussetzung dafür darstellt, dass wir überhaupt sinnvoll als Beobachter über kulturelle Praktiken sprechen und als Akteure an ihnen teilnehmen können. Unter Diskursen verstehe ich jede Form von symbolischer Ordnung intentionaler Verständigungsprozesse, die in Verständigungsgemeinschaften auf Zeit bestehen und in denen es um die symbolische Konstruktion von Wirklichkeit als Ausdruck dieser Verständigungsgemeinschaften geht.[129] Dabei ist von entscheidender Bedeutung, dass diese symbolische Ordnung in jedem gegebenen Diskurs aus der Sicht des interaktionistischen Konstruktivismus stets unvollständig und unabgeschlossen bleibt, d.h. ich gehe von einer Unmöglichkeit aus, Diskurse – zumindest *in the long run* – symbolisch abzudichten und zu einer notwendigen Form zu vereindeutigen. Mit Ernesto Laclau und Chantal Mouffe können wir auch sagen, dass Diskurse nicht als „genähte Totalitäten" aufgefasst werden sollten, weil es für jeden gegebenen Diskurs unmöglich ist, gegenüber dem umfassenden, durch Bedeutungsüberschuss gekennzeichneten Feld der Diskursivität „eine endgültige Naht zu bewerkstelligen" (Laclau/Mouffe 1991, 157, 163).

Diese Unmöglichkeit hängt für mich aus konstruktivistischer Sicht insbesondere mit dem Umstand zusammen, dass wir im Blick auf Diskurse neben dem Symbolischen – d.h. insbesondere der Ebene inhaltlicher Verständigung über Sprache – immer auch mit dem imaginären Begehren von Subjekten und mit realen Ereignissen rechnen sollten.[130] Diese Ebenen des Symbolischen, Imaginären und Realen aber gehen in Diskursen nie ganz ineinander auf, ebenso wenig wie sie sich jemals voneinander trennen lassen. Mit dem Imaginären bezeichnet der interaktionistische Konstruktivismus die wechselseitigen Spiegelungen von Subjekten in ihren Interaktionen als Selbst und andere. Diese Spiegelungen sind Ausdruck eines imaginären Begehrens, das in keiner symbolischen Repräsentation je ganz zur Ruhe kommt, weil es im Symbolischen niemals vollständig aufgehoben und zur Anwesenheit gebracht werden kann. Im Blick auf das Imaginäre verfährt jede Verständigung notwendig reduktiv und ausschließend, indem sie das imaginäre Begehren der Subjekte zu einem konsensuellen Sinn vereindeutigt. Insofern menschliche Subjekte imaginäre Wesen sind, bleibt hier stets ein Rest, der im Diskurs nicht eingefangen ist und die diskursive

---

129 Für eine ausführliche Darstellung und Begründung des Diskursverständnisses des interaktionistischen Konstruktivismus vgl. Reich (1998 b, Kap. IV.4) sowie Neubert/Reich (2000). Dort werden auch Bezüge zu verwandten Diskursmodellen unter anderem bei Foucault und Lacan näher spezifiziert.

130 Zu den konstruktivistischen Beobachterperspektiven des Symbolischen, Imaginären und Realen vgl. ausführlich Reich (2000 a, Kap. 4) und Neubert (1998 a, Kap. 1).

Suche nach symbolischen Lösungen weitertreibt. Das Imaginäre erscheint daher immer auch als eine Grenze symbolischer Verständigung in Diskursen.

Daneben sind Diskurse aber auch gegenüber dem Realen unabgedichtet. Mit dem Realen bezeichnet der interaktionistische Konstruktivismus die widerspenstige und niemals ganz zu bewältigende Ereignishaftigkeit von Diskursen. Dieses Reale ist aus konstruktivistischer Sicht nicht mit der symbolisch und imaginär konstruierten Wirklichkeit (=Realität) von Beobachtern in ihren Diskursen identisch; es ist eher dasjenige, was dieser fehlt, ohne in ihr und durch sie benannt werden zu können. Wo wir die Einbrüche dieses Realen erleben, da tritt es meist als ein plötzlicher Bruch, Riss, Mangel in Erscheinung, als das diskursiv noch nicht Erfasste, das uns in unserer symbolischen Ordnungssuche verunsichert und aufschreckt. Mit der Möglichkeit solcher Einbrüche, die hinter jeder unserer Wirklichkeitskonstruktionen lauert, sollten wir aus konstruktivistischer Sicht stets rechnen. Wenn das Reale als offene Naht von Diskursen eingestanden wird, kann uns dies davor bewahren, unsere konstruktive Allmacht zu überschätzen und unsere Erwartungen auf vollständige diskursive Verständigungslösungen zu versteifen.

Auch hier ist es wieder sinnvoll, zwischen Selbst- und Fremdbeobachtern zu unterscheiden. Den Selbstbeobachtern erscheinen die Einbrüche des Realen in ihren Diskursen meist als das schlicht Unfassbare, Absurde, Unsinnige, das sie abzuwehren suchen und das sie sprachlos macht, wo diese Abwehr scheitert. Die Fremdbeobachter blicken hier oft nüchterner; sie versuchen, im Nachhinein oder aus der Distanz zu einer Interpretation zu gelangen, dem Realen einen Sinn, eine Deutung zuzuschreiben und es so gleichsam symbolisch und imaginär einzubinden. Dies ist aus konstruktivistischer Sicht ohnehin typisch für den Umgang von Beobachtern mit realen Ereignissen: Im Moment ihres Einbruchs gibt es nichts als eine Lücke, ein Fehlen von Sinn; sobald jedoch eine Distanz möglich ist, wird es selten an Versuchen fehlen, den Riss in der einen oder anderen Form durch symbolische und imaginäre Konstruktionen zu glätten oder zumindest zu überbrücken.

Wenn ich Diskurse mithin als offene, unabgeschlossene und „nicht-genähte" Gebilde auffasse, so ist damit nicht in Abrede gestellt, dass diese Gebilde in sich gleichwohl oft eine Tendenz zur symbolischen Schließung aufweisen, die sich in der Suche nach einer stabilen und verlässlichen symbolischen Ordnung manifestiert. Eben darin drückt sich eine grundlegende Erfahrung von Ambivalenz in der Postmoderne aus (vgl. Bauman 1999). Auch dies lässt sich an der Unterscheidung von Selbst- und Fremdbeobachtern verdeutlichen. Für die Selbstbeobachter in ihrer unmittelbaren Verstricktheit in ihre Diskurse ist oft ein Streben nach Klarheit, Eindeutigkeit, Übersichtlichkeit bestimmend, weil sie nur in dieser Begrenzung ihre Diskurse überhaupt sinnvoll führen und rational begründen können. Insbesondere für die Wissenschaft ist ein reduktives Verfahren kennzeichnend, das je nach Disziplin und Forschungsansatz die überbordende Bedeutungsvielfalt der Diskurse auf ein methodisch mehr oder weniger eng umgrenztes Feld von Aussagen beschränkt, die überhaupt noch nach wahr oder falsch entschieden werden können. Aus der Sicht eines Fremdbeobachters jedoch, der vergleichend auf Wissensdiskurse schaut, scheint diese

Suche nach Wahrheit heute nur mehr in einem Spannungsfeld von absoluter Setzung und relativierender Abarbeitung nachvollziehbar zu sein.

„Im Nebeneinander der Ansätze relativiert und dekonstruiert sich das plurale Wissen selbst, weil die Wissensdiskurse sich untereinander so sehr vervielfältigt und differenziert haben, dass die eine verbindliche Wahrheit für alle Beobachter nur noch als Phantasie einer längst verloren gegangenen Einheit der Wissenschaft erscheinen kann. Das Ende der „großen Entwürfe" und „Meta-Erzählungen" ist gleichbedeutend mit einer Pluralisierung möglicher Wahrheiten auf dem Platz der Wirklichkeit. Gleichwohl muss die Wissenschaft innerhalb ihrer Diskurse solche Pluralität immer auch bekämpfen, um sich eine hinreichende Eindeutigkeit ihrer Aussagen zu bewahren. In diesem Dilemma steht Wissenschaft heute generell. Aus der Sicht des Selbstbeobachters muss sie auf dem Platz der Wirklichkeit notwendig verengend und reduktiv vorgehen. Aus der Sicht des Fremdbeobachters ist dieses Vorgehen jedoch stets im dekonstruktiven Nebeneinander mit anderen Wissensdiskursen zu betrachten." (Neubert/Reich 2000, 62; Herv. i. Orig.)

Insofern erscheint die Bereitschaft zum Wechsel zwischen Selbst- und Fremdbeobachterperspektiven heute mehr und mehr als Mindestanforderung an ein postmodernes Wissen. Doch sind solche Wissensdiskurse ohnehin nur ein Typ von Diskursen unter anderen. Im interaktionistischen Konstruktivismus unterscheiden wir insgesamt vier Haupttypen von Diskursen, die vielleicht besser als vier Perspektiven auf Diskurse bezeichnet werden sollten, da ihr Sinn und Zweck weniger in einer klassifikatorischen Aufteilung besteht als vielmehr in der Aufforderung, in jeder konkreten Diskursanalyse mindestens diese vier Sichtweisen zur Interpretation diskursiver Zusammenhänge einzunehmen. Als solche können sie wie Folien übereinander gelegt, kombiniert, gegeneinander verschoben werden, um sich untereinander zu ergänzen, aber auch zu dekonstruieren, und so die Sicht von Diskursen zu erweitern. Diese vier Typen bezeichnen wir als (1) „Diskurs der Macht", (2) „Diskurs des Wissens", (3) „Diskurs der Beziehungswirklichkeit" und (4) „Diskurs des Unbewussten". Es würde hier zu weit führen, diese Diskurstypen im Einzelnen vorzustellen (vgl. dazu Neubert / Reich 2000). Stattdessen muss ich mich damit begnügen, einige grundlegende Implikationen dieses diskurstheoretischen Modells für mein Verständnis der kulturellen Konstruktion von Wirklichkeit anzudeuten.

Aus der Sicht des interaktionistischen Konstruktivismus beinhaltet die kulturelle Konstruktion von Wirklichkeit insbesondere:

(1) Wirkungen von *Macht*, die sich in der hegemonialen Festlegung von Wahrheiten ausdrücken, die, als das Eine gesetzt, sich in Unterscheidungen und einem Wissen über Unterschiede fortsetzen; diese Wahrheiten und dieses Wissen definieren einen hegemonialen Bereich und damit die Ausgangsbedingungen, unter denen die Subjekte als Selbst und a/Andere[131] für sich Wirklichkeiten re/de/konstruieren;

---

131 Wir verwenden (klein) a zur Bezeichnung imaginär anderer und (groß) A zur Bezeichnung symbolisch Anderer.

(2) eine Suche nach *Wissen* und Mehr-Wissen, die die Subjekte zu vernünftigen und verständigungsorientierten Re/De/Konstruktionen von Wahrheitsbehauptungen nach Maßgabe weitgehend versachlichter und generalisierter Ansprüche in oftmals emanzipatorischer Absicht antreibt; dies unterwirft sie zugleich der intersubjektiven Disziplin eines rationalen Wissensdiskurses;

(3) ein Begehren nach Anerkennung und Spiegelung in *Beziehungen* zu a/Anderen, was ein Sich-Einlassen auf die prinzipielle Unschärfe von Beziehungswirklichkeiten erfordert, in denen bisherige Wahrheitsvorstellungen und Wissensbestände an der Andersheit des (imaginären) anderen verunsichert werden können; sie müssen in einem offenen Prozess immer wieder neu als konstruktive Leistung von Beziehungspartnern ausgehandelt werden;

(4) eine potentielle Begegnung mit dem *Unbewussten*, das dem Subjekt als Teil seiner Wahrheit erscheint, wo immer dieses Subjekt die Erfahrung macht, dass es sich über die Wirklichkeit seines eigenen Begehrens kein umfassendes und abschließendes Wissen konstruieren kann, weil dabei stets etwas Unbewusstes oder Ungewusstes bleibt, das für das Subjekt das Fremde, Rätselhafte, Andere innerhalb oder außerhalb seiner selbst bildet.

Keine dieser vier Perspektiven sollte als in sich geschlossen oder sich selbst genügend aufgefasst werden. Vielmehr stellt jede von ihnen ein Konstrukt dar, das im Blick auf die anderen unvollständig und ergänzungsbedürftig bleibt. In konkreten Diskursanalysen mögen sie in je unterschiedlicher Gewichtung und Kombination im Vordergrund unserer Aufmerksamkeit stehen. Einzelne von ihnen mögen zeitweilig eher in den Hintergrund treten oder nur latent wahrnehmbar sein. Fehlen sollte, so die These, keine von ihnen. Dies ist aus der Sicht des interaktionistischen Konstruktivismus eine Minimalforderung an ein gegenwärtig viables Verständnis der kulturellen Konstruktion von Wirklichkeit.

9.1.3 Kultur

In Anknüpfung an den soeben knapp skizzierten Diskursbegriff verstehe ich Kultur aus der Sicht des interaktionistischen Konstruktivismus zunächst als ein diskursives Feld symbolischer Praktiken, in denen Bedeutungen zwischen Interaktionspartnern konstruiert, artikuliert und kommuniziert werden. Dabei sind die Erzeugungen kultureller Wirklichkeit Ausdruck viabler Re/De/Konstruktionen, wobei die Frage kultureller Viabilität von unterschiedlichen Beobachtern, Teilnehmern und Akteuren in einer Kultur allerdings sehr unterschiedlich bestimmt oder gedeutet werden kann. Zumindest gehört dazu jedoch ein gewisser Bestand symbolischer Vorräte, der den Mitgliedern einer kulturellen Gruppe oder Verständigungsgemeinschaft soweit gemeinsam sein muss, dass sie mit seiner Hilfe in der Lage sind, Diskurse zu führen. Insofern stimme ich der Definition Georg Auernheimers zu, wonach die „Kultur einer Gesellschaft oder gesellschaftlichen Gruppe ... in ihrem Repertoire an Symbolbedeutungen, d.h. in ihrem Repertoire an Kommunikations- und Repräsentationsmitteln [besteht]. Dabei ist sicher auch die symbolische Verwendungsweise von Dingen im Alltagsleben Teil kultureller Praxis." (Auernheimer 1996, 110)

Allerdings betone ich, wie dargelegt, im Unterschied zu Auernheimer neben dieser symbolischen stärker auch die imaginäre und die reale Seite kultureller Praktiken. Und hier gelten die Argumente, die oben in Bezug auf den prinzipiellen Bedeutungsüberschuss und die Nicht-Genähtheit von Diskursen genannt wurden, für das weite Feld kultureller Praktiken ganz entsprechend. Aus konstruktivistischer Sicht impliziert dies insbesondere, zusätzlich zur symbolischen Dimension von Kultur den Ereignisbezug, die Lokalität und die Singularität kultureller Praktiken stärker als in vielen bisherigen Theorien zu betonen. Dabei bildet das Imaginäre als Grenze symbolischer Verständigungsleistungen für Beobachter, Teilnehmer und Akteure kultureller Praktiken aus meiner Sicht zugleich eine Grenze kulturellen Verstehens und kulturell gesicherter Identität. Es stellt einen Bereich der potentiellen Unschärfe und spiegelungsbezogenen Ambivalenz in Beziehungen dar, und zwar auch bereits in relativ homogenen kulturellen Gruppen, die über weitgehend gesicherte gemeinsame symbolische Bestände verfügen. Für die Erfahrung des Fremden innerhalb einer Kultur oder in interkultureller Begegnung ist solche Ambivalenz gewiss nicht weniger kennzeichnend. Sie mag hier zu einem Auslöser von Abwehrleistungen ebenso wie zu einem Antrieb zu neuen Symbolisierungsversuchen werden, die sich in den kulturellen Zwischenräumen imaginärer Spiegelungen von Vertrautheit und Fremdheit einnisten und aus einem imaginären Mangel subjektiver Selbstverortung heraus kulturelle Identitäten neu zu definieren suchen. Theorien des Dritten Raumes oder des „kulturellen Dazwischenseins" setzen an dieser imaginären Erfahrungsdimension an, deren Ränder ans Unbewusste reichen.

Ebenso stellt das Reale aus der Sicht des interaktionistischen Konstruktivismus einen wesentlichen Bezugspunkt für eine postmoderne Theorie der Kultur und Multikultur dar. Für die Erscheinungen und Einbrüche des Realen als kulturellem Riss oder Lücke, als offener Naht des kulturellen Raumes sollten wir uns gerade in multikulturellen Kontexten offen halten, weil diese Offenheit uns gegenüber den Verlockungen homogenisierender Kulturvorstellungen und imaginärer Glättungen kultureller Identitäten sensibilisieren kann. In diesem Zusammenhang sind für mich z.B. Theorien kultureller Hybridität von Interesse, insofern sie den Erfahrungen realer Risse in der postmodernen (und postkolonialen) Kultur einen symbolischen Ausdruck verleihen. Wenn wir bereit sind, uns von ihm überraschen zu lassen, kann uns der fremde Blick, den sie artikulieren, dabei helfen, einer Tendenz zur hegemonialen Schließung des kulturellen (bzw. des nationalen) Imaginären entgegen zu arbeiten. Sinnvoll erscheint es dabei aus konstruktivistischer Sicht, das dekonstruktive Potential solcher Konzepte von einer imaginären Tendenz zur Idealisierung des Hybriden zu unterscheiden.

Wir werden auf diese hier zunächst sehr knapp angedeuteten Gedanken im weiteren Verlauf dieses Essays mehrfach zurückkommen. Sie stellen einen Ausgangspunkt u.a. für mein konstruktivistisches Interesse an den Schriften von Postkolonialismustheoretikern wie Homi K. Bhabha und Stuart Hall dar. Die nachfolgende Auseinandersetzung mit diesen und anderen Autoren soll dazu dienen, zentrale Perspektiven eines konstruktivistischen Verständnisses von Multikultur weiter zu spezifizieren.

9.2   Radikale Demokratie und Multikulturalismus

Im Mittelpunkt der nachfolgenden Diskussion ausgewählter theoretischer Grundlagen der aktuellen anglo-amerikanischen Multikulturalismusdebatte, die mir aus konstruktivistischer Sicht besonders interessant erscheinen und von denen ich denke, dass von ihnen auch für die gegenwärtige deutschsprachige Diskussion wichtige Anregungen ausgehen können, soll die Debatte um „Multikulturalismus und Demokratie" stehen. Beginnen möchte ich mit Anmerkungen zur Theorie radikaler Demokratie und ihrer Bedeutung für ein konstruktivistisches Politikverständnis, wobei ich unter anderem auf Theorien von Ernesto Laclau und Chantal Mouffe Bezug nehmen werde[132], die in der deutschsprachigen Diskussion bisher nur eher am Rande rezipiert wurden, im englischsprachigen Raum jedoch z.B. unter den Vertretern der *Cultural Studies* (sowohl in Großbritannien als auch in den USA), der Postkolonialismustheorien oder der *Critical Pedagogy* breite Aufnahme gefunden haben.[133] Ich werde insbesondere auf eine kritische Auseinandersetzung Chantal Mouffes mit zentralen Grundgedanken des liberalen Demokratiemodells eingehen. In einem zweiten Schritt möchte ich dann weiterführende Implikationen dieser Diskussion im Blick auf eine Kritik des liberalen Multikulturalismusmodells spezifizieren und konstruktivistisch interpretieren.

9.2.1   Radikale Demokratie: Zur Kritik des liberalen Demokratiemodells

9.2.1.1 Anti-Universalismus

Eine zentrale Implikation des oben knapp skizzierten konstruktivistischen Diskursverständnisses im Blick auf die Theoretisierung des Politischen lässt sich in der Annahme zusammenfassen, dass wir den Diskurs der Demokratie sinnvoller Weise so führen sollten, dass wir dabei stets auch die Konstruktivität unseres eigenen Diskurses als Selbst- und

---

132 Der post-marxistische Ansatz von Laclau und Mouffe wurde ausführlich in ihrem 1985 erschienen Buch *Hegemony and Socialist Strategy* (dt.: Hegemonie und radikale Demokratie, 1991) begründet und in verschiedenen nachfolgenden Schriften weiter präzisiert.

133 Zur Bedeutung der Arbeiten von Laclau und Mouffe für die *Cultural Studies* und die Postkolonialismusdiskussion vgl. unter anderem McRobbie (1992), Grossberg (1996), Hall (1996a, 1997). Zu radikaldemokratischen Perspektiven und zur Rezeption von Laclau und Mouffe im Kontext der *Critical Pedagogy* vgl. beispielsweise Giroux (1992).

Fremdbeobachter im Blick behalten. Diese Annahme impliziert aus der Sicht des interaktionistischen Konstruktivismus mindestens dreierlei Voraussetzungen, die ich weitgehend mit Laclau und Mouffe teile (vgl. Laclau/Mouffe 1991; Mouffe 1999):

(1) *Der Diskurs der radikalen Demokratie ist ein pragmatischer Diskurs*, der auf die Verwirklichung bestimmter, als wertvoll erachteter Ziele gerichtet ist (Forderungen von Freiheit, Gleichheit und Solidarität) und seine Legitimation stärker aus der Erwartung und Idealisierung damit zusammenhängender Konsequenzen als aus der Herleitung seiner Ansprüche von historischen Ursachen oder transzendentalen Begründungen her bezieht. An dieser Stelle sehe ich wichtige Berührungspunkte zur politischen Philosophie des Pragmatismus und insbesondere zum radikalen Demokratieverständnis bei John Dewey (vgl. LW 2, 235–372; LW 4; Neubert 1998 a; Garrison 2008; Green/Neubert/Reich 2012).

(2) *Der Diskurs der radikalen Demokratie ist ein hegemoniales Projekt*, das niemals außerhalb von Macht und Interessen geführt wird und seine Legitimation auch nicht in einem von Macht und Interessen gereinigten Wissen finden kann. Der Begriff der Hegemonie bezieht sich dabei, wie insbesondere von Laclau herausgearbeitet wird (vgl. Laclau 1999, 111–153), auf eine Theorie der Entscheidung innerhalb eines durch Unentscheidbarkeit und Überdeterminierung gekennzeichneten politischen Terrains. Als hegemoniales Projekt zielt die Theorie radikaler Demokratisierung auf einen gesellschaftlichen Konsens in Bezug auf diejenigen politischen Institutionen, die für das Bestehen und die Weiterentwicklung einer pluralen demokratischen Ordnung selbst konstitutiv sind. Sie ist eher vorsichtig im Blick auf weiterreichende Konsenserwartungen, die über diesen konstitutiven Kernbestand hinausgehen. Aber auch hinsichtlich dieser vergleichsweise bescheidenen Konsenserwartung sollte sie jederzeit bereit sein, den eigenen Diskurs als Machtanspruch zu reflektieren.

(3) *Der Diskurs der radikalen Demokratie ist ein kontingenter und stets offener Diskurs*, der auf jeglichen Anspruch historischer oder transzendentaler Notwendigkeit (bzw. der Notwendigkeit einer seiner spezifischen Formen) bewusst verzichtet. Er verzichtet damit auf eine Stärke traditioneller ontologischer, materialistischer oder transzendentaler Politikdiskurse, die in dem Anspruch bestand, über die eigene Position letztbegründende Aussagen machen zu können. Er sieht die Entstehung der Demokratie als ein kontingentes Ereignis, das nicht per se als Resultat eines unvermeidlichen Fortschritts der Vernunft zu erwarten war, das wir aber gleichwohl als ein glückliches Resultat geschichtlicher Entwicklungen verteidigen sollten, sofern wir meinen, in demokratischen Verhältnissen besser leben zu können als in undemokratischen. Er gewinnt damit andererseits eine größere Offenheit im Blick auf gesellschaftliche Erwartungen, denn er sieht die Prozesse gesellschaftlicher Demokratisierung als ein unfertiges und radikal zukunftsoffenes politisches Geschehen, in dem wir stets damit rechnen sollten, dass politische Antagonismen und hegemoniale Auseinandersetzungen an immer neuen Frontlinien ausbrechen können, ohne dass wir über den Verlauf dieser Frontlinien und den Erfolg sozialer Demokratisierungsbemühungen im Voraus sichere Aussagen machen könnten. Dies impliziert auch, den

Kampf um Demokratisierung nicht auf den enger politisch-institutionellen oder irgendeinen anderen speziellen gesellschaftlichen Teilbereich wie etwa die Ökonomie zu begrenzen. Stattdessen sollte er als Zusammenspiel pluraler politischer Kämpfe in unterschiedlichsten gesellschaftlichen Feldern aufgefasst werden, in denen soziale Auseinandersetzungen geführt werden.

In diesem Zusammenhang ist die Auseinandersetzung mit universalistischen Demokratietheorien, wie sie bei uns von Theoretikern wie z.B. Jürgen Habermas vertreten werden, von Bedeutung. Denn aus konstruktivistischer Sicht, so die These, erscheinen universalistische Perspektiven für ein Verständnis der Probleme und Erfordernisse radikaler Demokratie in der Postmoderne zunehmend als weniger sinnvoll.[134] Wie Mouffe argumentiert, geht die Behauptung universalistischer Ansprüche im liberalen Demokratiediskurs in der Regel mit einem Anspruch auf Rationalität einher, der die Vorteile der Demokratie in Abhängigkeit vom Fortschritt der Vernunft zeigt (Mouffe 1999, 19).[135] Mouffe bezieht sich auf Richard Rorty, der in dieser Argumentationsfigur eine Übergeneralisierung von Rationalität erkennt, die dazu tendiere, „die Institutionen der liberalen, westlichen Gesellschaften (...) als eine Lösung [zu präsentieren], der andere Menschen notwendigerweise beistimmen werden, wenn sie aufhören, sich ‚irrational' zu verhalten." (Ebd.) Für Rorty bestehe jedoch das eigentliche Problem nicht im Anspruch auf Rationalität, sondern sei eine Frage von „geteilten Überzeugungen", und auch Mouffe selbst stimmt mit ihm darin überein, dass der Rationalismus am Kern des demokratischen Anliegens vorbeigeht: „Es ist notwendig einzusehen, dass weder durch das Angebot ausgefeilter rationaler Argumente noch durch die Behauptung einer kontext-transzendenten Wahrheit über die Vorrangstellung der liberalen Demokratie die demokratischen Werte selbst gefördert werden können." (Ebd., 20) Das wahre Anliegen bestehe nicht in der Verteidigung von Rationalität oder Universalität der liberalen Demokratie, sondern in der bescheideneren und zugleich viel anspruchsvolleren Frage einer kontext- und lebensweltbezogenen ethischen Mobilisierung für demokratisches Engagement. „Liberal-demokratische Prinzipien können nur in einer kontextualistischen Art und Weise verteidigt werden, als Konstitute unserer Lebensform, und man sollte nicht versuchen, unsere Verpflichtung auf sie auf etwas vorgeblich Beständigeres zu gründen. Was für eine Sicherung der Stabilität und Verbindlichkeit dieser Prinzipien benötigt wird, ist die Schaffung eines demokratischen *ethos*. Das hat mit der Mobilisierung von Leidenschaften und Gefühlen zu tun, der Vervielfältigung von Praktiken, Institutionen und Sprachspielen, die die Bedingungen der Möglichkeit für demokratische

---

134 Im Hintergrund steht dabei eine konstruktivistische Erkenntniskritik, deren Positionen insbesondere von Reich (1998 a) in seiner Analyse zentraler Kränkungsbewegungen (post-)moderner Vernunft ausführlich hergeleitet und diskutiert worden sind.

135 Für die Diskursethik und die Demokratietheorie von Habermas leitet sich dieser Anspruch bekanntlich aus einer Philosophie der Sprache her, die ihn zu einer universalistischen Moralphilosophie als Ausdruck einer kommunikativen Vernunft führt.

Subjekte und demokratische Formen der Willensäußerung liefern." (Ebd., 21; Herv. i. Orig.)

Mouffes Politikverständnis, das zumindest in diesem Punkt eine gewisse Affinität zu dem Deweys aufweist, misstraut also der Sprache von Universalität und Letztbegründung, weil diese im Grunde verfehlt, worum es in demokratischer Politik vor allem geht: die Vielfalt und Spezifität der konkreten und kontextbezogenen Kämpfe und Auseinandersetzungen, zu denen die vermeintlich kontext-neutralen Prinzipien einer überlegenen Vernunft nur mühsam eine Brücke schlagen können. Im Blick auf die Lebenswelt schlägt so die rationale Gewissheit des Moralphilosophen nur all zu leicht in eine radikale Ungewissheit über die Verwendung und Brauchbarkeit seiner Theorien um.

Als Konstruktivist teile ich dieses Misstrauen gegenüber universalistischen und letztbegründenden Erklärungsansätzen, weil ich mit Mouffe und Rorty darin einen wenig nützlichen Anspruch auf ein Besserwissen sehen, dessen behauptete Relevanz für die tatsächlichen politischen Auseinandersetzungen ich kaum zu erkennen vermag. Im Vergleich zu Habermas und anderen Diskursethikern argumentiert der interaktionistische Konstruktivismus hier bescheidener: Gewiss können auch wir Konstruktivisten Forderungen nach Solidarität, Gerechtigkeit und Mitverantwortung (Apel) oder nach demokratischen Regeln der Argumentationspraxis (Habermas) unterstützen, und diese politischen Gemeinsamkeiten sollten nicht zu gering veranschlagt werden, weil sie die Grundlage für mögliche Allianzen für die Verteidigung liberaler Demokratie auch über theoretische Unterschiede hinweg bilden können. Andererseits gründen solche Forderungen für uns nicht in einer kontextfreien Vernunft, sondern sind Ausdruck spezifischer hegemonialer Auseinandersetzungen in (post-)modernen Gesellschaften, die immer auch vor dem Hintergrund eigener Machtansprüche reflektiert werden sollten. Hier sehen wir eine Schwäche universalistischer Begründungsstrategien, die leicht blind für die auch interessen- und machtbezogenen Bedingungen und Grenzen des eigenen Diskurses werden. Eine zu hohe Vernunfterwartung, so die These, verleitet all zu leicht zu einem Maß an Vereinheitlichung, das der Vielfalt und Heterogenität des Politischen in postmodernen Gesellschaften kaum mehr gerecht wird. Aus diesen Gründen scheint uns die „Behauptung von Letztbegründungen – und sei es auch nur formaler Prinzipien – ... der grundlegend falsche Weg zu sein, weil er sogar eher den konkreten politischen Kampf um Pluralität, die Andersartigkeit des Anderen, die unterschiedliche Viabilität unterschiedlicher Verständigungsgemeinschaften in ihren Kämpfen um Anerkennung bei gleichzeitiger Anerkennung der Andersartigkeit des Anderen, den zugelassenen Dissens, durch eine übertriebene rationale Konsenserwartung behindert." (Neubert/Reich 2000, 47)

9.2.1.2 Konsens versus Dissens

Dies führt uns zu einem zweiten, mit dem ersten verwandten, aber nicht identischen Thema, dem Gegensatz zwischen konsens- und dissensorientierten Ansätzen. In der Regel
tendieren liberale Theorien stark zu einem konsenstheoretischen Denken, wie es sich auch
bei Habermas und in der Diskursethik zeigt. Mouffe macht aber deutlich, dass dasselbe für
den Liberalismus Rortys gilt – wie übrigens teilweise auch für den seines pragmatistischen
Vorläufers John Dewey (vgl. Neubert 1998 a, 1998 b). Weder der Ansatz von Habermas
noch die Philosophie Rortys seien in der Lage, „die entscheidende Rolle der
Konfliktualität" zu erfassen (Mouffe 1999, 26). Diese starke Konsensorientierung aber
erscheint für Mouffe aus der Sicht einer radikalen Demokratietheorie unter den gegenwärtigen gesellschaftlichen Bedingungen als zu einseitig und wenig geeignet für das Verständnis einer pluralen Demokratie. „Was bei einer solchen Denkbewegung zunichte gemacht wird, ist die äußerst bedeutsame Dimension der demokratischen Politik. Besteht
doch in der Tat die Spezifität der liberalen Demokratie als neuer politischer Gesellschafts-
form in der Legitimierung des Konflikts und der Weigerung, ihn durch die Auferlegung
einer autoritären Ordnung zu unterbinden. Eine liberale Politik ist vor allem eine *pluralistische* Demokratie." (Ebd.)[136]

In diesem Zusammenhang sind die Unterschiedlichkeit und Vielfalt der miteinander
konkurrierenden Konzepte des Guten für Mouffe nicht als ein zu beseitigender Mangel,
sondern als wertvoll und wünschenswert zu betrachten. Konsens ist erforderlich, aber seine Notwendigkeit beschränkt sich, wie oben bereits ausgeführt, auf die für die demokratische Ordnung selbst konstitutiven Institutionen. Ansonsten ist Dissens erwartet und erwünscht, und die für demokratische Gesellschaften spezifische Dynamik zwischen Konsens und Zwist sollte institutionell gewährleistet werden, wobei insbesondere Raum für
das Austragen von Dissens und widerstreitenden Interessen geschaffen werden muss.
„Diese Dissense sollten auch nicht allein als temporäre Hindernisse auf dem Weg zum
Konsens angesehen werden, da mit ihrem Ausbleiben die Demokratie aufhörte, eine pluralistische zu sein. Aus diesem Grund kann eine demokratische Politik nicht auf Harmonie
und Versöhnung abzielen. Der Glaube, dass letztlich unter Umständen doch eine endgültige Lösung möglich sei – auch wenn dies wie bei Habermas als eine asymptotische Annäherung an eine regulative Idee der freien und unbeschränkten Kommunikation aufgefasst
wird –, riskiert das gesamte demokratische Projekt." (Ebd., 27)[137]

Als interaktionistischer Konstruktivist sehe ich die politische Imagination einer letztlichen Harmonie und Versöhnung, die Mouffe hier anspricht, als ein Erbe der Aufklärungsphilosophie an, das sowohl für diskursethische Positionen wie die von Habermas als auch

---

136 An dieser Stelle ist die deutsche Übersetzung des Textes etwas ungenau. Im Original lautet der
     letzte Satz: „A liberal democracy is above all a *pluralist* democracy." (Mouffe 1996, 8)
137 Die deutsche Übersetzung unterschlägt im letzten Halbsatz das Adjektiv „pluralistisch". Im
     Original heißt es: „(...) to put the pluralist democratic project at risk." (Mouffe 1996, 8)

für die pragmatistischen politischen Theorien von Dewey und Rorty bis heute weitgehend prägend gewesen ist (vgl. Neubert 1998 a, Kap. 5). Ich sehe in ihr ein imaginäres Konstrukt von immenser politischer Bedeutung, weil sie diesen Theorien – und vielen verwandten politischen Strömungen – ein emanzipatorisches Potential verliehen hat, das ohne eine solche Verdichtung des politischen Imaginären kaum denkbar gewesen wäre. Insofern die Suche nach gesellschaftlichem Konsens unter postmodernen Bedingungen nach wie vor zu den – wenn auch prekärer gewordenen – Erfordernissen demokratischer Solidarität gehört, sollten wir dieses politische Imaginäre auch heute nicht umstandslos über Bord werfen. Mit Mouffe können wir in ihm jedoch zugleich den Ausdruck eines politischen Begehrens erkennen, das in den postmodernen, pluralistischen und multikulturellen Gesellschaften der Gegenwart nur mehr in gleichsam aufgebrochener, partieller Form zu realisieren ist. Wo die Tendenz überwiegt, dieses verdichtete politische Imaginäre in einem geschlossenen, abgedichteten, universalisierten politischen Diskurs zu artikulieren, da schlägt es für mich all zu leicht in eine Form der politischen Illusionierung von Konsenserwartungen um, die dann in der Tat das Projekt der pluralen Demokratie insgesamt gefährdet.

9.2.1.3 Plurale Demokratie

Die Kritik des universalistischen Diskursbegriffs und des konsensuellen Demokratieverständnisses ist insbesondere auch für das Verständnis pluraler demokratischer Öffentlichkeiten von Bedeutung. In diesem Zusammenhang erscheint mir ein Beitrag von Nancy Fraser (1994) interessant, die aus postmodern-feministischer Sicht das bürgerlich-liberale Konzept politischer Öffentlichkeit („bourgeois conception of the public sphere") einer Kritik unterzieht. Dies geschieht in einer kritischen Auseinandersetzung mit Habermas, für dessen politische Philosophie dieses Modell prägend ist, wobei die Autorin die politisch-emanzipatorische Bedeutung von Habermas' Theorien und ihre Bedeutung für die kritische Theorie durchaus würdigt, im Blick auf das Konzept demokratischer Öffentlichkeiten jedoch grundlegende Modifikationen anmahnt. Frasers Kritik nähert sich dabei einem postmarxistischen Verständnis radikaler Demokratie an, wie wir es soeben bei Laclau und Mouffe diskutiert haben. Aus konstruktivistischer Sicht ist ihre dekonstruktive Erweiterung des Öffentlichkeitsbegriffs insbesondere deshalb interessant, weil sie den universalisierenden Perspektiven des Paradigmas rationaler Verständigung und Konsensfindung die Forderung nach grundsätzlicher Anerkennung pluraler und antagonistischer Diskurse in einem offenen Feld hegemonialer Auseinandersetzungen entgegenstellt. Ich greife die zentralen Argumente ihres Textes hier in sehr geraffter Form auf und versuche, sie an die bisherigen Überlegungen anzuschließen.

Fraser stellt vier Grundannahmen des klassischen liberalen Öffentlichkeitsverständnisses (als einer normativen Idealsetzung) heraus, die eine kritische Theorie heute dekonstruieren sollte (vgl. Fraser 1994, 80 ff.): (1) die Annahme, es sei möglich, dass die am öffentlichen Diskurs Partizipierenden im Prozess der gemeinsamen Deliberation alle sozialen Ungleichheiten, Statusdifferenzen und Machtverhältnisse untereinander ausklammern und sich verhalten, „als ob" sie sozial gleich wären; (2) die Annahme, dass das Vorhandensein bzw. die Zunahme einer Vielfalt von miteinander streitenden Öffentlichkeiten notwendigerweise eine Schritt weg und nicht ein Schritt hin zu mehr Demokratie sei, dass also eine einzige, umfassende Öffentlichkeit einem Gefüge vielfältiger Öffentlichkeiten immer vorzuziehen sei; (3) die Annahme, dass der Diskurs der Öffentlichkeit auf die Beratung des gemeinsamen Guten beschränkt sein solle und demgegenüber das Auftreten „privater" Interessen und Anliegen nicht wünschenswert sei; (4) die Annahme, dass eine funktionierende demokratische Öffentlichkeit eine scharfe Trennung zwischen Zivilgesellschaft und Staat erfordere.

Alle vier Annahmen erweisen sich aus Sicht der Autorin als ungenügend für die Erfordernisse einer pluralen Demokratie: (1) Die erste Annahme behauptet einen Anspruch von Machtfreiheit, der illusorisch bleibt, solange soziale Unterschiede und Statusdifferenzen nur ausgeklammert, aber nicht beseitig werden, weil diese Differenzen in den diskursiven Interaktionen innerhalb der formal inklusiven Öffentlichkeiten in oft versteckten Formen wiederkehren, wie Fraser unter anderem an Beispielen aus der feministischen Forschung belegt. Eine kritische Theorie sollte hier sichtbar machen, auf welche Weisen soziale Ungleichheiten die Prozesse der Deliberation in den Öffentlichkeiten spätkapitalistischer Gesellschaften affizieren (vgl. ebd., 80–83). (2) Die zweite Annahme versucht die Autorin durch den Nachweis zu widerlegen, dass sowohl in stratifizierten als auch in (hypothetischen) egalitären, multikulturellen Gesellschaften die Existenz vielfältiger und diverser Öffentlichkeiten dem Vorhandensein einer einzigen umfassenden Öffentlichkeit im demokratischen Interesse vorzuziehen wäre; in stratifizierten Gesellschaften deshalb, weil nur so für untergeordnete soziale Gruppen – Fraser nennt hier Frauen, Arbeiter, Farbige, Lesben und Schwule – die Möglichkeit bestünde, subalterne Gegenöffentlichkeiten zu etablieren, wo sie in Gegendiskursen oppositionelle Interpretationen ihrer Identitäten, Interessen und Bedürfnisse erfinden und in Zirkulation bringen können; und in egalitären multikulturellen Gesellschaften deshalb, weil auch in diesen Gesellschaften die notwendigen allgemeinen, gruppen- und kulturübergreifenden politischen Diskurse nur auf der Grundlage einer Vielfalt gruppenspezifischer Diskurse gedeihen können, wenn nicht die expressiven Normen einer kulturellen Gruppe gegenüber anderen privilegiert werden sollen, wodurch diskursive Assimilation zu einer Vorbedingung für die Partizipation an öffentlichen Debatten gemacht und der egalitär-multikulturelle Anspruch ad absurdum geführt würde. Eine kritische Theorie sollte, fußend auf der Annahme diverser, pluraler Öffentlichkeiten, vor allem untersuchen, wie soziale Ungleichheit die Beziehungen zwischen diesen Öffentlichkeiten in spätkapitalistischen Gesellschaften beeinflusst und wie diese Öffentlichkeiten unterschiedlich bestärkt, segmentiert, eingegrenzt und einander untergeordnet werden (vgl. ebd., 83–87). (3) Die dritte Annahme erweist sich als unhaltbar, weil es in öffentlichen Diskursen auf Dauer keine beständigen und gleich bleibenden Definitionen des gemeinsamen Guten per se gibt, die nicht zum Gegenstand hegemonialer öffentlicher Auseinandersetzungen gemacht werden könnten, was sich aus feministischer Sicht vor allem an den bürgerlich-maskulinen Präokkupationen der Konzepte des gemeinsamen Guten unter rigidem Ausschluss „privater", „persönlicher" und „häuslicher" Belange und Interessen in Bereiche der Ökonomie, der Sexualität, der Geschlechter- und Familienverhältnisse etc. zeigt. Hier sollte eine kritische Theorie die Wege aufzeigen, auf denen die Zuschreibung bestimmter Anliegen und Interessen als „privat" den Problembereich und den Bereich der Ansätze zur Problemlösung begrenzt, über die in gegenwärtigen Gesellschaften auf breiter Basis gestritten werden kann (vgl. ebd., 87–90). (4) Die vierte Annahme schließlich erscheint aus Frasers Sicht vor allem deshalb als überholt und unhaltbar, weil sich in modernen Gesellschaften längst eine Differenzierung zwischen von ihr so genannten „schwachen Öffentlichkeiten", die allein der öffentlichen Meinungsbildung dienen (z.B. Presse), und „starken Öffentlichkeiten", die sowohl der öffentlichen Meinungsbildung als auch Entscheidungsfindung dienen (z.B. Parlamente) herausgebildet habe und es für eine zeitgemäße Theorie der politischen Öffentlichkeit entscheidend darauf ankomme, die Beziehungen zwischen ihnen zu theoretisieren. Dabei sollte es für eine kritische Theorie vor allem darum gehen zu zeigen, wie der offenkundig „schwache" Charakter einiger Öffentlichkeiten in spätkapitalistischen Gesellschaften die „öffentliche Meinung" ihrer praktischen Stärke beraubt (vgl. ebd., 90–94).

Diese knappen, hier sehr gerafft wiedergegebenen Überlegungen mögen dazu dienen zu veranschaulichen, dass die Probleme und Fragen der politischen Öffentlichkeit in postmodernen, multikulturellen Gesellschaften längst einen Komplexitätsgrad erreicht haben, der das Projekt einer radikalen Demokratie vor die Aufgabe einer weitgehenden kritischen Re/Dekonstruktion klassischer liberaler Politikvorstellungen stellt. Die Forderung nach politischer Pluralität wird im kritischen Blick auf die Ausschließungsprozeduren in öffentlichen Diskursen näher spezifiziert. Dabei tritt der Zusammenhang von Diskurs, Macht und Hegemonie in den Vordergrund. Dies ist aus der Sicht einer konstruktivistischen Diskurstheorie zu begrüßen, wenn auch der Blick hier recht einseitig auf die Analyse politischer Macht- und Wissensdiskurse begrenzt bleibt. Eine Untersuchung insbesondere von Beziehungsdiskursen und Diskursen des Unbewussten müsste hier anschließen. An dieser Stelle liegt aus konstruktivistischer Sicht ein bisher weitgehend unterschätztes Desiderat auch postmoderner politischer Diskurse.

9.2.2 Postkolonialismus: Zur Kritik des liberalen Multikulturalismusdiskurses

Der liberale Multikulturalismusdiskurs wird im anglo-amerikanischen Sprachraum unter anderem von den Theoretikern des Postkolonialismus einer Kritik unterzogen. Ich möchte in diesem Abschnitt zunächst auf grundlegende Aspekte dieser Kritik am Beispiel einer

Auseinandersetzung des postkolonialistischen Kulturtheoretikers Homi K. Bhabha mit dem liberalen Multikulturalismuskonzept Charles Taylors eingehen. Im Anschluss daran möchte ich die Diskussion unter Einbeziehung von Schriften Stuart Halls erweitern und einigen zentralen Grundgedanken eines postkolonialistischen Verständnisses von Kultur und Multikultur nachgehen. Abschließend möchte ich im Rückgriff auf die vorstehende Diskussion das Verhältnis von Multikulturalismus und radikaler Demokratie weiter beleuchten, indem ich aus konstruktivistischer Sicht Zusammenhänge zwischen den Themen des Anti-Universalismus, des Konsens/Dissens und des Pluralismus einerseits und den Theorien der genannten Postkolonialismustheoretiker andererseits aufzeige. In exemplarischer Form soll so die Bedeutung zentraler postkolonialistischer Diskurse für Fragen und Probleme einer Theorie der radikalen Demokratie in multikulturellen Gesellschaften aufgezeigt werden.

9.2.2.1 „Culture's In-Between"

In seinem Essay „Culture's In-Between" entwickelt Homi K. Bhabha u.a. eine Kritik liberaler Diskurse über Multikulturalismus, wobei er insbesondere auf Charles Taylors Schrift *Multiculturalism and ‚The Politics of Recognition'* (dt.: Multikulturalismus und die Politik der Anerkennung) eingeht. Bhabhas Ausgangspunkt sind die Erfahrungen eines kulturellen „Dazwischen", wie sie unter anderem für die Situation von Dritte-Welt-Migranten und anderen kulturellen Minoritäten bestimmend sind.[138] Die Artikulation dieser Erfahrungen, so seine These, steht in einem Kontrast zu den in westlichen Gesellschaften vorherrschenden liberalen Vorstellungen von kultureller Vielfalt, und dieser Kontrast kränkt das liberale Konzept von Multikultur. „Der Diskurs von Minoritäten ... legt ein soziales Subjekt nahe („proposes"), das durch kulturelle Hybridisierung konstituiert wurde, die Überdeterminierung von Gemeinschafts- oder Gruppendifferenzen, die Artikulation von verblüffender Ähnlichkeit und banaler Divergenz." (Bhabha 1996, 54)[139] Dieses Verhandeln an der Grenzlinie („borderline negotiations") kultureller Differenz aber verletze eine tief eingeschriebene Überzeugung des Liberalismus, die Überzeugung, dass kulturelle Vielfalt als ein plurales Möglichkeitsspektrum im zeitlichen und räumlichen Nebeneinander zu betrachten und zu repräsentieren sei. Im Hintergrund steht dabei bei Bhabha die Kritik an einer verbreiteten Vorstellung liberaler Denker, die eng mit der oben diskutierten Problematik des Universalismus zu tun hat, auch wenn es sich hier oft weniger um einen explizit und argumentativ beanspruchten Universalismus als vielmehr um eine unausgesprochene und als selbstverständlich unterstellte Vorannahme handelt: die Vorstellung eines überschaubaren und kommensurablen Universums der kulturellen Zeit und des kulturellen

---

138 Vgl. dazu weiterführend auch Bhabha (1994).
139 Die Übersetzung der englischsprachigen Zitate in diesem Abschnitt stammt von mir (d. Verf.).

Raumes, wie ich es nennen möchte, in dem sich die Anerkennung, Würdigung und Wertschätzung zwischen Kulturen im Nebeneinander und gleichsam *on equal terms* vollzieht.

Diese Vorstellung wird in einer Fußnote Taylors besonders deutlich, in der er sich darum bemüht, seine These, dass der Vergleich zwischen Kulturen von der Annahme ausgehen sollte, sie alle hätten etwas Wertvolles für die Menschheit hervorgebracht – und seien insofern als gleich zu betrachten –, von der anderen These abzugrenzen, dass ihre Hervorbringungen alle von gleichem Wert seien. Er schreibt: „Wenn alle Kulturen einen wertvollen Beitrag geleistet haben, so können diese Beiträge doch nicht identisch sein oder auch nur die gleichen Werte verkörpern. Wer dies erwartet, würde die Größe der Unterschiede erheblich unterschätzen. Im Grunde schwebt der Annahme, dass jede Kultur etwas Wertvolles hervorgebracht habe, ein Universum vor, in dem die verschiedenen Kulturen einander mit unterschiedlichen Arten von Beiträgen ergänzen. Diese Vorstellung ist mit einer Überlegenheit in einer bestimmten Hinsicht nicht nur vereinbar, sondern verlangt geradezu Urteile, die solche Überlegenheiten benennen." (Taylor 1997, 77 f.; Herv. d. Verf.)

Aus der Sicht der konstruktivistischen Diskurstheorie, mit der wir uns zu Beginn dieses Textes befasst haben, erscheint die Unbefangenheit fast atemberaubend, mit der hier in universalisierender Perspektive ein einheitliches Maß der Bewertung kultureller Unterschiede unterstellt wird. Sie lehrt uns einiges über die Suggestionskraft und den verführerischen Charme genähter Diskurs-Universen. Diese Suggestionskraft aber unterschlägt jegliche relativierende Unterscheidung von Selbst- und Fremdbeobachterperspektiven. Die Imagination der universellen Kommensurabilität von Kulturen in einem überschaubaren und vermessbaren Raum lässt eine kritische Reflexion auf den Ethnozentrismus des eigenen Urteils und die Machtposition des eigenen, vermessenden Blickes bei Taylor fast vollständig vermissen. Wessen Universum und wessen Begehren aber ist es, das nach eindeutigen Urteilen in Bezug auf die Überlegenheit und Unterlegenheit kultureller Hervorbringungen verlangt?

Bhabha bezieht sich in seinem Text nicht auf diese Fußnote Taylors, aber seine Kritik richtet sich deutlich auf die dahinter stehende liberale Auffassung der Verortung der Anerkennung kultureller Gleichheit in einem kommensurablen Raum-Zeit-Kontinuum von Kultur. Bhabha macht dies insbesondere am Konzept kultureller Zeitlichkeit fest. „Es ist nicht so, dass der Liberalismus rassische und sexuelle Diskriminierung nicht erkennen würde – er hat in diesen Kämpfen in vorderster Reihe gestanden. Doch gibt es ein wiederkehrendes Problem mit seiner Vorstellung von Gleichheit: Der Liberalismus beinhaltet ein nicht-differentielles Konzept kultureller Zeit." (Bhabha 1996, 56) Dies aber, so die Argumentation des Autors, mache ihn in besonderem Maße blind für die spezifischen kulturellen Erfahrungen von diskriminierten Gruppen und Minoritätenkulturen, deren Situation durch eine Art kultureller Zeit-Verzögerung („time lag") geprägt sei. „Das diskriminierte Subjekt oder die diskriminierte Gemeinschaft besetzt einen Moment der Gegenwart, der historisch unzeitgemäß ist, immer schon verspätet. ‚Ihr kommt zu spät, viel zu spät. Da

wird immer eine Welt – eine weiße Welt – zwischen euch und uns sein ...'[140] Im Gegen-
satz dazu findet die liberale Dialektik der Anerkennung auf den ersten Blick zur rechten
Zeit statt. Das Subjekt der Anerkennung steht in einem synchronen Raum (wie es sich für
den »Idealen Beobachter« gehört), in dem es das ebene Spielfeld überblickt, das Charles
Taylor als das quintessentielle liberale Territorium definiert: ,die Voraussetzung gleichen
Respekts' für kulturelle Vielfalt." (Ebd.)

Damit aber verfehle die liberale Dialektik der Anerkennung gerade die disjunktiven
Grenzlinien-Zeitlichkeiten von partiellen oder Minoritätenkulturen. In Taylors Diskurs
wird mitunter deutlich, dass sich hinter diesem Verfehlen bei ihm durchaus auch eine Dialektik der Ausschließung verbirgt. Bhabha führt dafür mehrere Textstellen Taylors an, wo
es unter anderem heißt: „... der Anspruch ist, dass alle menschlichen Kulturen, die *ganze*
Gesellschaften über einen beträchtlichen Zeitraum hinweg mit Leben erfüllt haben, allen
menschlichen Wesen etwas Wichtiges zu sagen haben. Ich habe diese Formulierung gewählt, um *partielle kulturelle Milieus in einer Gesellschaft sowie kurze Phasen einer
Großkultur auszuschließen*." (Taylor in: Bhabha 1996, 57, Herv. v. Bhabha) Und an einer
weiteren, von Bhabha angeführten Stelle heißt es bei Taylor, dass Kulturen, die *„für eine
große Zahl"* von Menschen und *„über eine lange zeitliche Periode hinweg"* einen Bedeu-
tungshorizont gebildet haben, fast mit Gewissheit etwas haben, das unsere Bewunderung
und unseren Respekt verdiene (ebd.). Das hier eingeführte zeitliche Kriterium kulturellen
Wertes, so Bhabhas Kommentar, führt notwendig zu einer Auslassung der „disjunktiven
und verschobenen Gegenwart, durch die die Minoritätenbildung („minoritization") den
homogenen, horizontalen Anspruch der liberal-demokratischen Gesellschaft unterbricht
und in Frage stellt." (Ebd.)

Das Bild der Kultur, so können wir zusammenfassen, wirkt bei Taylor totalisierend; es
orientiert sich an einem geschlossenen, homogenen und integrierten Kulturbegriff, wie er
z.B. für das Konzept der Nationalkultur charakteristisch ist. Im Vergleich der Kulturen
miteinander, *über ihre Grenzen hinweg* – wobei dies nicht notwendig nationale Grenzen
sein müssen –, wird liberale Gleichheit zugestanden. Die Grenze im Inneren aber, die hybriden Teilkulturen, die ambivalenten und unscharfen Zwischenräume, an denen der kulturelle Raum gekrümmt, vieldeutig, lückenhaft erscheint, wirken suspekt. „Die doppelte
Einschreibung des Teils-im-Ganzen, oder die Minoritätenposition als die Außenseite des
Inneren, wird geleugnet." (Ebd.) Taylors dialogisches Verständnis liberaler Anerkennungsprozesse, so das Fazit, kann im Hybriden, das die Ansprüche auf kulturelle Totali-
sierung zu unterminieren droht, kaum mehr als einen Fremdkörper erkennen. Das Hybride
als Folge und Ausdruck (post)kolonialer Anerkennungskämpfe wird in seinem liberalen
Diskurs marginalisiert.

Bhabha hält dem nun ein pointiert positives Bild von der subversiven Rolle des Hybriden in der postmodernen Multikultur entgegen: „Strategien der Hybridisierung enthüllen

---

140 Das Zitat im Zitat stammt von Frantz Fanon *(Black Skin, White Masks).*

eine Verfremdungsbewegung in der ‚autoritativen' und sogar autoritären Einschreibung des kulturellen Zeichens. An dem Punkt, wo die Regel („precept") versucht, sich als ein verallgemeinertes Wissen oder eine normalisierende, hegemoniale Praktik zu objektivieren, eröffnet die hybride Strategie oder der hybride Diskurs einen Raum des Aushandelns („negotiation"), in dem die Macht ungleich ist, ihre Artikulation aber zweideutig sein kann. Solches Aushandeln ist weder Assimilation noch Kollaboration. Es ermöglicht das Auftauchen einer Tätigkeit »im Zwischenraum« („‚interstitial' agency"), die sich der binären Repräsentation des sozialen Antagonismus verweigert. Hybride Tätigkeiten ... setzen die partielle Kultur, aus der sie auftauchen, ein, um Gemeinschaftsvisionen zu konstruieren – und Visionen historischen Erinnerns –, die den Minoritätenpositionen, die sie besetzen, narrative Form verleihen; die Außenseite des Innern: der Teil im Ganzen." (Ebd., 58) Man mag die idealisierende Beschreibung des dekonstruktiven Potentials der hybriden Position bei Kulturtheoretikern wie Bhabha mitunter für übertrieben halten und als Ausdruck des imaginären Begehrens eines Autors ansehen, der sich als Migrant in Großbritannien und den USA selbst in dieser Position spiegelt. Seine Kritik des hegemonialen Kulturbegriffs und der homogenisierenden Vorstellung kultureller (Gleich-)Zeitigkeit scheint mir aus konstruktivistischer Sicht jedoch hilfreich für ein erweitertes postmodernes Kulturverständnis zu sein. Das Hybride als offene Naht des kulturellen Raumes eröffnet gerade für die Theorie des Multikulturellen wichtige Perspektiven auf kulturelle Unschärfen, die der interaktionistische Konstruktivismus mit den Begriffen der symbolischen Unabgeschlossenheit, des imaginären Mangels und der realen Risse umschreibt. Dies ist insbesondere auch für die Theoretisierung des politischen Feldes von Konsens und Dissens in multikulturellen Demokratien von entscheidender Bedeutung. Wir werden darauf im Folgenden noch zu sprechen kommen.

9.2.2.2 Die postkoloniale Kränkung

Aus konstruktivistischer Sicht lassen sich die dekonstruktiven Strategien des Postkolonialismus als Ausdruck einer kulturellen Kränkungsbewegung auffassen, die vielfache Berührungspunkte mit den von Reich (1998 a) diskutierten philosophischen Kränkungsbewegungen der (post-)modernen Vernunft hat. Reich beschreibt und analysiert solche Kränkungsbewegungen, die aus seiner Sicht grundlegend für die Herleitung und Begründung konstruktivistischer Ansätze in der Gegenwart sind, vor allem in den Bereichen „absolut und relativ", „Selbst und Anderer" sowie „bewusst und unbewusst". Es würde hier zu weit führen, die Beziehungen des Postkolonialismusdiskurses zu diesen drei Feldern im Einzelnen zu untersuchen. Stattdessen möchte ich mich darauf beschränken, die aus meiner Sicht entscheidende Stoßrichtung postkolonialer Kränkung als Ausdruck eines anti-universalistischen Kulturverständnisses noch etwas weiter zu untersuchen.[141]

Im Zentrum dieser postkolonialen Kränkung steht die Dekonstruktion jenes universalisierenden kulturellen Narrativs der westlichen Moderne, das Stuart Hall einmal treffend mit der Formel „The West and the Rest" charakterisiert hat (vgl. Hall 1992 a). Der Postkolonialismus bietet „... ein alternatives Narrativ an, das andere Zusammenhänge zentraler Geschehensabläufe hervorhebt als die, die im klassischen Narrativ der Moderne verankert sind ... Im neu inszenierten Narrativ des Postkolonialismus nimmt die Kolonisation den Rang und die Bedeutung eines zentralen, ausgedehnten und Zusammenhänge aufsprengenden welthistorischen Ereignisses ein." (Hall 1996, 249)[142]

Unter „Kolonisation" versteht der Postkolonialismus dabei nach Hall den gesamten umfassenden Prozess von Expansion, Erforschung, Eroberung, Kolonisierung und imperialer Hegemonisierung seit 1492, der die konstitutive Außenseite der europäischen und schließlich der westlichen kapitalistischen Moderne bildete. „Das wirklich distinktive Element einer ‚postkolonialen' Periodisierung ist das rückblickende Umformulieren der Moderne innerhalb des Kontexts der ‚Globalisierung' in all ihren vielfältigen sprengenden Formen und Momenten (von der Erschließung des Indischen Ozeans durch die Portugiesen und der Eroberung der Neuen Welt bis hin zur Internationalisierung der Finanzmärkte und Informationsflüsse). Auf diese Weise markiert der ‚Postkolonialismus' einen entscheidenden Bruch in jenem gesamten historiographischen Großnarrativ, das dieser globalen Dimension sowohl in der liberalen Geschichtsschreibung und der historischen Soziologie Max Webers als auch in den vorherrschenden Traditionen des westlichen Marxismus eine untergeordnete Bedeutung in einer Geschichte zumaß, die im wesentlichen aus dem Innern ihrer europäischen Parameter heraus erzählt werden konnte." (Hall 1996, 250)

Bedeutsam an dieser Umformulierung ist für Hall und andere die Einsicht, dass die Prozesse der Kolonisation und Entkolonialiserung die kolonisierenden Gesellschaften selbst nicht weniger machtvoll (wenn auch auf andere Weise) geprägt haben als die kolonisierten Gesellschaften. Denn auch für die Gesellschaften der imperialen Metropole sei die Kolonisation niemals einfach nur ein externes Geschehen gewesen, sondern ein Prozess, der in seinen Wirkungen bis heute tief in sie selbst eingeschrieben ist (vgl. ebd., 246 f.). Und zwar drücken sich diese kolonialen Folgewirkungen in der modernen Kultur für Hall insbesondere in der Form eines „doppelten Einschreibens" („double inscription") aus, das ausschlaggebend für die charakteristische Ambivalenz der (post-)kolonialen Situ-

---

141 Gewiss sind nicht alle Theoretiker des Postkolonialismus im selben Maße anti-universalistisch eingestellt. Es gibt auch hier im Einzelnen durchaus unterschiedliche Positionen. Insgesamt lässt sich aber ein deutlicher Trend zu dekonstruktivistischen Universalismuskritiken erkennen, der insbesondere bei denjenigen Autoren stark ausgeprägt ist, deren Position in den letzten Jahrzehnten wesentlich durch die Rezeption poststrukturalistischer Ansätze (Lacan, Foucault, Derrida, Laclau/Mouffe u.a.) beeinflusst worden ist. Dies gilt für alle hier rezipierten Autoren.

142 Die Übersetzung der englischsprachigen Zitate in diesem Abschnitt stammt von mir (d. Verf.).

ation ist. Dieses „doppelte Einschreiben" bezeichnet seiner Analyse nach einen Übergang von der Differenz zur *différance*, d.h. einen Übergang von einer Form des kulturellen Imaginären, bei der die Grenze zwischen einem „Innen" und einem „Außen" als distinkten, mit sich selbst identischen Einheiten verläuft, zu einer anderen Form des kulturellen Imaginären, bei der diese Grenze als Riss und Dopplung – oder eben als eine offene Naht, um bei der von Laclau und Mouffe verwendeten Metapher zu bleiben – und damit als ein konstitutives Element ins Innere dieser Einheiten selbst zurückkehrt.[143]

Dieser Übergang von der Differenz zur *différance* unterläuft die herkömmlichen binären Entgegensetzungen, die das Weltbild des Kolonialismus lange geprägt haben: die Binarismen kolonialer Repräsentation (als Herr und Knecht, Kolonisatoren und Kolonisierte, Zivilisierte und Wilde etc.) ebenso wie die Binarismen anti-kolonialer Repräsentation (als Unterdrücker und Unterdrückte, Fremdbestimmung und Authentizität, Gewaltherrschaft und Freiheitskampf etc.). Er nimmt den binären Erklärungsmustern ihre Prägnanz und Eindeutigkeit, weil jenes „doppelte Einschreiben" die je eigene Sicht auf Kultur nach einem einfachen Innen-Außen-Schema nachhaltig verunsichert hat.[144] Daher ist Kultur in der postkolonialen Situation nicht mehr als ein homogener, überschaubarer Raum zu denken; die (post-)kolonialen Spiegelungen subvertieren die Gewissheit kultureller Identitäten durch die Anwesenheit des anderen, fremden Blicks, weil das Andere – selbst da, wo es, wie im Rassismus, abgewehrt wird – längst konstitutiver Teil des eigenen Selbst ist. „Entgegen dem oberflächlichen Anschein sind die Struktur und Dynamik des Rassismus alles andere als einfach ... Die Rigidität des Rassismus selbst ist auf seine Komplexität zurückzuführen ... All die symbolische und narrative Energie und Arbeit zielt darauf, uns ‚hier drüben' und sie ‚da drüben' abzusichern, jedes in der zugewiesenen Verortung seiner Art zu fixieren. Es ist eine Form des Maskierens, wie tief unsere Geschichten tatsächlich ineinander verwoben sind und sich gegenseitig durchdringen; wie notwendig ‚der Andere' für unser eigenes Gefühl von Identität ist; wie selbst die dominante, kolonisierende, imperiale Macht nur in und durch die Konstruktion des Anderen weiß, wer und was sie ist und nur dadurch den Genuss ihrer eigenen Macht der Beherrschung erfahren kann." (Hall in: Grossberg 1994, 14 f.)

Die stabile Grenze des binären Innen-Außen-Schemas scheint so als eine vervielfältigte und verflüssigte Erfahrung von Grenzen ins Zentrum der postkolonialen (Multi-)Kultur selbst zurückgekehrt zu sein, die als ein mannigfach in sich gefalteter Raum erscheint, der Lücken und Zwischenräume aufweist. Diese Erfahrungen kultureller Unschärfe und Vieldeutigkeit lassen die Riskiertheit, Singularität und Kontingenz kultureller Identitäten in den postmodernen, multikulturellen Gesellschaften der

---

143 Vgl. hierzu auch Grossberg (1996, 90 f.).

144 Dies bestreitet nicht (post-)koloniale Abhängigkeiten und Machtasymmetrien als Ausdruck und Folge des kolonialen Erbes. „Die Unterschiede zwischen kolonisierten und kolonisierenden Kulturen bleiben natürlich tief greifend. Doch haben sie sich nie auf eine rein binäre Weise ausgewirkt, und ganz gewiss tun sie das heute nicht mehr." (Hall 1996, 247; Übers. v. mir, d. Verf.)

Gegenwart stärker ins Bewusstsein treten, die sich nicht länger in einem unzweideutig zentrierten Feld kultureller Überzeugungen verankern lassen. Die poststrukturalistische Rede vom „dezentrierten Subjekt" wird vielfach zur Beschreibung dieser Erfahrungen herangezogen: „... die Idee einer essentialisierten und voll transparenten Identität und eines universalisierten Subjekts wird durch eines ersetzt, das partiell, dezentriert und auf die Partikularitäten von Geschichte, Ort und Sprache gegründet ist." (Giroux 1994, 113)

Diese Dezentrierung bildet eine wesentliche Voraussetzung für das Erstarken und die vielfältigen Erscheinungsformen von *identity politics* als Ausdruck hegemonialer Anerkennungskämpfe in den postmodernen, multikulturellen Gesellschaften der Gegenwart. Gegenüber einer kurzschlüssigen Rekursion solcher politischer Bewegungen auf eine eher statisch gedachte Form von kultureller Identität mahnen nun Hall (1996a) und insbesondere Grossberg (1996) eine Theorie kultureller Handlungsfähigkeit („agency") an, die die je spezifischen und partikularen Kontexte politischer Auseinandersetzungen stärker in Rechnung stellt. Dies scheint sinnvoll, weil es die Abhängigkeit interkultureller Auseinandersetzungen von hegemonialen Praktiken und damit von ungleichen Machtverhältnissen in den Blick rückt, die nicht vorschnell als Ausdruck kultureller Differenz festgeschrieben und damit „kulturalisiert" werden sollten. Im Blick auf ein hegemonietheoretisches Verständnis radikaler Demokratie, wie es oben skizziert wurde, halte ich es aus konstruktivistischer Sicht vielmehr für entscheidend, die vielfältigen und heterogenen Formen der Überschneidung gesellschaftlicher Antagonismen stärker zu beachten, die die jeweilige Spezifität des Ortes politischer Kämpfe bestimmen. Eine solche kontextualistische Sicht, die das Besondere der Lebenslage und auch die lebensweltlichen Widersprüche von Akteuren in Rechnung stellt, scheint mir grundlegend für ein Verständnis der spezifischen Dynamik von Kämpfen um Anerkennung in multikulturellen Gesellschaften zu sein. Dies führt uns zu einer abschließenden konstruktivistischen Reflexion auf das Verhältnis von Multikulturalismus und radikaler Demokratie.

9.2.3   Konstruktivistische Schlussfolgerungen: Multikulturalismus und radikale Demokratie

Vor dem Hintergrund des Gesagten möchte ich nun zusammenfassend einige zentrale konstruktivistische Schlussfolgerungen im Blick auf das Projekt der radikalen Demokratie in multikulturellen Gesellschaften der Gegenwart benennen. Im Mittelpunkt werden dabei die Themen des „Postkolonialismus", der „hybriden Kultur" und der „Multikultur" stehen, die ich unter Rückgriff auf zentrale Gedanken der vorstehenden Argumentation im Zusammenhang mit den Themen des „Anti-Universalismus", des „Konsens/Dissens" und des „Pluralismus" diskutiere.

9.2.3.1 Anti-Universalismus und Postkolonialismus

Aus konstruktivistischer Sicht sollte die Diskussion um „Demokratie und Multikultur" die Herausforderung der postkolonialen Kränkung ernst nehmen. Die postkoloniale Dekonstruktion des universalistischen Narrativs der westlichen Moderne eröffnet uns Fremdbeobachterperspektiven, die es erlauben, komplexer auf das unebene und überdeterminierte politische Terrain in multi- kulturellen Gesellschaften zu schauen. Der Wechsel von der kulturellen Differenz zur *différance* beispielsweise, den Hall betont, radikalisiert unser Verständnis kultureller Ambivalenz in der Postmoderne.

Aus konstruktivistischer Sicht ist dies für den Diskurs der radikalen Demokratie in pragmatischer Hinsicht schon deshalb von Bedeutung, weil uns die Anerkennung dieser Ambivalenz vorsichtig gegenüber der Vorstellung macht, dass es irgendwo im kulturellen Raum eine ideale Beobachterposition geben könnte, von der aus die (post-)moderne Multikultur als solche überschaut und auf politisch adäquate Weise repräsentiert werden könnte. Diese Möglichkeit bestreiten wir Konstruktivisten ebenso wie die Theoretiker des Postkolonialismus. Für den interaktionistischen Konstruktivismus stellt die oben von mir eingeführte Metapher von Kultur als mannigfach in sich gefaltetem Raum, der Brüche, Lücken und Zwischenräume aufweist, ein besser geeignetes Modell zum Verständnis (multi-)kultureller Wirklichkeiten in der Postmoderne dar. Sie verdeutlicht unter anderem, warum in der Gegenwart *jede* Form kultureller Repräsentation von Wirklichkeit notwendig unabgeschlossen und im Blick auf politische Diskurse einseitig bleibt. Auch können wir vor diesem Hintergrund die Heterogenität kultureller Zeitlichkeiten, die insbesondere Bhabha hervorhebt, konstruktivistisch als eine Erscheinungsform der Inkommensurabilität von kulturellen Wirklichkeiten auffassen, die je für sich – d.h. je für die in ihnen durch eigenes Handeln aktiv partizipierenden (Selbst-)Beobachter – viable Wirklichkeitskonstruktionen darstellen, auch wenn sie sich für keinen Beobachter mehr in einem eindeutigen Sinne und ohne Verlust aufeinander abbilden lassen. Diese Inkommensurabilität fordert uns heraus, im Blick auf eigene kulturelle Wirklichkeitskonstruktionen und Wertsetzungen immer auch zwischen Selbst- und Fremdbeobachterpositionen zu wechseln, um die Begrenztheit der eigenen kulturellen Sicht und zugleich die Grenzen eines Verstehens kultureller Andersheit nicht aus dem Blick zu verlieren. Sie lässt uns zugleich erkennen, warum in der postmodernen Kultur *jede* Form kultureller Repräsentation von Wirklichkeit potentiell Ausdruck einer hegemonialen Entscheidung und damit Teil eines politischen Diskurses sein kann.

Die Überdeterminiertheit des kulturellen Raumes führt so dazu, dass die kulturelle Konstruktion von Wirklichkeiten an immer wieder neuen Stellen Vieldeutigkeiten hervorbringen kann, die zum Gegenstand hegemonialer Auseinandersetzung werden. Die Postkolonialismustheorien unterstreichen, dass dabei auch die Grundwerte und Überzeugungen der westlichen liberalen Demokratien nicht frei von Hegemonie gedacht werden sollten. Indem sie ihn des Gewandes seiner weltgeschichtlichen Notwendigkeit entkleidet und der Selbstgewissheit seiner universell-menschlichen Bestimmung als Erwartung politischen Fortschritts beraubt, konfrontiert die postkoloniale Kritik den Diskurs der westlichen liberalen Demokratie mit der Erfahrung seiner eigenen Kontingenz. Der interaktionistische Konstruktivismus, den ich vertrete, sieht in der darin enthaltenen Kränkung einen wichtigen Bestandteil des politischen Imaginären in der Postmoderne. Diese Kränkung hat für mich insbesondere in pragmatischer Hinsicht wichtige Konsequenzen für eine radikaldemokratische Politik in multikulturellen Gesellschaften: Sofern wir die demokratischen Werte und Überzeugungen als ein für uns viables und wünschenswertes Konstrukt wertschätzen, können und sollten wir sie auch als Konstruktivisten mit Nachdruck gegenüber anderen und entgegen gesetzten Wertvorstellungen behaupten. Dies impliziert auch, dass wir bereit sind, bestimmte Wirklichkeitskonstruktionen aus demokratischen Diskursen auszuschließen. Es scheint aber wenig sinnvoll, dies allein oder auch nur vorwiegend auf der Ebene abstrakter Prinzipien zu tun oder zu begründen, weil ein solches Vorgehen die eigenen hegemonialen Ansprüche eher verdeckt. Statt dessen sollten wir uns in politischen Diskursen dafür offen halten, uns in kontext- und lebensweltbezogener Perspektive auf die Wirklichkeitskonstruktionen anderer Beobachter/innen, Teilnehmer/innen und Akteur/inn/e/n in ihren kulturellen Praktiken zumindest soweit einzulassen, dass wir die eigenen demokratischen Wertsetzungen in konkreten politischen Auseinandersetzungen gegenüber andersartigen Vorstellungen stets neu legitimieren. Dies mag in bestimmten Fällen dazu beitragen, dass wir neue Implikationen dieser Werte entdecken und ihre Bedeutung selbst sich für uns erweitert oder verändert. Es mag auch dazu führen, dass wir an eine Grenze unserer Fähigkeit stoßen, Andere zu verstehen. Zumindest sollten wir uns dann jedoch nicht auf die Überlegenheit eines Besserwissens zurückziehen, sondern als Fremdbeobachter bereit sein, darauf zu reflektieren, dass solches Nicht-Verstehen als Ausdruck eines Machtdiskurses den Anderen in seiner Andersheit immer auch verfehlt.

Vielleicht mag es hilfreich sein, an dieser Stelle noch einmal kurz vergleichend auf einen stärker diskursethisch argumentierenden Ansatz einzugehen, um Gemeinsamkeiten und Unterschiede zu der hier beanspruchten konstruktivistischen Position zu verdeutlichen. Wenn Seyla Benhabib in ihrem Buch „Kulturelle Vielfalt und demokratische Gleichheit"[145] auf der Grundlage diskursethischer Überlegungen zu dem Schluss kommt, dass in multikulturellen Gesellschaften das Prinzip der moralischen Autonomie im Konfliktfall gegenüber kulturellem Pluralismus grundsätzlich vorzuziehen sei (vgl. Benhabib 1999, 70), so sind aus konstruktivistischer Sicht durchaus viele Situationen denkbar, in

---

145 Vgl. dazu auch den Beitrag von Erol Yildiz (2008). Es scheint vielleicht überflüssig, hier explizit darauf hinzuweisen, dass der von Benhabib in ihrer Analyse gebrauchte Begriff von „Konstruktivismus" (als Gegensatz zum „Essentialismus") aus meiner Sicht in vielerlei Hinsicht als stark verkürzt erscheint und der gegenwärtigen konstruktivistischen Theoriediskussion, innerhalb derer der von mir vertretene interaktionistische Konstruktivismus eine Spielart unter anderen ist, nicht annähernd gerecht wird. Dies ist, wie ich gerne zugestehe, auch nicht die Absicht der Autorin, die aus ihrer diskursethischen Perspektive andere Akzente setzt.

denen eine solche Entscheidung als berechtigt erscheinen mag. Dennoch macht es konstruktivistisch gesehen wenig Sinn, diese Entscheidung primär auf einer Ebene universalisierter ethischer Prinzipien zu treffen, insofern diese Prinzipien im Blick auf die Lebenswelt solange leer bleiben, wie sie nicht in konkreten politischen Auseinandersetzungen und damit in den konkreten Kontexten kultureller Praktiken von Selbst- und Fremdbeobachtern mit Bedeutung gefüllt werden.[146] Dabei aber mag es durchaus im einzelnen zu recht unterschiedlichen Formen einer lebensweltlichen Vermittlung von Ansprüchen auf individuelle Autonomie und Forderungen nach kultureller Pluralität und Authentizität kommen, und eben in diesen konkreten Anerkennungskämpfen liegt aus konstruktivistischer Sicht die eigentliche radikaldemokratische Herausforderung in multikulturellen Gesellschaften. Dies bedeutet dann aber auch, dass eigene Machtansprüche in solchen Auseinandersetzungen von allen Beteiligten immer wieder neu reflektiert und begründet werden müssen und nicht wie bei Benhabib mit einer einmaligen ethischen Prinzipienentscheidung erledigt werden können. Wenn sie etwa schreibt, „dass vom Standpunkt einer diskursethischen Theorie aus gesehen die ,Demokratisierung der Sittlichkeit' gegenüber der ,Erhaltung tradierter Lebensformen' vorrangig sein sollte und dass wir *moralisch nicht verpflichtet* sind, kulturelle Identitäten, die mit einer solchen Demokratisierung unvereinbar sind, am Leben zu erhalten" (ebd., 58; Herv. i. Orig.), dann spricht daraus für mich nicht nur ein eher statisches Verständnis kultureller Traditionen und Identitäten, das der Lebenssituation insbesondere von Migrantenkulturen nur wenig gerecht wird. Es zeigt sich darin auch ein ethischer Rigorismus, der den Ethnozentrismus der eigenen Position viel zu wenig reflektiert und in der unterstellten Position eines moralisch verallgemeinerten „Wir" ähnlich wie bei Taylor ein totalisiertes Kulturverständnis impliziert, das im Namen aller der Diskursethik zugänglicher Vernunftwesen sprechend die Brechungen und Ambivalenzen der postkolonialen Kränkung weitgehend unterschlägt.

9.2.3.2 Konsens/Dissens und hybride Kulturen

Wenn oben unter anderem im Anschluss an Mouffe argumentiert wurde, dass ein radikaldemokratisches Politikverständnis in postmodernen Gesellschaften aus konstruktivistischer Sicht bescheiden in Bezug auf notwendige Konsenserwartungen und zugleich offen für eine weitest mögliche Artikulation von Dissens sein sollte, um Pluralität und Meinungsstreit auf breiter Ebene zu gewährleisten, so gewinnt dieser immer neu auszuhandelnde Spannungsbogen von Konsens und Dissens im multikulturellen Kontext durch die Erfahrungen kultureller Hybridisierung zusätzlich an Dynamik. Das Hybride als die Außenseite im Innern, die Faltung im kulturellen Raum, erschwert zunächst, wie wir mit Bhabha gesehen haben, die Dialektik demokratischer Anerkennung, weil es zugleich als

---

146 Vgl. analog die Kritik von Reich an der Diskursethik in Burckhart/Reich (2000).

das Anerkannte und das Unbekannte, das-selbe und das Fremde, das Ähnliche und das Divergente erscheint. Die kulturellen Zwischenräume, in denen es nistet, bleiben in ihrer Ambiguität unscharf, nur sehr bedingt durch Prozesse gleicher Verständigung auslotbar. Seine Grenzlinien-Zeitlichkeit ist eine Zeit des Noch-Nicht, der Unentschiedenheit, des Suchens. Diese Grenze im Innern, die sich als „Teil-im-Ganzen" artikuliert und erfahrbar macht, ist nicht einfach nur die Artikulation eines Dissens. Sie markiert eine viel grundlegendere Unsicherheit und Unbestimmtheit in Bezug auf die zu erwartende Bedeutung und Interpretation auch eines festgestellten Konsens oder Dissens. Mit anderen Worten erscheint in der Begegnung des Hybriden auch schon die Verständigung darüber, welcher Konsens oder Dissens herrscht und wie er zu artikulieren ist, als grundlegend gebrochen.

Aus der Sicht des interaktionistischen Konstruktivismus zeigt sich damit im Hybriden für mich der Bedeutungsüberschuss und die Überdeterminiertheit postmoderner Multikultur, mit der wir im Blick auf die Nicht-Genähtheit ihrer diskursiven Grundlagen stets rechnen sollten, in einer besonders prononcierten Form. Konstruktivistisch betrachtet, so sahen wir, sollte ein heute viables Verständnis der kulturellen Konstruktion von Wirklichkeiten in den Praktiken und Interaktionen von BeobachterInnen, TeilnehmerInnen und AkteurInnen im Blick auf das Symbolische mit Unabgeschlossenheiten, im Blick auf das imaginäre Begehren mit Erfahrungen eines Mangels und im Blick auf die Einbrüche des Realen mit Rissen rechnen. Damit erscheint Kultur als ein Beobachtungsfeld, das durch Unschärfen gekennzeichnet ist und in dem die Wahrnehmung solcher Unschärfen in dem Maße zunimmt, wie wir bereit sind, uns als Selbst- und Fremdbeobachter auf den Ereignisbezug, die Lokalität und die Singularität kultureller Praktiken einzulassen. In diesem Zusammenhang verstehe ich die Theorien des Hybriden als eine aus der spezifischen Erfahrungssituation von Minoritätenpositionen heraus lancierte Aufforderung an die gegenwärtige Kulturtheorie, solche kulturellen Überdeterminiertheiten in all ihrer inneren Dynamik als ein zentrales Merkmal postmoderner Multikultur stärker zu berücksichtigen. In pragmatischer Hinsicht kann uns die damit verbundene Verunsicherung dazu herausfordern, mit dem „Aushandeln an der Grenzlinie" („borderline negotiations") immer aufs Neue zu beginnen und uns nicht bei einmal gefundenen Antworten zu beruhigen. Insofern stellt gerade die Flüchtigkeit des Hybriden eine dauernde Aufforderung zu interkulturellem Lernen als einer grenzüberschreitenden Erfahrung („border crossing") dar. Bei dem an postkolonialistische Theorien anknüpfenden US-amerikanischen Pädagogen Henry A. Giroux z.B. schließt sich daran das Konzept einer *border pedagogy* an, die gerade die Erfahrungen der kulturellen Unschärfe und Vieldeutigkeit in den Grenzbereichen zum Ausgangspunkt konstruktiver und zugleich (selbst-)kritischer interkultureller Lernprozesse machen möchte (vgl. Giroux 1992, insb.19–38). Dies setzt auf Seiten der Pädagog/inn/en ebenso wie auf Seiten der Lernenden die Bereitschaft voraus, eigene Gewissheiten und Identitätsentwürfe zumindest teilweise aufs Spiel zu setzen, um aus der Verfremdung des eigenen kulturellen Blicks heraus neu schauen zu lernen. Insofern wird eine Haltung des

„living dangerously" bei Giroux zum Motto einer kritischen Pädagogik in der Multikultur (vgl. Giroux 1993).[147]

Für das politische Projekt einer radikalen Demokratie in multikulturellen Gesellschaften verbindet sich damit für mich der Anspruch, komplexer auf Multikultur zu schauen und sich nicht mit eher oberflächlichen Appellen an eine Bereitschaft zur gleichen Anerkennung zu begnügen. Die geforderte Offenheit für Dissens und Pluralität erfordert im Blick auf Multikultur immer auch die Bereitschaft, sich auf die durch Machtasymmetrien und ungleiche Anerkennungsprozesse erzeugten Ambiguitäten hybrider Zwischenräume einzulassen, in denen sich die multikulturelle Phantasie eines *anything goes* an der Unmöglichkeit der marginalisierten Position bricht, sich zur rechten Zeit und *on equal terms* zur Artikulation zu bringen. Die Sensibilisierung für diese innere Grenze kultureller Ungleichzeitigkeit scheint mir ein Voraussetzung dafür zu sein, kulturelle Pluralität nicht nur abstrakt zu fordern, sondern gerade auch für marginalisierte Gruppen innerhalb der multikulturellen Gesellschaften der Gegenwart in zunehmendem Maße lebbar zu machen.

Als Konstruktivist sehe ich in diesem Zusammenhang noch eine weitere Herausforderung an die interkulturelle Pädagogik, die darin besteht, sich um ein vertieftes Verständnis von Beziehungswirklichkeit in interkulturellen Situationen zu bemühen. Ein solches Verständnis müsste stärker als in dem primär literaturwissenschaftlich angelegten Ansatz von Bhabha zusätzlich zu den symbolischen Artikulationsformen hybrider Erfahrung insbesondere auch die Seite unmittelbarer Interaktionen betonen. Es müsste in den pädagogischen Interaktionen selbst Formen eines interkulturellen „Lernens in Beziehungen" ermöglichen, das Raum für Erfahrungen von Grenze, Fremdheit, Ungleichzeitigkeit bietet und als Ausdruck von Selbst- und Fremderfahrung in der Konstruktion von Beziehungswirklichkeiten reflektierbar macht.[148] In diesem Zusammenhang müssten die genannten Dimensionen der symbolischen Verständigung und der darin enthaltenen Unabgeschlossenheit, der imaginären Spiegelung und des darin erfahrenen Mangels sowie der symbolisch und imaginär re/de/konstruierten Realität und der darin enthaltenen realen Risse stets kontextbezogen im Blick auf die spezifischen kulturellen Praktiken unterschieden und reflektiert werden, in denen sich Lernende als Ausdruck einer je eingespielten Lebensweise befinden. In allen drei Dimensionen könnten Prozesse kultureller Verfremdung als Teil

---

147 Diese Ansätze sind in ihren konkreten Analysen, Anwendungen und Methoden gewiss nicht nahtlos auf die in vielerlei Hinsicht anders geartete interkulturelle Situation in Deutschland und im deutschsprachigen Raum zu übertragen. Ich werde auf dieses Problem der Übertragbarkeit und Nichtübertragbarkeit in einem knappen Ausblick (Abs. 12.3) am Schluss dieses Aufsatzes noch einmal zusammenfassend zurückkommen.

148 Zur Theorie der Beziehungswirklichkeit im interaktionistischen Konstruktivismus vgl. Reich (1998 b, Kap. III). Zu zentralen pädagogischen Perspektiven vgl. Reich (2000 a). Im Blick auf ein konstruktivistisches Verständnis von Beziehungswirklichkeit sehe ich auch in dem pädagogischen Ansatz Girouxs, der an verschiedenen Stellen Berührungspunkte zu konstruktivistischen Positionen aufweist, noch Defizite.

eines interkulturellen Beziehungslernens für mich einen wichtigen dekonstruktiven Beitrag zu einer konstruktivistischen Pädagogik in der Multikultur leisten.

9.2.3.3 Pluralismus und Multikultur

Das Projekt einer radikalen Demokratie in der postmodernen Multikultur sollte sich aus
der Sicht des interaktionistischen Konstruktivismus zudem als ein Projekt pluraler
Öffentlichkeiten verstehen. Ein solches Konzept wurde oben in der Auseinandersetzung
mit einem Beitrag Nancy Frasers näher betrachtet. Es scheint mir gerade auch vor dem
Hintergrund unserer Auseinandersetzung mit den Themen des Postkolonialismus und der
hybriden Kulturen unverzichtbar zu sein. Denn nur ein plurales Öffentlichkeitsmodell, das
institutionell in den Strukturen und Prozessen multikultureller Demokratien verankert ist,
kann die Gewähr dafür bieten, dass sich die postkoloniale Kränkung und die hybriden
Stimmen der Weltenbummler gegenüber den universalisierenden kulturellen Großnarrati-
ven des Westens dauerhaft einen Raum zu ihrer Artikulation (als Gegendiskurse) verschaffen können. Ein Blick in die vorherrschenden Wissensdiskurse allein der gegenwärtigen Geistes- und Sozialwissenschaften genügt, um zu erkennen, wie randständig diese
Stimmen hier nach wie vor wahrgenommen werden und wie nachhaltig bis heute die Formel „The West and the Rest" die Diskurse bestimmt.

Das Projekt pluraler Öffentlichkeiten entfernt sich dabei von jenem oben erwähnten
politischen Imaginären einer letztlichen Harmonie und Versöhnung, das das aufgeklärte
Selbstverständnis des Abendlandes gerade auch in seinen emanzipatorischen Bewegungen
so stark geprägt hat. Es entfernt sich insbesondere von jenem Ideal der Machtfreiheit in
öffentlichen Diskursen, das als ein imaginäres Konstrukt die Entstehung moderner Demokratien stark befördert hat. Aus konstruktivistischer Sicht scheint dieses Ideal in der heutigen Situation nur mehr in einer zurückgenommenen Form als Anspruch auf eine stets offen zu haltende hegemoniale Auseinandersetzung um die Begrenzung von als ungerecht-
fertigt und undemokratisch empfundenen Machtasymmetrien politisch viabel zu sein. Wo
es mit universalisierendem Anspruch behauptet wird, behindert es die Wahrnehmung der
Herausforderungen radikaler Demokratisierung eher als dass es sie befördert. Statt dessen
sollten radikale Demokraten, zu denen sich in meinen Augen gerade Konstruktivisten in
vorderster Front zählen sollten, wenn sie die gesellschaftlichen und politischen Voraussetzungen konstruktivistischen Denkens nicht selbst gefährden wollen, Macht stets selbstkritisch im Blick auf die Möglichkeitsbedingungen vielfältiger und diverser Öffentlichkeiten,
die immer wieder neu auszuhandelnde Trennung zwischen öffentlichen und privaten Interessen sowie das komplexe Zusammenspiel politisch „schwacher" und „starker" Formen
von Öffentlichkeit in der postmodernen Multikultur reflektieren. Der interaktionistische
Konstruktivismus ist hier bereit, über die kulturelle und politische Analyse hinaus (und auf
ihrer Grundlage) selbstbewusst Stellung zu beziehen, auch wenn er die Kontingenz der

eigenen Position stets eingesteht und ein letztes Wort zu ihrer Begründung nicht zu geben vermag. Mit Rorty hält er ein gewisses Maß an (Selbst-)Ironie für einen heilsamen Bestandteil demokratischer Solidarität (vgl. Rorty 1993).

Die folgende Tabelle mag abschließend noch einmal zur Orientierung dienen. Sie fasst in schematisch vereinfachter Form zentrale Positionen meines Textes zu einer Übersicht zusammen.

Konstruktivismus und radikale Demokratie

Anti-Universalismus	Dissens / Konsens	Pluralismus
Diskurs der radikalen Demokratie: (1) Pragmatischer Diskurs (2) Hegemoniales Projekt (3) Kontingenter und stets offener Diskurs	*Diskurs der radikalen Demokratie:* (1) Symbolische Unabgeschlossenheit (2) Imaginärer Mangel (3) Reale Risse	*Diskurs der radikalen Demokratie:* (1) Das liberale Ideal der Machtfreiheit in öffentlichen Diskursen ist trügerisch (2) Vielfältige und diverse (Gegen-)Öffentlichkeiten (3) Trennung zwischen „öffentlich" und „privat" = Gegenstand hegemonialer Auseinandersetzungen (4) Zusammenspiel zwischen schwachen und starken Öffentlichkeiten
Postkolonialismus	**Hybride Kultur**	**Multikultur**

Radikale Demokratie und Multikulturalismus

9.3   Ausblick

Nach diesen hier sehr gerafft zusammengefassten konstruktivistischen Schlussfolgerungen scheint mir ein abschließender Ausblick sinnvoll, um die Gedanken des Lesers/der Leserin auf weiterführende Perspektiven hin zu öffnen. Es mag sich dem einen oder der anderen der Gedanke aufgedrängt haben, dass meine Rezeption ausgewählter Theoriegrundlagen der anglo-amerikanischen Multikulturalismusdebatte vorschnell Ergebnisse der Diskurse und Diskussionen, die in einer in vielerlei Hinsicht anders gearteten multikulturellen Situation in Ländern wie den USA oder Großbritannien entstanden sind, auf die deutschsprachige Debatte um die multikulturelle Gesellschaft zu übertragen intendiert. Dies ist nicht meine Absicht. Ich sehe die Frage der Übertragbarkeit und Nicht-Übertragbarkeit der von mir rezipierten Ansätze folgendermaßen: Im Blick auf eine Revision der zentralen abendländischen *Theoriediskurse* über Politik und Kultur halte ich die Argumente, die hier im Blick auf eine Neudefinition des Diskurses der radikalen Demokratie und einen postkolonial gekränkten Kulturbegriff vorgetragen wurden, in ihrer überwiegenden Mehrzahl auch für die deutschsprachige Diskussion für stichhaltig. Auch wenn in Deutschland (und den benachbarten deutschsprachigen Staaten) die Geschichte der Demokratie im einzelnen durchaus anders verlaufen ist als in anderen westlichen Gesellschaften und Deutschland zudem nicht im selben Maße Kolonialmacht war wie beispielsweise Großbritannien oder Frankreich, gibt es doch einen gemeinsamen abendländischen Hintergrund politischer Entwicklungen, der in Deutschland ebenso wie in jenen anderen Ländern zutiefst durch die Erfahrungen der bürgerlich-liberalen Revolution und Demokratisierung einerseits und der westlichen Zivilisation und ihrer Verflechtung in die Prozesse einer weltumspannenden Kolonisation andere Erdteile andererseits geprägt ist. Dieser gemeinsame Hintergrund hat sich tief in die in all diesen Ländern dominierenden politischen und kulturellen Diskurse eingeschrieben. Die Aufgabe einer kritischen Reflexion der in der heutigen Situation viablen Erträge dieser Einschreibung und damit einer konstruktiven Revision der Theorien des Politischen und der (Multi-)Kultur stellt die Sozialwissenschaften in allen abendländischen Gesellschaften vor eine im wesentlichen ähnliche Herausforderung des eben erst an seinem Beginn stehenden 21. Jahrhunderts.

Gegenüber einer damit beanspruchten weitgehenden Übertragbarkeit zentraler Argumente der anglo-amerikanischen Diskussion *im Bereich einer Theoretisierung des Politischen und der Kultur* gestehe ich hingegen gerne zu, dass die Übertragbarkeit vieler dieser Ansätze im Blick auf ihre spezifischen kulturellen, politischen und pädagogischen Anwendungsperspektiven begrenzt ist. Hier ist aus konstruktivistischer Sicht vor allem die Phantasie von Pädagogen, Soziologen, Kulturwissenschaftlern und Philosophen gefragt. Die insbesondere in didaktischer Sicht vorbildlichen neueren Arbeiten des Arbeitskreises der *Open University* um Stuart Hall in Großbritannien beispielsweise (vgl. unter anderem Hall 1997), die Studenten auf der Basis einfacher und lebensweltbezogener Einführungen an die komplexen Fragen (multi-)kultureller Gesellschaftsanalysen heranführen, könnten eine Herausforderung darstellen, vergleichbare Materialien auch für unseren eigenen Kulturkreis anzufertigen. Als konstruktivistischer Pädagoge hege ich die Hoffnung, dass solche Auseinandersetzungen das imaginäre Begehren von Lehrenden und Lernenden gleichermaßen ansprechen, um neue Fragen und damit neue Perspektiven einer Sicht der je kontextspezifischen Probleme postmoderner Multikultur anzuregen.

Kapitel 10:

Eine neue Allgemeinbildung?
Herausforderungen durch die *Cultural Studies*

10.1 (Allgemein-)Bildung in der Postmoderne?

Gibt es eine Allgemeinbildung in der Postmoderne? Im herkömmlichen Verständnis lag dem Begriff die Erwartung einer dreifachen Generalisierung zugrunde – Allgemeinbildung meinte eine Bildung *für alle*, eine *allseitige* Bildung sowie eine Bildung *im Medium des Allgemeinen* (vgl. Klafki 1985, 17 f.). Diese Erwartungen sind „nie ohne Einschränkung verwirklicht worden" (Jank/Meyer 1994, 176). In dem dreifach idealisierten Anspruch auf Allgemeinheit drückt sich jedoch ein unverzichtbarer Grundzug des modernen Bildungsverständnisses aus. Kennzeichnend für dieses Verständnis war insbesondere die Imagination eines Kulturkreises im Sinne eines eindeutig zentrierten Raumes. Denn nur von einer unterstellten ‚Mitte' kulturell weitgehend unproblematisch geteilter Grundvorstellungen aus schien es möglich, die objektiven Bildungsinhalte in materialer Hinsicht zu kanonisieren, die subjektiven Voraussetzungen einer bildenden Personwerdung formal zu bestimmen bzw. eine Vermittlung objektiver und subjektiver Bildungsansprüche kategorial zu erfassen und damit zu einem Medium des Allgemeinen einer allseitigen Bildung für alle zu gelangen. Gemeinsam ist den unterschiedlichen modernen Bildungstheorien materialer, formaler oder kategorialer Orientierung (vgl. zur Übersicht Blankertz 2000) mit anderen Worten, dass der von ihnen unterstellte Bildungsbegriff – ein Singularetantum, d.h. ein Wort, das nur in der Einzahl existiert – auf starken Konsenserwartungen beruht. Wie kaum ein anderer Begriff in der deutschsprachigen Philosophietradition bezeichnet Bildung die Vision einer Einheit in der Vielheit, eine Vision, die in historischer Perspektive als Bildungsgeschichte eine der großen kulturellen Metaerzählungen des 19. und 20. Jahrhunderts dargestellt hat.

Solche großen Visionen und Metaerzählungen sind in der Postmoderne zunehmend fragwürdig geworden. Gesellschaftliche, wissenschaftliche und auch pädagogische Konsenserwartungen, wie sie zu Beginn des 20. Jahrhunderts noch vielerorts prägend und bestimmend für ein Fortschrittsdenken waren, sind in postmoderner Zeit in eine neue Bescheidenheit gegenüber dem Eingeständnis von und der gesteigerten Aufmerksamkeit für Pluralität, Widerstreit, Ambivalenz und Dissens getreten. Angesichts einer zunehmenden Diversifizierung von Lebenswelten sowie einer steigenden Pluralisierung wissenschaftlicher und außerwissenschaftlicher Diskurse kommt in gegenwärtigen kulturtheoretischen Überlegungen der Kontextualität und dem Ereignisbezug kultureller Praktiken sowie der

Singularität und Lokalität von Beobachtungen unterschiedlicher Beobachter eine wachsende Bedeutung zu. Wohnte dem modernen Bildungsbegriff das Versprechen einer (wie immer begrenzten) Übersicht inne, so gehört gerade deren unwiederbringlicher Verlust angesichts neuer und radikalisierter Unübersichtlichkeiten zu den Schlüsselerfahrungen in der Gegenwart. Zum „Unbehagen in der Postmoderne", wie es etwa Zygmunt Bauman beschreibt (vgl. Bauman 1999), gehört auch der zunehmende Verlust einer ‚kulturellen Mitte', von der aus eindeutige und umfassend konsensfähige materiale, formale oder kategoriale Bestimmungen von Bildung möglich scheinen. Dieser Verlust mag von manchen nostalgisch betrauert, von anderen als ein Zugewinn pluralistischer Freiheitsgrade und Wahlmöglichkeiten eher begrüßt werden. Folgen wir Bauman, ist es gerade die zugrunde liegende Ambivalenz zwischen einer Ekstase der Freiheiten und einem Verlust hergebrachter Sicherheiten, Gewissheiten und Orientierungen, die unser Zeitalter nachhaltig prägt – eine Ambivalenz, der sich weder nostalgische Ablehnung noch frenetische Bejahung ganz entziehen können und die wir, wie Richard Rorty nahe legt, vielleicht eher mit postmoderner Ironie zu ertragen lernen sollten (vgl. Rorty 1993).

Lässt sich angesichts dieser veränderten Situation überhaupt noch sinnvoll von (Allgemein-)Bildung reden? Können wir in der spürbaren Scheu (oder zumindest Ambivalenz) vieler Erziehungswissenschaftler/innen, den Begriff überhaupt noch zu verwenden, nicht ein deutliches Anzeichen dafür erkennen, dass er sich überlebt hat? Oder ist Hans-Christoph Koller zuzustimmen, dass trotz veränderter, (post-)moderner Ausgangsbedingungen eines Nachdenkens über Bildung der Begriff „als zentrale Orientierungskategorie für die pädagogische Reflexion unverzichtbar ist" (Koller 1999, 11)? Auch Helmut Peukert spricht sich für den Versuch einer Reformulierung des Bildungsbegriffs aus, wobei er, unter anderem, ebenfalls ausdrücklich auf die veränderte Problemlage angesichts der Postmodernediskussion Bezug nimmt (vgl. Peukert 2000, 513). Er vertritt die generelle These, „dass die Erziehungswissenschaft sich bei ihrem *Begriff von Bildung* nicht mit einer historischen Rekonstruktion begnügen kann, sondern dass sie die Aufgabe hat, diesen Begriff *neu zu bestimmen*, und zwar aus einer interdisziplinär betriebenen Analyse der geschichtlich-gesellschaftlichen Situation, ihrer bestimmenden inneren Tendenzen und der Lage der einzelnen in ihr" (ebd., 509, Herv. i. Orig.).

Vor diesem Hintergrund plädiere ich im Folgenden aus der Sicht des Ansatzes des Kölner interaktionistischen Konstruktivismus (vgl. Reich 1998 a, b, 2002 a, b; Neubert 1998 a; Neubert/Reich 2000) für ein postmodern revidiertes Bildungsverständnis, das an einem – gemessen an den traditionellen Erwartungen – zurückgenommenen und bescheiden gewordenen Anspruch von (Allgemein-)Bildung festhält und diesen Anspruch zugleich konstruktivistisch neu interpretiert. Anschließend verdeutliche ich exemplarisch, was ein solch postmodernes und konstruktivistisches Bildungsverständnis von einigen der innovativen kulturtheoretischen Ansätze, die im angloamerikanischen Sprachraum unter dem Sammelbegriff *Cultural Studies* vereint sind, lernen könnte.

10.2 Bildung in konstruktivistischer Perspektive

Ein konstruktivistisches Bildungsverständnis nimmt zunächst die angedeuteten postmodernen Brechungen und Dezentrierungen ernst, indem es im Blick auf Bildungsprozesse grundsätzlich Beobachtervielfalt vor jeden Anspruch auf idealisierte (und zunehmend illusorische) Einheits- und Konsenserwartungen stellt. ‚Bildung' wird hier als ein viables Konstrukt von Beobachter/inne/n in Verständigungsgemeinschaften verstanden. Viabilität als Geltungskriterium meint dabei, dass solche Konstrukte als Lösungen auf Zeit zu den Interessen, Motiven und Problemlagen dieser Beobachter/innen in ihren Verständigungsgemeinschaften passen und sich in pragmatischen Handlungskontexten bewähren. Es wird davon ausgegangen, dass unterschiedliche Beobachter/innen in unterschiedlichen Verständigungsgemeinschaften zu durchaus unterschiedlichen Viabilitäten hinsichtlich ihrer Bildungsvorstellungen gelangen können.[149] In der Konsequenz dieser Überlegungen liegt es, dass die Definition von Bildungsinhalten und Bildungszielen heute nicht mehr allein oder vorwiegend Aufgabe von Didaktikern oder Bildungstheoretikerinnen sein kann. Eine postmoderne Öffnung und Pluralisierung von Bildungsdiskursen macht es, konstruktivistisch gesehen, insbesondere erforderlich, Bildung verstärkt als einen *Konstruktionsprozess* zu begreifen, an dem alle Beteiligten – Lehrende wie Lernende – mit ihren re/de/konstruktiven Leistungen möglichst umfassend teilhaben und mitbestimmen können. Dies setzt eine verstärkte Bereitschaft zu dialogischer Verständigung gerade angesichts kultureller Vielfalt und Unterschiedlichkeit voraus, um zu viablen Lösungen auf Zeit zu gelangen. Eine „multiperspektivische Allgemeinbildung", wie sie z.B. Auernheimer (1996, 186 ff.) fordert, erscheint hier als Anspruch sinnvoll, insofern damit die Fähigkeit zum Perspektivenwechsel und zur Berücksichtigung unterschiedlicher Formen viabler Weltauslegung unter Anerkennung der Andersheit des Anderen gezielt betont wird. Damit relativiert sich, konstruktivistisch betrachtet, zugleich jeder Anspruch auf Vollständigkeit – Bildung bewahrheitet sich insofern auch in der Anerkennung der Grenzen eigener Beobachtung, in der Reflexion auf die Begrenztheit eigener Perspektiven und auf den Mangel eigener Bildung im Blick auf die Vielfalt möglicher Wirklichkeitskonstruktionen anderer Beobachtender.

Indem Bildung stets im Schnittpunkt gesellschaftlicher Auseinandersetzungen und rivalisierender Interessenlagen zu sehen ist, gilt es zudem, den hegemonialen Charakter dieses Konstrukts – der bereits im neuhumanistischen Bildungsdiskurs als Ausdruck bürgerlichen Vormachtstrebens angelegt war – angesichts postmoderner Perspektivenvielfalt neu zu reflektieren. Was unter Bildung verstanden wird, ist – aus konstruktivistischer

---

149 Zum kulturellen Viabilitätsbegriff im interaktionistischen Konstruktivismus vgl. Reich (2000 a, b). Beobachter/innen werden im interaktionistischen Konstruktivismus immer zugleich als Teilnehmer/innen und Akteur/inn/e/n im Kontext kultureller Praktiken, Routinen und Institutionen aufgefasst. Wenn ich im Folgenden der Einfachheit halber mitunter entweder die männliche oder die weibliche Form verwende, ist dabei das jeweils andere Geschlecht stets mitgedacht.

Sichtweise – stets Ausdruck begrenzter Verständigungsleistungen auf Zeit, und solche Einigungen sind zudem stets hinsichtlich der in sie eingeschriebenen Machtwirkungen und der mit ihnen einhergehenden Auslassungen und Ausschließungen zu befragen (vgl. Foucault 1991). Mit anderen Worten sollte der in der deutschen Bildungsdiskussion meines Erachtens oft unterbelichtete Zusammenhang von Bildung und Macht in der aktuellen Diskussion stärker beachtet werden. Dies erscheint gerade im Blick auf Bemühungen um eine radikalere Demokratisierung des Bildungswesens als eine wesentliche Voraussetzung.

Tritt Bildung damit gegenwärtig in ein Stadium verstärkter Pluralisierung und Relativierung, so bedeutet dies nicht notwendig, dass sie sich in bloße Beliebigkeit auflöst. Aus konstruktivistischer Perspektive bleiben – wenngleich bescheidener gewordene – Mindestansprüche an ein in heutiger Zeit viables Bildungsverständnis formulierbar. Aus der Sicht des interaktionistischen Konstruktivismus benenne ich hierzu nachfolgend einige zentrale Punkte (vgl. ausführlicher: Reich 2002 a).

10.2.1 Bildung als Re/De/Konstruktionsaufgabe in kulturellen Kontexten

Im Sinne des interaktionistischen Konstruktivismus ist Bildung ein lebenslanger Arbeitsprozess von Menschen (als Beobachter/innen, Teilnehmer/innen und Akteur/inn/e/n) in kulturellen Kontexten. Dabei lassen sich u.a. die folgenden drei Perspektiven unterscheiden:

a) Bildung als Rekonstruktionsarbeit: Dies ist die in klassischen Bildungstheorien dominierende Perspektive. Bildung meint hier generell ein Sinn verstehendes und nachvollziehendes Entdecken kultureller Werte, Güter, Reichtümer, Ressourcen etc., deren rekonstruktive Aneignung Grundlage subjektiver Individuation und Personwerdung in einer Gesellschaft ist. Mit anderen Worten geht es dabei um den Zugang zu und die Teilhabe an den symbolischen Repräsentationsmitteln und Diskursen einer Kultur als Voraussetzung eines kritisch-konstruktiven und selbst verantworteten Umgangs – von der Beherrschung grundlegender Kulturtechniken bis hin zu einer Partizipation in Feldern wie Wissenschaft, Kunst, Politik, Konsum und Ökonomie, die stets über symbolische Praktiken vermittelt ist. Diese notwendig rekonstruktive Seite von Bildungsprozessen wird selbstverständlich auch von Konstruktivisten gesehen und anerkannt. Nachdrücklicher als andere Richtungen beharren sie allerdings darauf, dass Bildung niemals Rekonstruktionsarbeit um ihrer selbst Willen sein sollte. Sie betonen den Aspekt der Konstruktion *in der* und *durch die* Rekonstruktion, und meinen, dass die rekonstruktiven Anteile im Rahmen weitestgehend selbstbestimmter und selbsttätiger Lernprozesse so viel und so umfassend wie möglich als Ausgangspunkt eigener Konstruktionen der Lernenden genutzt werden sollten.

Diese Auffassung ist für Konstruktivist/inn/en im postmodernen Zeitalter allein schon durch das Problem der Auswahl, Reduktion und Konzentration von Bildungsangeboten begründet. Diese können längst in keinem allgemeinverbindlichen didaktischen Rekonstruktionsmodell mehr abgebildet werden – selbst wenn es auf exemplarische Prinzipien beschränkt ist. Die sich ständig steigernde Zunahme des Wissens, verbunden mit den immer kürzeren Halbwertszeiten seiner Geltung, hat längst quantitativ dazu geführt, dass eine Hoffnung auf Vollständigkeit, selbst als Halbbildung, für niemanden mehr einholbar ist. Wenn überhaupt, ist Bildung als Rekonstruktionsarbeit nur in begrenzten Segmenten und Spezialbereichen als ein qualitatives Spiel um Tiefe möglich, das sich der Schnelllebigkeit und Oberflächlichkeit postmoderner Diskursmoden partiell entzieht. Eine solche Auswahl zu begründen, kann aus konstruktivistischer Sicht nicht mehr allein Aufgabe von Didaktikerinnen und Bildungsplanern sein, sondern muss die unterschiedlichen Viabilitäten von Lernenden – ihre unterschiedlichen Bildungserfordernisse, Bedürfnisse und Interessenlagen – verstärkt mit einbeziehen, um gemeinsam mit ihnen Bildungsoptionen aufzuweisen und ihnen Freiräume für eigene viable, selbst bildende Wirklichkeitskonstruktionen zu eröffnen.

b) Bildung als Dekonstruktionsarbeit: Die Pluralität und Heterogenität von Wissensdiskursen in der Postmoderne fordert in erkenntniskritischer Sicht zu einem veränderten Diskurs- und Wahrheitsverständnis heraus. Konstruktivist/inn/en plädieren hier, wie bereits angedeutet, für eine pluralistische Wahrheitstheorie, die Geltungsansprüche als Konstrukte von Beobachter/inne/n in Verständigungsgemeinschaften versteht, wobei solche Konstruktionsarbeit durch je auf Zeit gültige diskursive Regeln begrenzt wird. Der Wahrheitsbegriff behält damit auch für Konstruktivisten Bedeutung, und Wahrheitsansprüche erscheinen nicht einfach als beliebig. Sie werden aber auf die diskursiven Grundlagen ihrer Erzeugung zurückbezogen und erscheinen insofern im Nach- und Nebeneinander unterschiedlicher Wissensdiskurse als relativiert (vgl. Foucault 1991). Der interaktionistische Konstruktivismus unterscheidet hier zwischen Selbst- und Fremdbeobachterperspektiven. Für die Selbstbeobachter muss in ihren Diskursen – z.B. innerhalb einer bestimmten Wissensdisziplin – eine Unterscheidung von wahren und falschen Aussagen nach Maßgabe geltender Regeln und Verfahren intersubjektiv herstellbar sein, um Wissenschaft überhaupt sinnvoll betreiben zu können. Für eine Fremdbeobachterin jedoch, die vergleichend auf andere Wissensdiskurse im Nach- und Nebeneinander schaut, dekonstruiert das plurale Wissen selbst jeden Versuch einer einseitigen Verabsolutierung von Wahrheitsansprüchen nur einer spezifischen Sicht. Diese Paradoxie scheint für Wissenschaft in der Postmoderne generell kennzeichnend zu sein. Aus konstruktivistischer Sicht gehört eine Bereitschaft zum Wechseln von Selbst- und Fremdbeobachterpositionen im Blick auf Wissensdiskurse daher zu den Mindestanforderungen an eine postmoderne Bildung (vgl. ausführlicher: Neubert & Reich 2000). In solcher Dekonstruktionsarbeit wird Bildung als Grenze und Mangel erkennbar, als notwendige Vereinseitigung des Schauens, mitunter aber auch als Ethnozentrismus, Vorurteil oder bornierte Besserwisserei enttarnt.

c) Bildung als Konstruktionsarbeit: Dies ist die bevorzugte Perspektive einer konstruktivistischen Pädagogik. Sie betont und unterstützt die Möglichkeiten von Lernenden, in selbsttätiger und selbstbestimmter Bildungsarbeit zu eigenen Wirklichkeitskonstruktionen zu gelangen, die im gesellschaftlich-historischen Kontext ihrer jeweiligen Verständigungsgemeinschaften als viable Lösungen zu ihnen »passen«. Dies geschieht nie unabhängig von den rekonstruktiven Vorgaben einer Kultur, es setzt die Aneignung und Verarbeitung symbolischer Ressourcen ebenso voraus wie die Orientierung an kulturellen Normen und Maßstäben einer als erfolgreich anerkannten – und gegebenenfalls zertifizierten – Bildungsleistung. Diese kulturellen Vorgaben und Erwartungen haben jedoch in einer Zeit, in der selbst so grundlegende Kulturtechniken wie die Rechtschreibung Gegenstand dauerhafter öffentlicher und juristischer Auseinandersetzung geworden sind, viel von ihrer unbefragten Allgemeingültigkeit verloren und weitgehend den Charakter von Wahlmöglichkeiten angenommen. Sie sind meist kontrovers auslegbar und unterschiedlich interpretierbar, oft bestreitbar und selten alternativlos. Unter diesen Voraussetzungen erweist sich Bildung als konstruktiver Prozess weniger in einem Verfügen über bestimmte kulturelle Güter als in der Befähigung, sich vertiefend auf diskursive Praktiken einzulassen, dabei verständigungsorientiert mit anderen nach viablen Deutungen und neuen Lösungen angesichts veränderlicher Problemlagen zu suchen und zugleich Widersprüche und Ambivalenzen sowie Dissens bei grundsätzlicher Anerkennung der Andersheit des Anderen zu ertragen.[150] Die konstruktivistische Pädagogik bemüht sich, dem Rechnung zu tragen, indem sie neben inhaltlichen Lernprozessen insbesondere die Beziehungsseite pädagogischer Interaktionen verstärkt in den Mittelpunkt rückt (vgl. Reich 2002 a, b). Ihr scheint ein „Lernen in Beziehungen" (vgl. Neubert/Reich/Voß 2001) eine wesentliche Grundlage für Bildungsprozesse in der Postmoderne zu sein, wobei die symbolischen Repräsentationen einer Kultur, die imaginären Spiegelungen zwischen Subjekten und die realen, oft überraschenden Ereignisse einer Erfahrungswelt zu Ausgangspunkten re/de/konstruktiver Bildungsarbeit zwischen Lernenden und Lehrenden werden können.

---

150 Eine Illustration findet sich weiter unten in dem Beispiel am Ende des Kapitels 13.3.1. Zu einem ähnlichen Ergebnis kommt auch Koller, wenn er in seiner an der Sprachphilosophie Lyotards anschließenden (post-)modernen Reformulierung des Bildungsbegriffs feststellt: „Bildung ... wäre unter den Bedingungen der (Post-)Moderne, d.h. angesichts einer radikalen Pluralität heterogener Diskursarten, als derjenige Prozess zu verstehen, der es ermöglicht, dem Widerstreit als dem Inbegriff dieser Pluralität gerecht zu werden. Dazu ist neben der Anerkennung solcher Pluralität vor allem eine, wie es bei Lyotard einmal heißt, ‚neue Kompetenz (oder Klugheit)' ... erforderlich, die es ermöglicht, neue Diskursarten zu erfinden, um den Widerstreit zu bezeugen und wachzuhalten. ... Im Mittelpunkt dieses Bildungsbegriffs stünde so nicht länger ein sich bildendes Subjekt, das als ‚ursprünglich' bzw. der Sprache logisch vorhergehend aufzufassen wäre; Bildung wäre mit Lyotard vielmehr als ein *sprachlicher* Prozess zu verstehen, als Mobilisierung und Freilegung kreativer Potentiale der Sprache, die es erlauben, angesichts neuer, bislang nicht artikulierbarer individueller oder gesellschaftlicher Problemlagen neue Diskursarten zu erfinden" (Koller 1999, 17, Herv. i. Orig.).

10.2.2 Schlüsselprobleme und Widerstreit

Unter Rückgriff auf den eingangs zitierten dreifachen Wortsinn von Allgemeinbildung lässt sich als ein *vorläufiges Fazit* Folgendes festhalten: Auch in der Postmoderne bleibt *Bildung für alle* im Sinne umfassend genutzter und gerecht verteilter Chancen auf Teilhabe an den kulturellen Ressourcen einer Gesellschaft eine demokratische Grundforderung. Aus konstruktivistischer Sicht sollte dies eine möglichst *vielseitige Bildung* sein, die Lernenden umfassende Gelegenheiten bietet, in selbsttätigen und selbstbestimmten Bildungsprozessen viable Re/De/Konstruktionen von Wirklichkeiten in inhaltlicher wie in beziehungsmäßiger Hinsicht zu erproben. Eine Allseitigkeit von Bildung als pädagogische Zielsetzung scheint dabei weder erreichbar noch wünschenswert, weil ein solcher Anspruch die zunehmend bedeutsame dekonstruktive Sicht von Bildung als Grenze und Mangel zu sehr unterschlägt. Von einer Bildung im Medium des Allgemeinen kann in der Postmoderne ebenfalls nur mehr in einem zurückgenommenen Sinne die Rede sein – etwa im Sinne einer Bildung *im Medium symbolischer Repräsentationen kultureller Wirklichkeiten*.[151] Dabei kann in vielen Lebenskontexten ein allgemeinverbindlicher Sinn solcher Bildungsarbeit, angesichts der Heterogenität postmoderner Diskursarten, zunehmend weniger unterstellt werden.

Vor dem Hintergrund der damit grundsätzlich beanspruchten Beobachtervielfalt ließe sich z.B. auch die Forderung nach einer kritischen Auseinandersetzung mit so genannten gesellschaftlichen ‚Schlüsselproblemen' der Gegenwart als Gegenstand von Allgemeinbildungsprozessen (vgl. Klafki 1985, 20 ff.) neu bewerten. Gewiss behält die Auseinandersetzung mit solchen ‚Schlüsselfragen' – zu denken wäre hier beispielsweise an die Friedens- oder Umweltthematik, an Möglichkeiten, Grenzen und Risiken wissenschaftlich-technologischer bzw. ökonomischer Entwicklungen, an Konflikte zwischen Mitbestimmungsansprüchen und Bürokratie, an das Verhältnis der Generationen und der Geschlechter zueinander, an Fragen umfassender gesellschaftlicher Demokratisierung, an den gesellschaftlichen Umgang mit Differenzen u.v.m. (vgl. ebd., 21) – auch in der postmodernen Situation ihre Bedeutung. Klafki fordert zu Recht, dass dabei nicht nur „die Gestalter von Richtlinien, Lehrplänen, Curricula", sondern auch Lehrkräfte, Eltern und Schüler in die Definition relevanter Schlüsselprobleme bei „offener Diskussion" einbezogen werden sollten (ebd., 20). Problematisch erscheint allerdings seine Erwartung, dass – wenngleich ein völliger Konsens über die *Lösungen* dieser Schlüsselprobleme als unwahr-

---

151 Der Begriff „symbolische Repräsentationen" bezieht sich auf verallgemeinerte Darstellungsweisen von Bedeutungskonstruktionen, die kulturelle Praktiken beeinflussen. Solche symbolischen Darstellungen oder Repräsentationen können durch unterschiedlichste Medien vermittelt erscheinen. Zu denken ist dabei nicht nur an Texte im herkömmlichen Sinne, sondern z.B. auch an die Fülle der uns täglich umgebenden Bilder und virtuellen Darstellungsformen, die durch die Entwicklung der elektronischen Massenmedien im letzten halben Jahrhundert immens an Bedeutung (auch für Bildungsprozesse) gewonnen haben.

scheinlich gilt – zumindest die Möglichkeit unterstellt werden kann, einen hinreichenden allgemeinen Konsens bei der Formulierung der *Problemstellungen* zu erreichen (vgl. ebd., 20 f.). Aus interaktionistisch-konstruktivistischer Sicht ist demgegenüber kritisch darauf hinzuweisen, dass nicht erst die Formulierung konkreter Lösungsvorschläge für drängende Gegenwartsfragen Bestandteil hegemonialer Auseinandersetzungen ist, sondern bereits die Artikulation vorrangiger Problemlagen. Pädagogische Konsenserwartungen unterschätzen dabei häufig die Bedeutung des »Widerstreits« in postmodernen Gesellschaften. Aus konstruktivistischer Sicht ist Pluralität hier radikaler als bei Klafki anzusetzen: als verstärkte Offenheit für die Artikulation von Dissens wie für die Existenz und Relevanz von ‚Gegendiskursen' jenseits eines erwarteten allgemeinen Konsenses – beispielsweise für abweichende Problemdefinitionen und widerstreitende Konfliktdeutungen kultureller Minderheiten oder politischer bzw. sozialer Protestbewegungen. Mit anderen Worten wäre für ein postmodernes Verständnis pluraler Demokratie (vgl. Mouffe 1999) gerade der zugelassene Streit zwischen einer Vielzahl je unterschiedlicher Definitionen gesellschaftlicher ‚Schlüsselprobleme' im Kontext spezifischer Lebens- und Interessenlagen in multikulturellen Gesellschaften entscheidend – bei aller Notwendigkeit, angesichts konkreter politischer Entscheidungszwänge zu problembezogenen demokratischen Verständigungsprozessen zwischen allen Beteiligten zu gelangen.[152]

Mehrere der nachfolgend diskutierten Theorieangebote aus dem Umfeld der *Cultural Studies* – dies gilt insbesondere für die Postkolonialismustheorien und die Debatten um kulturelle Hybridität (siehe Abs. 10.3.3 und 10.3.4) – sind Beispiele zeitgenössischer »Gegendiskurse« im Zusammenhang hegemonialer Auseinandersetzungen um Kultur- und Bildungsvorstellungen. Ihrer Relevanz als Herausforderung für eine postmoderne Bildungstheorie soll hier nachgegangen werden.

10.3 *Cultural Studies* als Herausforderung

Weil Bildungstheorie immer zugleich Kulturtheorie ist, sind neue kulturtheoretische Entwicklungen stets Herausforderungen für die aktuelle Bildungsdebatte. Vor dem Hintergrund des skizzierten konstruktivistischen Verständnisses einer Bildung in der Postmoderne gehe ich im Folgenden einigen Impulsen und Anregungen nach, die ein solches Bildungsverständnis von den in jüngerer Zeit auch im deutschsprachigen Raum stärker rezipierten Arbeiten der *Cultural Studies* erhalten kann.

---

152 Selbstverständlich unterstützt auch eine dissens-offene Demokratietheorie die Notwendigkeit eines gesellschaftlichen Grundkonsenses über die für die demokratische Lebensweise konstitutiven Institutionen. Sie ist aber vorsichtig bezüglich darüber hinausgehender Konsenserwartungen und betont, dass eine „pluralistische Demokratie ... ebenso Raum für den Austrag von Dissensen und für widerstreitende Interessen und Werte [braucht]" (Mouffe 1999, 27). Zum Verhältnis von Konstruktivismus, Multikultur und radikaler Demokratietheorie Kapitel 12 dieser Arbeit.

Die *Cultural Studies*[153] sind eine innovative Forschungsrichtung, die in den letzten Jahrzehnten zu einer zunehmend einflussreichen und Impuls gebenden Strömung innerhalb der angloamerikanischen Multikulturalismusdebatte wurde.[154] Die *Cultural Studies* wurden ursprünglich im Großbritannien der 1960er Jahre insbesondere durch die Arbeit des Birminghamer *Center for Contemporary Cultural Studies (CCCS)* – Zentrum einer marxistisch inspirierten Erforschung von Alltagskulturen – ins Leben gerufen. Als akademische Bewegung erfuhren die *Cultural Studies* im größeren Maßstab etwa seit den 1980er Jahren, insbesondere in den USA, eine rasante Verbreitung und Popularisierung. Heute ist der Name, speziell im amerikanischen Kontext, eine oft unscharfe Sammelbezeichnung von Beiträgen – vergleichbar mit *Gender Studies* oder *Literary Criticism* –, unter die fast alles und jedes fallen kann und die sich mitunter kaum noch durch einen erkennbaren theoretischen Diskurszusammenhang auszeichnen. Die mit dieser sprunghaften Proliferation verbundene teilweise Verflachung der ursprünglichen Theorie- und Kritikansprüche der Bewegung wird dabei durchaus selbstkritisch gesehen und problematisiert (z.B. Nelson/Treichler/Grossberg 1992, McRobbie 1992). Gleichzeitig ist es führenden Vertretern der Bewegung – beispielsweise Stuart Hall und seinen Mitarbeitern in Großbritannien, Lawrence Grossberg oder Henry Giroux in den USA – immer wieder gelungen, die alltagskulturelle Orientierung und die interdisziplinäre Arbeitsweise der *Cultural Studies* in innovativen Theoriediskursen zu fundieren. Dabei gewann die kulturtheoretische Rezeption insbesondere poststrukturalistischer Autoren (Foucault, Lacan, Derrida, Laclau) seit den frühen 1990er Jahren zunehmend an Bedeutung. Berührungspunkte zu postmodernen, konstruktivistischen und dekonstruktivistischen Positionen sind heute unverkennbar.

Die Herausforderung der *Cultural Studies* für die gegenwärtige deutsche Bildungsdiskussion ist, im Blick auf konkrete Anwendungsperspektiven und Analysen alltagskultureller Fragestellungen, sicher begrenzt, da Forschungsergebnisse zu Themen wie Rassismus, Umgang mit Differenz, Medien- und Kulturpolitik aufgrund der recht unterschiedlichen historischen Hintergründe und Ausgangsbedingungen multikulturellen Zusammenlebens nur bedingt vom nordamerikanischen bzw. britischen auf den deutschen Kontext übertragbar sind. Eine stärkere Herausforderung besteht hingegen auf der theoretisch-konzeptionellen Ebene, denn in den *Cultural Studies* – zumindest in den Arbeiten der Autoren, auf die ich mich im Folgenden beziehe – scheinen sich grundlegend neue Formen des Nachdenkens über (post-)moderne Kultur herauszubilden, die auch unabhängig von ihrem Entstehungsort Relevanz beanspruchen können.

---

153 Zur Einführung vgl. Lutter/Reisenleitner (1998), Grossberg/Nelson/Treichler (1992), Grossberg (1994), During (1999), Hall (1999).

154 Für eine Übersicht zentraler Diskussionen und Strömungen in der angloamerikanischen Multikulturalismusdebatte sowie zu Gemeinsamkeiten und Unterschieden im Blick auf die bundesdeutsche Diskussion vgl. Neubert/Roth/Yildiz (2002).

10.3.1 Ein poststrukturalistisches Diskursverständnis

Von besonderer Bedeutung für die Entwicklung der *Cultural Studies* war seit Ende der 1980er Jahre, wie bereits angedeutet, die kulturtheoretische Rezeption poststrukturalistischer Diskurstheorien im Anschluss an Autoren wie Foucault, Lacan oder Derrida (vgl. zur Einführung: Hall 1992 a, 1997b). Zentrale Aspekte dieses Diskursverständnisses möchte ich nachfolgend herausheben und ihre Implikationen für die Bildungsdiskussion beleuchten. Die damit angesprochenen Theoriebezüge sind für das Verständnis aller weiteren hier diskutierten Beiträge der *Cultural Studies* grundlegend.

„Ein Diskurs", so definiert Stuart Hall, „ist eine Gruppe von Aussagen, die eine Sprache zu Verfügung stellen – d.h. eine Repräsentationsweise –, um über eine spezielle Art von Wissen über ein Thema zu reden" (Hall 1992 a, 291).[155] Diskurse sind als Diskursformationen organisiert, d.h. als symbolische Ordnungen intentionaler Verständigungsprozesse, die bestimmte Beziehungen zwischen den möglichen Aussagen innerhalb eines Diskurses festlegen und zum Beispiel eingrenzen, was Gegenstand des Diskurses sein kann (und was nicht), welche Verfahrensweisen, welche Strategien, welcher Stil dem Diskurs angemessen sind (und welche nicht) oder wer wann, wo und in welcher Form das Wort ergreifen kann (und wer nicht). Dabei sind solche Diskursformationen, nach poststrukturalistischem Verständnis, allerdings niemals als vollständige, eindeutige und sozusagen »genähte« (Laclau/Mouffe) Totalitäten aufzufassen, sondern als unabgeschlossene Gebilde oder Strukturen, die »offene Nähte« gegenüber anderen Diskursen aufweisen. Dies hängt insbesondere damit zusammen, dass Diskurse in dieser Sichtweise durch so genannte »Überdeterminiertheit«[156] gekennzeichnet sind. Das meint, Diskurse sind stets vielschichtige Formationen der Bedeutungskonstruktion, die verschiedenartige und selbst antagonistische Artikulationen ermöglichen. Ihnen wohnt von vornherein ein immer nur bedingt zu bezähmender »Bedeutungsüberschuss« inne. Im Anschluss an strukturalistische Überlegungen, etwa des Linguisten Saussure, geht man von einer beweglichen und nie ganz zu stabilisierenden Beziehung zwischen Signifikant und Signifikat[157] aus, die Verdichtungen und Verschiebungen von Bedeutungen ermöglicht, was zu einem potenziell endlosen ‚Spiel der Differenzen' führt. Jede gegebene Artikulation eines Diskurses kann so Ausgangspunkt möglicher Re-Artikulationen und De-Artikulationen werden, die bestenfalls zeitlich aufgeschoben sind: der Umstand, dass sie als Möglichkeiten *bisher noch*

---

155 Die Übersetzung aller englischsprachigen Zitate in diesem Beitrag stammt von mir (S.N.).
156 Der Begriff ist der Freudschen Psychoanalyse, insbesondere der Traumdeutung, entlehnt (ursprünglich durch Althusser).
157 Signifikant und Signifikat bilden zusammen genommen das Zeichen. Der Signifikant ist das Bezeichnende, d.h. der materielle Bedeutungsträger, das Signifikat ist das Bezeichnete, d.h. der Vorstellungsinhalt des Zeichens. Dem Zeichen als Verbindung von Signifikant und Signifikat steht der Referent gegenüber, d.h. der Gegenstand, auf den es sich bezieht. Zur Zeichentheorie vgl. einführend Eco (1977, hier insb. 27 ff.).

nicht realisiert worden sind bzw. werden konnten bedeutet nicht, dass dies auch für die Zukunft gilt.

Außerdem implizieren Diskurse nach diesem Verständnis immer zugleich Machtbeziehungen. Macht ist dabei aber keine monolithische Kraft, sondern etwas, das weitgehend über den Diskurs hinweg verteilt ist. Nach Foucault wirkt Macht wie eine Kette, die durch die Individuen hindurch geht (vgl. Foucault 1976, 1978). Gibt es keine Beobachterposition innerhalb eines Diskurses, die jenseits der Macht liegt, so gibt es ebenso wenig eine Position, wo die Machtwirkungen total sind.

Beide Argumente – das der Überdeterminiertheit und das der Macht – stehen in enger Beziehung zueinander. Zusammengenommen erklären sie, warum die poststrukturalistische Auffassung, die Subjekte würden im und durch den Diskurs *konstituiert*, keinesfalls gleichbedeutend ist mit der Vorstellung, sie seien vollständig vom Diskurs *determiniert*. Einerseits bietet jede konkrete Diskursformation nur eine begrenzte Auswahl von so genannten *Subjektpositionen*, d.h. von Positionen, die die Subjekte (als Selbst- und Fremdbeobachter/innen) aktiv besetzen können und von denen aus – vereinfacht gesprochen – der Diskurs Sinn macht. Darin zeigen sich die subjektkonstituierenden Machtwirkungen des Diskurses, die die Bereiche möglicher Beobachtung und Artikulation im Voraus begrenzen. Andererseits bringt es der überdeterminierte Charakter selbst dominanter Diskurse mit sich, dass die Vorherrschaft hegemonialer Interpretationen niemals ganz die Möglichkeit von Neuartikulationen durch Bedeutungsverschiebung beseitigen kann. Deshalb kann kein herrschender Diskurs auf lange Sicht die Möglichkeit von Gegenstrategien gänzlich verhindern, die etablierte Hegemonien gerne abstreiten. Eben diese im Diskurs selbst angelegte Aufgeschobenheit möglicher Re/De/Artikulationen erlaubt eine »Subjektivierung« im Sinne re/de/konstruktiver Bildungsarbeit und damit subjektive Wirksamkeit in Diskursen. Solch eine subjektivierende Bildungsarbeit, dies sei nochmals betont, ist aus der Sicht dieses Ansatzes von vornherein in Diskurs- und Machtbeziehungen eingeflochten, und zwar auch und gerade dort, wo sie sich von hegemonialen Deutungen zu emanzipieren trachtet. „Wo es Macht gibt, gibt es Widerstand", schreibt Foucault (1999, 116). „Und doch oder vielmehr gerade deswegen liegt der Widerstand niemals außerhalb der Macht."

Wie ein solches Diskursverständnis, das die Ambivalenz und Ambiguität kultureller Repräsentationen und symbolischer Praktiken in ihrer Verflochtenheit mit Machtbeziehungen betont, als Grundlage für Kurse zur Einführung in Kulturstudien dienen kann, die Lernende in besonderem Maße zu re/de/konstruktiven Bildungsprozessen im Sinne meiner einleitenden Ausführungen anregen sollen, zeigt neuerdings eine in hochschuldidaktischer Hinsicht hochwertige Materialserie, die Stuart Hall und seine Mitarbeiter Ende der 1990er Jahre im Rahmen ihrer *Open-University*-Programme herausgaben. In dem Band mit dem Titel *Representation* (Hall 1997 a) werden z.B. Themen wie die „Poietik und Politik" des Darstellens anderer Kulturen, Genderkonstruktionen im Medium von *Soap Operas*, die Darstellung von Maskulinität in der Werbung oder das „Schauspiel des ‚Anderen'" in massenmedialen Darstellungen als postmoderne Bildungsangebote für Studienanfänger/innen präsentiert. Dabei wird in rekonstruktiver Hinsicht in grundlegende Kulturtheorien eingeführt, ergänzt durch aufbereitete Textauszüge einschlägiger und namhafter Autoren, die in Form von *Readings* abrufbar sind. Zudem wird auf Perspektivenvielfalt geachtet und zu dekonstruktivistischen Überlegungen aufgefordert, indem immer wieder konkurrierende und zum Teil widersprüchliche Deutungen nebeneinander gestellt werden, die zu einem Spiel mit Interpretationsmöglichkeiten einladen. Zugleich werden die Leser und Leserinnen in Form von Beispielen, Fragen und Übungen zur Konstruktion eigener Sichtweisen in der Durcharbeitung der re/dekonstruktiven Angebote des Textes angeregt. Ein letztes Wort über die »wahre« oder »beste« Deutung vermeiden bzw. verweigern die Autoren des Bandes dabei bewusst.

Das Kapitel zum *Spectacle of the ‚Other'* (vgl. Hall 1997 c) beispielsweise, in dem es unter anderem um Fragen rassistischer Stereotypenbildung und Fetischismen geht, endet mit der Betrachtung einer Arbeit des US-amerikanischen Fotografen Robert Mapplethorpe, der – selbst weiß und homosexuell – schwarze männliche nackte Körper in einer bestimmten Darstellungsform ablichtet. In einem dazu gehörenden *Reading* wird diese Form der Darstellung zunächst als Ausdruck eines rassistisch motivierten Fetischismus gedeutet. Dann wird jedoch eine genau entgegengesetzte Interpretation zitiert, wonach die Fotografie als Kunstobjekt die Fixiertheit des stereotypen weißen Blicks auf den schwarzen Körper verunsichere und – als Ausdruck einer dekonstruktiven Strategie – auf sich selbst zurückwende. Abschließend wird der/die Lesende gefragt, welche der beiden Deutungen er/sie selbst am überzeugendsten finde. Halls Kommentar ist bezeichnend für den zugrunde liegenden Ansatz: „Sie werden keine ‚korrekten' Antworten auf meine Fragen erwarten, denn es gibt keine. Sie sind eine Sache der Interpretation und der Beurteilung. Ich stelle sie, um den Aspekt der Komplexität und der Ambivalenzen von Repräsentation als einer Praxis einleuchtend zu machen, und um nahe zu legen, wie und warum der Versuch, ein rassistisch geprägtes (*racialized*) Repräsentationsregime auseinander zu nehmen oder zu subvertieren, eine extrem schwierige Übung ist, hinsichtlich der es – wie hinsichtlich so vieler anderer Aspekte von Repräsentation – keine absoluten Garantien geben kann" (Hall 1997 c, 276).

10.3.2 Kontextualisierung

Mit diesem Diskursverständnis ist ein weiteres »postmodernes« Charakteristikum der *Cultural Studies* eng verbunden: die Forderung nach einer dezidierten Kontextualisierung kulturtheoretischer Analysen, die sich mit einer Skepsis gegenüber kulturtheoretischen Universalperspektiven und einer Mahnung zur Vorsicht gegenüber vorschnellen Generalisierungen von Deutungsmustern sozialer, kultureller und politischer Zusammenhänge verbindet. Nach Lawrence Grossberg, einem der führenden Vertreter in den USA, gehört ein

„radikaler Kontextualismus" zu den entscheidende Erkennungsmerkmalen des Ansatzes (vgl. Grossberg 1994, 5). In theoretischer Hinsicht bedeutet dies für ihn, dass die *Cultural Studies* eine „Theorie von Kontexten" darstellen, und in politischer Hinsicht, dass sie sich einer „Praxis des Herstellens von Kontexten" verschreiben. Grundlegend ist für Grossberg dabei das Konzept der „Artikulation", das davon ausgehe, dass es „in der Geschichte keine garantierten Beziehungen gibt" (ebd.). Geschichte sei vielmehr als eine Praxis des Konstruierens, Rekonstruierens und Dekonstruierens von Beziehungen, Wirkungen und Kontexten zu analysieren.

Die Implikationen dieses »radikalen Kontextualismus« lassen sich für Grossberg auf fünf unterschiedlichen konzeptionellen Ebenen weiter spezifizieren:

a) Der Status der Theorie: Die Theoriebildung wird als eine „kontextbezogene Intervention" (*contextual intervention*) verstanden. Die bloße Anwendung einer im Voraus bekannten Theorie sowie ein vermeintlich theoriefreier Empirismus werden dabei abgelehnt. Die *Cultural Studies* fühlen sich dem Umweg über die Theorie verpflichtet, sind aber nicht im eigentlichen Sinne theoriegeleitet (*not theory driven*): „Die Theorie ist immer eine Antwort auf einen besonderen Kontext" (Grossberg 1994, 5), in dem sich geschichtliche und politische Bedeutungen artikulieren. Die programmatische Offenheit der Theoriebildung soll insbesondere in Rechnung stellen, dass an verschiedenen Orten und zu verschiedenen Zeiten unterschiedliche Theorien ebenso wie unterschiedliche Strategien richtig sein können (vgl. ebd., 6).

b) Die Beziehung zwischen Kultur und Macht: Für die *Cultural Studies* hängt die Beschaffenheit (*the very nature*) der Beziehung zwischen Kultur und Macht letztlich von dem spezifischen Kontext oder Ort ab, an dem sie zu intervenieren versuchen (vgl. ebd.). Sie können sich daher nicht einfach mit einer abstrakten Ideologietheorie z.B. zu Themen des Rassismus, Sexismus, der Fremdenfeindlichkeit oder Homophobie zufrieden geben, die beständig neu entdeckt, was sie ohnehin bereits weiß. Zwar sei es notwendig, an diese Dimensionen soziokulturellen Zusammenlebens immer wieder neu erinnert zu werden, doch versuchten die *Cultural Studies* jenseits eines bloßen Wiedererkennens ideologischer Muster insbesondere „die komplexen Zusammenhänge" zu verstehen, „wie sich solche Strukturen und Repräsentationen im Feld der Kräfte auswirken (*work*), die den Bereich kultureller Kämpfe konstituieren" (ebd.). Während die *Cultural Studies* jede einseitige Vorstellung eines „kulturellen Doping" der Individuen durch Ideologie zurückweisen, leugnen sie nach Grossberg aber nicht, dass die Individuen oft durch die Kultur getäuscht (*duped*) werden. Die Frage der Macht müsse daher stets in einem Feld hegemonialer Kämpfe lokalisiert werden, und zwar nicht als ein Nullsummen-Spiel, sondern als ein beständiges Bemühen, die Balance und Organisation der Kräfte zu verändern. In diesem Licht lasse sich auch besser verstehen, warum die *Cultural Studies* der Populärkultur (*the popular*) so viel Aufmerksamkeit schenken, „nicht nur als einer Ansammlung von Texten, sondern als dem Terrain, auf dem politische Kämpfe in der gegenwärtigen Welt ausgetragen werden müssen" (ebd., 7).

c) Der Kulturbegriff: Das Kulturkonzept ist aus Sicht der *Cultural Studies* kontext-abhängig oder zumindest auf vieldeutige Weise innerhalb eines Spannungsfeldes von sozialen Formationen, Alltagsleben und Repräsentationspraktiken lokalisierbar. Ein entscheidender Aspekt ist hierbei die Frage der Textualität, weil die Reduzierung von Kultur auf Text trügerischen Autonomievorstellungen Vorschub leisten kann. Demgegenüber gehen die *Cultural Studies* von einer Realität aus, „die beständig umgearbeitet und allein zugänglich gemacht wird durch kulturelle Praktiken" (ebd.). Sie bestreiten die scheinbare Autonomie der Kultur, die oft durch Theorien der Textualität nahegelegt wird, und argumentieren, „dass kulturelle Praktiken nicht nur die Schauplätze und die Einsätze in den Kämpfen sind, sondern zugleich auch die Waffen. Mit anderen Worten repräsentieren kulturelle Praktiken nicht nur die Macht, sondern sie setzen sie auch ein" (Grossberg 1994, 7).

d) Kulturelle Praktiken: Infolgedessen muss auch das Verständnis kultureller Praktiken konsequent kontextualistisch gedacht werden. Kulturelle Praktiken sind niemals einfach als „mikrokosmische Repräsentationen" eines gesellschaftlichen Anderen (einer Totalität, einer bestimmten Ordnung von Verhältnissen) zu verstehen, sondern als ein Ort komplexer, vieldeutiger, widersprüchlicher und stets unabgeschlossener „Repräsentationsarbeit": ein Ort, an dem vielfältige und heterogene Kräfte z.B. in Form von Entscheidungen artikuliert werden und Wirkungen entfalten, indem sie eine Praktik erzeugen. Dabei ist für Grossberg grundsätzlich mit der Kontingenz von Ereignissen zu rechnen, weil sich stets „unterschiedliche Dinge ereignen können" und sich „unterschiedliche Möglichkeiten des Gebrauchs und der Wirkung" überschneiden. „Eine kulturelle Praktik ist ein komplexer und konflikthafter Ort, der nicht vom Kontext seiner Artikulation getrennt werden kann, weil er keine Existenz außerhalb dieses Kontextes hat" (Grossberg 1994, 8).

e) Politisches Engagement: Schließlich sind auch die politischen Schauplätze, Ziele und Kampfformen der *Cultural Studies* für Grossberg nur kontextabhängig zu definieren. Er sieht in dem Ansatz ein neues Denkmodell über die politischen Funktionen des Intellektuellen angelegt, das weder auf den ‚organischen Intellektuellen' zu reduzieren sei, der eine bereits bestehende Beziehung zu einer bereits bestehenden Interessengruppe (*constituency*)[158] hat, noch auf den Expertenstatus des »spezifischen Intellektuellen«, der lokale und zeitweilige Anhängerschaften (*constituencies*) allein auf der Grundlage besonderer fachlicher Kompetenz erzeugt. Vielmehr kennzeichne die *Cultural Studies* der Versuch, ein flexibleres, pragmatischeres, kontextualistischeres und zugleich bescheideneres Modell der politischen Funktion des Intellektuellen zu konstruieren, das davon ausgeht, dass Interessengruppen erzeugt werden und nicht im Voraus gegeben sind, „als sei die Beziehung zwischen sozialer Identität und Politik bereits an den Wänden unserer gesellschaftlichen Erfahrungen eingeschrieben" (Grossberg 1994, 8 f.).

---

158 „Constituency" bedeutet „Wahlbezirk", „Wählerschaft", „Anhängerschaft", ist hier aber auch in einem übertragenen Sinne zu verstehen.

10.3.3 Die postkoloniale Kränkung[159]

Einen weiteren wichtigen Strang neuerer Entwicklungen innerhalb der *Cultural Studies* stellen die so genannten »Postkolonialismus-Theorien« dar. Im Mittelpunkt dieser postkolonialen Kränkungsbewegung steht die Dekonstruktion jenes universalisierenden kulturellen Narrativs der westlichen Moderne, das Stuart Hall einmal treffend mit der Formel *The West and the Rest* charakterisiert hat (vgl. Hall 1992 a). Nach Hall bietet der Postkolonialismus „ein alternatives Narrativ an, das andere Zusammenhänge zentraler Geschehensabläufe hervorhebt als die, die im klassischen Narrativ der Moderne verankert sind ... Im neu inszenierten Narrativ des Postkolonialismus nimmt die Kolonisation den Rang und die Bedeutung eines zentralen, ausgedehnten und Zusammenhänge aufsprengenden welthistorischen Ereignisses ein" (Hall 1996, 249).[160] Bedeutsam an dieser Reformulierung ist für Hall unter anderem die Einsicht, dass die Prozesse der Kolonisation und Entkolonialisierung die kolonisierenden Gesellschaften selbst nicht weniger machtvoll – wenn auch auf andere Weise – geprägt haben als die kolonisierten Gesellschaften. Auch für die Gesellschaften der imperialen Metropole sei die Kolonisation niemals einfach nur ein externes Geschehen gewesen, sondern ein Prozess, der sich in seinen Wirkungen bis heute tief in sie selbst eingeschrieben habe (vgl. ebd., 246f.). Für Hall drücken sich die kolonialen Folgewirkungen in der modernen westlichen Kultur insbesondere in Gestalt eines „doppelten Einschreibens" (*double inscription*) aus, worunter – im Anschluss an eine Begriffsbildung Derridas – ein Übergang von der Differenz zur *différance* zu verstehen ist, d.h. ein Übergang von einer Form des kulturellen Imaginären, bei der die Grenze zwischen einem Innen und einem Außen als distinkten und mit sich selbst identischen Einheiten verläuft, zu einer anderen Form des kulturellen Imaginären, bei der diese Grenze als Riss und Dopplung und damit als ein konstitutives Element im Inneren dieser Einheiten selbst erscheint.

---

159 Vgl. dazu ausführlich die Auseinandersetzung in Kapitel 9. Die folgenden beiden Abschnitte greifen diese Überlegungen teilweise auf und spezifizieren Implikationen für die Bildungsdiskussion.

160 Unter »Kolonisation« versteht der Postkolonialismus dabei, nach Hall, den gesamten Prozess von Expansion, Erforschung, Eroberung, Kolonisierung und imperialer Hegemonisierung seit 1492, der die konstitutive Außenseite der europäischen und schließlich der westlichen kapitalistischen Moderne bildete. „Das wirklich distinktive Element einer ‚postkolonialen' Periodisierung ist das rückblickende Umformulieren der Moderne innerhalb des Kontexts der ‚Globalisierung' in all ihren vielfältigen, sprengenden Formen und Momenten (von der Erschließung des Indischen Ozeans durch die Portugiesen und der Eroberung der Neuen Welt bis hin zur Internationalisierung der Finanzmärkte und Informationsflüsse). Auf diese Weise markiert der ‚Postkolonialismus' einen entscheidenden Bruch in jenem gesamten historiographischen Großnarrativ, das dieser globalen Dimension sowohl in der liberalen Geschichtsschreibung und der historischen Soziologie Max Webers als auch in den vorherrschenden Traditionen des westlichen Marxismus eine untergeordnete Bedeutung in einer Geschichte zumaß, die im Wesentlichen aus dem Innern ihrer europäischen Parameter heraus erzählt werden konnte" (Hall 1996, 250).

Das ‚doppelte Einschreiben' kolonialer Grenzziehungen in den kulturellen Räumen der ‚imperialen Metropole' wie der ‚Peripherie' erscheint aus dieser Sicht als ausschlaggebend für die charakteristische Ambivalenz der (post-)kolonialen Situation. Denn der Übergang von der Differenz zur *différance* subvertiert die herkömmlichen binären Gegensätze, die das Weltbild des Kolonialismus lange vereindeutigt haben und ihm Prägnanz verliehen. Dies gilt für die Binarismen kolonialer Repräsentation (Herr vs. Knecht, Kolonisatoren vs. Kolonisierte, Zivilisierte vs. Wilde usw.) ebenso wie für die Binarismen anti-kolonialer Repräsentation (Unterdrücker vs. Unterdrückte, Fremdbestimmung vs. Authentizität, Gewaltherrschaft vs. Freiheitskampf usw.). Der Übergang zur *différance* nimmt den binären Erklärungsmustern ihre Prägnanz und Eindeutigkeit, weil jenes ‚doppelte Einschreiben' die je eigene Sicht auf Kultur nach einem einfachen Innen-Außen-Schema nachhaltig verstört hat.[161] Daher ist Kultur in der postkolonialen Situation weniger denn je als ein homogener, geordneter und überschaubarer Raum zu denken. Die (post-)kolonialen Spiegelungen subvertieren die Gewissheit kultureller Identitäten durch die Anwesenheit des anderen, fremden Blicks, weil das Andere – selbst da, wo es, wie im Rassismus, abgewehrt wird – längst konstitutiver Teil des eigenen Selbst ist.[162]

Postkoloniale Multikultur erscheint damit – bildlich gesprochen – als ein mannigfach in sich gefalteter Raum, der Brüche, Lücken und Zwischenräume aufweist.[163] Damit gehen vermehrte Erfahrungen kultureller Unschärfe und Vieldeutigkeit einher, die die Riskiertheit, Singularität und Kontingenz kultureller Identitäten in den postmodernen, multikulturellen Gesellschaften der Gegenwart stärker ins Bewusstsein treten lassen. Insofern diese Identitäten sich nicht länger in einem unzweideutig zentrierten Feld kultureller Überzeugungen verankern lassen, wird von poststrukturalistisch beeinflussten Autoren zur Beschreibung auch der Begriff eines „dezentrierten Subjekts" herangezogen. Für Henry Giroux etwa wird in diesem Sinne „... die Idee einer essentialisierten und voll transparenten Identität und eines universalisierten Subjekts ... durch eines ersetzt, das partiell,

---

161 Dies bestreitet nicht (post-)koloniale Abhängigkeiten und Machtasymmetrien als Ausdruck und Folge des kolonialen Erbes. „Die Unterschiede zwischen kolonisierten und kolonisierenden Kulturen bleiben natürlich tief greifend. Doch haben sie sich nie auf eine rein binäre Weise ausgewirkt, und ganz gewiss tun sie das heute nicht mehr" (Hall 1996, 247; meine Übersetzung, S.N.).

162 In Salman Rushdies „Satanic Verses" stottert S.S. Sisodia – auch bekannt als »Whisky Sisodia« – in einer Litanei zum Thema „What's Wrong With the English" unter anderem folgende Worte: „The trouble with the Engenglish is that their hiss hiss history happened overseas, so they do do don't know what it means" (zitiert nach Bhabha 1994, 166 f.). Ich sehe darin ein besonders prägnantes Beispiel für die postkoloniale Anwesenheit des fremden Blickes, der längst als ein konstitutiver Bestandteil in das nationale Imaginäre der ehemaligen Kolonialmacht verwoben ist. In der Tat haben die Inder einen wichtigen Teil der britischen Geschichte weit unmittelbarer erfahren als die Engländer selbst, und die Artikulation dieser Erfahrung ist aus dem, was ‚Englishness' ausmacht, schlicht nicht mehr wegzudenken.

163 Der interaktionistische Konstruktivismus spricht verallgemeinert im Blick auf solche Grenzerfahrungen vom Erscheinen des Realen in der Kultur (vgl. Reich 1998, Bd. 1; Neubert 2002).

dezentriert und auf die Partikularitäten von Geschichte, Ort und Sprache gegründet ist"
(Giroux 1994, 113).

Die Implikationen dieser Kränkungsbewegung für ein postmodernes Bildungsverständnis liegen auf der Hand. Der Postkolonialismus fordert zentrale Parameter des
kulturellen Selbstverständnisses der westlichen Moderne heraus und stellt sie in Frage.
Insbesondere wird die abendländische Bildungsgeschichte als Narrativ eines kulturellen
Fortschrittsprozesses von weltumspannender Bedeutung relativiert. Sie erscheint als ein
imaginäres Konstrukt, das nicht zuletzt in seinen hegemonialen Ansprüchen zu dekonstruieren ist. Im »neu inszenierten Narrativ« ihres Gewordenseins wird die westliche
Moderne mit ihrem marginalisierten Anderen konfrontiert, das längst schon in ihr – als ein
Teil im Ganzen – wohnt. Dies legt nicht nur eine Neuinterpretation kanonisierter Bil-
dungstraditionen und -diskurse nahe – Hall nennt in diesem Zusammenhang z.B. Moderni-
tätsdiskurse in den Traditionslinien marxistischer und weberianischer Soziologie. Es
mahnt auch eine größere Bescheidenheit im Blick auf universalistische Bildungsansprüche
an. Diese können schnell in ethnozentrisches Unverständnis umschlagen, falls sie die Wirkungen jenes ‚doppelten Einschreibens' in heutigen multikulturellen Gesellschaften übersehen, die längst durch die Folgen von Kolonisation, Migration und Globalisierung geprägt sind.[164] Hier scheint mir eine stärker kontextualistische Sicht, die das Besondere der
Lebenslage und auch die lebensweltlichen Widersprüche von Akteuren in Rechnung stellt,
für ein Verständnis der spezifischen Dynamik von Kämpfen um Anerkennung in multikulturellen Gesellschaften hilfreicher zu sein als ein Beharren auf universalistischen Geltungsansprüchen.[165] Dies schließt nicht aus, nachhaltig etwa für liberale und demokratische Prinzipien als mühsam erworbene Errungenschaften westlicher Gesellschaften einzutreten und diese gegebenenfalls gegen antidemokratische Tendenzen zu verteidigen. Das
sollte dann aber nicht vorrangig im Anspruch auf eine vermeintlich höhere und bessere
Vernunft oder Bildung begründet werden, sondern als Eintreten für eine von uns bejahte
und als viabel angesehene Lebensform im Rahmen hegemonialer Auseinandersetzungen.
Mit anderen Worten muss auch und gerade ein Eintreten für radikale Demokratie bereit
sein, grundsätzlich den Machtanspruch des eigenen Diskurses zu reflektieren.

---

164 Zu einer Deutung des Ethnozentrismusproblems aus konstruktivistischer Sicht vgl. Neubert und
Reich (2001).

165 Solche Kämpfe um Anerkennung sind selbstverständlich immer im Zusammenhang mit Ause-
nandersetzungen um soziale und rechtliche Gleichheit sowie um einen gerechten Zugang zu gesellschaftlichen Ressourcen zu sehen. Insofern geht es dabei nicht um eine reine ‚Identitätspoli-
tik', sondern zugleich um die konkreten Lebensbedingungen in spätkapitalistischen Gesellschaften.

10.3.4 Hybridität, *Culture's In-Between*, Inkommensurabilität und Andersheit

In seinem Essay „Culture's In-Between" entwickelt Homi K. Bhabha eine Kritik liberaler Multikulturalismusdiskurse.[166] Ausgangspunkt seiner Überlegungen sind Erfahrungen eines kulturellen „Dazwischenseins", wie sie z.B. für die Lebenslage von Dritte-Welt-Migranten und anderen kulturellen Minoritäten in westlichen Gesellschaften prägend sind.[167] „Der Diskurs von Minoritäten (...) legt ein soziales Subjekt nahe (*proposes*), das durch kulturelle Hybridisierung konstituiert wurde, die Überdeterminierung von Gemeinschafts- oder Gruppendifferenzen, die Artikulation von verblüffender Ähnlichkeit und banaler Divergenz" (Bhabha 1996, 54).

Eine Herausforderung an die Kultur- und Bildungstheorie, die mit der Artikulation dieser Erfahrungen verbunden ist, liegt – folgt man Bhabha – insbesondere darin, dass diese Artikulation in einem Kontrast zu den in westlichen Gesellschaften vorherrschenden liberalen Vorstellungen von kultureller Vielfalt steht. Dieser Kontrast verstört das liberale Konzept von Multikultur. Denn das vieldeutige und widersprüchliche Verhandeln an den Grenzlinien kultureller Differenz (*borderline negotiations*), das die hybriden Zwischenräume auszeichnet, kränkt eine tief eingeschriebene Überzeugung des Liberalismus: die Vorstellung, dass kulturelle Vielfalt als ein plurales Möglichkeitsspektrum im zeitlichen und räumlichen Nebeneinander aufzufassen und zu repräsentieren sei.

Im Hintergrund dieser Kränkung steht die Kritik an einem im liberalen Gesellschaftsmodell meist implizit und unausgesprochen mitgedachten kulturellen Universalismus: der Vorstellung eines überschaubaren und kommensurablen Universums der kulturellen Zeit und des kulturellen Raumes, in dem sich die Anerkennung und Wertschätzung zwischen Kulturen im Nebeneinander und gleichsam *on equal terms* vollzieht. Diese Vorannahme einer universalen Kommensurabilität macht liberale Theoretiker häufig in besonderem Maße blind für die spezifischen kulturellen Erfahrungen diskriminierter Gruppen und Minoritätenkulturen. Die Situation dieser Gruppen ist gerade durch Erfahrungen von Verschiebung, Ent-Ortung, Ungleichzeitigkeit und Verspätung gekennzeichnet oder, wie Bhabha es formuliert, durch eine Art kultureller Zeit-Verzögerung (*time lag*). „Das diskriminierte Subjekt oder die diskriminierte Gemeinschaft besetzt einen Moment der Gegenwart, der historisch unzeitgemäß ist, immer schon verspätet. ‚Ihr kommt zu spät, viel zu spät. Da wird immer eine Welt – eine weiße Welt – zwischen euch und uns sein ....'[168] Im Gegensatz dazu findet die liberale Dialektik der Anerkennung auf den ersten Blick zur rechten Zeit statt. Das Subjekt der Anerkennung steht in einem synchronen Raum (wie es sich für den »Idealen Beobachter« gehört), in dem es das ebene Spielfeld überblickt, das

---

166 Bhabha bezieht sich dabei insbesondere auf Charles Taylors Schrift *Multiculturalism and ‚The Politics of Recognition'* (dt.: Multikulturalismus und die Politik der Anerkennung).

167 Vgl. weiterführend Bhabha (1994).

168 Das Zitat im Zitat ist aus Frantz Fanons *Black Skin, White Masks* entnommen.

Charles Taylor als das quintessentielle liberale Territorium definiert: ‚die Voraussetzung gleichen Respekts' für kulturelle Vielfalt" (Bhabha 1996, 54).

Damit verfehlt die liberale Dialektik der Anerkennung für Bhabha gerade die disjunktiven Grenzlinien-Zeitlichkeiten von Minoritätenkulturen. Wir können dies als eine Mahnung zur Selbstkritik interpretieren: die Vorstellung einer unvoreingenommenen und gleichen Anerkennung *on equal terms* und zur rechten Zeit im Miteinander der Kulturen verführt leicht dazu, die Bedeutung postkolonialer Erfahrungen des Zu-spät-Kommens und der Unzeitgemäßheit zu unterschätzen. In diese Erfahrungen sind stets schon Machtwirkungen eingeflossen, die den ‚Moment der Gegenwart', den ‚das diskriminierte Subjekt oder die diskriminierte Gemeinschaft' besetzt, teilweise zu einem bereits verlorenen Moment machen: was zu sagen gewesen wäre, kann nicht mehr zur rechten Zeit gesagt werden. Damit sollen nicht liberale Gleichheitsforderungen bestritten werden. Es soll aber vor einem naiven Multikulturalismus gewarnt werden, der die durch Machtasymmetrien und ungleiche Anerkennungsprozesse erzeugten Ambiguitäten hybrider Zwischenräume übersieht oder sich gar mit der Phantasie eines multikulturellen *anything goes* zufrieden gibt.

Bhabha selbst hält dem ein pointiert positives Bild von der subversiven und kreativen Rolle des Hybriden in der postmodernen Multikultur entgegen. Dies ist eine teilweise recht idealisierende Beschreibung, die man mitunter für übertrieben halten und als Ausdruck des imaginären Begehrens eines Akademikers ansehen mag, der sich als Migrant in Großbritannien und den USA selbst in dieser Position spiegelt. Insgesamt dürften sich die Erfahrungen eines kulturellen „Dazwischenseins" für Migrant/inn/en in der westlichen Welt in sehr unterschiedlichen Formen darstellen, wobei die Möglichkeiten zu Subversion und Kreativität je nach Situation vermutlich stark variieren. Bhabhas Dekonstruktionen des hegemonialen Kulturbegriffs und der homogenisierenden Vorstellungen kultureller (Gleich-)Zeitigkeit scheinen aus konstruktivistischer Sicht jedoch hilfreich für ein erweitertes postmodernes Kultur- und Bildungsverständnis zu sein. Das Hybride als offene Naht des kulturellen Raumes eröffnet gerade für die Theorie des Multikulturalismus wichtige Perspektiven auf kulturelle Unschärfen, die der interaktionistische Konstruktivismus mit den Begriffen der symbolischen Unabgeschlossenheit, des imaginären Mangels und der realen Risse umschreibt (vgl. Reich 2002 a; Neubert 1998 a).

Damit sind Fragen verbunden nach dem Stellenwert von »Inkommensurabilität« und »Andersheit« sowie nach einem revidierten Verständnis von Anerkennungsprozessen in der postmodernen Multikultur. Auch an dieser Stelle lassen sich – ähnlich wie für das oben skizzierte poststrukturalistische Diskursverständnis – deutliche Berührungspunkte und thematische Überschneidungen zwischen *Cultural Studies* und einigen postmodernen Philosophiediskursen erkennen, insbesondere dort, wo diese zumindest teilweise von dekonstruktivistischen Motiven inspiriert sind. Der US-amerikanische Philosoph Richard Bernstein hat sich beispielsweise in jüngerer Zeit in einem Essay mit dem Titel „Incommensurability and Otherness Revisited" (1992) mit den hier thematisierten Fragen befasst. Bernstein steht in keiner direkten Beziehung zur *Cultural-Studies*-Bewegung und

stellt auch keine entsprechenden Bezüge her, dennoch lässt seine selbstkritische, ambigui-
tätsoffene und zugleich vorsichtig vermittelnde Position im Blick auf den Umgang mit
„inkommensurablen Sprachen und Traditionen" meines Erachtens eine Nähe zum skizzierten Kulturverständnis namhafter *Cultural-Studies*-Vertreter erkennen. Einige ausgewählte Thesen, in denen er seine Sicht zusammenfasst, mögen helfen, solche Berührungspunkte anzudeuten.

Für Bernstein stellen die Kontroversen über Inkommensurabilität zunächst einen der
fundamentalsten Gründungsansprüche der westlichen Philosophie und Epistemologie in
Frage – den Glauben, es gebe einen festgelegten, universellen, neutralen und ahistorischen
Rahmen (oder es müsse ihn geben), in den alle Sprachen oder ‚Vokabularien' adäquat
übersetzt werden können und der daher als Basis einer rationalen Kommensuration und
Evaluation von Geltungsansprüchen dienen kann (vgl. Bernstein 1992, 65). Obwohl dieser
Glaube – als Ausdruck eines typisch modernen Kulturuniversalismus – in postmoderner
Brechung mehr und mehr verloren gegangen ist, warnt Bernstein davor, inkommensurable
Sprachen und Traditionen nun im Umkehrschluss als abgeschlossene, fensterlose Monaden aufzufassen, die keine gemeinsamen Bezugspunkte mehr gestatten. Vielmehr gebe es
stets Überschneidungs- und Überlappungsflächen auch dort, wo keine vollständige
Kommensuration möglich sei. „Unsere sprachlichen Horizonte sind immer offen. Das ist
es, was einen Vergleich erlaubt, und manchmal sogar eine ‚Horizontverschmelzung'"
(ebd.). Dabei sei das Risiko eines Missverstehens ‚fremder' Kulturen und Traditionen
bzw. der Art und Weise, in der diese inkommensurabel mit unseren eigenen Perspektiven
sind, allerdings in einem sehr grundsätzlichen Sinne niemals auszuschließen.

Auch in selbstkritischer Reflexion bleibt damit ein Ethnozentrismus bestehen, für den
es nach Bernstein nur eine relative ethische Antwort, aber keine letztgültige Lösung gibt:
die Verantwortung dafür zu übernehmen, sorgfältig zuzuhören und unsere sprachliche,
emotionale und kognitive Imagination zu benutzen, um zu begreifen, was in ‚fremden'
Traditionen gesagt und ausgedrückt wird, soweit uns dies eben möglich ist. Denn zu lernen, mit (bzw. zwischen) pluralistischen und inkommensurablen Traditionen zu leben –
was für Bernstein eines der drängendsten Probleme des gegenwärtigen Lebens darstellt –
sei ein stets prekärer und zerbrechlicher Prozess. „Es gibt keine Algorithmen, um zu erfassen, worin Gemeinsamkeiten liegen und was genuin unterschiedlich ist. In der Tat, Gemeinsamkeit (*commonality*) und Differenz sind selbst historisch bedingt und veränderlich
(*shifting*)" (ebd., 66). Zugleich aber stelle das prekäre Unterfangen eines Aushandelns in
den Grenzbereichen der Anerkennung von Gemeinsamkeiten und Differenzen eine Chance zur vertieften Selbsterkenntnis dar, denn allein durch eine engagierte Begegnung mit
dem Anderen, genauer: mit der Andersheit des Anderen gelange man zu einem besseren
und klareren Verständnis derjenigen Traditionen, zu denen man selbst gehört. „Es ist in
unseren genuinen Begegnungen mit dem, was anders und fremd ist (auch in uns selbst),
dass wir unser eigenes Selbstverständnis weiterentwickeln (*further*) können" (ebd., 66 f.).

Im Blick auf die zeitgenössische Bildungsdiskussion unterstreicht eine solche differenzoffene Position, die anerkennt, dass im Blick auf Prozesse der Verständigung und Anerkennung in der postmodernen Multikultur ein Rest von Inkommensurabilität als kultureller Normalfall bleibt, nochmals die Notwendigkeit der oben angedeuteten dekonstruktivistischen Sicht von ‚Bildung als Grenze und Mangel'. Denn die prekäre, unabschließbare, stets neu auszuhandelnde Interpretationsaufgabe eines Auslotens zwischen Gemeinsamkeit und Differenz nötigt zur Einsicht in den Umstand, dass Bildung – jede Bildung – in der Gegenwart ein vertieftes Verstehen ebenso impliziert, wie sie grundsätzlich in der Gefahr eines vertieften Missverstehens anderer, inkommensurabler Wirklichkeitskonstruktionen steht.

10.3.5 *Border Pedagogy*

Abschließend möchte ich noch darauf hinweisen, dass es insbesondere in der US-amerikanischen Diskussion seit den 1980er Jahren zu einer verstärkten Rezeption der *Cultural Studies* im Umfeld der politisch links orientierten Richtung einer *Critical Pedagogy* gekommen ist. Henry A. Giroux, ein führender Vertreter dieser Richtung, entwirft auf dieser Grundlage unter anderem das Konzept einer *Border Pedagogy*, die die gezielte pädagogische Arbeit mit ‚Grenzerfahrungen' kultureller Wirklichkeitskonstruktionen als Ausgangspunkt postmoderner Bildungsprozesse zu nutzen versucht (vgl. Giroux 1997). Eine solche *Border Pedagogy* soll Lernenden die Gelegenheit bieten, „sich auf die vielfältigen Bezüge einzulassen, die unterschiedliche kulturelle Codes, Erfahrungen und Sprachen ausmachen" (ebd., 147). Dies impliziert für Giroux nicht nur, Lernende dazu zu erziehen, solche Codes kritisch zu lesen, sondern insbesondere auch, die Grenzen derjenigen Codes kennen zu lernen, die sie selbst verwenden, um ihre eigenen Erzählungen und Geschichten zu konstruieren. „Parteilichkeit wird dabei zur Basis eines Erkennens der Grenzen, die in alle Diskurse eingebaut sind, und nötigt dazu, eine kritische Sicht von Autorität einzunehmen" (ebd.). Zu einer Konkretisierung, wie eine solche Arbeit theoretisch und praktisch aussehen kann, bieten unter anderem die beiden Bände „Border Crossings" (Giroux 1992) und „Between Borders" (Giroux/McLaren 1994) weitere Anregungen.

10.4 Fazit und Ausblick

In diesem Beitrag wurden einige Herausforderungen bzw. Anregungen aufgegriffen, die die Diskussion um einen Bildungsbegriff in der Postmoderne aus einer Auseinandersetzung mit den Theorieangeboten der *Cultural Studies* gewinnen kann. Die Auswahl von Themen und Autoren ist ein Ausschnitt aus einem umfangreicheren Spektrum, aus dem ich einige, mir besonders zentral und relevant erscheinende Stränge herausgehoben habe. Als allgemeine Schlussfolgerungen und Ergebnisse möchte ich benennen:

(1) Ein postmodernes Bildungsverständnis, das sich auf poststrukturalistische und konstruktivistische Diskurstheorien einlässt und diese ernst nimmt, muss nicht auf eine »Theorie des Subjekts« als relevante Beobachterperspektive verzichten. Das Subjekt der Bildung ist aus dieser Sicht jedoch weder ein »ursprüngliches« noch ein »universelles« Subjekt, sondern eines, das durch Sprache und Diskurs konstituiert, aber niemals vollständig determiniert ist. Subjektivierungs- und Bildungsprozesse werden, mit anderen Worten, immer als an Diskursabläufe gebunden gesehen. Sie setzen Machtbeziehungen sowie die Möglichkeit vielfältiger und antagonistischer Artikulationen voraus.

(2) Angesichts postmoderner Beobachtervielfalt und Diskurspluralität muss eine zeitgemäße Bildungsforschung verstärkt die Kontextualität, den Ereignisbezug und die Lokalität kultureller Praktiken als Medium von Bildungsprozessen in Rechnung stellen. Die *Cultural Studies*, die sich in ihren Analysen gezielt mit Alltags- und Populärkultur in ihren vielschichtigen und teils widersprüchlichen Facetten befassen, können hier Anregungen geben, die Theoriebildung stets als „Antwort auf einen besonderen Kontext" (Grossberg) zu verstehen.

(3) Eine Auseinandersetzung mit Postkolonialismustheorien mahnt zu erhöhter Skepsis gegenüber einseitigen Vorstellungen einer »abendländischen Bildungsgeschichte« als globalem Fortschrittsprozess. Solche Vorstellungen werden durch eine gesteigerte Aufmerksamkeit für die Ambivalenzen und Widersprüchlichkeiten der »(post)kolonialen Situation« nachhaltig relativiert. Damit geht eine erhöhte Vorsicht vor universalisierten Bildungsansprüchen einher, die eine kritische Reflexion des eigenen Ethnozentrismus verweigern.

(4) Artikulationen von Erfahrungen kultureller Hybridität und Inkommensurabilität machen auf Unschärfen einer beobachtenden »Verortung von Kultur« (Bhabha) aufmerksam, die in postmodernen multikulturellen Gesellschaften zunehmend an Bedeutung zu gewinnen scheinen. Für die Bildungstheorie ist damit die Herausforderung verbunden, Bildung stärker als bisher dekonstruktivistisch als ‚Grenze und Mangel' zu reflektieren. Dies setzt eine Unterscheidung von Selbst- und Fremdbeobachterpositionen ebenso voraus wie das prinzipielle Eingeständnis von Beobachtervielfalt im Blick auf Bildungsansprüche in der Postmoderne.

An diese Diskussion ließen sich viele weitere Überlegungen anschließen, etwa eine stärkere Einbeziehung der im einzelnen sehr fruchtbaren Intersektionen zwischen *Cultural Studies* und *Gender Studies*, die in der angloamerikanischen Diskussion weit ausgeprägter sind als in der deutschsprachigen Debatte (vgl. zur Einführung z.B. Bradley 1992). Auch wäre es lohnend, Berührungspunkte zum neueren kritischen Feminismus, etwa bei Judith Butler, oder zur radikalen Demokratietheorie von Ernesto Laclau zu verfolgen (vgl. Butler 1990, Laclau 1990, Butler/Laclau/Zizek 2000). Für eine pädagogische und didaktische Umsetzung kulturtheoretischer Anstöße und Überlegungen wäre es aus konstruktivistischer Sicht schließlich wünschenswert, über den Ansatz von Giroux hinaus (und stärker als in diesem) Perspektiven pädagogischer Beziehungswirklichkeit umfassend zu entwickeln und in pädagogisch-praktischer Anwendung zu erproben (vgl. Reich 2002 b). Der interaktionistische Konstruktivismus stellt hier unter anderem ein diskurstheoretisches Denkmodell zu theoriegeleiteter Praxisreflexion zur Verfügung, dass im Blick auf Wissens- und Machtdiskurse (*power/knowledge*) viele Gemeinsamkeiten und Übereinstimmungen mit Halls oben skizziertem Diskursverständnis aufweist. Darüber hinaus sucht es stärker Perspektiven gelebter Beziehungswirklichkeit und darin verwobener Unbewusstheit diskurstheoretisch zu integrieren (vgl. Reich 1998 b; Neubert/Reich 2000). Die weitere Verfolgung dieser und ähnlicher Fragestellungen kann meines Erachtens einen wichtigen Schritt auf dem Weg zu einer konstruktivistischen Theorie der Multikultur darstellen.

Kapitel 11:

Biographisierung als Diskursformation

Methoden und Ansätze der Biographieforschung haben in den Sozial- und Erziehungswissenschaften in jüngerer Zeit eine zunehmende Verbreitung und Bedeutung gewonnen. Der Trend zur Biographisierung gehört zu den vielleicht auffälligsten jüngeren Entwicklungstendenzen im Bereich der qualitativen Sozialforschung. Fragen »biographischer Selbstplatzierung«, »biographischer Selbstvergewisserung« oder »biographischer Neuorientierung« von Menschen stehen im Mittelpunkt von Forschungsarbeiten, die sich in der einen oder anderen Form mit Prozessen der individuellen Lebensgestaltung und Konfliktverarbeitung angesichts widersprüchlicher Rollenerwartungen in (post-)modernen multikulturellen Gesellschaften befassen. In der Thematisierung je singulärer und einzigartiger Lebensvollzüge wird dabei die kulturelle Konstruktion von Identitäten und Differenzen als ein hochgradig komplexer und oft widersprüchlicher Prozess erkennbar, was die Biographieforschung zu einem fruchtbaren Beobachtungsinstrument für die Bildungsforschung im Allgemeinen sowie für die Geschlechterforschung (*Gender Studies*), Forschungen zu Themen der Inter- bzw. Transkulturalität (*Cultural Studies*) und andere differenztheoretische Fragestellungen im Besonderen macht.

Der vorliegende Beitrag verfolgt die Absicht, das Interesse an Biographieforschung aus einer diskurstheoretischen Sicht kritisch neu und in einer erweiterten Perspektive zu reflektieren. Er stützt sich dabei auf die Diskurstheorie des Kölner Ansatzes des interaktionistischen Konstruktivismus[169] sowie auf verwandte (post-)moderne diskurstheoretische Ansätze. Ich werde zunächst knapp auf die gesellschaftliche Bedeutung von Biographiekonstruktionen unter den Bedingungen der (Post-)Moderne[170] eingehen. In einem zweiten Schritt werde ich Biographisierungsprozesse als eine »Diskursformation« in dem Sinne auffassen, wie dieser Begriff z.B. bei Stuart Hall (1997) im Anschluss an Michel Foucault (1981, 1991) verwendet wird. Damit sollen insbesondere kulturelle Kontexte von Biographisierungsprozessen breiter in den Blick genommen werden, indem diese Prozesse zurückgewendet werden auf die kulturellen Praktiken, Routinen und Institutio-

---

169 Der Kölner Ansatz des interaktionistischen Konstruktivismus stellt eine kulturtheoretische Richtung innerhalb des Spektrums gegenwärtiger konstruktivistischer Theoriebildungen dar. Zur philosophischen und erkenntniskritischen Grundlegung vgl. Reich (1998 a, b); zu pädagogischen Grundlagen und Anwendungen vgl. Reich (2002 a, 2004); einführend zur konstruktivistischen Diskurstheorie vgl. Neubert/Reich (2000); zu theoretischen Berührungspunkten mit der Philosophie des Pragmatismus vgl. Neubert (1998 a) sowie Hickman/Neubert/Reich (2004).

170 Ich verwende die Schreibweise „(Post-)Moderne", um Übergänge zwischen Moderne und Postmoderne zu bezeichnen und einem Denken in starren Epochebegriffen entgegenzuwirken.

nen, in denen sie entstehen und die ihnen in ihrer Pluralität und teilweise auch Widersprüchlichkeit zugrunde liegen. Die Konstruktion von Biographien wird dabei konstruktivistisch als ein komplexes diskursives Geschehen zu betrachten sein, an dem unterschiedliche Beobachter/innen, Teilnehmer/innen und Akteur/inn/e/n mit unterschiedlichen kulturellen Perspektiven beteiligt sind.[171] Dieses diskursive Geschehen muss zudem insbesondere in seiner Verwobenheit mit Wirkungen von Macht (bzw. kulturellen Hegemonien) und historisch veränderlichen Weisen der Wissensproduktion gesehen werden. Im Anschluss möchte ich knapp der Frage nachgehen, inwiefern eine solcherart diskurstheoretisch erweiterte und reflektierte Biographieforschung einen innovativen Beitrag zum Bildungsverständnis in der (Post-)Moderne liefern kann. Ich werde mich dabei exemplarisch auf den bildungstheoretischen Ansatz von Hans-Christoph Koller beziehen, der in einigen wichtigen Aspekten Ähnlichkeiten mit der hier skizzierten diskurstheoretischen Position aufweist. Vorzüge und Grenzen dieses Ansatzes sollen aus der Sicht des interaktionistischen Konstruktivismus reflektiert werden, wobei ich ein besonderes Augenmerk auf Implikationen für eine (post-)moderne Geschlechterforschung richten möchte.

11.1 Biographie und Gesellschaft

In der (Post-)Moderne gewinnen Biographisierungsprozesse im Betrieb der Wissenschaften ebenso wie in der Gesellschaft insgesamt an Bedeutung. Für diese Beobachtung lassen sich in der sozial- und kulturwissenschaftlichen Literatur um die (Post-)Moderne-Diskussion leicht plausible Gründe finden. Im Anschluss an Beck ließe sich auf die gesteigerte Individualisierung und Enttraditionalisierung in (post-)modernen Gesellschaften (bzw. unter den Bedingungen einer „reflexiven Modernisierung", wie Beck es nennt) hinweisen, die zu einem „Abschmelzen traditioneller Orientierungen" (Yildiz 2004, 114) und damit zu einer zunehmenden Entbettung aus hergebrachten Bindungen und lebensweltlich selbstverständlichen Positionierungen geführt hat. Dies macht neue Orientierungsmuster erforderlich. In vielen sozialen Feldern, in denen die Positionen und Chancen früher stärker über Zugehörigkeiten (zu einer Familie, einem Berufsstand, einer Schicht, einer Klasse) vergeben wurden, macht sich ein verstärkter Zwang zur Biographisierung (als Fremd- und Selbstzwang) geltend, weil sich Bildungskarrieren ebenso wie Berufskarrieren, Qualifikationsprofile, Arbeitsbedingungen und Kompetenzanforderungen in steigendem Maße individualisieren und biographische Informationen etwa als Anhaltspunkt für den Zuschnitt von Leistungsprofilen und die Vergabe von Ressourcen zunehmend bedeutsam werden. „Individualisierung bedeutet in diesem Sinne, dass die Biographie der Menschen aus vorgegebenen Fixierungen herausgelöst, offen, entscheidungsabhängig und als Aufga-

---

171 Zur Unterscheidung von Beobachter-, Teilnehmer- und Akteursrollen im interaktionistischen Konstruktivismus vgl. Reich (2004 b, c).

be in das Handeln jedes einzelnen gelegt wird. Die Anteile der prinzipiellen entscheidungsverschlossenen Lebensmöglichkeiten nehmen ab, und die Anteile der entscheidungsoffenen, selbst herzustellenden Biographie nehmen zu. ... sozial vorgegebene wird in selbst hergestellte und herzustellende Biographie transformiert." (Beck 1986, 216)

In historischer Perspektive nimmt damit die Erzeugung von biographischen Texten tendenziell einen neuen Charakter an: War es früher eher das außergewöhnliche Leben, das wegen seiner Exzeptionalität Wert war, erzählt zu werden, oder aber der exemplarische Fall, der auf Grund seiner modellhaften Erklärungs - oder Veranschaulichungsfunktion stellvertretend für die Vielzahl anderer, nicht erzählter »Fälle« festgehalten wurde, so tritt heute zunehmend der selbstreflexive Orientierungs charakter biographischer Dokumente in den Vordergrund. Diese Dokumente müssen von den einzelnen hergestellt werden, und zwar nicht so sehr, um etwas Exzeptionelles oder Exemplarisches unter Beweis zu stellen, sondern vielmehr, um sich in einem Feld zunehmend beweglicher Positionen immer wieder neu selbst zu lokalisieren. „»Gesellschaft« *muss* unter den Bedingungen des herzustellenden Lebenslaufes als eine »Variable« individuell gehandhabt werden" (ebd., 217; Herv. i. Orig.), d.h. der/die Einzelne ist in zunehmendem Maße herausgefordert, die für sie oder ihn ebenso zugänglich wie lukrativ erscheinenden institutionellen Vorgaben und gesellschaftlichen Ressourcen in eigener Regie und Verantwortung zu nutzen und sie quasi als „Bausätze biographischer Kombinationsmöglichkeiten" (ebd., i. Orig. kursiv) zu behandeln. Damit geht, wie Beck betont, zugleich eine wachsende Tendenz zur „institutionellen Prägung des Lebenslaufs" einher, weil institutionelle Regelungen z.B. im Bildungs- und Arbeitssystem oder im sozialen Sicherungssystem nun stärker als früher direkt mit den Phasen im Lebenslauf der Menschen verzahnt sind (vgl. ebd., 212). Zudem scheint es nahe liegend, dass die geforderte permanente Konstruktionsarbeit eine wiederkehrende Selbstvergewisserung der/des einzelnen in Form biographischer Dokumente (vom »klassischen« und tabellarisch verfassten Lebenslauf bis hin zu neueren Darstellungstechniken wie z.B. dem *Portfolio*) erforderlich macht, die auch nach außen hin das eigene Profil unter Beweis stellen.

Als ein weiterer Umstand kommt unter den heutigen (post-)modernen Lebensbedingungen der zunehmend prekäre Status solch biographischer Selbstdarstellungen hinzu, weil »Biographie« heute stärker als früher als Entwurf auf eine in einem grundlegenden Sinne *kontingente* – d.h. nur sehr begrenzt vorhersehbare – Zukunft hin erfahren wird. Zukunftserwartungen sind durch eine zunehmende *Ambivalenz* im Blick auf die Vor- und Nachteile getroffener Entscheidungen sowie im Blick auf die Erfolgs- und Misserfolgswahrscheinlichkeiten gewählter Strategien gekennzeichnet (vgl. Bauman 1999). Biographische Dokumente müssen daher in zunehmendem Maße auf Veränderlichkeit, Offenheit und flexible Auslegbarkeit hin angelegt sein, sie werden mehr und mehr zu »Momentaufnahmen«, die widerrufen, revidiert und modifiziert werden können, um der zunehmend bedeutsamen sozialen Grundforderung an (post-)moderne Frauen und Männer zu entsprechen, allzu starre und langfristige Festlegungen bei Strafe anhaltender

Benachteiligung zu vermeiden. Insofern verliert „auch noch der Lebenslauf selbst an Orientierungskraft" (Yildiz 2004, 114) – zumindest im Sinne einer auf Dauer konstanten Bezugsgröße. „Am Ende bietet sich eine Konzeption an, bei der die Vergesellschaftung nicht nur individualisiert, sondern zugleich auch noch ‚augenblicksorientiert' reduziert erscheint. Das bedeutet: Neben der sozialen Verbindlichkeit schwindet auch die personale Verbindlichkeit. Es bleibt das postmoderne Subjekt, das sich seine Identität ad hoc ‚biographisiert'" (ebd.).

11.2 Biographieforschung und diskurstheoretische Kontextualisierung

Vor diesem Hintergrund erscheint »Biographisierung« insgesamt als ein hochgradig komplexer kultureller Konstruktionsprozess, der sich im Rahmen lebensweltlicher Praktiken, Routinen und Institutionen vollzieht und an dem unterschiedliche Beobachter/innen, Teilnehmer/innen und Akteur/inn/e/n mit vielfältigen und teilweise widersprüchlichen Perspektiven beteiligt sind (vgl. Reich 2004 c). Für die sozialwissenschaftliche Biographieforschung verbindet sich damit insbesondere die Forderung, die kulturelle *Kontextualität* von Biographiekonstruktionen sowohl in methodischer als auch in inhaltlicher Hinsicht verstärkt zu beachten und sich z.B. davor zu hüten, die Darstellung eines Lebenslaufs subjektivistisch verkürzend auf die Perspektive nur *einer* (eindeutigen und abgeschlossenen) Erzählung zu reduzieren. In einem polemischen Aufsatz über »Die biographische Illusion«, der im französischen Original bereits vor knapp zwei Jahrzehnten erschienen ist, hat der Soziologe Pierre Bourdieu davor gewarnt, die „kaum untersuchten und kaum beherrschten sozialen Prozesse" zu vergessen, „die ohne Wissen des Wissenschaftlers bei der Konstruktion des untadeligen Artefakts »Lebensgeschichte« am Werk sind" (Bourdieu 1998, 82). Bourdieu äußert ein grundsätzliches Misstrauen gegenüber der vielleicht nur „rhetorischen Illusion", die darin besteht, eine Lebensgeschichte zu konstruieren und das Leben eines Individuums insgesamt als eine Geschichte zu behandeln, „das heißt als kohärente Erzählung einer signifikanten und auf etwas zulaufenden Folge von Ereignissen." (Ebd., 77) Und er mahnt eine verstärkte Beachtung der soziokulturellen Kontexte an, ohne die die biographische Perspektive schnell in die Gefahr grotesker Verkürzungen gerät. „Der Versuch, ein Leben als eine einmalige und sich selbst genügende Abfolge von Ereignissen zu verstehen, deren einziger Zusammenhang in der Verbindung mit einem »Subjekt« besteht, dessen Konstanz nur die eines Eigennamens sein dürfte, ist ungefähr so absurd wie der Versuch, eine Fahrt mit der U-Bahn zu erklären, ohne die Struktur des Netzes zu berücksichtigen, das heißt, die Matrix der objektiven Relationen zwischen den verschiedenen Stationen." (Ebd., 82)

Als »Stationen im U-Bahn-Netz«, d.h. als Bezugspunkte einer geforderten Kontextualisierung kommen für Bourdieu hier insbesondere „*Platzierungen* und *Platzwechsel* im sozialen Raum" in Betracht, die unter anderem mit der Verteilung unterschiedlicher „Kapitalsorten"[172] zu tun haben, „die in dem betreffenden Feld im Spiel sind" (ebd.; Herv. i. Orig.). Anstelle dieser von Bourdieu verwendeten soziologischen Kategorien möchte ich im Folgenden möglichen Perspektiven einer *diskurstheoretischen* Kontextualisierung nachgehen, durch die sich die soziale und kulturelle »Vernetztheit« von Biographisierungsprozessen in den Blick nehmen lässt. Ich beziehe mich dabei zunächst auf einige zentrale Annahmen des poststrukturalistischen Diskursverständnisses, wie es z.B. von Ernesto Laclau und Chantal Mouffe als Grundlage ihrer kulturellen Hegemonietheorie (vgl. Laclau/Mouffe 1991; Laclau 1990; Mouffe 1999) oder ähnlich auch von Stuart Hall im Rahmen der »Cultural Studies« vertreten wird (vgl. Hall 1992 a, 1997).

Unter »Diskurs« wird dabei zunächst generell jede symbolische Ordnung intentionaler Verständigungsprozesse verstanden, in der sich eine spezifische (kulturell und historisch veränderliche) Form der Produktion von Wissen und Wahrheiten manifestiert. Als symbolische Ordnung liegt der Diskurs den Interaktionen der Beobachter/innen, die an ihm teilnehmen und in ihm agieren, immer schon voraus. „Ein Diskurs", so definiert etwa Stuart Hall, „ist eine Gruppe von Aussagen, die eine Sprache zu Verfügung stellen – d.h. eine Repräsentationsweise –, um über eine spezielle Art von Wissen über ein Thema zu reden" (Hall 1992 a, 291).[173] Diskurse sind als so genannte »Diskursformationen« organisiert, d.h. als historisch spezifische Systeme der Wissenserzeugung und Repräsentation in ihrem Zusammenspiel mit kulturellen Praktiken, Routinen und Institutionen (vgl. Hall 1997, 41 ff.; Foucault 1981, 48 ff.). Solche Diskursformationen legen z.B. bestimmte Beziehungen zwischen den möglichen Aussagen innerhalb eines Diskurses fest und grenzen ein, was Gegenstand des Diskurses sein kann (und was nicht), welche Verfahrensweisen, Strategien und »Stile« dem Diskurs angemessen sind (und welche nicht) oder wer wann, wo und in welcher Form das Wort ergreifen kann (und wer nicht). Dabei stellen Diskurse nach poststrukturalistischem Verständnis allerdings keine vollständigen, eindeutigen und sozusagen »genähten« Totalitäten dar, um eine Metapher von Ernesto Laclau und Chantal Mouffe zu verwenden, sondern sind eher als unabgeschlossene Gebilde oder Strukturen aufzufassen, die »offene Nähte« gegenüber anderen Diskursen aufweisen (vgl. Laclau/ Mouffe 1991, 139–205). Dies hängt insbesondere damit zusammen, dass Diskurse in dieser Sichtweise durch so genannte »Überdeterminiertheit«[174] gekennzeichnet sind. Damit ist gemeint, dass Diskurse meist vielschichtige Formationen der Bedeutungskonstruktion darstellen, die mehr als eine Möglichkeit der Interpretation erlauben. Es können also zumeist unterschiedliche und teilweise auch widersprüchliche Bedeutungen artikuliert werden. Diskursen wohnt sozusagen ein konstitutiver »Bedeutungsüberschuss« inne, der

---

172 Bourdieu unterscheidet u.a. zwischen ökonomischen, kulturellen, sozialen und symbolischen Kapitalsorten (vgl. dazu auch Reich/Wei 1997, 15 ff.).

173 Die Übersetzung aller englischsprachigen Zitate in diesem Beitrag stammt von mir (S.N.).

174 Der Begriff ist der Freudschen Psychoanalyse, insbesondere der Traumdeutung, entlehnt (ursprünglich durch Althusser).

immer nur bedingt »gezähmt« – d.h. einer einheitlichen und verbindlichen Sicht untergeordnet – werden kann.

Im Anschluss an strukturalistische Überlegungen etwa des Linguisten Saussure geht man von einer beweglichen und nie ganz zu stabilisierenden Beziehung zwischen Signifikant und Signifikat[175] aus, die Verdichtungen und Verschiebungen von Bedeutungen ermöglicht. Dies führt zu einem potenziell endlosen »Spiel der Differenzen«, in dem jede gegebene Artikulation eines Diskurses Ausgangspunkt von Re-Artikulationen und De-Artikulationen werden kann. Dabei ist allerdings stets auch mit »hegemonialen«, d.h. kulturell vorherrschenden Deutungsweisen zu rechnen, die zu einer gegebenen Zeit wirkungsmächtiger sind als andere. Denn Diskurse beinhalten nach diesem Verständnis immer zugleich Machtbeziehungen. Macht wird allerdings nicht als eine lineare Wirkung aufgefasst (z.B. von oben nach unten), sondern in ihrer Zirkularität gesehen als etwas, das über Diskurse hinweg verteilt ist und sie sozusagen selbst an ihren unscheinbarsten Stellen durchdringt. Insofern gibt es keinen „unschuldigen" Diskurs jenseits aller Machtbeziehungen. Nach Foucault wirkt Macht wie eine Kette, die durch die Individuen hindurch geht (vgl. Foucault 1978, 75–95). Innerhalb eines Diskurses bzw. einer Diskursformation gibt es weder eine Beobachterposition, die außerhalb der Macht liegt, noch eine Position, an der die Machtwirkungen total sind.

Beide Argumente – das der Überdeterminiertheit und das der Macht – stehen in enger Beziehung zueinander. Zusammengenommen erklären sie, warum die poststrukturalistische Auffassung, die Subjekte würden in und durch Diskurse *konstituiert*, keinesfalls gleichbedeutend ist mit der Vorstellung, sie seien vollständig von Diskursen *determiniert*. Einerseits bietet jede konkrete Diskursformation nur eine begrenzte Anzahl so genannter »Subjektpositionen« (vgl. Hall 1997, 54 ff.; Foucault 1981, 75–82) an – Positionen, die von den Subjekten aktiv besetzt werden können und von denen aus der Diskurs »Sinn macht«, verständlich erscheint, angeeignet und durch eigene Re/De/Konstruktionen produktiv fortgeführt werden kann. In der Festlegung solcher Subjektpositionen zeigen sich die subjektkonstituierenden Machtwirkungen von Diskursen, insofern damit die Bereiche möglicher Beobachtung und Artikulation im Voraus begrenzt werden. In den meisten (wenn nicht in allen) Gesellschaften wird der Zugang zu diesen Subjektpositionen zudem von sozialen Ungleichheiten begrenzt – beispielsweise ungleiche Zugangsbedingungen zwischen den Geschlechtern. Andererseits bringt es der überdeterminierte Charakter selbst dominanter oder hegemonialer Diskurse mit sich, dass deren Vorherrschaft niemals ganz die Möglichkeit abweichender Artikulationen und antagonistischer Deutungen beseitigen kann. Deshalb kann kein herrschender Diskurs auf lange Sicht die Möglichkeit von Ge-

---

175 Signifikant und Signifikat bilden zusammen genommen das Zeichen. Der Signifikant ist das Bezeichnende, d.h. der materielle Bedeutungsträger, das Signifikat ist das Bezeichnete, d.h. der Vorstellungsinhalt des Zeichens. Dem Zeichen als Verbindung von Signifikant und Signifikat steht der Referent gegenüber, d.h. der Gegenstand, auf den es sich bezieht. Zur Zeichentheorie vgl. einführend Eco (1977, hier insb. 27 ff.).

gendiskursen gänzlich verhindern.[176] Mit anderen Worten sind die im Diskurs enthaltenen Subjektpositionen stets auch veränderlich auslegbar. Sie determinieren nicht vollständig die Bedeutungen, die die Subjekte in ihrer eigenen Beobachtungen, Teilnahmen und Aktionen für sich konstruieren. Vielmehr kann die im Diskurs selbst angelegte Möglichkeit vielfältiger und widersprüchlicher Artikulationen durch Bedeutungsverschiebung dazu genutzt werden, dass die Subjekte selbst mit ihren eigenen Re/De/Konstruktionen kritisch und innovativ wirksam werden – dies wird (auch in pädagogischer Hinsicht) in der neueren englischsprachigen Literatur z.B. im Rahmen der *Cultural-Studies*-Bewegung meist unter dem Begriff »agency« diskutiert (vgl. dazu z.B. Giroux 1992, 1997).[177] Aus der unterstellten diskurstheoretischen Perspektive ist eine solche subjektivierende Bildungsarbeit allerdings von vornherein in Diskurs- und Machtbeziehungen eingeflochten – und zwar auch dort, wo sie sich von hegemonialen Deutungen zu emanzipieren trachtet. „Wo es Macht gibt, gibt es Widerstand", schreibt Foucault (1999, 116). „Und doch oder vielmehr gerade deswegen liegt der Widerstand niemals außerhalb der Macht."

Welchen Nutzen kann es nun haben, Biographisierung im eben skizzierten Sinne als eine Diskursformation aufzufassen? Welche Vorteile für eine sozialwissenschaftliche Biographieforschung ergeben sich aus einer solchen Form der theoretischen Kontextualisierung? Für das in Biographiekonstruktionen stets enthaltene Spannungsverhältnis von Lebensplan und Lebenslauf, mit dem sich die Beiträge dieses Bandes aus unterschiedlichen Perspektiven beschäftigen, verbindet sich mit der vorgeschlagenen Perspektive zunächst einmal die Herausforderung, die diskursive Komplexität der Konstruktion von Lebensplänen und Lebensläufen verstärkt in den Blick zu nehmen. Sowohl Lebensplan als auch Lebenslauf erscheinen als kulturell hochgradig vieldeutige Konstruktionen, deren Spannungsverhältnis insbesondere mit der Heterogenität der für die Individuen in ihren Lebensvollzügen relevanten Diskurse zusammenhängt – zu denken wäre hier z.B. an Familiendiskurse, Schuldiskurse, Mediendiskurse, Peergruppen-Diskurse, politische Diskurse, ökonomische Diskurse, wissenschaftliche Diskurse, künstlerische Diskurse, religiöse Diskurse sowie lokal und ethnisch geprägte Diskurse. Das Spannungsverhältnis und die möglichen Verwerfungen zwischen Lebensplan und Lebenslauf, so ließe sich eine diskurstheoretische Hypothese formulieren, hängen oft maßgeblich mit den Unvereinbarkeiten und Verwerfungen zwischen unterschiedlichen relevanten Diskursarten zusammen. Denken wir etwa an die Biographien berühmter Komponistinnen wie Clara Schumann, wie sie in dem von Ellen Aschermann und Margret Kaiser-el-Safti herausgegebenen Band „Frauen antizipieren Zukunft III" anschaulich von Ute Büchter-Römer (2005) rekonstruiert

---

176 Vor diesem Hintergrund stellt der Kampf um kulturelle Deutungsmacht für Autoren wie Hall, Laclau und Mouffe einen zunehmend bedeutsamen Bestandteil politischer Auseinandersetzungen in (post)modernen Gesellschaften dar.

177 Giroux' Arbeiten stehen im Rahmen des von ihm als *Critical Pedagogy* vertretenen Ansatzes, der u.a. an die britischen und US-amerikanischen *Cultural Studies* anschließt und Implikationen für eine kritische Erziehung in der (Post)Moderne thematisiert.

werden, so ließen sich eine Reihe der beschriebenen Brüche zwischen der Lebensplanung und dem Lebenslauf dieser Frauen diskurstheoretisch gut vor dem Hintergrund von z.T. recht weit reichenden Unvereinbarkeiten zwischen lebensgeschichtlich bedeutsamen Diskursen analysieren. Zu denken wäre hier z.b. an Diskurse im Kontext des Familienlebens, der schulischen oder sonstigen Bildungssozialisation, ökonomischer Alltagsvorstellungen (z.b. über hauswirtschaftliches Verhalten), des öffentlichen Lebens (z.b. hinsichtlich der Rollenverteilung zwischen Frauen und Männern) sowie des künstlerischen Schaffens. Und diese Brüche erscheinen biographisch in einem jeweils anderen Licht, je nachdem, aus der Perspektive welcher Diskursart wir sie interpretieren.

Vor dem Hintergrund des Spannungsverhältnisses zwischen unterschiedlichen Diskursarten lässt sich z.b. recht gut verstehen, warum eine Komponistin des 19. Jahrhunderts perfekt nach den Regel des künstlerischen Diskurses Musik komponieren mag und doch zugleich – nach den Regeln eines vorherrschenden familialen Diskurses – im Brief an ihren Mann oder Vater gestehen kann, dass „Frauenzimmer" eigentlich gar keine richtige und ernstzunehmende Musik schreiben können. Die Ausführungen von Büchter-Römer machen die Konflikte zwischen Lebensplanung und Lebenslauf exemplarisch deutlich, zu denen eine Übermacht bestimmter öffentlicher, familialer und ökonomischer Diskurse mit relativ feststehenden und ungebrochenen Gender-Normen im Leben kreativer Frauen führen können. Diskurstheoretisch gesprochen drückt sich darin eine sehr einseitig geschlechtsspezifische Zuschreibung von Subjektpositionen aus: Das schöpferische Subjekt ist männlich. Gerade in der abendländischen Musiktradition erscheint diese hegemoniale Deutung bis ins 20. Jahrhundert hinein als weitgehend ungebrochen. Die Beispiele der porträtierten Komponistinnen verdeutlichen jedoch, dass sie nie gänzlich unbestritten war, auch wenn dies im Einzelfall mit oft schmerzlichen lebensgeschichtlichen Widersprüchen erkauft gewesen sein mag. Und die vergleichende Perspektive zu heutigen Komponistinnen unterstreicht die allmähliche Veränderlichkeit von Diskursen, in denen alte Hegemonien teilweise an Kraft verlieren und neue Subjektpositionen erkämpft werden können.

Der Blick auf die diskursiven Voraussetzungen und Bedingungen von Biographiekonstruktionen legt insgesamt den Schluss nahe, diese als Teil eines historisch veränderlichen Repräsentationssystems – d.h. eines Systems der Darstellung und Deutung – zu analysieren. Dieses Repräsentationssystem tritt in unterschiedlichen Praktiken, Routinen und Institutionen in je spezifischer Form und Wirkungsweise in Erscheinung, ist aber zugleich zumindest teilweise durch die Herausbildung übergreifender diskursiver Stile, Strategien, »Sprachspiele« und Darstellungsweisen gekennzeichnet (vgl. dazu auch Popkewitz u.a. 2001). Dabei sind neben institutionellen Abhängigkeiten immer auch Machtwirkungen mit zu berücksichtigen. Hier würden sich für die Biographieforschung Fragen wie etwa die folgenden anschließen: In welchen institutionellen Kontexten finden Biographisierungsprozesse konkret statt, und auf welche Weise, unter Anwendung welcher Verfahren und Strategien vollziehen sie sich? Welche unterschiedlichen »Subjektpositionen« eröffnen sich für die beteiligten bzw. betroffenen Akteur/inn/e/n durch die spezifische Art und Weise, wie sich Biographisierungsprozesse etwa in Institutionen wie Familie, Schule, Universität, Einrichtungen der Jugendarbeit, Arbeitsämter, Einrichtungen der Berufsberatung und Weiterbildung, Sozialämter, Fürsorgeeinrichtungen, Krankenhäuser, Pflegeheime oder Gefängnisse vollziehen? Lässt sich dabei ein geschlechtsspezifischer Zuschnitt von Subjektpositionen beobachten? Welches Verhältnis besteht jeweils zwischen Biographisierungs- und Normalisierungsstrategien? Gibt es übergreifende »diskursive Stile«, die sich im Kontext unterschiedlicher Institutionen herausbilden und die Modell gebend für (post-)moderne Biographisierungsprozesse insgesamt werden?[178] Auf welche Weise stellen sich Biographisierungsprozesse z.B. unterschiedlich aus der Sicht der „Helden und Opfer der Postmoderne" (vgl. Bauman 1999) dar – d.h. der Gewinner und Verlierer fortschreitender gesellschaftlicher Modernisierungs- und Individualisierungsprozesse? Und nicht zuletzt auch: Welchen Interessen dient die wissenschaftliche Biographieforschung und in welchem Verhältnis stehen ihre Biographie konstruktionen zu Biographisierungsprozessen in anderen gesellschaft lichen Bereichen (z.B. den eben genannten Institutionen)? Steckt in ihr ein emanzipatorisches Potenzial? Welche bildungstheoretischen Implikationen verbinden sich mit ihr?

Es ist hier nicht der Ort, diesen Fragen im Einzelnen weiter nachzugehen. Ich stelle sie, um der/dem Leser/in einen Eindruck von möglichen relevanten Kontexten zu geben, die unter der Perspektive „Biographisierung als Diskursformation" in den Blick genommen werden könnten. Mir kann es im vorliegenden Zusammenhang nur darum gehen, die Möglichkeit und den Nutzen eines solchen diskurstheoretischen Ansatzes exemplarisch zu verdeutlichen. Zu diesem Zweck möchte ich mich im verbleibenden Teil dieses Beitrags auf die zuletzt genannte Frage beschränken und versuchen, die Relevanz einer diskurstheoretisch reflektierten Biographieforschung für ein (post-)modernes Bildungsverständnis näher zu beleuchten. Damit verbinden sich für mich auch innovative theoretische Perspektiven im Blick auf das Verhältnis von Bildung und Geschlecht. Ich beziehe mich zunächst

---

178 Um nur ein Beispiel zu geben: Welchen stilbildenden Einfluss hat (möglicherweise) die gegenwärtig zunehmend Verbreitung findende *Portfolio*-Technik als Form der Darstellung individueller Lernverläufe und Bildungskarrieren sowie als selbstorganisierte Leistungsbilanzierung auf die diskursive Konstruktion biographischer Dokumente in unterschiedlichen Lebensbereichen? Während ich dies schreibe, berichtet der Hamburger Erziehungswissenschaftler Peter Struck in der »Frankfurter Rundschau« von Wolfsburger Schulen, an denen – wie z.B. in den USA, Kanada, Finnland und Schweden schon seit längerem vielfach praktiziert – das Anlegen von »Portfolios« bereits an die Stelle von oder in Ergänzung zu Notenzeugnissen getreten ist. Es wird unterschieden zwischen Arbeitsportfolios, Beurteilungsportfolios, Präsentationsportfolios und Entwicklungsportfolios, „die den Werdegang eines Schülers vom Kindergarten bis zum Schul- oder Ausbildungsabschluss im Sinne einer Leistungsbiografie dokumentieren" (Struck in: Frankfurter Rundschau vom 27.04.2004, S. 32). Zum Einsatz von Postfolios im Rahmen der Hochschulausbildung vgl. beispielsweise das diesbezügliche Informationsmaterial für Studierende an der Pädagogischen Hochschule Zürich.

auf den bildungstheoretischen Ansatz von Hans-Christoph Koller, den ich in zentralen Bestandteilen knapp immanent rekonstruieren werde. Dieser Ansatz weist in seiner diskurstheoretischen Begründung viele Berührungspunkte mit der hier vertretenen Position auf, und er bietet meines Erachtens eine Reihe fruchtbarer theoretischer Anregungen zum Verständnis des Verhältnisses von Biographie, Bildung und Geschlecht. Einige dieser Anregungen möchte ich im Folgenden aufgreifen und kurz kommentieren. Abschließend werde ich die von Koller entwickelte Position noch einmal kritisch aus der Sicht des Kölner Ansatzes des interaktionistischen Konstruktivismus auf Grenzen und Auslassungen hin befragen und einige weiterführende konstruktivistische Perspektiven zur Bildungs- und Genderforschung benennen.

11.3 Zur Bedeutung einer diskurstheoretisch reflektierten Biographieforschung für ein (post-)modernes Bildungsverständnis

Der bildungstheoretische Ansatz von Hans-Christoph Koller schließt in konzeptioneller Hinsicht an die Sprachphilosophie von Jean-François Lyotard an. In methodologischer Hinsicht verfolgt er das Programm einer »biographisch orientierten Bildungsforschung« (im Anschluss an Marotzki), um Bildungsprozesse auch empirisch zugänglich zu machen und von hierher neue Impulse für die Theoriebildung zu gewinnen. Dabei findet insbesondere die Methode des »narrativen Interviews« Anwendung, indem Koller den Ansatz von F. Schütze aufgreift und kritisch erweitert. Von Interesse im vorliegenden Zusammenhang ist Kollers Ansatz vor allem deshalb, weil er zum Verständnis (post-)moderner Bildungsprozesse die Perspektive einer Biographieforschung entfaltet, die durch den Rückgriff auf die Philosophie Lyotards diskurstheoretisch breit reflektiert und kritisch kontextualisiert wird.

Für Lyotard zeichnet sich die *condition postmoderne* durch eine radikale Diskurspluralität aus, die mit der zunehmenden Pluralisierung von Lebensformen und Orientierungsmustern einhergeht. Auch in Hinblick auf das wissenschaftliche Wissen ist in der Postmoderne stärker als früher von einem Nebeneinander heterogener und zum Teil widersprüchlicher Ansätze auszugehen, die sich nicht länger einem überwölbenden Meta-Diskurs einordnen lassen. Kennzeichnend für die postmoderne Situation insgesamt ist für Lyotard die gestiegene Skepsis an den großen Meta-Erzählungen und der Niedergang der universalistischen Diskurse der Moderne: z.B. „der Erzählungen vom Fortschritt, vom Sozialismus, vom Überfluss, vom Wissen" (Lyotard 1989, 12). Auf Grund des Fehlens einer solchen übergeordneten Instanz aber nimmt die auch schon für die Moderne typische Pluralität von Diskursen in der Postmoderne die Erscheinungsform eines »Widerstreits«

heterogener Diskursarten an.[179] Diskurspluralität erscheint damit noch einmal grundlegend radikalisiert, insofern es prinzipiell nicht länger möglich ist, den »Widerstreit« aus der Sicht einer übergeordneten Perspektive zu schlichten und einer allen beteiligten Parteien gerecht werdenden Lösung zuzuführen. Jeder Versuch einer solchen Schlichtung stellt, in Lyotards Begrifflichkeit, die Umwandlung des »Widerstreits« in einen »Rechtsstreit« dar. Angesichts der Heterogenität und Inkommensurabilität[180] der beteiligten Diskursarten ist dies aber stets nur eine erschlichene Lösung, bei der ein Mangel bleibt, weil »etwas« nicht zur Sprache kommen durfte: Der mächtigere Diskurs verunmöglicht es der unterlegenen Partei, ihr Anliegen vollständig und adäquat zu artikulieren. Es bleibt ein Rest, ein Schweigen, etwas, das möglicherweise nur durch ein »Gefühl« angezeigt wird, aber keine Anerkennung im Diskurs finden kann (vgl. ebd., 33).[181]

In politisch-ethischer Hinsicht verbindet sich für Lyotard mit dieser Diagnose der postmodernen Situation insbesondere die Forderung, den »Widerstreit« anzuerkennen, ihn zu „bezeugen" (ebd., 12) und ihm „gerecht zu werden" (ebd., 32 f.; vgl. dazu auch Koller 1999, 39 f.). Damit ist einerseits eine grundlegende Skepsis in Bezug auf alle Versuche gemeint, im Sinne eines Rechtsstreits zu einer umfassenden und den legitimen Ansprüchen aller Seiten gleichermaßen entsprechenden Lösung zu gelangen. Stattdessen müsste es im Blicke auf jede solche Lösung darum gehen, den verbleibenden Dissens verstärkt zu beachten und gegenüber der Deutungsmächtigkeit dominanter Diskursarten stets auch die Möglichkeit widerstreitender Artikulationen zuzulassen. Andererseits wird ein Erfindungsreichtum beim Hervorbringen neuer Diskursarten, Sprachspiele und Idiome gefordert, in denen das gesagt und artikuliert werden kann, was bisher nicht zur Sprache kommen konnte und sich vielleicht nur als »Gefühl« hat andeuten können.

Der »Widerstreit« wird damit bei Lyotard (zumindest implizit) zugleich als eine Bildungsaufgabe verstanden. Hier schließt Kollers bildungstheoretische Interpretation an. Seine zentrale These lautet, dass „Bildung ... unter den Bedingungen der (Post-)Moderne, d.h. angesichts einer radikalen Pluralität heterogener Diskursarten, als derjenige Prozess zu verstehen [wäre], der es ermöglicht, dem Widerstreit als dem Inbegriff dieser Pluralität gerecht zu werden. Dazu ist neben der Anerkennung solcher Pluralität vor allem eine, wie

---

179 Lyotard unterscheidet z.B. die kognitive oder wissenschaftliche, die ökonomische, die philosophische und die narrative Diskursart. Dies sind aber nur einige Möglichkeiten unter anderen. Prinzipiell ist die Anzahl möglicher Diskursarten in dem von Lyotard beschriebenen Diskursuniversum unbegrenzt (vgl. Koller 1999, 36).

180 »Inkommensurabel« sind Diskurse in dem Maße, wie sie sich nicht eineindeutig und ohne Verlust in einen gemeinsamen Meta-Diskurs abbilden oder übersetzen lassen. Zur zentralen Bedeutung einer Neubestimmung des Verständnisses von Inkommensurabilität und Andersheit für eine (post)moderne Ethik vgl. auch die hervorragende Diskussion bei Bernstein (1992).

181 Das »Gefühl« stellt bei Lyotard eine Art Grenze dar, das »Andere« der Sprache, das jenseits ihrer liegt. Es wird in seinem rein sprachphilosophischen Ansatz nicht systematisch theoretisiert, sondern nur als eine solche Grenze benannt – z.B. als Hinweis auf »etwas«, das (noch) nicht gesagt worden ist bzw. werden kann (vgl. dazu ausführlicher Koller 1999, 38).

es bei Lyotard einmal heißt, ‚neue Kompetenz (oder Klugheit)'[182] ... erforderlich, die es ermöglicht, neue Diskursarten zu erfinden, um den Widerstreit zu bezeugen und wachzuhalten." (Koller 1999, 17) Der damit ins Spiel gebrachte Bildungsbegriff setzt sich dementsprechend insbesondere aus einer *skeptischen* (Anerkennen des Widerstreits) und einer *innovativen Bedeutungsebene* (Hervorbringen neuer Diskursarten) zusammen. Mit diesem Bildungsverständnis verbinden sich für mich wichtige Implikationen für eine postmoderne feministische Gender-Forschung. Zum einen erlaubt es die skeptische Dimension mit ihrer sehr grundlegenden Absage an universelle Geltungsansprüche hegemonialer Diskurse und ihrer Anerkennung radikaler Diskurspluralität, sich im Blick auf Gender-Diskussionen von jeglicher vermeintlich universellen (und kulturell neutralen) Vorstellung über das »Männliche« oder das »Weibliche« als dekonstextualisierter Kategorien zu verabschieden. Diese erscheinen vielmehr als grundlegend kontextabhängige kulturelle Konstruktionen, um die gestritten und gekämpft wird, eben weil sie im Sinne diskursiver Überdeterminiertheit notwendig vieldeutig und veränderlich interpretierbar sind. Eine (post-)moderne Anerkennung des Widerstreits würde hier insbesondere eine größere Offenheit für die immer auch mit diskursiven Machtwirkungen verbundenen Vieldeutigkeiten, Widersprüche und Ambivalenzen sexueller Identitäten in der Gegenwart nahe legen, für die es längst kein universelles Gesetz menschlichen Verhaltens mehr gibt. Dagegen hilft auch ein Rekurs auf einen vorgeblich kulturneutralen Naturalismus nicht weiter – z.B. in Gestalt von Theorien des biologischen Geschlechts –, denn er kann das konstruktivistische Gegenargument nicht entkräften, dass alle Diskurse über Natur selbst schon kulturelle Konstruktionen und damit Teil des Widerstreits sind.[183]

Zum anderen legt die innovative Dimension des von Koller im Anschluss an Lyotard vorgeschlagenen Bildungsbegriffs nahe, dass eine konstruktive Antwort auf die gegenwärtige Situation in einem neuen Erfindungsreichtum hinsichtlich der Hervorbringung neuer Diskurse und Ausdrucksmöglichkeiten liegen könnte, in denen gesagt werden kann, was bisher nicht zur Sprache kommen konnte, und in denen es manchmal sogar gelingt, stillschweigende hegemoniale Deutungen durch widerstreitende Artikulationen zu relativieren. In diesem Zusammenhang ist die in der (Post-)Moderne zunehmende Pluralität von Diskursen auch innerhalb des Feminismus selbst aus meiner Sicht durchaus eher als ein Gewinn denn als ein Verlust anzusehen, insofern sie für postmoderne Frauen und Männer in zunehmend individualisierten Lebenslagen vielfältige Anschlussmöglichkeiten für eigene biographische Konstruktionen und Selbstreflexionen bietet.[184] Allerdings legen die

---

182 Das Zitat bezieht sich auf Lyotard (1989, 33).
183 Diese Thematik ist ausführlich von Judith Butler (1999) im Zusammenhang mit der Begriffsunterscheidung von „sex" und „gender" thematisiert worden.
184 Als Beispiel für die Fruchtbarkeit eines diskursiv ausgetragenen „Widerstreits" zwischen vier führenden feministischen Philosophinnen in der US-amerikanischen Debatte vgl. Benhabib/Butler/Cornell/Fraser (1995). In diesem Zusammenhang finden sich interessante Beiträge z.B. auch im neueren pragmatistischen Feminismus (vgl. Seigfried 1996, 2002).

hier dargestellten diskurstheoretischen Perspektiven zugleich die Einschätzung nahe, dass es dabei keinen »unschuldigen« feministischen Diskurs geben kann, der von einem Ort jenseits von Machtbeziehungen her z.B. patriarchalen Diskursarten gegenübertritt. Vielmehr würde es auf dieser Grundlage vor allem darum gehen, den »Widerstreit« (auch innerhalb feministischer Diskurse) anzuerkennen und zu versuchen, ihm durch die Hervorbringung neuer Artikulationsmöglichkeiten „gerecht zu werden", was immer auch eine Veränderung eingespielter kultureller Praktiken, Routinen und Institutionen mit einschließt.

Koller verdeutlicht und spezifiziert die beide Bedeutungsebenen seines Bildungsbegriffs im Zuge seiner biographisch orientierten Bildungsforschung in Form zweier umfangreichen Fallanalysen, wobei im vorliegenden Zusammenhang unter anderem aufschlussreich ist, dass er dazu eine männliche und eine weibliche Biographie wählt und miteinander kontrastiert. Die Arbeit mit dem empirischen Material soll die theoretischen Konzepte auf die Probe stellen und zugleich neue Theorieperspektiven generieren (vgl. ebd., 18). Interessant im vorliegenden Zusammenhang ist zunächst Kollers methodologisches Vorgehen, das von ihm selbst breit reflektiert und begründet wird (vgl. ebd., 161–186). Die zur Erhebung und Auswertung der biographischen Informationen verwendete Interview-Methode lehnt sich an Fritz Schützes in der deutschsprachigen Biographieforschung sehr einflussreiches Konzept des »narrativen Interviews« an (vgl. ebd., 167 ff.). Allerdings grenzt Koller sich entschieden von der in Schützes Ansatz enthaltenen sog. »Homologiethese« ab, die besagt, „dass die Struktur von Erzählungen (sofern es sich um Erzählungen selbsterlebter Erfahrungen handelt) der Struktur dessen, wovon erzählt wird, homolog sei – oder mit anderen Worten: dass solche Erzählungen ein mehr oder minder getreues Abbild tatsächlicher vergangener Erfahrungen liefern." (Ebd., 171 f.) Diese abbildtheoretische These erscheint in der Tat aus einer diskurstheoretisch reflektierten Sicht auf Biographisierungsprozesse als wenig überzeugend, weil sie die Konstruktivität des Erzählvorgangs selbst in Abhängigkeit seiner jeweils maßgeblichen diskursiven Kontexte viel zu wenig in den Blick nimmt. Sie unterschätzt, wie Koller schreibt, „vor allem den Umstand, dass auch Erzählungen kein authentisches Abbild vergangener Erfahrungen zu liefern imstande sind, weil sie stets (Re-)Konstruktionen einer Lebensgeschichte aus der gegenwärtigen Perspektive des Erzählers darstellen." (Ebd., 175)

Im Blick auf biographische Konstruktionen ist damit grundsätzlich von einer Perspektivenvielfalt auszugehen, die je nach diskursivem Zusammenhang variieren und dabei sehr unterschiedliche und zum Teil auch widersprüchliche Sichtweisen eröffnen kann. Die zentrale Herausforderung an die Biographieforschung würde an dieser Stelle also darin bestehen, in stärkerem Maße als bisher in den Blick zu nehmen, inwiefern die Konstruktion biographischer »Dokumente« von den diskursiven Kontexten ihrer Entstehung abhängt, d.h. von den (heterogenen und z.T. widerstreitenden) Diskursarten, die an ihrer Entstehung beteiligt sind und in sie eingehen, von den institutionellen »Orten«, an denen sie erzeugt werden und an denen in unterschiedlicher Weise hegemoniale auf weniger durchsetzungsfähige Diskursarten treffen, sowie von den je vorherrschenden diskursiven »Stilen« der Darstellung und Weisen der Wissenserzeugung. Kollers empirische Fallanalysen verdeutlichen diese Abhängigkeiten in einer Vielzahl unterschiedlicher Aspekte. Zumindest einige davon sollen hier knapp angesprochen werden, wobei ich einzelne Punkte herausgreife und aus Platzgründen z.T. vereinfachend wiedergebe.

Zunächst muss die Interview-Situation selbst als ein komplexes diskursives Geschehen verstanden und analysiert werden, an dem unterschiedliche und teilweise widerstreitende Diskursarten Anteil haben können. Koller gelingt dies, indem er den Erzählvorgang selbst als einen (potenziellen) Bildungsprozess auffasst und dabei auch diskursive Bedingungen in den Blick nimmt, die bestimmte Artikulationen ausschließen oder verhindern und damit Bildungsmöglichkeiten verstellen. Anschaulich wird dies etwa anhand der ersten Fallstudie, dem biographischen Interview mit »Felix«[185] demonstriert (vgl. ebd., 187–233, insb. 228 ff.). Hier hat, in der Interpretation Kollers, das relativ uneingeschränkte Vorherrschen einer bestimmten Diskursart einen entscheidenden Einfluss darauf, dass das in der Erzählsituation angelegte Bildungspotenzial nicht ausgeschöpft werden kann und der Erzählfluss am Ende sogar mehr und mehr ins Stocken kommt und versiegt. Und zwar handelt es sich dabei um die von Koller im Anschluss an Lyotard so bezeichnete »narrative Diskursart«. Sie wird zum Teil durch die Interviewsituation selbst nahe gelegt. Im gegebenen Fall wird sie unter anderem durch bestimmte vom Interviewer geäußerte Erwartungen sowie durch bestimmte Erwartungen auf Seiten des Interviewten zusätzlich verstärkt. Die narrative Diskursart verpflichtet sozusagen auf die Erzählform des *und dann* im Sinne einer Rekonstruktion von Ereignissen in einer zeitlich bestimmten und unumkehrbaren Reihenfolge. (Im Anschluss an das oben Gesagte könnten wir auch ergänzen, dass damit eine bestimmte Subjektposition festgelegt wird, die der Erzählende einnehmen und seiner Erzählung zu Grunde legen muss.) Ihr Zweck, so Koller im Anschluss an Lyotard, besteht darin, „ein Ende zu finden" und den Widerstreit, von dem in der Erzählung die Rede ist, zu einem Abschluss und einer »Vollendung« zu bringen (vgl. ebd., 230). Damit aber tendiere gerade diese Diskursart dazu, den Widerstreit vergessen zu machen und zu einem »Rechtsstreit« zu reduzieren, weil sie als eine linear auf einen Endpunkt zulaufenden Erzählform die Erwartung nahe legt, dass im Rückblick auf das eigene Leben die Brüche letztlich geglättet und die widerstreitenden Ansprüche narrativ aufgelöst werden. In dem Fallbeispiel »Felix« misslingt dieser Anspruch. Was bleibt, ist ein Schweigen.

Das zweite von Koller analysierte Interview, die Fallstudie »Anna« (vgl. ebd., 235–266), verläuft in der Grundtendenz durchaus anders. Zwar ist auch hier die narrative Diskursart von Bedeutung, doch herrscht sie nicht uneingeschränkt vor, sondern wird immer wieder durch den Wechsel in andere Diskursarten (z.B. Kommentare und Reflexionen, die einen stärker argumentativen, metaphorisch-beschreibenden oder evaluativen Charakter

---

185 Der Name ist, wie in solchen Studien üblich, fiktiv.

haben) »aufgelockert« (vgl. ebd., 258 ff.). Dadurch entsteht ein multiperspektivischer Zugang zur eigenen Lebensgeschichte, der nach Kollers Überzeugung besser geeignet erscheint, dem Widerstreit gerecht zu werden, ihn offen zu halten und teilweise auch durch die allmähliche Hervorbringung neuer sprachlicher Ausdrucksmöglichkeiten und Selbstbeschreibungen zu »beantworten«. Sowohl in skeptischer als auch in innovativer Hinsicht, so die Deutung, können damit biographische Bildungspotenziale verwirklicht werden. Ausschlaggebend dafür scheint wiederum zum Teil die Interviewsituation selbst gewesen zu sein, an deren Anfang die sehr offene Frage nach Erlebnissen stand, an denen die Befragte „wirklich etwas gelernt hat" (vgl. ebd., 235). Statt einer eher eng narrativen Orientierung auf eine chronologische Abfolge von Ereignissen sei damit die eher assoziative Orientierung an einem Themen (dem »Lernen«) im Blick auf die eigene Lebensgeschichte nahe gelegt worden (vgl. ebd., 263), was »Anna« zu einem wiederholten Hin- und Herspringen zwischen unterschiedliche zeitlichen Perspektiven und damit verbundenen Diskursarten nutzt (so z.B. wenn sie von den eigenen Schulerfahrungen in ihrer Kindheit berichtet und im unmittelbaren Anschluss daran zu einer argumentativen Begründung ausholt, warum sie sich heute – d.h. zum Zeitpunkt des Interviews – als Lehrerin gegenüber ihren Schüler/inne/n in einer bestimmen Weise verhält). Insgesamt kennzeichnend für »Annas« Erzählung ist nach Koller eine deutlich relativierende Haltung, die immer wieder die Möglichkeit unterschiedlicher Perspektiven betont und auch im zeitlichen Abstand zwischen Kindheit, Jugend, frühem und reifem Erwachsenenalter verschiedene Deutungen der eigenen Lebenserfahrungen nebeneinander bestehen lässt. Bereits die erste Nachfrage der Interviewerin beantwortet sie lachend mit dem Satz „Ohe, sind mehrere Antworten möglich", und mit der Schule, „da gibt's auch ganz viel verschiedene Antworten"; vieles kann sie „nur im Rückhinein sagen" und hätte sie „als Kind nicht sagen können", obwohl es vom Gefühl her so war, ihr aber „dann später erst so klar wurde" (vgl. ebd., 261 f.). Koller deutet diese ironisch-distanzierende Haltung gegenüber der eigenen Lebensgeschichte bildungstheoretisch durchaus als eine Stärke, die es »Anna« erlaubt, im Wechsel der Perspektiven dem Widerstreit heterogener Diskursarten, mit denen sie in unterschiedlichen Phasen ihres Lebens konfrontiert worden ist, in skeptischer und teilweise auch in innovativer Hinsicht gerecht zu werden.[186]

Die inhaltliche Rekonstruktion und Interpretation der erzählten Biographie lässt dabei im Einzelnen recht unterschiedliche Erscheinungsformen eines Widerstreits in »Annas« Leben erkennen. Die aufeinander treffenden heterogener Diskursarten stehen typischer-

---

[186] Im vorliegenden Zusammenhang ist natürlich interessant, dass das Bildungspotenzial dieser ironisch-multiperspektivischen Einstellung zur eigenen Lebensgeschichte in Kollers Studie gerade an einer weiblichen Biographie besonders veranschaulicht wird. Obwohl Koller selbst dazu keine ausführlichen Aussagen macht, können wir hier doch zumindest einen indirekten Hinweis auf eine Öffnung des Bildungsdenkens für kulturell eher als weiblich eingeschätzte Charakterzüge wiedererkennen, wie sie auch bei anderen postmodernen Autoren zu finden ist. Vgl. dazu z.B. Richard Rortys Bildungsideal der „liberalen Ironikerin" (Rorty 1993, 11 ff.).

weise mit unterschiedlichen institutionellen Kontexten in Verbindung, denen ihrerseits eine je unterschiedliche diskursive Wirkungsmacht zukommt: Die mit Elternhaus und Kirche verbundene moralisch-religiöse Diskursart tritt in einen Widerstreit mit der literarisch-aufgeklärten Diskursart in der Schule; ein Auslandsaufenthalt in den USA als Au-pair-Mädchen kurz nach Beendigung der Schulzeit lässt sie neue Diskursarten kennen lernen; später wird der Konflikt abgelöst durch das Vorherrschen einer politisch-ökonomischen Diskursart, die sich »Anna« während ihrer Studienzeit im Zuge der Studentenbewegung und ihres Engagements in einer marxistischen K-Gruppe zu eigen macht; in dieser Diskursart wiederum können bestimmte Gefühle, Erfahrungen und Wünsche nicht zum Ausdruck kommen, die mit ihrer Vergangenheit, aber auch mit ihrer damaligen Gegenwart als berufstätige Mutter zusammenhängen und die sie erst später, im Rahmen einer Therapie und durch der Beschäftigung mit feministischer Literatur in Form neuer Diskursarten allmählich auszudrücken lernt usw. Aus seiner bildungstheoretischen Sicht hebt Koller besonders hervor, dass es »Anna« durch ihre multiperspektivische Einstellung zur eigenen Lebensgeschichte in ihrer Erzählung immer wieder gelingt, »metonymische Kontexte«, d.h. einen semantischen Verweisungszusammenhang zwischen unterschiedlichen Deutungsmöglichkeiten zu bilden – ein Beziehungsgeflecht unterschiedlicher Bilder und Artikulationen ihrer selbst, in dem keine dieser Artikulationen mit dem Anspruch auftritt, „die ‚richtige‘, einzig zutreffende, endgültige Bezeichnung zu sein" (ebd., 264). Ihre Erzählung bleibt in einem grundlegenden Sinne offen und unabgeschlossen. Der Verzicht auf eine abschließende Deutung wird mit Ironie ertragen (vgl. ebd., 265).

Das Zusammenspiel der beiden rhetorischen Figuren der ironischen Distanzierung und der metonymischen Kontextbildung, so Kollers abschließende Hypothese, begünstigt möglicherweise jene innovativen sprachlichen Akte, die »Bildung« im von ihm vorgeschlagenen Sinne ausmachen (vgl. ebd., 278). Die Fähigkeit, sich selbst und das eigene Leben auf vielfältige Weise erzählen zu können, so legt seine Deutung insgesamt nahe, stellt unter (post-)modernen Lebensbedingungen eine wichtige Voraussetzung dafür dar, mit den Erfahrungen des Widerstreits heterogener Diskursarten produktiv im Sinne einer Verwirklichung biographischer Bildungspotenziale umzugehen.

Aus der Sicht der Diskurstheorie des von mir im Anschluss an Kersten Reich vertretenen interaktionistischen Konstruktivismus stellt Kollers Ansatz insgesamt ein interessantes Modell für eine biographisch orientierte Bildungsforschung in der Gegenwart dar, weil es ihm recht gut gelingt, auf der Grundlage der Theorie des »Widerstreits« biographische Konstruktionen diskurstheoretisch zu kontextualisieren und dadurch die soziokulturelle »Vernetztheit«, Vielschichtigkeit und Widersprüchlichkeit biographischer Bildungsprozesse in der (Post-)Moderne transparent zu machen. Sein Modell lässt sich gut mit dem eingangs von mir skizzierten Verständnis von »Biographisierung als Diskursformation« vereinbaren, und seine konkreten diskurstheoretischen Fallanalysen werfen einiges Licht auf bildungstheoretische Implikationen und Konsequenzen eines solchen Verständnisses. Allerdings geht dies bei Koller auf Grund seiner engen konzeptionellen Anbindung an die

Philosophie Lyotards mit einer gewissen sprachtheoretischen Enge in der Theoriebildung einher, die aus der Sicht des interaktionistischen Konstruktivismus gerade in pädagogischer Hinsicht durch ergänzende diskurstheoretische Perspektiven zu überwinden wäre. Einige dieser Perspektiven seien abschließend zumindest noch angedeutet.[187]

Was für mich in Kollers Ansatz fehlt, wäre zum einen eine deutlichere Unterscheidung zwischen *diskursiven* und *kulturellen Praktiken*, die beide Bereiche zwar nicht voneinander trennt, aber doch auch nicht in eins fallen lässt. Nicht überall, wo wir handeln (und möglicherweise auch mit anderen interagieren), nehmen wir deswegen schon an einem Diskurs teil, auch wenn die *Bedeutungen* all unserer kulturellen Praktiken im Rahmen diskursiver Praktiken *konstruiert* werden. So erscheint es als eine etwas überdehnte Begrifflichkeit, wenn Koller (in der Fallstudien zu »Felix«) beispielsweise das gemeinsame handwerkliche Arbeiten als solches bereits als »Diskurs« auffasst und demzufolge das Aufeinanderprallen unterschiedlicher Arbeitsstile als einen Widerstreit von Diskursarten interpretiert (vgl. ebd., 222). Hier wird die fehlende Unterscheidung zwischen »kulturellen« und »diskursiven« Praktiken unmittelbar ersichtlich. Zweitens, und wichtiger noch, müsste die sprachtheoretische Orientierung in Richtung auf ein breiter angelegtes Verständnis von Beziehungswirklichkeiten erweitert werden, das neben der symbolischen Ordnung von Diskursen stärker auch das Imaginäre als Begehren und Quelle von Motivationen, in Diskursen tätig (und möglicherweise sogar innovativ tätig) zu werden, ins Blickfeld rücken würde. Hier ist im interaktionistischen Konstruktivismus im Anschluss an neuere Kommunikationstheorien und unter anderem in kritischer Auseinandersetzung mit der Psychoanalyse Jacques Lacans eine umfassende Spiegelungstheorie des Imaginären erarbeitet worden (vgl. Reich 1998 a; 2002), die die diskurstheoretischen Perspektiven des Ansatzes durch die Aufstellung eines »Diskurses der Beziehungswirklichkeit« und eines »Diskurses des Unbewussten« beträchtlich erweitert (vgl. Reich 1998 b, 288–382; Neubert/Reich 2000). Dabei geht es zusätzlich zu den bei Koller im Anschluss an Lyotards »Widerstreit« im Vordergrund stehenden diskurstheoretischen Perspektiven des Wissens und der Macht verstärkt auch um Fragen der Grenzen symbolischer Verständigung in den Spiegelungen des Begehrens zwischen Selbst und Anderen, die sich im Imaginären zeigen und den Blick auf emotionale, affektive, beziehungsmäßige und umfassend kommunikative Lern- und Bildungsprozesse hin erweitern (vgl. Reich 2004 b, 40–212; Neubert/Reich/Voß 2001; Reich 1998 c; Neubert 2003). Was bei Lyotard und Koller recht vage als »Gefühl« im Sinne einer Grenzbedingung von Sprache und Diskurs benannt wird, kann dadurch umfassend thematisiert und im Blick auf (post-)moderne Bildungsprozesse näher spezifiziert werden. Schließlich scheint mir Kollers Ansatz auch noch in einem dritten Sinne ergänzungsbedürftig. Denn sein berechtigter Fokus auf der skeptischen Dimension (post-)moderner Bildung – Bildung als Dekonstruktionsarbeit – sowie auf der innova-

---

187 Ich kann diese Aspekte hier aus Platzgründen leider nur knapp benennen und den/die Leser/in auf weiterführende Literatur verweisen.

tiven Dimension – Bildung als Konstruktionsarbeit – blendet meines Erachtens etwas zu sehr die immer auch notwendige Perspektive einer Bildung als Rekonstruktionsarbeit aus, d.h. der entdeckenden Aneignung kultureller Diskurse, die als Ressourcen für eigene selbsttätige und selbst bestimmte De/Konstruktionen von Lernenden unverzichtbar sind (vgl. Reich 2002 a, Kap. 5; Neubert 2004 a). Für den interaktionistischen Konstruktivismus stellt gerade das Zusammenspiel von Konstruktionen, Rekonstruktionen und Dekonstruktionen – ähnlich wie in der Kulturtheorie des Pragmatismus bei John Dewey (vgl. Neubert 1998 a; Hickman/Neubert/Reich 2004) – den Kern eines kulturellen Lern- und Bildungsverständnisses dar.

Ungeachtet dieser kritischen Erweiterungsperspektiven aber denke ich, dass die in Kollers Fallbeispielen herausgestellten Fähigkeit, sich und sein Leben auf vielfältige Weise erzählen und dabei durch ironische Distanzierung und metonymische Kontextbildung unterschiedliche Deutungsweise nebeneinander stellen zu können, gerade aus der Sicht einer feministischen Biographie- und Bildungsforschung große Aufmerksamkeit verdient. Grundsätzlich scheint mir einer erhöhten Sensibilisierung für die Möglichkeit vielfältiger Re/De/Artikulationen von Lebensgeschichten eine wichtige Bedeutung in dem Bemühen zuzukommen, hegemoniale kulturelle Deutungsmuster und Zuschreibungen von Geschlecht zu relativieren und das zur Sprache zu bringen, was in den vorherrschenden (z.B. patriarchal bestimmten) Diskursarten „bisher nicht gesagt werden konnte". Voraussetzung dafür ist die Zurückweisung der Zumutung, sich auf eine einzige Erzählung festlegen zu müssen. Die feministischen Philosophin Judith Butler kommentiert diese Zurückweisung auf selbstironische Weise: „Ich kann die Geschichte meiner Herkunft erzählen, ich kann sie sogar immer wieder auf verschiedene Weisen erzählen, aber diese Geschichte, die ich erzähle, ist mir nicht zuzurechnen und kann nicht meine eigene Zurechenbarkeit festsetzen. Jedenfalls will ich hoffen, dass ich das nicht kann, denn – gewöhnlich nach ein paar Glas Wein – erzähle ich die Geschichte auf ziemlich verschiedene Weisen, die nicht immer miteinander vereinbar sind. Eine Herkunft haben könnte auch genau das heißen: über mehrere mögliche Versionen dieser Herkunft zu verfügen. ... All diese Variationen sind mögliche Erzählungen, aber von keiner einzigen von ihnen kann ich mit Gewissheit sagen, dass sie wahr ist." (Butler 2003, 50 f.)

Zusammenfassend lässt sich als ein vorläufiges Fazit meiner Diskussion folgendes festhalten: Unter (post-)modernen Lebensbedingungen haben Prozesse der Biographisierung sowohl in gesellschaftlicher als auch in wissenschaftlicher Hinsicht an Bedeutung gewonnen. Biographisierung erscheint zunehmend als ein komplexer, vieldeutiger und teilweise widersprüchlicher kultureller Konstruktionsprozess, dessen soziokulturelle Kontexte stets zu beachten sind, um nicht in vereinfachende und naive Deutungen zu verfallen. Eine an poststrukturalistische und postmoderne Theoriebildungen anschließende diskurstheoretische Sicht ermöglicht eine solche Kontextualisierung. Biographisierungsprozesse erscheinen aus dieser Perspektive in einem komplexen Spannungsfeld pluraler, vieldeutiger und ambivalenter Diskurse, in dem die Macht hegemonialer Deutungsmuster die mög-

lichen Konstruktionen von Subjekten häufig rekonstruktiv begrenzt, aber selten vollständig determiniert. Der Widerstreit heterogener Diskursarten im Kontext kultureller Praktiken, Routinen und Institutionen ermöglicht skeptische Aneignungen und innovative Deutungen, die in ihrer Vielschichtigkeit für (post-)moderne Bildungsprozesse als bedeutsam
erscheinen. Eine methodologisch reflektierte Biographieforschung kann einen wichtigen
Zugang zur Erschließung solcher Bedeutsamkeiten darstellen. Damit verbinden sich auch
hinsichtlich der Geschlechterforschung weit reichende Implikationen, weil der diskurstheoretische Blick auf die Ambivalenzen, Vieldeutigkeiten und Widersprüchlichkeiten in
den (Re-)Konstruktionen von Lebensplänen und Lebensläufen helfen kann, starre gender-
bezogene Zuschreibungsmuster zu dekonstruieren. Der Kölner Ansatz des interaktionistische Konstruktivismus stellt auf der Grundlage seiner Unterscheidung von Beobachter-,
Teilnehmer- und Akteursrollen im Blick auf Diskurse einen breiten Theorierahmen zur
Reflexion solch kulturell komplexer Konstruktions-, Rekonstruktions- und Dekonstruk-
tionsprozesse zur Verfügung.

Kapitel 12:

Kultur und Identität – vom Ereignis zum Diskurs (und zurück)
(mit Olaf Sanders und Erol Yildiz)

12.1 Kultur

„Culture is one of the two or three most complicated words in the English language." (Williams 1983, 87) Dieser Satz lässt sich übertragen in die deutsche Sprache und auf deutsche Verhältnisse: Kultur ist eines der zwei oder drei kompliziertesten Wörter der deutschen Sprache. Bei der Übertragung kommt es zu Verschiebungen: „Culture" bedeutet nicht „Kultur" und eben doch auch.

Die Übersetzung markiert ein interkulturelles Problem und verweist weiter auf ein Problem der Interkulturalität. Das interkulturelle Problem äußert sich in diesem Falle als Übersetzungsproblem zwischen der englischen und der deutschen Kultur, also zwischen zwei Nationalkulturen, die so deutlich unterschieden und getrennt scheinen wie die beiden Nationen, sich aber auch durch zahllose Gemeinsamkeiten auszeichnen. Vom geteilten Standpunkt aus gibt es kein Inter, kein Zwischen, sondern bestenfalls ein Trans, ein Durch, das intrakulturell bleibt, weil ein Außen fehlt. Das Außen selbst entpuppt sich als Falte des Innen, und die Dichotomie innen-außen verliert in der Falte an Sinn, weil eins ohne das andere keinen macht. Es bleibt ein komplexer Transformationsprozess, der selbst wiederum in kommunizierende Prozesse zerfällt und mangels Außenperspektive nur angenommen werden kann als das, was das Eine oft schon war: Einheit von Vielfältigem (vgl. Deleuze 1995, 207).

Gemeinsamkeiten und Differenzen von „Culture" und „Kultur" lassen sich hier nicht erschöpfend behandeln. „Culture" steht seit Jahrhunderten in Auseinandersetzung, Kontrast und Konkurrenz zu „civilization", das in der Tradition der Aufklärung als „progressive human self-development" (Williams 1983, 58) universal und positiv besetzt war. Im deutschen Sprachgebrauch meint „Zivilisation" vor allem die materielle, die praktisch-technische Seite der Gesellschaftsentwicklung, die der Geisteskultur gegenübersteht und bis vor kurzem noch als von geringerem Wert galt als das wirkungsmächtige deutsche Deutungsmuster „Kultur" (vgl. Bollenbeck 1994), das aufgrund seiner universalen Semantik der englischen „civilization" näher steht als dem Wort „culture", mit dem es die Sprachwurzeln gemein hat. Die affektive Besetzung der Wortpaare „culture/civilization" und „Kultur/Zivilisation" war für lange Zeit reziprok – bis der Prozess der Zivilisation „als Strukturwandel von Menschen in Richtung auf eine größere Festigung und Differenzierung ihrer Affektkontrollen" (Elias 1976, XI) die Oberhand gewann und die auf Affekten basierende Kultur an den Rand spielte.

Entwicklung und Wirkungsmacht der Begriffe sind Diskurseffekte, und zwar in der deutschen und in der englischen Sprache. Kultur verband sich mit Bildung als „Seite ihrer subjektiven Zueignung" (Adorno 1997, 95) im deutschen Sprachraum zu einer starken Diskursformation. Dass die Reduktion auf Geisteskultur dazu führte, dass die emanzipatorischen Prozesse (wieder) nur einen Teil der Gesellschaft erfassten und für diesen galten, also nur Hegemonien verschoben und Ausschlüsse anders organisierten, ist eine historische Trivialität. Die bürgerliche Kultur schichtet sich nach Besitz so verschiedener Kapitalien wie ökonomischem, sozialem und kulturellem (vgl. Bourdieu 1987). In Nachfolge des britischen Empire kommt noch die Aufgabe dazu, durch Teilhabe an „culture" über „englishness" zu entscheiden und damit über weitere Partizipationsmöglichkeiten. Die soziale Idee der Gleichheit aller Menschen, die Methew Arnold in *Culture and Anarchy* Mitte des 19. Jahrhunderts noch an den freien Gebrauch des Besten „that has been thought and known in the world" (Arnold 1998, 8) bindet, pervertiert sich so. Sie zeigt auch, dass die Entgegensetzung von englischen und deutschen Wortbedeutungen zugleich falsch und richtig ist. Bei „culture" und „Kultur" handelt es sich um überlappende Begriffe mit unscharfen Rädern. Genau das erklärt auch ihren Erfolg.

„Kultur" bzw. „culture" bezeichnet in dieser Hinsicht eine „große Erzählung". Einige Jahre vor der Popularisierung durch Jean-François Lyotards *Das postmoderne Wissen* (frz. 1979, dt. 1986) spricht Michel Foucault in seiner Inauguralvorlesung am Collège de France, *Die Ordnung des Diskurses* (1. Dezember 1970), von großen Erzählungen als ausgezeichneten Diskursen. Die Inauguralvorlesung gilt gemeinhin auch als Gründungsdokument der macht-analytischen Schaffensphase Foucaults. Unter großen Erzählungen versteht Foucault (1991, 18) dort „ritualisierte Diskurssammlungen, die man bei bestimmten Gelegenheiten vorträgt; einmal gesagte Dinge, die man aufbewahrt, weil man in ihnen ein Geheimnis oder einen Reichtum vermutet." Reichtum und Geheimnis liegen in der systematischen Produktion von Subjekten als Agenten von Kultur bzw. unterschiedlichen Kulturen und als Schöpfern bzw. Trägern kultureller Identität. Der Clou der Foucault'schen Machttheorie ist der Ausweis, dass Macht nicht nur das ist, was – im Gegensatz zur Herrschaft anonym – unterdrückt, kanalisiert oder ausschließt, sondern auch ungeheuer produktive Dispositive erzeugt. Gilles Deleuze (1991, 153) bestimmt Dispositive als „ein Durcheinander, ein multilineares Ensemble". Wir können Dispositive auch als komplexe und historisch veränderliche Konstellationen heterogener Kräfte auffassen, wozu kulturelle Praktiken, Routinen und Institutionen ebenso wie Diskurse und wissenschaftliche Begriffssysteme gehören. Dispositive in diesem Sinne erzeugen Wissen und Wahrheiten. Sie liegen einem je spezifischen Repräsentations- und Wissenssystem zugrunde. Sie produzieren symbolische Ordnungen von Wirklichkeit, die sich auf die konkreten Lebensvollzüge von Menschen auswirken.

Gegen die Praxisvergessenheit des Kulturbegriffs schlug Raymond William als einer der Gründungsväter der britischen *Cultural Studies* vor, „culture" als „a whole way of life" zu definieren (vgl. z.b. Lutter / Reisenleitner 1998, 10). Bei heutigen Vertretern der *Cultural Studies* ist in diesem Zusammenhang auch von „symbolischen Praktiken" („signifying practices") als Bestimmungsmerkmal von Kultur die Rede (vgl. Hall 1997). Das von Georg Auernheimer verwendete Kulturkonzept weist eine starke Nähe zu solchen Begriffsbestimmungen auf, wenn er Kultur „als unser Repertoire an Kommunikations- und Repräsentationsmitteln" (Auernheimer 2003, 74; im Orig. kursiv) definiert und feststellt, dass die kulturelle Praxis „die symbolische Seite der gesellschaftlichen Praxis [umfasst], wo Sinn und Bedeutung auch rein technischer Vorgänge und instrumenteller Handlungen produziert, repräsentiert und kommuniziert werden ... Die symbolische Verwendungsweise von Dingen im Alltagsleben ist Teil kultureller Praxis." (Ebd.) Damit verbinden sich bei Auernheimer unterschiedliche Aspekte seines Kulturbegriffs, die sich als sehr fruchtbar für ein Verständnis von „Interkulturalität" erweisen. Nur drei davon sollen hier kurz hervorgehoben werden.

(1) Mehrdeutigkeit der Symbole: Kulturen oder kulturelle Praktiken sind niemals eindeutige und abgeschlossene Gebilde, sondern komplexe Strukturen der Bedeutungskonstruktion, die sich durch Heterogenität und semantische Offenheit, häufig durch Ambivalenz und Widersprüchlichkeit auszeichnen. Symbole, so Auernheimer im Anschluss an (post-)strukturalistische Theoretiker wie Althusser oder Derrida, sind stets mehrdeutig und „überdeterminiert", ihnen wohnt gewissermaßen ein konstitutiver Bedeutungsüberschuss inne, weshalb sie „nicht nur dem Missverständnis ausgesetzt, sondern immer für Umdeutungen, neue Bedeutungsgebungen offen" sind (ebd.). Damit verbindet sich eine grundsätzliche Offenheit für die Multiperspektivität und Vielschichtigkeit von Kulturanalysen, deren Deutungen im Blick auf ein Verstehen des Eigenen und Fremden stets notwendig unvollständig bleiben.

(2) Kulturelle Dynamik: Auernheimer betont, dass Kulturen in ihrer Identitäts- und Orientierungsfunktion für Menschen stets dynamische, veränderliche und bewegliche Gebilde sind, deren „Landkarten der Bedeutung" beständig umgeschrieben werden. In Gesellschaften, die durch gesteigerte Mobilität, Migration und globale Vernetzung gekennzeichnet sind, kommt diesem Aspekt eine immer größere Bedeutung zu. Für ein Verständnis kultureller Transformationsprozesse verweist Auernheimer insbesondere auf das Verhältnis von Kultur und Sozialstruktur. Durch die zunehmend in Bewegung geratenden sozialen und ökonomischen Lebensverhältnisse werden die Menschen genötigt, neue kulturelle Verarbeitungs- und Lebensformen zu entwickeln. „In diesem Sinn arbeiten alle an ihrer Kultur, wobei klar ist, dass sie durchaus eigenständige neue Lösungen unter Rückgriff auf Traditionen finden können." (Ebd., 75) Gerade in Hinblick auf die oft ambivalente und widersprüchliche Situation sogenannter „Migrantenkulturen", deren kulturelle Leistungen und Neuorientierungen sich durch Synkretismen und Hybridbildungen im Zwischenraum auszeichnen, ist die Beachtung dieses dynamischen Aspektes von größter Be-

deutung, um nicht in typisierende oder gar latent kulturrassistische Zuschreibungsmuster zurückzufallen.

(3) Kulturelle Hegemonie: In machttheoretischer Hinsicht stützt sich Auernheimer insbesondere auf die durch Gramsci begründete Tradition marxistischer Hegemonie-theorien, wobei allerdings neuere kritisch-dekonstruktivistische Weiterentwicklungen dieser Tradition z.B. bei Laclau und Mouffe (vgl. Laclau 1990, Laclau/Mouffe 1991) weitgehend ausgeblendet bleiben. Kultur ist nie frei von Macht zu denken, sondern stellt stets auch ein „Feld des Kampfes um Bedeutungen" dar (Auernheimer 2003, 76, im Orig. kursiv), in dem unterschiedliche Interessengruppen miteinander um die kulturelle Deutungs-macht ringen (z.B. die Auswahl dominanter Themen, die Definition politisch einflussreicher Leitbegriffe, die öffentliche Inanspruchnahme bestimmter Diskurse, den Ausschluss alternativer Artikulationen, die Marginalisierung bestimmter Gruppierungen). Im deutschen Politikdiskurs der vergangenen Jahre stellen beispielsweise die von rechter Seite lancierten Diskussionen um eine vermeintliche deutsche „Leitkultur" oder die so genannte „Nationalstolzdebatte" anschauliche Beispiele für die Bedeutung hegemonialer Auseinandersetzungen dar, gleiches gilt für die anhaltende Diskussion um eine „multikulturelle Gesellschaft" oder das Selbstverständnis Deutschlands als „Einwanderungsland". Bei den hegemonialen Kämpfen, so Auernheimer, spielen die Intellektuellen als „Denker, Dichter, Multiplikatoren, Meinungsmacher" eine wichtige Rolle, „ohne dass das Publikum unbeteiligt ist" (ebd.). Für die interkulturelle Pädagogik kommt in diesem Zusammenhang u.a. kritischen Medienanalysen und der Dekonstruktion öffentlich einflussreicher Metaphern (z.B. „Asylantenflut") eine wichtige Bedeutung zu (ebd., 72 f.). Zudem müssen die „Kulturen der ‚neuen' und oft auch der ‚alten' Minderheiten ... als klassenspezifisch und zugleich ethnisch spezifisch betrachtet werden" (ebd., 76), um z.B. im hegemonialen Diskurs häufig anzutreffenden kulturalistischen Verkürzungen entgegen zu wirken.

Allerdings hat Auernheimer dabei im Anschluss an traditionelle marxistische Machttheorien unseres Erachtens zu einseitig nur die negativen Wirkungen von Macht im Blick. Macht ist dieser Auffassung zufolge im Wesentlichen etwas, das unterdrückt, beschneidet, ausschließt oder auf andere Weise negiert. Eine intensivere Auseinandersetzung insbesondere mit dem Werk Michel Foucaults könnte hier, so unser Eindruck, den Blick noch einmal differenzieren helfen und zu einem vielschichtigeren Modell von Machtbeziehungen anregen. Insbesondere gerieten dadurch die produktiven Aspekte von Macht im Sinne von historisch konstruierten und veränderlichen Dispositiven stärker in den Blick, die die Gesellschaft durchziehen und eine symbolische Ordnung von Wirklichkeit überhaupt erst ermöglichen. Macht wäre damit auch stärker als bei Auernheimer als etwas zu reflektieren, das zirkuliert, netzförmig organisiert ist und „durch die Individuen hindurch" geht (vgl. Foucault 1978, 82 f.). Damit verbunden wäre eine erhöhte Skepsis gegenüber eher vereinfachenden Auffassungen, die Machtbeziehungen als eindeutig lineare Asymmetrien von Dominanz und Unterwerfung deuten und dabei die Komplexität zwischenmenschlicher Beziehungen teilweise unterschätzen. In seiner Auseinandersetzung mit Machtasymmetrien im Zusammenhang mit interkultureller Kommunikation und ihren möglichen Störungen (ebd., 107–111) thematisiert Auernheimer ausführlich – und zu Recht – die problematischen Aspekte des Verhaltens der „Mächtigen" (Angehörige der Dominanzkultur wie z.B. Lehrer, Sozialarbeiter, Behördenvertreter, Arbeitgeber). Er weist demgegenüber eher nur knapp auf stärker systemische Sichtweisen hin,[188] die die Zirkularität von Beziehungsprozessen gezielt in den Blick nehmen und die Wechselseitigkeit der Kommunikation im Rahmen von Machtbeziehungen hervorheben, in denen es z.B. durchaus auch so etwas wie die Ohnmacht des „Stärkeren" und die subversive Macht des „Unterlegenen" gibt. Dieser letztere Aspekt hätte unseres Erachtens auch im Rahmen eines Einführungsbuches eine noch stärkere Vertiefung verdient, weil sich damit wichtige Fragen im Blick auf die Vielschichtigkeit interkultureller Kommunikationen und insbesondere hinsichtlich der Zirkularität von Macht und Widerstand verbinden. „Wo es Macht gibt, gibt es Widerstand. Und doch oder vielmehr gerade deswegen liegt der Widerstand niemals außerhalb der Macht." (Foucault 1999, 116) Im Zusammenhang dieser Thematik der komplexen historischen Beziehungen zwischen Macht und Kultur könnte die interkulturelle Pädagogik auch von neueren (an Foucault anschließenden) Ansätzen einer Kulturgeschichte der Erziehung profitieren, wie sie in der englischsprachigen Diskussion beispielsweise von Popkewitz u.a. (2001) vertreten werden.

12.2 Kulturelle Identität

Stuart Hall stellt kulturelle Identitäten vor als zusammengesetzt aus „den Aspekten unserer Identitäten, aus denen unsere ‚Zugehörigkeit' zu uns unterscheidenden ethnischen, ‚rassischen', sprachlichen, religiösen und vor allem nationalen Kulturen hervorgeht." (Hall 1994, 180) Kulturelle Identitäten sind also selbst komplizierte Mischungen, so kompliziert wie Kultur in ihrer notwendigen Pluralität von Kulturen. Interessant sind die doppelten Bezüge von Kultur und Identität, von der Hall im Hinblick der Kulturen immer nur im Plural spricht. Wenn wir eine Identität haben, dann eine, die selbst aus Identitäten zusammengesetzt ist, die wiederum Aspekte, also Teile unterschiedliche Kulturen enthält: eine Einheit als Vielheit oder Mannigfaltigkeit. Dieser Weitung wirkt das Adjektiv „kulturell" entgegen, es beschränkt das semantische Feld. Kulturelle Identitäten sind bestimmte unter den möglichen Identitäten, z.B. nicht-personale Identitäten. Dass sich verschiedene Identitäten selbstverständlich überschneiden, verkompliziert ihre Bestimmung weiter.

In diesem Zusammenhang verwundert es nicht, dass Hall zugibt, mit Überlegungen zur Dezentrierung, Zerstreuung und Fragmentierung moderner Identitäten zu sympathisieren.

---

188 Solche Ansätze werden von Auernheimer zwar angesprochen (vgl. ebd., 111), sie hätten jedoch insgesamt stärker in die Analyse einbezogen und in ihren Implikationen beleuchtet werden können.

Durch dieses Triumvirat wird die Differenz deutlich, die je schon die Identität durchzieht, aber hinter alten Panzern – von Subjekten (vgl. Lacan 1991, 69) und in neuen Kriegen (vgl. Münkeler 2002) – verborgen bleibt. Moderne Identität bestimmt Hall (1994, 195) im Rückgriff auf Jacques Lacan durch ihre notwendige Unvollständigkeit, die selbst wiederum daraus resultiert, dass sie – hier ausnahmsweise doch im Singular! – sich „immer im Prozess, im ‚Gebildet-werden'" befindet. Für derartige Prozesse fehlt uns leider die Sprache, die sich im wissenschaftlichen Sprachgebrauch meist mit Feststellung begnügt, also das Werden extrem bremst. Diese „Verkennungsfunktion" (Lacan 1991, 69) lässt sich nur schwer ausschalten. Mit kultureller Identität wird meist umgegangen, als ob es sie gäbe, also a wirklich a wäre und nicht eben zugleich non a oder auch eine Beziehung unterhielte zum ausgeschlossenen Dritten, das seine Fluchtlinien zieht und bisweilen Stillstand wieder in Bewegung bringt. Um die alten essentialistischen Fallen zu umgehen, reicht es nicht, Hegel zu entrinnen, wie Foucault (1991, 45) es vorhatte, man muss den Diskurs weiter zurückgehen – bis zu Platon und gegen Timaios (im gleichnamigen Dialog, 28a) darauf insistieren, dass auch „das stets Werdende" zur Ontologie gehört. Die Zweieinhalbjahrtausende währenden und sich vielfach wandelnden diskursiven Ausschlusspraktiken geben Hinweise auf die Größe der Mächte, die hier im Spiel sind; „der Diskurs ist immer nur ein Spiel", sagt Foucault (1991, 32). Er folgt Regeln, die – so argumentiert Foucault (ebd., 33) weiter – auf einer Logophilie zu basieren scheinen, die aber doch nur eine Angst verbirgt; „eine tiefe Logophobie, eine stumme Angst vor jenen Ereignissen, vor jener Masse von gesagten Dingen, vor dem Auftauchen all jener Aussagen, vor allem, was es da Gewalttätiges, Plötzliches, Kämpferisches, Ordnungsloses und Gefährliches gibt, vor jenem großen unaufhörlichen und ordnungslosen Rauschen des Diskurses."

Kulturelle Identitäten umgibt dieses Rauschen, sie sind Ereignisse, und bleiben – wie Hall zu Recht schreibt – in Bewegung. Sie in ihrer Ereignishaftigkeit zu denken und in Bewegung zu beschreiben, darin liegt unseres Erachtens eine grundlegende Herausforderung auch für die Diskurse um interkulturelle Bildung und Erziehung. In Georg Auernheimers Auseinandersetzung mit dem Thema „Bildung und (kulturelle) Identität" (Auernheimer 2003, 64–71) finden sich hierfür eine Reihe von Anknüpfungspunkten. So ist auch für Auernheimer kulturelle Identität nur als ein unabgeschlossener Prozess zu denken, in dem stets ein Rest des Nicht-Identischen und Nicht-Festgelegten bleibt und der zu immer neuen (inter-)kulturellen Aushandlungsprozessen antreibt. „Sehr wichtig ist, dass ‚kulturelle Identität' nicht mit kultureller Prägung verwechselt werden darf, wie es alltagssprachlich üblich ist ... Kulturelle Identität basiert ... auf der *Auseinandersetzung mit* dem je kulturell spezifischen Habitus, der meist in der Fremdbegegnung oder Minderheitensituation für mich und andere zum Gegenstand der Aufmerksamkeit wird." (Ebd., 69; Herv. von uns) Dabei werden ambivalenztheoretische Sichtweisen z.B. im Kontext von Diskursen über Hybridität und Diaspora von Auernheimer ausdrücklich aufgegriffen und in ihrem theoretischen Potential z.B. einer „ironisierende[n], parodisierende[n] Imitation des Herrschaftsdiskurses" gewürdigt (ebd., 71). In einer globalen Perspektive spielen für ihn hier insbesondere postkolonialistische Ansätze (Hall, Bhabha u.a.) eine zentrale Rolle, die u.a. darauf setzen, „die Ambivalenzen des westlichen Diskurses ... subversiv zu nutzen" (ebd.). Die Forderung nach einer „multiperspektivischen Bildung" (ebd., 142 ff.) in einer zunehmend globalisierten Welt beinhaltet die Beachtung solcher und anderer subversiver Diskurse, die kulturelle Identitäten in ihren vermeintlichen Selbstverständlichkeiten aufschrecken und in der Erfahrung ihrer Kontingenz und „Doppelbödigkeit" als Ereignis transparent werden lassen.

Der „andere" Blick bedeutet hier also zunächst, sich von „Identität" als Konzept einer fiktiven Einheit zu verabschieden. Insofern erscheint nicht nur die Verknüpfung von Nation und Identität problematisch, sondern Identität überhaupt als ein Phänomen, das ein intellektuelles Konstrukt der europäischen Aufklärung darstellt. Es ist an der Zeit, die soziohistorische Wirkung dieser Vorstellung von Identität kritisch zu reflektieren, da sie historisch stets als eine Ordnungskategorie fungiert hat. Die Wirksamkeit des Konzepts Identität beruht nicht zuletzt darauf, Menschen oder Kulturen auf einen bestimmten Ort zu fixieren. Sie folgt in diesem Sinn einer Logik der Immobilität, die eine Behinderung von Mobilität und damit auch all dem, was Mobilität ermöglicht, impliziert.

Es gibt für die interkulturelle Pädagogik einen weiteren Grund zur Skepsis gegenüber dem traditionellen Identitätskonzept: Migranten, insbesondere aus dem „orientalischen Raum", sind ständig mit dieser Frage der Identität – generell gestellt als Frage nach Zugehörigkeit und Loyalität – konfrontiert. Es entsteht der Eindruck, als ob ihre Existenz in Europa ausschließlich auf eine Frage der Identität bzw. des Mangels an derselben zu reduzieren sei. Wenn wir den Fokus von einer fiktiven Einheit und Homogenität auf die konkreten Menschen in ihrer Lebenswirklichkeit verlagern, bedeutet dies anzuerkennen, dass die Migrantenbevölkerung aus Individuen besteht, deren Wünsche, Erwartungen und Lebensziele denen der einheimischen Bevölkerung vergleichbar sind, und die zusätzlich über die Erfahrung von Mobilität verfügen. Es bedeutet, die Anwesenheit der Migranten in all ihren Dimensionen anzuerkennen, sich von der alten Vorstellung einer einheitlichen Identität zu lösen und die Menschen mit ihren konkreten Erfahrungen und Biographien, die sie unter spezifischen Bedingungen reflexiv entwerfen, zum Ausgangspunkt zu machen. Aus dieser Sicht interessiert es nicht so sehr, wie Migrantengruppen irgendwelche fiktiven ethnischen Identitäten entwickeln, sondern welche Erfahrungen die betroffenen Menschen mit Migration und weltweiter Mobilität machen, wie sie sich lokal verorten und welche Strategien sie dabei entwickeln. Dieser Perspektivenwechsel ermöglicht uns, die Dynamik sozialer Interaktion in die Überlegungen einzubeziehen. Damit werden andere, bisher ignorierte oder marginalisierte Verortungspraxen sichtbar, soziale Praxen, in denen Mobilität das operative Prinzip ist. Ein neues Mobilitätsverständnis, das durch die Öffnung der Orte und Biographien möglich wurde, scheint die Vorbedingung dafür, dass es zu neuen Erfahrungen und Reflexionen und mithin zu interkulturellen Bildungsprozessen kommt.

In den letzten Jahren hat der Prozess der Öffnung der Orte und Biographien zur Welt, welcher durch neue Kommunikations- und Transporttechnologien ermöglicht, vereinfacht und forciert wird, maßgeblich an Bedeutung gewonnen. Dies hat konkret zur Entstehung globaler Lebens- und Handlungsräume geführt, wie sich am Beispiel der Migration gut demonstrieren lässt. Traditionell wird Migration als ein Prozess definiert, in dem – aus welchem Grund auch immer – aus einem Ort aufgebrochen, in einen neuen Ort eingewandert und da integriert wird. Heute entsteht dagegen etwas Neues, das durch die Öffnungsprozesse der Orte zur Welt erst möglich geworden ist. In dieser Hinsicht leben wir längst in einer globalisierten Gesellschaft, und zwar nicht nur im wirtschaftlichen, sondern auch im kulturellen und politischen Sinn. Migration ist eine der Ursachen dafür. Mit ihr werden Menschen, Dinge und Ideen mobil. Nur: In die Theorien darüber und in die Vorstellungen, die wir uns davon machen, hat diese Alltagserfahrung noch nicht genügend Eingang gefunden. Migration, so scheint man noch immer zu glauben, verändert nur die Lebenswelt und die Biographie der Menschen mit Migrationshintergrund, nicht aber die daran beteiligten Gesellschaften insgesamt. Doch schon die Geschichte der Migration in Deutschland hat gezeigt, dass die Menschen eigene Projekte entwickeln, die von den Nationalstaaten nur bedingt kontrollierbar sind. Die Migranten der ersten Generation, die hier blieben, brachen die Beziehungen zu den alten Orten keineswegs ab, sondern hielten ihre familiären, sozialen und ökonomischen Verbindungen aufrecht. Globale Migration schafft immer auch neue Verbindungen zwischen Ländern und Kulturen, macht die luftdicht gedachten Behälter der Nationalstaaten durchlässig. So haben die Migranten durch ihre grenzüberschreitenden Verbindungen einen wesentlichen Anteil an den weltweiten Öffnungsprozessen, die den Mythos der Sesshaftigkeit in Frage stellen. Das Sesshafte beruhte je schon auf dem Nomadischen (vgl. Deleuze/Guattari 1997, 522 ff.).

Die aktuelle deutsche Debatte über „Parallelgesellschaften" oder „Ghetto-"Bildungen etwa zeigt, wie Migration häufig wahrgenommen und in der Öffentlichkeit diskutiert wird. Man reagiert auf globale Entwicklungen mit überkommenen nationalen Deutungsmustern und einer Skandalisierung der Migrantenbevölkerung, insbesondere der türkischstämmigen Bevölkerung, die in der Bundesrepublik zahlenmäßig die größte Migrantengruppe darstellt. „Die Türken" würden nur ihre Muttersprache reden, sich in ihre eigene „private Medienwelt" zurückziehen und ihre eigene Ethnizität reproduzieren. Die Satellitenschüsseln seien nach Istanbul gerichtet. Satellitenprogramme werden für eine Bedrohung des Projekts Integration gehalten und damit auch für eine Bedrohung der Homogenität und Geschlossenheit der deutschen Gesellschaft. Die Bevölkerung wird vor den Gefahren kultureller Fragmentierung und Ghettoisierung gewarnt, vor der Bedrohung durch den islamischen Fundamentalismus (vgl. Heitmeyer u.a. 1997). Auch in den kontroversen Debatten über den Beitritt der Türkei in die Europäische Gemeinschaft bedient man sich häufig dieser Mythen. Die deutsche bzw. europäische Bevölkerung soll gegen eine imaginierte kulturelle Invasion verteidigt werden, gegen das unkontrollierbare Eindringen einer „Fremdkultur".

Eine Konsequenz dieser Fixiertheit ist, dass man sich in der Debatte um Migration weder mit ihrer Realität noch mit den neuen Chancen, die sie eröffnet, hinreichend auseinandersetzt. Migration wird nicht als ein gesellschaftliches Experiment wahrgenommen, sondern diese mögliche Perspektive wird von der nationalen Besessenheit vom Integrieren und Assimilieren erstickt. Man vermutet bei der Migrantenbevölkerung eine Art *Fern-Patriotismus* und *Fern-Nationalismus*, die sich insbesondere durch transnationale Medien und durch den Gebrauch der Herkunftssprachen verstärke. Transnationale Medien führten zu transnationalen Bindungen und transnationalen Identitäten. Auf dieser Weise werde die nationale Zusammengehörigkeit über weite Distanzen hinweg aufrechterhalten. Diese Sicht ignoriert jedoch viel zu sehr die Alltagskontexte, in denen sich Migranten bewegen, ihre Erfahrungen machen, ihre Biographien entwerfen und dabei auch globale Elemente nutzen. Sie erscheint letztendlich als ein Versuch, die aktuellen weltweiten Öffnungsprozesse, die durch neue Kommunikationstechnologien möglich geworden sind, mit den vertrauten Kategorien von „Nation", „Gemeinschaft" oder „Identität" zu beschreiben und sie hierauf zu reduzieren.

Wenn in Deutschland über die Situation von Migranten, vor allem aus „islamischen Ländern", diskutiert wird, haben wir es immer auch mit dem mythischen Bild des Orient zu tun, wie es sich in Europa über lange Zeiträume hinweg unter anderem im Kontext des Kolonialismus verfestigt hat (vgl. Said 1982). Diese undifferenzierte und statische Vorstellung über die „Identität des Fremden" in Gestalt des „orientalischen" Migranten geht z.B. einher mit dem immer abrufbaren Bild der Türken als „islamischer Fundamentalisten". Solche mythologische Identitätsbilder lassen sich nur durch einen differenzierten Blick auf die soziale Lebenswirklichkeit dekonstruieren, der zunächst einmal verdeutlicht, dass es weder den Migranten noch den Türken „an sich" gibt. Vielmehr haben wir es mit einer Heterogenität dieser Gruppen zu tun, die es anzuerkennen gilt. Nehmen wir zum Beispiel die Migrantenbevölkerung türkischer Herkunft: Unter denen, die man gemeinhin als „traditionelle Türken" wahrnimmt, gibt es religiöse Menschen – von liberal bis strenggläubig –, aber auch eine Minderheit von Christen und viele Atheisten, von denen einige aus dem linken Spektrum kommen, andere aus einem konservativen oder auch türkisch-nationalistischen Flügel. Es gibt unter ihnen Angehörige der Unter- und der Mittelschicht, Akademiker und Unternehmer. Ein Teil der türkischen Migranten hat inzwischen die deutsche Staatsbürgerschaft und taucht nicht mehr in den so genannten „Ausländerstatistiken" auf. Viele von denen, die hier studiert haben und sich z.B. in deutschen Parteien und Organisationen engagieren, also nicht dem landläufigen Bild entsprechen, werden erst gar nicht in die öffentlichen Betrachtungen einbezogen, so dass ihre Existenz das vorgefertigte Türkenbild kaum beeinflussen kann.

Erst durch die Anerkennung der Diversität, Komplexität und Widersprüchlichkeit kultureller Praxen und Identitäten wird eine veränderte Perspektive möglich, aus der heraus Menschen nicht primär als Gemeinschaften oder Gruppen definiert werden, sondern als Individuen mit jeweils eigenen Erfahrungen, Präferenzen und Biographien ins Blickfeld rücken. Für die interkulturelle Pädagogik verbindet sich mit diesem Perspektivenwechsel die immer wieder neu zu leistende, weil in sich paradoxe Aufgabe, der Ereignishaftigkeit und Fiktivität kultureller Identitäten Rechnung zu tragen. Sich diesem Paradox sowohl in konzeptioneller wie auch in praktischer Hinsicht zu stellen, darin liegt vielleicht eine ihrer größten Herausforderungen.

Kapitel 13:

Demokratie und Multikultur –
Dewey zwischen Moderne und Postmoderne

Das Werk John Deweys hat im anglo-amerikanischen Sprachraum seit den 1970er Jahren eine starke Renaissance erfahren.[189] Eine starke Bedeutung kommt dabei seiner politischen Philosophie zu. Nach dem Ende des Kalten Krieges und fast ein halbes Jahrhundert nach Deweys Tod bietet seine radikale Demokratietheorie heute wieder verstärkt Bezugspunkte für politische Diskurse. Dabei berufen sich neben liberalen Theoretikern wie Richard Rorty (vgl. Rorty 1992) auch kritische Intellektuelle der US-amerikanischen Linken auf Dewey. Wenn beispielsweise Henry A. Giroux, einer der derzeit führenden Theoretiker der *Critical Pedagogy,* in der Einleitung zu einem seiner Bücher in einer historischen Traditionslinie mit Deweys pädagogischem Hauptwerk „Democracy and Education" situiert wird (vgl. Kincheloe 1996, 2 f.), so drückt sich darin die Bezugnahme auf Dewey als einen der Väter eines radikaldemokratischen Politikverständnisses aus, das auch heute noch sehr aktuell ist. Deweys Ansatz stellt in der Tat das Beispiel einer Philosophie dar, die, in der Moderne verankert und zugleich vielfach schon Themen der Postmoderne vorwegnehmend, in ihrer Anlage und ihrem Inhalt konsequent vom Gedanken der Demokratie durchdrungen ist (vgl. dazu ausführlich Caspary 2000, Garrison 2008, Hickman/Neubert/Reich 2009). In seinem Werk finden sich vorherrschende Denkfiguren des frühen zwanzigsten Jahrhunderts wie Naturalismus, Progressivismus und ein idealisiertes Wissenschaftsverständnis gepaart mit einem Gesellschaftsdenken, das konsequent vom Primat demokratischer Kommunikationen ausgeht. Indem er sich allen Versuchen widersetzt hat, dieses Primat im Namen einer vermeintlich vorbestimmten Natur, eines verheißenen Fortschritts oder eines überlegenen Wissensanspruchs zu opfern, bildet seine Philosophie bis heute ein Gegenmodell zu jenen katastrophalen politischen Fehlschlüssen, die das gerade zu Ende gegangene Jahrhundert so nachhaltig geprägt haben. In seinen Erziehungstheorien hat sich Dewey wie nur wenige andere Reformpädagogen seiner Zeit stets von den Verlockungen totalitärer Ideologien explizit abgesetzt. Seine Kulturtheorie ist offen für Pluralität als kulturellem Reichtum und zielt darauf ab, gesellschaftliche Solidarität weniger auf gemeinsam geteilte Identität als auf demokratische Kommunikation über

---

189 Auch in Deutschland lässt sich momentan – teilweise mit angeregt durch die Schriften Richard Rortys, der Dewey mit Wittgenstein und Heidegger zu den drei bedeutendsten Philosophen des Jahrhunderts zählt (vgl. Rorty 1992, 15) – ein neu erwachendes Interesse an Deweys Philosophie verzeichnen, wenngleich die amerikanische Diskussion in ihrer Breite bei uns bisher noch kaum wahrgenommen wird. Siehe dazu ausführlich die Einleitung des vorliegenden Buches.

Differenzen hinweg zu gründen. Sie kann auch für die in vielfacher Hinsicht veränderte Situation der Gegenwart noch Anregungen geben, wenngleich eine heutige Theorie der (Multi-)Kultur an verschiedenen Stellen über das bei Dewey Erarbeitete wird hinausgehen müssen (vgl. Neubert 2008 b).

Ich möchte dem radikaldemokratischen Gehalt von Deweys Philosophie im Folgenden unter besonderer Berücksichtigung einer Frage näher nachgehen, der auch in der gegenwärtigen deutschsprachigen Diskussion um die Zukunft der Demokratie in multikulturellen Gesellschaften eine wachsende Bedeutung zukommt: der Frage des Rassismus. Gewiss findet sich bei Dewey am Beginn des 20. Jahrhunderts noch kein dezidiert antirassistischer Diskurs im heutigen Sinne – dies zu erwarten wäre auch absurd. Sein kulturtheoretischer Ansatz weist aber implizit deutliche Abgrenzungen gegenüber rassistischen Denkweisen auf, und wo immer Dewey sich konkret zu Fragen von Vorurteilen, Intoleranz etc. äußert, setzt er sich auch explizit von rassistischen Vorstellungen ab. Um dies zu verdeutlichen, werde ich zunächst Grundzüge seiner Kulturtheorie skizzieren (Abs. 1) und Abgrenzungen gegenüber den zeitgenössischen Rassediskursen und Erscheinungsformen des Rassismus aufzeigen (Abs. 2). Daraufhin möchte ich einige ausgewählte Beispiele für explizit rassismuskritische Stellungnahmen bzw. antirassistisches Engagement bei Dewey anführen (Abs. 3). Abschließend sollen aus heutiger Sicht einige zeitbedingte Grenzen in der politischen Diagnose Deweys aufgezeigt sowie Perspektiven für eine kritische Weiterführung und Ergänzung seines radikalen Demokratiediskurses unter den Bedingungen der Postmoderne benannt werden (Abs. 4).

13.1 Kultur und Demokratie

Dewey war ein Konstruktivist, lange bevor der Begriff erfunden wurde. Seine gesamte Philosophie weist stark konstruktivistische Züge auf. Dies wird insbesondere auch in der neueren amerikanischen Dewey-Rezeption betont (vgl. z.B. Garrison 1997). Dabei handelt es sich um einen sozialen oder kulturellen Konstruktivismus, der auf der Annahme beruht, dass die Bedeutungen sozialer Verhaltensweisen und Gegenstände in kulturellen Praktiken konstruiert werden. Es sind die symbolvermittelten Interaktionen zwischen Handlungspartnern, durch die sich für Dewey das menschliche „experience" für Sinn- und Bedeutungswelten öffnet, wobei er die konstruktiven Aspekte dieses Prozesses stets betont hat. Kommunikation über Sprache oder andere im weitesten Sinne symbolische Medien erscheint ihm als die zentrale poetische Kraft, die kulturelle Wirklichkeiten erzeugt (vgl. LW 1, 132–161).[190] Da die modernen Gesellschaften, wie Dewey deutlich sieht, durch

---

190 Zu Deweys Kommunikationstheorie, die in enger Zusammenarbeit mit seinem langjährigen Weggefährten George Herbert Mead entstand, vgl. ausführlich Neubert (1998 a, Kap. 5). Zu Meads Theorien vgl. auch Joas (1989).

eine starke Zunahme und Beschleunigung sozialen Wandels gekennzeichnet sind – durch Prozesse der Industrialisierung, Wissensexplosion, Informationsbeschleunigung und Globalisierung –, entstehen in den gesellschaftlichen Praktiken immer neue Handlungsanforderungen, Verflechtungen und Problemlagen, die nach neuen kommunikative Lösungen verlangen. Daher plädiert Dewey für ein radikal dynamisches Kulturverständnis, das kulturelle Errungenschaften, Traditionen, Institutionen etc. nicht als abgeschlossen bzw. als Wert an sich begreift, sondern sie immer wieder offen hält für eine kritische Revision oder Rekonstruktion, die ihre Bedeutung und ihren Wert im Blick auf sich verändernde Ausgangslagen neu bestimmt. Dies verweist auf das Primat einer demokratischen Politik, in der – bei aller Begrenztheit durch unvollkommene institutionelle Strukturen – um die Notwendigkeit solcher Rekonstruktionen öffentlich gestritten werden kann. Wie Hilary Putnam betont, hat die politische Auseinandersetzung für Dewey dabei nicht nur eine Entscheidungs-, sondern zugleich eine Erkenntnisfunktion: „Dewey ... vertritt die Ansicht, dass wir weder unsere Interessen und Bedürfnisse noch unsere Fähigkeiten kennen, ehe wir uns wirklich am politischen Geschehen beteiligen. Aus dieser Ansicht ergibt sich außerdem, dass es keine endgültige Antwort geben kann auf die Frage, wie wir eigentlich leben sollten. Daher sollten wir sie stets offen lassen, um weiter darüber diskutieren und damit experimentieren zu können. Genau deshalb brauchen wir auch die Demokratie." (Putnam 1997, 238) Daher erstrecken sich das Erfordernis der Demokratie und das Ideal einer „freien und vollen Kommunikation" (LW 1, 160) für Dewey auch nicht nur auf das Feld der politischen Institutionen im engeren Sinne. Sie umfassen alle Lebensbereiche einer in den lebensweltlichen Praktiken der Menschen sich bewährenden – oder scheiternden – pluralen Demokratie.[191]

Nun greift Dewey bei der Begründung seines Kulturverständnisses auf naturalistische Erklärungsstrategien zurück, wie sie für seine Zeit im Allgemeinen und die frühen Pragmatisten im Besonderen typisch waren. Menschliches „experience" versteht er als Ausdruck natürlicher Emergenzprozesse, die Kunst stellt eine Kulmination von in der Natur angelegten Potenzialen dar, die Wissenschaft bewährt sich an der Natur als ein Mittel zu ihrer Erforschung und Ausschöpfung, und die Demokratie erscheint als die am besten entsprechende Lebensweise für eine im Wesentlichen auf Kooperation ausgerichtete menschliche Natur. Dieser Rückgriff auf „Natur" erweist sich in theoriestrategischer Hinsicht als problematisch, insofern sich die vermeintlichen Evidenzen, die er als gesicherte Ausgangspunkte einer naturalistischen Sicht unterstellen muss, bei genauerem Hinsehen meist als durchaus zeitbedingte, mehrdeutige und zum Teil widersprüchliche Konstrukte herausstellen. Aus heutiger Sicht erscheint eine solche naturalistische Grundlegung des Kon-

---

191 Deweys eigenes politisches Engagement galt dabei unter anderem Demokratisierungsbemühungen in den Bereichen Schule und Erziehung, Arbeit und Produktion, Wissenschaft und Wissenstransfer, Journalismus und Kunst.

struktivismus daher als zu eng, insofern sie den Konstruktcharakter der eigenen Position zu wenig reflektiert.[192]

Allerdings schlägt dieser philosophische Naturalismus bei Dewey keineswegs in biologistische Schlussfolgerungen und Reduktionismen im Blick auf Kultur um. Sein Naturbegriff bezieht sich auf die allgemeinen Voraussetzungen und Möglichkeitsbedingungen des menschlichen „experience". Er intendiert eine universalisierende Perspektive, die von Dewey mitunter in der Begrifflichkeit einer naturalistischen Metaphysik formuliert wird und deren Ziel eine Aufklärung der allgemein-menschlichen Existenzgrundlagen bildet, eine Auseinandersetzung mit der „Beschaffenheit der existenziellen Welt, in der wir leben" (LW 1, 45). Eine Erklärung oder Rückführung spezifischer menschlicher Verhaltensweisen auf naturgegebene Merkmale oder Unterschiede liegt ihm dabei fern. Im Gegenteil, er hat sich von den enger biologistischen Erklärungsansätzen seiner Zeit immer wieder deutlich distanziert.

Sein anthropologisches Hauptwerk „Human Nature and Conduct" (MW 14) betont das Primat der Kultur im Verständnis des menschlichen Verhaltens. Die darin entwickelte Theorie des „habit" stellt einen frühen und differenzierten philosophischen Versuch dar, Wahrnehmung, Bewusstsein und Geist von der kulturellen Handlung als zwischenmenschlicher Interaktion her neu zu denken. Zwar setzt dies auch für Dewey ein biologisches Fundament voraus, das er mit dem Konzept der „Impulse" näher zu beschreiben versucht. Er zeigt sich aber ausgesprochen vorsichtig im Blick auf eine inhaltliche Festschreibung solch natürlicher Impulsivität beim Menschen. Anstatt eine explizite und systematische Triebtheorie z.B. nach dem Muster der Psychoanalyse zu formulieren, betont er vor allem die Unspezifität und Plastizität angeborener „Impulse" sowie ihre Formbarkeit durch Kultur und äußert das skeptische Bedenken, dass jede strikte Triebtheorie letztlich in dem Verdacht steht, kulturell bedingte Deutungen und Wertsetzungen in Natur zurück zu übersetzen (und damit zu verschleiern). Die kulturelle Lebensform, ausgedrückt im „habit" bzw. seiner kollektiven Erscheinungsform als „customs", ist für Dewey von vorrangiger Bedeutung für ein Verständnis menschlichen Verhaltens. Individuelle Unterschiede in der angeborenen Triebkonstitution kommen stets nur innerhalb des kulturellen Kontextes zum Tragen.

Diese grundlegende Einschätzung bestimmt auch Deweys Einstellung zu kulturellen Unterschieden zwischen ethnischen Gruppen und ihre Erklärung durch vermeintliche biologische Rassenunterschiede. Mit Deweys Verhältnis zu den Rassediskursen seiner Zeit und mehreren diesbezüglichen Textpassagen aus verschiedenen Schriften insbesondere der 1920er und 30er Jahre habe ich mich weiter oben in Kapitel 7 dieser Arbeit bereits ausführlicher beschäftigt. Dabei wurde deutlich, dass ein Durchgang durch die Schriften Deweys ihn uns als einen Autor zeigt, dem die Erscheinungsformen des Rassismus in seiner Gesellschaft wohl vertraut waren und der sie nachdrücklich und in deutlicher Form als

---

192 Vgl. dazu ausführlicher Kapitel 5 dieser Arbeit.

unvereinbar mit seinen radikal-demokratischen Idealen analysiert hat. Es wurde auch darauf hingewiesen, dass sich Dewey während seiner langen akademischen Karriere mehrfach deutlich gegen Rassismus und rassistische Diskriminierung engagiert hat. Einige Beispiele dafür möchte ich hier ergänzend zu den Ausführungen in Kapitel 7 dieses Buches kurz schildern.

13.2 Rassismuskritisches Engagement bei Dewey: einige Beispiele

(1) Im Jahr 1909 hält Dewey eine Grußrede auf der *National Negro Conference,* in der er seine Sympathie für diese Versammlung ausdrückt und dann in einer kurzen Stellungnahme auf neuere wissenschaftliche Entwicklungen im Bereich der Erbforschung zu sprechen kommt (vgl. MW 4, 156–157).[193] Er weist darauf hin, dass die jüngere Biologie sich zunehmend von der alten, diffusen Vorstellung entferne, wonach kulturelle Errungenschaften und Erwerbungen in signifikantem Ausmaß durch Vererbung weitergegeben werden können, und deutet dies als eine ermutigende Lehre, weil sie nahe lege, dass jede Generation biologisch gesehen auf demselben, universal-menschlichen Stand aufbaue und daher die Vorstellung von „minderwertigen Rassen" („inferior races") ad absurdum führe. Er betont, dass die Ursachen für bestehende soziale Beeinträchtigungen und Entwicklungsnachteile, anstatt sie auf vermeintliche biologische Unterschiede zurückzuführen, in den durch das gesellschaftliche Umfeld gegebenen ungleichen Möglichkeiten der Erziehung, Schulbildung, Arbeit etc. gesucht werden sollten. Er schließt mit dem Appell, dass eine Gesellschaft, die nicht allen ihren Mitgliedern, unabhängig vom Ort ihrer Geburt, das Umfeld, die Erziehung und alle erforderlichen Bedingungen bereitstelle, um ihre höchsten Fähigkeiten zu verwirklichen, nicht nur einer bestimmten Rasse und den ihr zugehörigen Individuen Unrecht zufüge, sondern ebenso sich selbst.

(2) In einem Vortrag, den Dewey Anfang der 20er Jahre während eines längeren Asienaufenthalts (1919–21) für eine orientalische Zuhörerschaft verfasst hat, unternimmt er den Versuch „einer philosophischen Interpretation von Rassevorurteilen" („Racial Prejudice"), wie er es nennt (vgl. MW 13, 437–440).[194] Die Analyse rassistischen Denkens, die er hier skizziert, ähnelt in ihren Grundzügen recht weitgehend rassismustheoretischen Überlegungen, wie sie in jüngerer Zeit z.B. von Albert Memmi entwickelt

---

193 Wie Westbrook (1991, 167) schreibt, war Dewey in der Zeit vor dem Ersten Weltkrieg auch aktiv an der Entstehung der *National Association for the Advancement of Colored People* (NAACP) beteiligt. Posnock (1998, 186) berichtet, Dewey sei „board member" bei der Gründung der Gesellschaft gewesen. Zu Deweys Verbindung zu dem schwarzen Pragmatisten und Herausgeber des NAACP-Organs *Crisis* W.E.B. Du Bois vgl. Posnock (1998, 176–189); zur späteren Zusammenarbeit der beiden bei der Gründung der *League for Independent Political Action* in den 20er Jahren vgl. auch Westbrook (1991, 445 ff.).

worden sind (vgl. Memmi 1992). Wie Memmi geht Dewey davon aus, dass der Rassismus – bzw. das rassistische Vorurteil – zunächst einmal eine gelebte Erfahrung ist, die vor dem bzw. unterhalb des intellektuellen Urteils wirksam ist und dessen Richtung bestimmt. Als allgemeine Grundlage dieser Erfahrung nimmt Dewey einen „natürlichen Antagonismus" gegenüber allem Neuen, Seltenen und Ungewohnten an, eine spontane Bereitschaft, auf die Erfahrung von Differenz mit Furcht, Hass, Ablehnung oder ähnlichen starken Emotionen zu reagieren (vgl. MW 13, 437 ff.). Insofern geht der Rassismus für Dewey – wie für Memmi – auf grundlegende menschliche Verhaltenseigenschaften zurück.

Damit daraus ein dauerhaftes rassistisches Vorurteil werden kann, müssen seiner Überzeugung nach allerdings weitere Faktoren hinzu treten. Denn damit es zur Konstruktion stabiler Rassekonzepte – mit ihrem entsprechenden Einfluss auf die soziale Wahrnehmung – kommen kann, ist es erforderlich, dass zunächst bestimmte unveränderliche physiologische Differenzen – z.B. Unterschiede der Hautfarbe – ausgemacht und hochgradig symbolisch aufgeladen werden. Sie dienen der schnellen und eindeutigen Erkennung und fungieren als hervorstechende Symbole für vermeintlich große kulturelle Unterschiede. Sofern solche Unterschiede, wie sie z.B. in Bezug auf Sprache, Brauch und Religion wahrgenommen werden, den Ausgangspunkt von Verunsicherungen und antagonistischen Einstellungen bilden, werden sie damit quasi naturalisiert und zu unveränderlichen Essenzen stilisiert. Ein weiterer kultureller Faktor, so Dewey, kommt hinzu: die Dimension politischer Herrschaft. Wo Herrschaft und Rassenzugehörigkeit sich überschneiden, weil Herrscher und Beherrschte unterschiedlichen Rassen angehören, verwandelt sich das allgemeine Vorurteil schnell in Rassendiskriminierung. Der „überspannte Nationalismus" („strained nationalism") der Gegenwart trage ein Übriges bei. Als ein weiterer zentraler Einflussfaktor spielt schließlich die Ökonomie und der ökonomische Wettbewerb für Dewey eine oftmals entscheidende Rolle, wie er unter anderem an der Immigrationspolitik der USA im Spannungsfeld von Arbeitskämpfen und Einwanderungsbewegungen zu illustrieren sucht. Das Ergebnis des Zusammenwirkens all dieser Faktoren, so Dewey, „is the kind of present-day conception of race and of fixed racial differences vaguely held by the masses without any scientific evidence whatsoever. And its final result is the kind of racial discord that exists today." (MW 13, 439)

Für dieses komplexe Problem gibt es nach Deweys Überzeugung keine einfache und schnelle Lösungsmethode. Aufklärung und eine größerer erzieherischer Humanismus könnten einen Beitrag liefern, griffen für sich genommen aber zu kurz. Notwendig seien vielmehr grundlegende und nachhaltige politische und ökonomische Veränderungen, wobei Dewey unter anderem an eine Überwindung des starren Nationalismus zu Gunsten neuer Formen eines Internationalismus denkt – wenn die verschiedenen Zivilisationen engere Beziehungen etablierten, so schreibt er, dann würden sie wahrscheinlich wechsel-

---

194 Dieser Text wurde posthum im Jahre 1969 als einer der Beiträge in einer Serie von »Abstracts of *Kaizo* Articles« veröffentlicht.

seitig etwas voneinander assimilieren –, aber auch an eine Hebung des Lebensstandards in jenen Ländern, in denen das höchste Maß an Vorurteilen zu verzeichnen sei. Rassenvorurteile, so seine Schlussfolgerung, seien vor allem ein Symptom des politischen Nationalismus, des ökonomischen Wettbewerbs und des industriellen Systems der Zeit (vgl. ebd., 440).[195]

(3) In diesem Zusammenhang ist auch auf Deweys dezidierten politischen Internationalismus hinzuweisen, der insbesondere in den 20er und 30er Jahren mit einer starken Reisetätigkeit und vielfältigen Beiträgen zu den aktuellen politischen Debatten jener Zeit verbunden war. So veröffentlicht er im Anschluss an seine Asienreise in den folgenden Jahren immer wieder journalistische Beiträge zur Entwicklung der politischen Beziehungen zwischen Asien, Europa und Amerika.[196] Unter dem Titel „Highly Colored White Lies" findet sich darunter beispielsweise ein Essay, der unter anderem die in der Mitte der 20er Jahre auch in den USA um sich greifende Paranoia eines erwarteten bewaffneten Entscheidungskampfes zwischen den Kulturen (Asien vs. Europa/Amerika), „Rassen" (Farbige vs. Weiße) oder Religionen (Islam vs. Christentum) anprangert und derartige politische Fantasien als eine nachhaltige Bedrohung für die innere und äußere Entwicklung der amerikanischen Demokratie kritisiert (vgl. LW 2, 176–180). Ähnlich verhält es sich mit einem Mexikoaufenthalt (1926), den Dewey zum Anlass für mehrere Zeitungsartikel nimmt, in denen er sich unter anderem kritisch mit dem bereits bestehenden und im Erstarken begriffenen US-Imperialismus auf ökonomischem, politischen und kulturellem Gebiet gegenüber Mexiko und anderen lateinamerikanischen Ländern auseinander setzt. In einem Aufsatz mit dem Titel „Imperialism Is Easy" beispielsweise werden die Unterschwelligkeit und die Eigendynamik von Entwicklungen, die zu imperialistischen Tendenzen in der US-Politik führten, ebenso einer Analyse unterzogen wie ihre weit gehende – und ethnozentrisch bedingte – Ausblendung im Bewusstsein der US-amerikanischen Öffentlichkeit (vgl. LW 3, 158–162). Diese Beispiele ließen sich erweitern. Der Leser kann in der Gesamtausgabe von Deweys Schriften eine Fülle ähnlicher Zeitschriftenartikel Deweys finden, die – oft für den linksliberalen *New Republic* verfasst – zu den innen- und außenpolitischen Fragen der Zeit Stellung beziehen.

(4) Als weiteres Beispiel, das in besonderem Maße Deweys waches politisches Engagement illustriert, mit dem er immer wieder auch zu tagespolitischen Ereignissen und vermeintlichen Einzelschicksalen Stellung bezog, sei an den in Kapitel 7 dieser Arbeit bereits zitierten Beitrag „The Case of Odell Waller" erinnert, der in der *New York Times* vom 15. Mai 1942 erschien und in dem Dewey in der öffentlichen Debatte über den Fall eines afro-amerikanischen Kleinpächters aus Virginia Stellung bezog, der von einem Südstaatengericht der Ermordung eines weißen Grundbesitzers für schuldig befunden und

---

195 Hier deuten sich auch Bezüge zu Deweys umfangreicher Kapitalismuskritik an. Vgl. dazu ausführlich Neubert (1998 a, Kap. 3–5).

196 Vgl. dazu insbesondere die Bände 11, 12 und 13 der Middle Works in der Dewey-Gesamtausgabe von Boydston (Carbondale & Edwardsville: Southern Illinois University Press 1988).

zum Tode verurteilt worden war (vgl. LW 15, 356–358). Er rückt den Fall in den Kontext struktureller Zusammenhänge von Rassendiskriminierung in den USA, durch die er insbesondere für viele Schwarze – Dewey spricht von „colored citizens" – eine exemplarische Bedeutung gewinne. Er weist unter anderem auf die rassistisch motivierten Hintergründe eines Justizsystems hin, dessen Rekrutierung von Geschworenen auf der berüchtigten *poll tax* beruht, einer Art Wahlsteuer, die nach Auskunft eines verantwortlichen Senators gezielt dazu eingeführt wurde, um den Schwarzen das Wahlrecht – und damit *de facto* auch die Beteiligung am Geschworenenamt – zu entziehen. Zustimmend zitiert er daher Wallers Anwalt, der das verfassungsmäßig Recht seines Mandanten auf ein Verfahren vor einer Jury von Gleichgestellten („peers") in Frage gestellt sieht. Die Missachtung dieses Rechts und die unbefriedigende Reaktion des *Supreme Court*, so Deweys Fazit, könne nur dazu beitragen, den Glauben an den demokratischen Prozess auf Seiten der unterprivilegierten und insbesondere der afro-amerikanischen Bevölkerungsteile zu schwächen.

13.3   Radikale Demokratie und Multikultur: ein Ausblick

Ein Durchgang durch Deweys Werke legt allerdings auch die Einsicht nahe, dass bei aller emphatischen Ablehnung rassistischer Einstellungen, Handlungsweisen und Strukturen, die aus den in Kapitel 7 und hier angeführten Textstellen spricht, diese Thematik in Deweys politischen Schriften insgesamt eine weniger zentrale Rolle spielt, als man aus heutiger Sicht vielleicht zunächst erwarten würde. Auch die genannten Beispiele für direktes rassismuskritisches Engagement bleiben trotz aller Deutlichkeit der betreffenden Stellungnahmen insgesamt recht vereinzelt. Wie eingangs bereits angedeutet, kann man von einem dezidiert antirassistischen Diskurs bei Dewey meines Erachtens nicht sprechen. Dafür sind die Bezugnahmen zu beiläufig. In einem Text wie „The Public and Its Problems" (LW 2, 235–372) etwa, der zu Deweys wichtigsten und einflussreichsten politischen Schriften zählt, wird die Thematik in direkter Form gar nicht angesprochen. Diese relative Zurückhaltung angesichts der allgegenwärtigen Präsenz des Rassismus in der US-amerikanischen Gesellschaft des frühen 20. Jahrhunderts sagt im Rückblick vielleicht nicht weniger über die allgemeine geistige Atmosphäre der Zeit aus als alle direkten Stellungnahmen Deweys. Dazu passt es auch, dass die kritische Auseinandersetzung mit der US-amerikanischen Gründerzeit selbst bei diesem so gegenwartsorientierten und selbstkritischen Radikaldemokraten aus heutiger Sicht gelegentlich nicht ganz frei von einer Tendenz zur nostalgischen Idealisierung der *Pioneer Days* erscheint (vgl. z.B. LW 5, 125–143). Ein kritisches Wort z.B. zum Völkermord an den indianischen Ureinwohnern Amerikas mag manch heutige/r Leser/in dabei mitunter vermissen. Dennoch sollte nicht unterschätzt werden, wie viel Vorarbeit für eine westliche Tradition des Antirassismus in Deweys radikaler Demokratietheorie bereits angelegt ist. Und vielleicht erfordert es nicht zu viel Fantasie, sich in das geistige Klima Nordamerikas *vor der Zeit der Bürgerrechts-*

bewegung hineinzudenken, um zu ermessen, wie weit er damit seiner eigenen Zeit bereits voraus war.

Ich möchte abschließend einige Perspektiven benennen, in denen Deweys Demokratie- und Kulturtheorie aus heutiger Sicht meines Erachtens erweitert werden sollte, um eine radikaldemokratische Theorie der Multikultur zu entwickeln, die an seine Vorarbeiten anschließt und zugleich an einigen zentralen Stellen über seinen Ansatz hinaus geht. Ich stütze mich dabei unter anderem auf neuere Arbeiten aus dem Umfeld der anglo-amerikanischen Multikulturalismusdebatte.[197]

Eine wesentliche Erweiterung betrifft bereits den Demokratiegedanken selbst. Deweys politische Philosophie zeichnet sich durch eine melioristische Sicht von Demokratie aus. Diese Sicht richtet ihre Hoffnung auf die Durchsetzung einer befreiten und universalisierten Form von Kommunikation, die die eingespielten sozialen Grenzen und Barrieren überwindet und das zerklüftete, unübersichtliche politische Terrain der kapitalistischen Moderne mit dem sich stets erneuernden Licht demokratischer Verständigung und Sinnschöpfung erhellt. Das hauptsächliche Problem, das sich dabei stellt, besteht für Dewey in der Frage, wie – und ob – es möglich ist, aus dem Zustand einer „Verdunklung der Öffentlichkeit", wie er sie für seine Zeit konstatiert, zu einer demokratisch erneuerten Öffentlichkeit zu gelangen, in der sich die Vision einer durch Kommunikation erzeugten „Großen Gemeinschaft" Ausdruck verschafft (vgl. LW 2, 235–372). Der dabei zu Grunde gelegte Gemeinschaftsgedanke bezieht sich weder auf gemeinsame Abstammung, noch baut er unmittelbar auf eine gemeinsam geteilte Wertebasis auf; er meint vielmehr primär die Gemeinschaft derer, deren Handlungen und Kommunikationen auf die Bewältigung gemeinsam wahrgenommener Probleme bezogen sind. Aus diesem Grund ist Deweys Gemeinschaftsgedanke weit offener für Pluralität und Heterogenität als viele andere – z.B. wertkonservative – Gemeinschaftsvorstellungen. Das politische Imaginäre, das sich in ihm ausdrückt, versteht kulturelle Vielfalt als Ressource und politischen Reichtum des Gemeinwesens. Gleichzeitig ist es aber auch durch eine starke Konsenserwartung in Hinblick auf die pragmatisch erstrebten Konsequenzen politischen Handelns geprägt: die Verwirklichung einer umfassenden demokratischen Öffentlichkeit als Basis jener „Großen Gemeinschaft" aller am politischen Geschehen Beteiligten. Insbesondere in der Kunst und in der Wissenschaft sieht Dewey in seiner Zeit Modelle, in denen die Hoffnung auf Verständigungslösungen idealtypisch vorgezeichnet ist, die seine politische Utopie motiviert.

Diese Gründung des Demokratiegedankens auf starke Konsenserwartungen – ein Zug, den Deweys Philosophie mit anderen emanzipatorischen Ansätzen im 20. Jahrhundert teilt – wird nun in neueren Theorien radikaler Demokratie in Frage gestellt. Diese Theorien verweisen gegenüber einer primär konsensorientierten Sicht stärker auf die notwendige und konstitutive Rolle des Dissenses für eine pluralistische Demokratie. So argumentiert beispielsweise Chantal Mouffe in Auseinandersetzung mit den politischen Theorien von

---

197 Vgl. hierzu auch die Ausführungen in Kapitel 12 dieser Arbeit.

Rorty und Habermas, dass beide Autoren – bei aller Unterschiedlichkeit, die zwischen ihren Ansätzen besteht – auf Grund ihres konsensuellen Begriffs von Demokratie dazu tendierten, die „entscheidende Rolle der Konfliktualität" und ihre „zentral integrative Funktion ... in einer pluralistischen Gesellschaft" zu verkennen (Mouffe 1999, 26) – eine Einschätzung, die sich teilweise auch auf Deweys Philosophie anwenden lässt. Zwar bestreiten auch die stärker dissensorientierten Ansätze nicht schlechthin die Notwendigkeit eines gesellschaftlichen Konsenses. Sie möchten diese Notwendigkeit aber von den eher übertriebenen Konsenserwartungen an eine „Große Gemeinschaft" wie bei Dewey oder an universalisierte Prinzipien einer idealen rationalen Diskursgemeinschaft (und sei es auch nur formaler Art) wie bei Habermas auf das bescheidenere Maß einer Sicherung derjenigen gesellschaftlichen Institutionen beschränken, die für die demokratische Ordnung selbst konstitutiv sind. Darüber hinaus ist Dissens erwartet und erwünscht, weil gerade die Bereitstellung von Raum für das Austragen von widerstreitenden Interessen ein bestimmendes Merkmal von pluralistischer Demokratie sei. Wie Mouffe betont, geht es dabei auch nicht darum, die Erfahrungen von Dissens als zeitweilige Hindernisse auf dem Weg zum Konsens zu interpretieren. Vielmehr sollte sich ein radikaldemokratisches Politikverständnis für sie grundsätzlich vom Ziel einer Harmonie und Versöhnung zu Gunsten eines radikalisierten Pluralitätsbegriffs verabschieden, der den Dissens als einen unverzichtbaren Bestandteil des demokratischen Projekts selbst versteht (vgl. ebd., 27).

Hinter diesen unterschiedlichen politischen Einschätzungen steht nicht zuletzt die Wahrnehmung gesellschaftlicher Veränderungen in der zweiten Hälfte des 20. Jahrhunderts, die häufig – und recht vage – unter dem Begriff einer Postmoderne zusammengefasst werden. Autoren wie Mouffe, die dem postmodernen Denken nahe stehen, tendieren dazu, die Positionen des Dissens, der Heterogenität, des Diskontinuierlichen und der unüberbrückten Differenz zu betonen, weil sie darin eine Befreiung von den Einheitsmythen und großen Erzählungen der Moderne vermuten, die den gegenwärtigen pluralen Lebenserfahrungen und -erwartungen der Menschen zunehmend weniger gerecht werden. Darin drückt sich auch eine veränderte Sicht auf postmoderne (Multi-)Kultur aus. Wenn Dewey in seiner Gesellschaftsanalyse kulturelle Vielfalt und die Verschiedenheit von Lebenserfahrungen als demokratischen Reichtum begrüßt, so verbindet sich damit bei ihm durchaus noch die Vision einer Einheit in der Vielheit, auf die sich die Hoffnung auf einen dauerhaften und eindeutigen gesellschaftlichen Fortschritt stützen kann. Deweys Progressivismus sollte besser als Meliorismus bezeichnet werden. Es ist durchaus kein naiver Fortschrittsglaube, der unkritisch auf die Kräfte des Geschicks vertraut, sondern ein stets wacher und kritischer Blick auf die Gegenwart im Gedanken an die Möglichkeit einer besseren Zukunft. Er stützt sich dabei, ganz im Geiste seiner Zeit, auf ein zumeist recht hohes Vertrauen in das zivilisatorische Potenzial der Wissenschaft und die Möglichkeiten eines *Social Engineering*, d.h. der wissenschaftlich geleiteten Sozialreform. Darin lässt sich aus heutiger Sicht zum Teil eine Überschätzung der Moderne und der Zentralstellung wissenschaftlicher Rationalität erkennen. Das postmoderne Wissen zeichnet sich durch eine zunehmende Dezentrierung auch der wissenschaftlichen Vernunft aus, die sich in ihren Diskursen spezialisiert und vervielfältigt, ohne dass im Konzert der Wissensvermehrung das einigende und umschließende Band einer Einheit der Wissenschaften noch zu finden wäre (vgl. dazu Reich 1998 a, b; Neubert/Reich 2000). Auch die Philosophie ist heute kaum mehr in der Lage – wie Dewey dies noch hoffen konnte –, eine universelle Vermittlerfunktion für alle Diskurse zu erfüllen. Im Gegenteil scheint Wissenschaft im Zuge der fortschreitenden Pluralisierung von Lebenswelten zunehmend zu einem wählbaren Angebot im Rahmen konkurrierender Ansätze zu werden.

Vor diesem Hintergrund zeichnen sich viele postmoderne Kulturtheorien durch eine Tendenz aus, die man als Annäherung an ein dezentriertes Kulturverständnis bezeichnen könnte. Der Einfluss von dekonstruktivistischen Positionen ist dabei von Bedeutung, die unter anderem über eine Rezeption poststrukturalistischer Ansätze in neuere Kulturtheorien Eingang gefunden haben. Insbesondere im Konstruktivismus werden diese Entwicklungen gegenwärtig breit reflektiert und als Ausdruck nachhaltiger Kränkungsbewegungen der (post-)modernen Vernunft interpretiert (vgl. Reich 1998, Bd. 1). Für ein radikaldemokratisches Verständnis von (Multi-)Kultur verbinden sich damit weit reichende Implikationen (vgl. dazu ausführlicher Neubert 2008 a). Zumindest einige Konsequenzen für die Frage einer Theorie des Rassismus sollen abschließend noch angedeutet werden:

(a) Neuere Ansätze der Rassismusforschung betonen stärker als früher die Komplexität des Rassismus, seine widersprüchliche Grundstruktur sowie die Spezifität seiner jeweiligen Erscheinungsformen, die von kruden biologistischen Erklärungen bis hin zu neueren Formen eines kulturellen Rassismus oder eines „Rassismus ohne Rassen" (vgl. Balibar 1988) führen. Dabei zeichnen sich unter anderem im anglo-amerikanischen Sprachraum die *Cultural Studies* als eine Richtung aus, die in ihren betont kontextbezogenen Analysen den diversen und oft mehrdeutigen kulturellen Diskurspraktiken nachspüren, in denen rassistische Vorstellungen zirkulieren und symbolisch repräsentiert werden (vgl. z.B. Hall 1997).

(b) In diesem Zusammenhang ist auch der Einfluss so genannter Postkolonialismustheorien von Bedeutung, die unter anderem für eine Revision des Verhältnisses zwischen Rassismus, Kolonialismus und der Konstitution der westlichen Moderne eintreten und von hierher einige zentrale Parameter des vorherrschenden westlichen Geschichtsnarrativs dekonstruieren. Unter dem Motto „The West and the Rest" z.B. werden von Stuart Hall hegemoniale Diskursformationen analysiert, durch die sich in die Entstehung westlicher Vorstellungen von Fortschritt, Rationalität und Aufklärung subtile Formen von rassistischer Abgrenzung von Beginn an eingeschrieben haben (vgl. Hall 1992 a).

(c) Theorien hybrider Kultur betonen im Zuge der postkolonialen Kränkungsbewegung vor allem die Besonderheit und Inkommensurabilität von kulturellen Erfahrungen „im Zwischenraum", wie sie insbesondere für Migrantengruppen und andere kulturelle Minderheiten bestimmend sind (vgl. Bhabha 1996). In ihrer charakteristischen Unschärfe und Unentschiedenheit, ihrer unvollständigen Präsenz auf Grund von „kultureller Zeitver-

schiebung" fordert die hybride Position in besonderem Maße zur Dekonstruktion hegemonialer Weltbilder heraus, indem sie unter anderem vermeintliche Selbstverständlichkeiten
eines Denkens in binären Gegensätzen verstört.[198] Solche dekonstruktivistischen Ansätze
können zu einer radikalen Beobachtervielfalt im Blick auf Kultur einladen, was eine neue
Sensibilität für die Erfahrungen des Fremden, die Unvollständigkeit des Verstehens und
die Versuchungen rassistisch vereindeutigter Grenzziehungen anregt. Sie berühren sich
mit neueren Theorien politischer Öffentlichkeit, die die demokratische Intention heute
weniger in der Suche nach der einen, umfassenden Öffentlichkeit sehen, sondern stärker
auf die Ermöglichung und Verwirklichung diverser Formen von Gegendiskursen und
Gegenöffentlichkeiten setzen (vgl. Fraser 1994). Das politische Imaginäre, das sich darin
ausdrückt, weist viele Gemeinsamkeiten mit Deweys radikalem Demokratieverständnis
auf. In seiner postmodernen Betonung des Ungleichzeitigen, Heterogenen und Inkommensurablen weist es zugleich aber auch teilweise über die Visionen von Deweys politischer
Philosophie hinaus.

---

198 Vgl. dazu ausführlicher Kapitel 9 dieser Arbeit.

Teil III:

Anwendungsbeispiele zur Ästhetik, Kreativität und Beziehungswirklichkeit

Kapitel 14:

John Deweys „Kunst als Erfahrung" –
Anmerkungen zu einer misslungenen Übersetzung

Das Denken des amerikanischen Pädagogen und Philosophen John Dewey, eines der Hauptvertreter der philosophischen Schule des Pragmatismus, hat in den vergangenen Jahren insbesondere im angelsächsischen Sprachraum eine auffällige Renaissance erfahren. In den USA werden seine Werke heute von einer Generation pragmatistisch orientierter Autorinnen und Autoren wieder sehr intensiv gelesen und diskutiert, nachdem sie in den Jahrzehnten nach seinem Tod nahezu in Vergessenheit geraten zu sein schienen.[199] Auch in Deutschland lassen sich in jüngster Zeit vermehrte Anzeichen eines erwachenden Interesses an Dewey erkennen.[200] Anders als im angelsächsischen Sprachraum ist Dewey jedoch in Deutschland in der Vergangenheit fast ausschließlich über seine im engeren Sinne pädagogischen Arbeiten wahrgenommen worden. Eine systematische Auseinandersetzung mit seinem philosophischen Werk, die für ein umfassendes Verständnis auch seiner pädagogischen Theorien eigentlich unverzichtbar wäre, hat es bei uns demgegenüber kaum gegeben. Eine kritische Rezeption seiner Philosophie kann daher bis heute nur auf wenige Vorarbeiten im deutschsprachigen Raum zurückgreifen.

Diese Situation wird insbesondere durch die ungünstige Übersetzungslage weiter erschwert. Von Deweys Werken, die in den USA seit Ende der 1980er Jahre in einer hervorragend bearbeiteten, 37 Bände umfassenden und mit textkritischen Kommentaren versehenen Gesamtausgabe vorliegen, sind bis heute nur sehr wenige Bücher ins Deutsche übersetzt worden, wobei es sich zudem um meist stark überarbeitungsbedürftige Erstübersetzungen handelt.[201] Als ein besonderer Problemfall erscheint mir in diesem Zusammenhang die 1980 im Suhrkamp Verlag (Taschenbuch 1988) unter dem Titel „Kunst als Er-

---

199 Vgl. dazu unter anderem die Arbeiten von Kestenbaum (1977), Sleeper (1986), Alexander (1987), Boisvert (1992), Rorty (1992, 1993) und Garrison (1997).

200 Vgl. unter anderem Engler (1992), Joas (1996), Brunkhorst (1998).

201 Ein Großteil dieser Übersetzungen ist inzwischen veraltet bzw. wurde ohne jede weitere Überarbeitung nach Jahrzehnten einfach nur neu aufgelegt. Dies gilt z.B. für Erich Hyllas Übersetzung von Deweys „Democracy and Education" (1916), die in Deutschland zuerst 1930 erschien und kürzlich (1993) von Jürgen Oelkers unter dem Titel „Demokratie und Erziehung" in unveränderter Form wieder herausgegeben wurde. Wenngleich Oelkers in einer einleitenden Bemerkung dieses Verfahren unter anderem damit begründet, dass der Hylla-Text „eine Referenz eigener Art" darstelle (vgl. Dewey 1993, 3 f.), werden einem heutigen Leser, der sich die Mühe macht, Deweys Buch zunächst im Original zu studieren, viele Übersetzungsungenauigkeiten und zeitgebundene Formulierungen Hyllas als fragwürdig erscheinen. Hier wäre eine kritische Neubearbeitung in jedem Fall der bessere, wenn auch zeit- und geldaufwendigere Weg gewesen.

fahrung" erschienene Übersetzung von Deweys „Art as Experience". Dieses kunstphilosophische Buch ist eines der wichtigen Schlüsselwerke in Deweys Philosophie. Es wird
insbesondere in der neueren amerikanischen Dewey-Rezeption vielfach in den Mittelpunkt
eines erneuerten Dewey-Verständnisses gerückt,[202] und auch im deutschsprachigen Raum
stößt es neuerdings auf ein wachsendes Interesse, wie z.B. die ausführliche Würdigung in
einem vor kurzem erschienenen Buch von Hans Joas (1996, 203–212) belegt. Es liegt daher nahe, dass sich „Kunst als Erfahrung" für viele deutschsprachige Leser, die sich für
Dewey interessieren, als ein erster Einstieg für eine Auseinandersetzung mit seiner Philosophie anbietet. Leider ist die deutsche Übersetzung des Buches dafür jedoch denkbar
ungeeignet. Sie beinhaltet so viele begriffliche Ungenauigkeiten bzw. „schiefe" bis falsche
Übersetzungen, dass sie Missverständnisse und Verständnisschwierigkeiten geradezu herausfordert, die sich nur dann aufklären lassen, wenn man den Text kritisch mit dem Original gegenliest. Wer aber nimmt sich schon die dafür notwendige Zeit und Muße, zumal
wenn er es mit einer Übersetzung zu tun hat, die immerhin in einem so renommierten Verlag wie Suhrkamp erschienen ist?

Einige dieser gravierenden Mängel möchte ich im Folgenden exemplarisch darstellen
und kommentieren.

(1) Zunächst fällt auf, dass – wie auf der Rückseite des Innendeckblatts der Taschenbuch-
ausgabe verzeichnet ist – an der Suhrkamp-Übersetzung von „Art as Experience" in Etappen gearbeitet wurde, genauer: der Text wurde in drei Teilen (Kap. I–VII; Kap. VIII–XI;
Kap. XII–XIV) bearbeitet, für die jeweils ein anderer Übersetzer verantwortlich zeichnet.
Dies ist für die Übersetzung eines philosophischen Buches für sich genommen bereits ungewöhnlich, wenn auch nicht unbedingt bedenklich, sofern die unterschiedlichen Teile aus
einem Gesamtverständnis des zugrunde liegenden theoretischen Ansatzes heraus sinnvoll
in eine Übereinstimmung gebracht und insbesondere in begrifflicher Hinsicht miteinander
abgeglichen worden sind. Das ist nun aber in der vorliegenden deutschen Fassung von
„Art as Experience" nur in höchst unzureichender Weise geschehen. Sogar in Bezug auf
einige der wichtigsten philosophischen Schlüsselbegriffe in Deweys Denken herrscht in
der deutschen Fassung ein begriffliches Durcheinander vor, das völlig unnötige Ungenauigkeiten in den Text hineinträgt. Einem Leser, der das Buch im Original kennt bzw.
mit Deweys philosophischem Ansatz vertraut ist, wird diese mangelnde begriffliche Genauigkeit bei der Lektüre von „Kunst als Erfahrung" schnell ins Auge springen. Für alle
jedoch, die ohne ein solches Vorwissen an das Buch herangehen, entsteht der Eindruck
eines in philosophischer Hinsicht äußerst unpräzisen und diffusen Denkens, dem an vielen
Stellen die tragenden Kategorien fehlen. Ich möchte dazu einige Beispiele geben:[203]

---

202 In diesem Zusammenhang ist vor allem die Arbeit von Alexander (1987) von großem Einfluss
gewesen.

203 Im Folgenden habe ich der Einfachheit halber bei Zitat-Angaben „Kunst als Erfahrung" als KaE
und „Art as Experience" als AaE abgekürzt.

„Imagination" ist ein Schlüsselbegriff in Deweys Philosophie, der für seine Theorie der ästhetischen Dimension menschlicher Erfahrung („experience") sowie für seine damit eng verbundene Sozialphilosophie von allergrößter Bedeutung ist. Dies wird vor allem in den Schlusskapiteln von „Art as Experience" überdeutlich, wo sich unter anderem Deweys viel zitierte, von Shelley entlehnte Formulierung findet: „Imagination is the chief instrument of the good." (AaE, 350) In diesen Schlusskapiteln wird der Begriff auch in der deutschen Fassung zumeist richtig mit „Imagination" wiedergegeben (z.B. KaE, 401). Es ist jedoch vollkommen unverständlich, warum derselbe Begriff in den Anfangskapiteln des Buches nicht ebenso, sondern stattdessen wahlweise mit „innere Anschauung" oder „Phantasie" übersetzt worden ist (z.B. KaE, 30, 45). Dies macht nicht nur den inneren Zusammenhang der von Dewey entfalteten Argumentation für den deutschen Leser unkenntlich, sondern es zeugt zudem von einem tiefen Unverständnis in Bezug auf die von Dewey vertretene philosophische Position. Denn keiner der beiden genannten Ausdrücke ist im Sinne Deweys mit „Imagination" gleichzusetzen. „Innere Anschauung" ist ein Begriff der subjektphilosophischen Tradition, die in der introspektionistischen Psychologie des 19. und frühen 20. Jahrhunderts eine maßgebliche Rolle gespielt hat; von beidem, Subjektphilosophie und Introspektionismus, hat sich Dewey in seinen Schriften immer wieder distanziert. Die von ihm entwickelte interaktionistische Erfahrungstheorie ist gerade aus einer bewussten Abgrenzung gegenüber diesen Traditionen heraus entstanden und kann nur vor diesem Hintergrund angemessen verstanden werden. Dies gilt auch für seinen Begriff der „Imagination", der bei Dewey ein grundlegend interaktives Geschehen meint, das auf eine konstruktive Veränderung und Umgestaltung der Bedingungen von Erfahrungswirklichkeit zielt. Imagination im Sinne Deweys verweist auf die kreative Dimension menschlichen *Handelns* und nicht auf eine irgendwie geartete Innerlichkeit subjektiven Erlebens. Aus diesem Grunde ist der Begriff auch nicht angemessen mit „Phantasie" zu übersetzen. Denn „Phantasie" suggeriert im gewöhnlichen Sprachgebrauch eine zu weitgehende Losgelöstheit von den konkreten Möglichkeiten und Erfordernissen bestehender Handlungssituationen. Gerade auf deren imaginative Durchdringung und Rekonstruktion aber im Sinne eines erweiterten Bedeutungsreichtums menschlicher Handlungszusammenhänge kommt es aus Deweys Perspektive vor allem an.[204]

Das Konzept des „self" („Selbst") stellt nicht nur bei Dewey, sondern in der gesamten Philosophie des amerikanischen Pragmatismus eine zentrale sozialphilosophische Kategorie dar. Insbesondere in den in Deutschland durch die Rezeption von Autoren wie Jürgen Habermas und Hans Joas weitgehend bekannt gewordenen Theorien George Herbert Meads, dessen Werk mit dem Deweys in einer engen Verbindung steht, ist dieses Konzept sehr differenziert ausgearbeitet worden. Sowohl bei Mead als auch bei Dewey liegt dem Begriff des „self" eine interaktionistische Auffassung der Beziehung von Selbst und An-

---

204 Vgl. dazu ausführlicher meine Auseinandersetzung mit Deweys Auffassung des Imaginären in Neubert (1998 a, insb. Kap. 5).

derem zugrunde, die sich philosophisch gesehen von Hegels Theorie des Selbstbewusstseins herleitet. Es handelt sich hier also um einen Begriff mit einem sehr spezifischen Bedeutungshof. Dieser Begriff wird von Dewey in „Art as Experience" wiederholt und in einheitlicher Form verwendet. Umso mehr muss es als ein Rätsel bzw. als ein Ausdruck vollständiger Ignoranz gegenüber der philosophisch geprägten Begrifflichkeit des Autors erscheinen, wenn dieser so grundlegende und zugleich so eindeutige Begriff in der deutschen Übersetzung des Buches völlig uneinheitlich und ohne jeden ersichtlichen Grund zunächst als „Ich" (z.B. KaE 47, 55, 73, 82), dann als „Subjekt" (KaE 189, 204, 293, 310 f., 328 f.), ab und an einmal (richtig) als „Selbst" (KaE 288, 302) und schließlich – im Schlusskapitel – wieder als „Ich" (KaE 382) wiedergegeben wird. Dieses ganz und gar unnötige Verwirrspiel kann beim Leser nur den Eindruck sprachlicher Vagheit bzw. Verwunderung oder gar Verärgerung über einen Autor erzeugen, der sich scheinbar keine Mühe macht, sich in begrifflich klarer Form auszudrücken.

Nicht besser ergeht es dem Begriff „perception", der in der deutschen Übersetzung einmal mit „Erkenntnis" (KaE 57, 58), dann mit „Empfindung" (KaE 63), ein andermal mit „Betrachtung" (KaE 137), an wieder anderer Stelle mit „Wahrnehmung" (z.B. KaE 158 f.) und in noch anderem Zusammenhang mit „Perzeption" (z.B. KaE 203, 206, 347 ff.) wiedergegeben wird. Ein solchermaßen uneinheitlicher Sprachgebrauch spottet an sich schon jeder Übersetzung eines philosophischen Werkes Hohn. Dies gilt in besonderem Maße bei einem in erkenntnistheoretischer Hinsicht so geschulten Autor wie Dewey, der in seinen Schriften sehr deutlich zwischen Begriffen wie „perception", „sensation", „recognition", „knowledge" usw. zu unterscheiden weiß und in bezug auf dessen Sprachgebrauch es schlichtweg falsch ist, „perception" mit Erkenntnis, Betrachtung oder gar mit Empfindung wiederzugeben.[205]

(2) Ein zweiter Typ von Fehlern ist bei der deutschen Übersetzung von „Art as Experience" dadurch entstanden, dass einzelne Satzkonstruktionen offenbar aus einem mangelnden Verständnis der philosophischen Intentionen des Autors heraus falsch verstanden und wiedergegeben worden sind. Dies führt in manchen Fällen zu einer fast vollständigen Unkenntlichkeit der ursprünglichen Aussage. Aus einer Vielzahl von Beispielen wähle ich wiederum nur einige exemplarische Fälle aus:

---

205 Zu einer ähnlichen Einschätzung gelangt auch Ulrich Engler, der sich im Rahmen einer Dissertation ausführlich mit Deweys Kunsttheorie auseinandergesetzt hat. Ohne auf Einzelheiten einzugehen, urteilt er über die Qualität der hier kritisierten Übersetzung zusammenfassend: „... was die drei Übersetzer 1980 dem Leser zugemutet haben, ist nur schwer als Übersetzung zu bezeichnen." Entscheidend ist für ihn dabei, „dass die Übersetzer vom philosophischen Gehalt des Werkes nichts übermitteln wollten (oder konnten). Wie anders ist es zu verstehen, dass die wichtigen Termini (perception, imagination, meaning, quality) mit einer Beliebigkeit übersetzt wurden, dass ihre philosophische Relevanz einem deutschen Leser völlig unbemerkt bleiben muss." (Engler 1992, 49 f., Fn. 23)

Im vierten Kapitel seines Buches („The Act of Expression") geht Dewey unter anderem auf seine Theorie des Gefühls und auf das Verhältnis von Gefühl („emotion") und ästhetischem Ausdruck ein. Es grenzt sich hier insbesondere von den herkömmlichen subjektivistischen Theorien des Gefühls ab, die auf einer scharfen Trennung zwischen innerem (subjektivem) Erleben und äußerer (objektiver) Welt beruhen. Aus der Perspektive seiner interaktionistischen Erfahrungstheorie erscheint Dewey eine solche Trennung als künstlich. Dementsprechend sind Gefühle für ihn nicht als innere, in sich abgeschlossene subjektive Zustände aufzufassen, sondern als dynamische Bestandteile sich entwickelnder Erfahrungssituationen, die in einer unauflöslichen Wechselwirkung mit den Gegenständen stehen, auf die sie sich beziehen – eine Auffassung, die natürlich weit reichende Konsequenzen für sein Verständnis des ästhetischen Ausdrucks hat. In diesem Zusammenhang findet sich nun die folgende Formulierung Deweys: „Erroneous views of the nature of the act of expression almost all have their source in the notion that an emotion is complete in itself within, only when uttered having impact upon external material. But, in fact, an emotion is *to* or *from* or *about* something objective, whether in fact or idea." (AaE 72; Herv. i. Orig.) Es scheint klar, dass Dewey mit diesen Sätzen die eben erwähnte Vorstellung von Gefühlen als inneren Erlebniszuständen kritisieren will, die in sich abgeschlossen sind und *nur, wenn sie geäußert werden, eine Wirkung auf äußeres Material haben*, und dass er demgegenüber geltend macht, ein Gefühl – ob tatsächlich oder nur in der Vorstellung – impliziere immer einen situativen Gegenstandsbezug, von dem es nicht sinnvoll isoliert werden kann.[206] In der deutschen Übersetzung liest sich diese Passage nun aber so: „Die irrigen Ansichten über das Wesen des Ausdrucksaktes haben ihren Ursprung fast allesamt in der Vorstellung, ein Gefühl sei *erst dann im Innern etwas In-sich-Geschlossenes, wenn es geäußert werde, d.h. wenn es auf äußeres Material treffe.* Aber in der Tat ist ein Gefühl gegenüber einer oder von einer oder über eine Sache konkret, ob in der Wirklichkeit oder in der Vorstellung." (KaE 81; Herv. d. Verf.) Man sieht, dass offensichtlich aus einem mangelnden Verständnis des Gesamtzusammenhangs der Argumentation heraus der Konditionalsatz des ersten Satzes („..., only when uttered ...") falsch aufgefasst wurde. Dadurch aber gerät der Inhalt der ganzen Aussage durcheinander. Es ist für einen deutschen Leser schon sehr schwer, dem Satz überhaupt noch eine sinnvolle Bedeutung zu entnehmen, zumal er im völligen Gegensatz zu der Gesamtargumentation steht, die Dewey in dem betreffenden Absatz entfaltet. Die Verwirrung schlägt sich auch im zweiten Satz nieder, der seinen semantischen Schwerpunkt in dem Wort „konkret" zu haben scheint, das im Original aber gar nicht auftaucht. In der Einschmuggelung dieses

---

206 Vgl. dazu auch die folgende Formulierung im selben Absatz: „An emotion is implicated in a situation, the issue of which is in suspense and in which the self that is moved in the emotion is vitally concerned." (AaE 72) Zu Deweys Theorie des Gefühls vgl. das gesamte 4. Kap. von „Art as Experience" sowie im weiteren Zusammenhang seiner Theorie der Erfahrung („experience") und seiner Sicht des Verhältnisses von Subjektivität und Objektivität meine ausführliche Diskussion in Neubert (1998 a).

Wörtchens drückt sich die ganze Hilflosigkeit des Übersetzers aus, weil nicht begriffen wurde, dass es Dewey in diesem Zusammenhang nicht einfach um die Konkretheit der Gefühle als solche geht, sondern vielmehr um ihren konkreten *Gegenstandsbezug* in einer sich entwickelnden Erfahrungssituation.

Im zwölften Kapitel („The Challenge to Philosophy") geht Dewey unter anderem auf verschiedene traditionelle kunstphilosophische Ansätze ein, darunter auch den Typ, den er als „Spieltheorie" („play theory of art") bezeichnet (AaE 281–288). In diesem Zusammenhang kommt er auf seine eigene Theorie des (kindliche) Spiels zu sprechen und skizziert aus seiner Sicht knapp einen kontinuierlichen Entwicklungsgang vom freien Spiel („play") über das Regelspiel („game") hin zur Arbeit („work"). Er beschreibt sehr anschaulich den allmählichen Übergang hin zu einer stärkeren Zielorientiertheit des Handelns, wobei Tätigkeiten durch Regeln („rules") auf ein zu erreichendes Ziel hin geordnet werden und es zugleich zu einer Ordnung der verwendeten Materialien kommt, die immer mehr durch die Vermittlung von aus früheren Erfahrungen („past experiences") gewonnenen Ideen und Vorstellungen gestaltet werden (AaE 283). In diesem Kontext nun schreibt er: „This transition effects a transformation of play into work, provided work is not identified with toil or labor." (Ebd.) Die Bedeutung dieses Satzes scheint klar und unmissverständlich; man könnte ihn etwa folgendermaßen übersetzen: „Dieser Übergang bewirkt eine Verwandlung von Spiel in Arbeit, vorausgesetzt, dass Arbeit nicht mit Plackerei oder Mühsal gleichgesetzt wird." Wichtig ist an dieser Stelle zum einen, dass der beschriebene Übergang von Dewey als ein kontinuierlicher Zusammenhang beschrieben wird, dass es für ihn also eine graduelle Entwicklung vom freien Spiel des Kindes zu einer von ihm als „work" bezeichneten Form der Arbeit gibt. Zum anderen ist entscheidend, dass Dewey diese Form der Arbeit von anderen Formen unterscheidet, die er als „toil" oder „labor" bezeichnet. Dies wird im nachfolgenden Satz auch sofort näher erklärt, denn Dewey erläutert weiter, dass jede Aktivität zu „work" werde, die von der Vollendung oder Verwirklichung („accomplishment") eines definitiven materiellen Resultates geleitet wird; dass demgegenüber aber solche Tätigkeiten als „labor" zu bezeichnen seien, die als ein *bloßes* Mittel („mere means") zur Sicherstellung eines diesen Tätigkeiten selbst äußerlichen Ergebnisses und insofern als eine lästige Notwendigkeit erlebt werden. Mit anderen Worten bezeichnet „labor" für Dewey eine Art der Tätigkeit, bei der Mittel und Zweck des Handelns – z.B. erzwungen durch die Bedingungen moderner Lohnarbeit – einander äußerlich geworden sind, während sie im „work" noch in einem unmittelbaren inneren Zusammenhang stehen. Dem damit bezeichneten Gegensatz kommt für Deweys gesamte Sozialphilosophie und insbesondere für seine Kapitalismuskritik eine fundamentale Bedeutung zu.[207] Dies alles aber wird in der deutschen Übersetzung fast vollständig verwässert, die aus diesem einfachen Satz folgende Konstruktion macht: „Dieser Übergang bewirkt eine Verwandlung des

---

207 Deweys Unterscheidung zwischen „work" und „labor" ist der im marxistischen Sprachgebrauch üblichen Unterscheidung zwischen selbstbestimmter und entfremdeter Arbeit stark verwandt.

Spiels ins Werk, ein vorbereitetes Werk wird nicht mit Mühe oder Arbeit identifiziert."
(KaE 326) Abgesehen davon, dass der deutsche Leser sich vergeblich fragen wird, was der
Autor an dieser Stelle mit „ein vorbereitetes Werk" gemeint haben mag – dies wird selbstverständlich im Text auch nicht weiter erläutert, woraus allein schon hätte deutlich werden
müssen, dass „provided" hier nicht als Beiwort zu „work" aufzufassen ist –, geht in dieser
Formulierung die kritisch gemeinte Unterscheidung Deweys zwischen verschiedenen gesellschaftlichen Formen der Arbeit so gut wie vollständig verloren. Der klare Gegensatz
zwischen „work" und „labor" reduziert sich auf eine Gegenüberstellung von „Werk" und
„Arbeit", von der allein der Übersetzer wissen mag, was mit ihr im gegebenen Zusammenhang eigentlich genauer bezeichnet sein soll. Und wenige Zeilen später geht die von
Dewey gemeinte Unterscheidung dann vollends verloren, wenn in ein und demselben Satz
schließlich beide Begriffe, „labor" und „work", gleich lautend mit „Arbeit" übersetzt werden (KaE 326 f.).[208]

Ein drittes Beispiel entnehme ich einer Hausarbeit von Studenten, die das von ihnen
inhaltlich bearbeitete erste Kapitel („The Live Creature") von Deweys „Art as Experience" auch textkritisch im Blick auf die Qualität der deutschen Übersetzung unter die Lupe
genommen haben.[209] Tobias Reitzig und Jens Mohrmann führen folgendes Beispiel an, bei
dem die Ungenauigkeit der Übersetzung zu einer deutlichen inhaltlichen Verzerrung der
Gedanken Deweys führt. Die Stelle lautet im Original: „Life grows when a temporary falling out is a transition to a more extensive balance of the energies of the organism with
those of the conditions under which it lives." (AaE 20) In der deutschen Fassung lautet der
entsprechende Satz folgendermaßen: „Leben entwickelt sich, wenn seine zeitweilige Dis-
harmonie ein Übergang ist zwischen den inneren Antriebskräften des Organismus und
dessen äußeren Lebensbedingungen." (KaE 22) Die Studenten geben dazu folgenden
Kommentar: „Diese Übersetzung legt ihrer Konstruktion nach nahe, dass es zu einer Ver-
schmelzung zwischen den inneren Antriebskräften des Organismus und dessen äußeren
Lebensbedingungen kommen könnte. Tatsächlich hat Dewey beschrieben, dass sich Leben
entwickelt, wenn temporäre Krisen, das Herausfallen aus dem Schritttempo der Umwelt,
bewältigt werden. Dies führe zu einer umfassenderen Balance zwischen den Energien
(Antriebskräften) des Organismus und den Energien der Umwelt, in der er lebt, also zu
einer verbesserten Anpassung. Dieser Gedankengang ist in der deutschen Übersetzung
nicht nachvollziehbar, weil der Begriff ‚balance' nicht mit übernommen wurde."

---

208 Zwar gibt es im Deutschen keine begrifflich ganz prägnante Übersetzung des von Dewey verwendeten Gegensatzpaares („work" vs. „labor", „toil"), und auch die von mir oben vorgeschlagene
Wiedergabe von „labor" und „toil" mit „Mühsal" und „Plackerei" kann vielleicht nicht ganz zufrieden stellen. Man hätte diese Schwierigkeit aber leicht durch eine Anmerkung des Übersetzers
lösen können, in der auf die im Original verwendeten Begriffe und insbesondere auf den im englischen Sprachgebrauch stark ausgeprägten Zusammenhang von „labor" mit Lohnarbeit hingewiesen worden wäre.

209 Der Beitrag der Studenten entstand im Rahmen eines Seminars, das ich im Sommersemester 1997
an der Universität zu Köln durchgeführt habe.

Es ist noch einmal zu betonen, dass diese hier diskutierten Beispiele stellvertretend für viele andere, vergleichbare Fälle stehen. Es scheint mir wenig sinnvoll und unnötig ermüdend, sie alle im Detail zu analysieren.[210]

(3) Schließlich möchte ich noch einen dritten Typus von Mängeln in der deutschen Übersetzung von „Art as Experience" erwähnen, die insgesamt gesehen zwar vielleicht weniger ins Gewicht fallen, aber nichtsdestoweniger gerade deshalb besonders ärgerlich sind, weil sie von einem bestürzenden Mangel an Professionalität und einer auffallend unpräzisen Arbeitsweise zeugen. Dazu gehören für mich Beispiele wie die folgenden:

Gebräuchliche Redewendungen werden nicht immer als solche erkannt, sondern bisweilen frei nach Gutdünken übersetzt. Ein Beispiel ist die Redewendung „as it were", die so viel wie „gewissermaßen" oder „sozusagen" bedeutet in jedem englischsprachigen Wörterbuch als solche verzeichnet ist. Dewey verwendet diese rhetorische Wendung des Öfteren, so z.B. an der folgenden Stelle aus dem sechsten Kapitel („Substance and Form"): „To understand the design of a complicated piece of machinery we have to know the purpose the machine is intended to serve, and how the various parts fit in to the accomplishment of that purpose. Design is, *as it were*, superimposed upon materials that do not actually share in it (...)." (AaE 121 f.; Herv. d. Verf.) Es geht mir hier, wie gesagt, nur um die erwähnte Redewendung und nicht um die inhaltliche Argumentation Deweys (dabei handelt es sich um das Verhältnis des Ganzen und der Teile in der ästhetischen Form); wenn man ihre Bedeutung als ein rhetorisches Stilmittel kennt, sieht man sofort, wie der zweite Satz in dem Zitat gemeint ist, dass nämlich Dewey einfach sagen wollte, das Design werde in den beschriebenen Fällen den Materialien *sozusagen* übergestülpt oder aufgedrückt („superimposed"). Kennt man ihre Bedeutung jedoch nicht, dann entstehen Übersetzungen wie die folgende: „Das Design *ist - und war* - dem Material aufgedrückt, das eigentlich gar keinen Anteil daran hat, (...)" (KaE 137; Herv. d. Verf.) Der deutsche Leser solcher Zeilen mag sich dann verwundert fragen, was denn eigentlich mit diesem in Parenthese gesetzten und dadurch noch besonders hervorgehobenen „und war" gemeint sein kann – er wird auf diese Frage solange keine Antwort finden, bis er das Original zu Rate zieht und bemerkt, dass hier einfach der Versuch unternommen wurde, einer feststehende Redewendung einen (zu) wörtlichen Sinn abzugewinnen.

In dem folgenden Beispiel aus dem dritten Kapitel („Having an Experience") wird eine argumentative Zuordnung schlicht in ihr Gegenteil verkehrt. Im Original heißt es: „It is not so easy in the case of the perceiver and appreciator to understand the intimate union of doing and undergoing as it is in the case of the maker. We are given to supposing that *the former* merely takes in what is there in finished form, instead of realizing that this taking in involves activities that are comparable to those of the creator." (AaE 58; Herv. d. Verf.)

---

210 Der Leser wird, wenn er sich die Mühe macht, den deutschen Text kritisch mit dem Original zu vergleichen, unter anderem auf den folgenden Seiten ähnlich gravierende Stellen entdecken können: KaE 34, 36, 39, 72, 82, 148, 154, 180, 196, 215, 217, 229, 247, 249, 308.

Demgegenüber findet man in der deutschen Übersetzung die umgekehrte Zuordnung: „Für den, der perzipiert und urteilt, ist es nicht so einfach, die enge Verbindung zwischen Tun und Erleben zu begreifen, wie für den Schaffenden. Wir geben uns der Vermutung hin, *das letztere* nehme lediglich Bestehendes in seiner fertigen Form in sich auf, und merken nicht, dass dieses Aufnehmen Tätigkeiten umfasst, die mit denen des Schöpfers vergleichbar sind." (KaE 66; Herv. d. Verf.)[211]

Mitunter werden auch offenbar aus reiner Nachlässigkeit grundlegende Begriffe miteinander verwechselt, wie z.B. im Falle einer Definition, die Dewey im siebten Kapitel („The Natural History of Form") für den Begriff „Form" (AaE 142) gibt und bei deren deutscher Übertragung das Wort „Form" durch „Kunst" ersetzt worden ist (KaE 159). An mehreren Stellen in der deutschen Übersetzung werden einzelne Wendungen bzw. Halbsätze (z.B. KaE 22, 144, 146, 178, 179, 328) und mitunter sogar ganze Sätze (z.B. KaE 83) des Originals einfach ausgelassen. Im Original durch Kursivdruck hervorgehobene Textpassagen werden in der Übersetzung nicht durchgehend ebenso behandelt (z.B. KaE 159, 319).

Schließlich wird an mehreren Stellen der Textfluss des Originals dadurch verändert, dass Absätze willkürlich zusammengefügt bzw. auseinander gerissen werden (z.B. KaE 204).[212]

Es bleibt als Gesamteindruck nur die Einschätzung, dass die deutsche Übersetzung von Deweys „Art as Experience" insgesamt als misslungen und für eine ernsthafte Auseinandersetzung mit seiner Philosophie als unbrauchbar bezeichnet werden muss. Gerade bei einem Philosophen wie Dewey, dessen Werke in Deutschland so wenig im Detail bekannt sind, scheint es notwendig, mit Nachdruck auf Missstände wie die oben beschriebenen

---

211 Es sei nur am Rande erwähnt, dass über die hier beanstandete Verwechslung der Zuordnung („the former", „das letztere") hinaus überhaupt die Ungenauigkeit und mangelnde Prägnanz in der Wiedergabe, wie sie in diesem Zitat auffällt, charakteristisch für die gesamte sprachliche Qualität der Übersetzung ist – und zwar auch in solchen Textpassagen, bei denen ansonsten keine gravierenden Übersetzungsfehler vorliegen. Dazu gehört in diesem Fall z.B., dass in dem deutschen Satz die Formulierung „in the case of" nicht mit „im Falle des", sondern mit „für den, der" wiedergegeben wird. Denn dadurch entsteht eine Unklarheit darüber, ob in dem Zitat gemeint ist, dass die beschriebene Schwierigkeit *aus der Sicht* des Wahrnehmenden (d.h. hier des Kunstrezipienten) besteht, oder aber, dass sie (aus der Sicht eines äußeren Beobachters wie des Autors oder des Lesers) *für den Fall* des Kunstrezipienten im Gegensatz zum Fall des Kunstschaffenden festzustellen ist. Diese Unklarheit besteht in der Originalformulierung Deweys nicht.

212 Es ist allerdings möglich, dass die letztgenannten Mängel teilweise auch darauf zurückzuführen sind, dass die Übersetzer zum Zeitpunkt ihrer Arbeit (1980) noch nicht über die sorgfältige, von J.A. Boydston herausgegebene Gesamtedition von Deweys Werken verfügen konnten, die heute zum Standard jeder kritischen Dewey-Rezeption gehört. „Art as Experience" liegt in dieser bei Southern Illinois University Press erschienenen Werkausgabe erst seit 1987 vor. Es könnte sein, dass kleinere Abweichungen gegenüber der Boydston-Ausgabe z.B. in Bezug auf die Gliederung der Absätze bereits in der von den Übersetzern bearbeiteten Textfassung (Capricorn Books, G.P. Putnam's Sons, New York, 1958) enthalten waren.

hinzuweisen. Ich kann abschließend nur noch einmal dem bereits zitierten Ulrich Engler zustimmen, dass Deweys „Art as Experience" in gewissem Sinne bis heute nicht ins Deutsche übersetzt worden ist. Die bisher vorliegende Fassung von »Kunst als Erfahrung« kann nicht als eine angemessene Wiedergabe Deweyscher Gedanken angesehen werden. Angesichts der Fülle von Mängeln und Fehlern, die sie enthält, wäre es meines Erachtens auch nicht sinnvoll, sie an einzelnen Stellen zu verbessern. Erforderlich erscheint vielmehr eine gründliche Neubearbeitung des gesamten Textes auf der Grundlage der jetzt zugänglichen kritischen Werkausgabe von Boydston. In einer solchen Neuausgabe sollte zudem in Form einer knappen Einleitung auf die Besonderheiten von Deweys Erfahrungsbegriff („experience") hingewiesen werden, auf deren Unkenntnis einige der im Vorstehenden kritisierten Übersetzungsfehler nicht zuletzt zurückzuführen sind (vgl. dazu ausführlich Neubert 1998 a, insb. Kap. 3).

Kapitel 15:

Kunst als Erfahrung –
Kreativität aus pädagogisch-konstruktivistischer Sicht

Kreativität ist ein schillernder Begriff, der in Alltagsdiskursen oftmals in einer inflationä-
ren und oberflächlichen Weise verwendet wird (man denke nur an Felder wie Werbung
oder populärwissenschaftliche Ratgeber), während er in den wissenschaftlichen Diskursen
von Psychologie und Sozialwissenschaften meist nur eine eher randständige Position ein-
nimmt. Gleichwohl gibt es auch von Seiten der Wissenschaft immer wieder Versuche, neu
zu bestimmen, was Kreativität ist. Interessanterweise entstehen solche Versuche häufig im
Kontext von Theorieansätzen, die sich selbst in ihrer Zeit als neuartige und innovative
Beiträge verstehen. In der ersten Hälfte unseres Jahrhunderts traf dies beispielsweise für
die Psychoanalyse oder die Gestaltpsychologie zu. Auch in jüngerer Zeit gibt es immer
wieder Arbeiten, die versuchen, auf der Grundlage eines veränderten Forschungsparadig-
mas zu einer Neubewertung des Kreativitätsbegriffs zu gelangen. Als Beispiel seien hier
etwa der Soziologe Hans Joas (1996) und der Psychologe Mihaly Csikszentmihalyi (1997)
genannt.

Ich möchte im Rahmen dieses Kapitels jedoch nicht näher auf diese unterschiedlichen
Beiträge eingehen. Stattdessen möchte mich darauf beschränken, Ihnen aus konstruktivistischer Sicht einige Gedanken zur Kreativitätsthematik vorzutragen. Im Konstruktivismus
sehen heute viele einen innovativen Forschungsansatz, der in der Lage ist, Aussichten auf
ein verändertes Verständnis unserer selbst und unserer Welt zu eröffnen. Allein schon die
begriffliche Nähe von Konstruktivität und Kreativität mag dabei die Erwartung nahe legen, dass sich auch im Blick auf die Kreativitätsdiskussion neue Einsichten ergeben mögen.

Allerdings ist auch der Konstruktivismus nicht ohne Vorläufer. Vieles von dem, was
Konstruktivisten heute explizit behaupten, ist implizit in den kultur- und sozialwissen-
schaftlichen Traditionen unseres Kulturkreises bereits angelegt. Der interaktionistische
Konstruktivismus (vgl. Reich 1998 a, b), den ich vertrete, bemüht sich um eine dezidierte
Aufarbeitung solcher theoriegeschichtlicher Zusammenhänge.[213] In Hinblick auf unser
Thema erscheint mir dabei insbesondere die Philosophie John Deweys wichtige Anregun-
gen geben zu können. Sein Kreativitätsverständnis soll im Folgenden kurz dargestellt
werden. Anschließend möchte ich in einem zweiten Schritt über Dewey hinaus drei ergän-

---

213 Der interaktionistische Konstruktivismus ist eine kulturtheoretisch orientierte Variante, die sich
    von anderen Richtungen wie z.B. dem stark subjektbezogenen radikalen oder dem sprachanaly-
    tisch ausgerichteten methodischen Konstruktivismus unterscheidet.

zende Beobachterperspektiven skizzieren, die ein konstruktivistisches Verständnis von Kreativität gerade auch in Hinblick auf pädagogische Anwendung weiter spezifizieren helfen.

15.1 „Art as Experience" – die Kreativitätsidee in der Sozialphilosophie John Deweys[214]

John Dewey hat eine Theorie des „experience" entwickelt, die für unser Thema als eine erste Perspektive aufschlussreich ist, weil in ihre eine sehr alltagsnahe und insbesondere für pädagogische Prozesse interessante Kreativitätsidee enthalten ist. Dewey gehörte zu der philosophischen Schule der Pragmatisten, die in der ersten Hälfte unseres Jahrhunderts in Amerika tonangebend war. Die Vertreter dieser Richtung bemühten sich um eine stark an der gesellschaftlichen Praxis ausgerichtete Erneuerung des philosophischen Diskurses. Es ging ihnen unter anderem darum, Antworten auf die gewaltigen gesellschaftlichen Veränderungen zu finden, die in den USA mit der Industrialisierung und Modernisierung etwa seit dem Ende des Bürgerkrieges eingesetzt hatten. Dabei war es kennzeichnend für die Geisteshaltung und Lebenseinstellung Deweys – eine Einstellung, die er mit anderen Pragmatisten wie z.B. William James und George H. Mead teilte –, dass er vor allem die Zukunftsoffenheit der gesellschaftlichen und historischen Situation betonte, in der er sich befand und auf die er mit seiner Philosophie Einfluss nehmen wollte. Er misstraute jeder Vorstellung von einem universellen historischen Gesetz, das den Lauf der Geschichte ein für allemal festlegt. Statt die Gegenwart als ein weitgehend durch die Vergangenheit determiniertes Übergangsstadium auf dem Weg zu einer vorausbestimmten Zukunft aufzufassen, wollte er sie lieber als einen kontingenten Raum von Möglichkeiten verstanden wissen, deren zukünftige Entwicklung ungewiss ist und die es erst noch zu verwirklichen gilt. Dementsprechend kam der Antizipation zukünftiger Folgen gesellschaftlichen Handelns eine erkenntnisleitende Funktion in seiner Sozialphilosophie zu. Es sollte darum gehen, aus den Erfahrungen der Vergangenheit und den Konflikten der Gegenwart heraus eine bessere Zukunft zu erfinden und zu gestalten: eine demokratischere und reichere Gesellschaft im Sinne einer größeren Partizipation aller an den gesellschaftlichen Werten und Errungenschaften. Dewey kann mit seiner immer wieder energisch vertretenen und gegen die undemokratischen Tendenzen seiner Zeit gerichteten Gesellschaftskritik als einer der geistigen Väter eines radikalen Demokratieverständnisses im 20. Jahrhundert gelten (vgl. Neubert 1998 b).

Bestimmend für Deweys Sozialphilosophie ist die Konzeption der Gegenwart als eines sozialen und politischen Ortes, den wir in seinen möglichen Bedeutungen nur durch unsere eigenen konstruktiven Handlungsentwürfe verstehen können. Insofern beruhen gesell-

---

214 Alle Zitate aus den Schriften Deweys wurden von mir selbst ins Deutsche übersetzt.

schaftliche Handlungs- und Erkenntnisprozesse für ihn auf einer grundlegend kreativen Dimension, die es zu fördern und zu entwickeln gelte, wenn wir den Fortbestand der Demokratie sicherstellen wollen (vgl. LW 5, 125–143). Er spricht von einer „kreativen Demokratie" als Ziel und Aufgabe für die Zukunft (vgl. LW 14, 224–230). Die damit angesprochene Kreativitätsidee ist aufs engste mit seinem Begriff des „experience" verbunden, der den Ausgangs- und Zielpunkt seines philosophischen Denkens bildete.

Ich habe mich andernorts ausführlich mit Deweys „experience"-Philosophie auseinandergesetzt (vgl. Neubert 1998 a) und möchte hier nur einige Grundgedanken kurz hervorheben. „Experience" zeichnet sich für Dewey durch die beiden Kriterien der Interaktion und der Kontinuität aus (vgl. LW 13, 1–62). Es ist ein grundsätzlich interaktiver Prozess der Wechselwirkungen zwischen einem Individuum und seiner sozialen und natürlichen Umwelt, der ein Kontinuum bildet in dem Sinne, dass wir niemals aus dem Kontext unseres „experience" heraustreten können, um die Welt gewissermaßen von außen, jenseits unserer empirischen Lebenszusammenhänge zu betrachten. Außerdem beinhaltet dieses „experience" für Dewey immer eine Verflechtung aktiver und passiver Aspekte: seine primäre Einheit ist „die Handlung in ihrer vollen Entwicklung als eine Verbindung zwischen Tun („doing") und Erleiden („undergoing")" (LW 11, 214).[215]

Dewey führt eine Unterscheidung von primärem und sekundärem „experience" als zwei Ebenen unseres umfassenden „life-experience" ein (vgl. LW1): Auf der Ebene des „primary experience" haben wir es gewissermaßen mit der Unmittelbarkeit unseres Selbst- und Welterlebens in all seiner ganzheitlichen Fülle und irreduziblen Vielfalt zu tun. Auf der Ebene des „secondary experience" hingegen führen wir reflektierend Unterscheidungen ein, um in die sonst überwältigende Vielfalt sinnlicher Primärerfahrungen Ordnung zu bringen, ihre Komplexität begrifflich zu reduzieren und sie verstandesmäßig zu erfassen: Wir konstruieren uns eine Welt von Bedeutungen, indem wir Hypothesen, Theorien und Wahrheitssysteme entwickeln, die uns Erklärungen unserer unmittelbaren Erfahrungswirklichkeiten liefern sollen. Beide Ebenen, meint Dewey, sind notwendig, und beide verweisen aufeinander: Aus der Vagheit, Unsicherheit und Kontingenz unmittelbarer Erfahrungen können wir uns nur durch die gedankliche Konstruktion von Gegenständen, Unterscheidungen und Relationen befreien, und diese Konstruktionen andererseits können wir nur dadurch testen und insofern bewahrheiten, als wir mit ihnen zu unserem primären „experience" in all seinem Reichtum und seiner sinnlichen Totalität zurückkehren. Dieser Wechsel von „primary" und „secondary experience" erscheint aus Deweys Sicht wie eine Kreisbewegung, die wir in unserem Leben immer wieder durchlaufen und die insbesondere für alle Lernprozesse konstitutiv ist.[216]

---

215 Aus diesem Grunde verzichte ich weitgehend darauf, „experience" mit dem im Deutschen etwas anders konnotierten Begriff der Erfahrung übersetzen.

216 Dewey hält es für einen weit verbreiteten philosophischen Trugschluss, dass Unterscheidungen, die wir auf der sekundären Ebene einführen – z.B. Unterscheidungen von Subjekt und Objekt, Geist und Körper, Kultur und Natur, Wesen und Erscheinung, Idee und Handlung – in der abend-

Nun bedeutet das Kriterium der Interaktion des „experience", dass wir diesen Prozess nicht einfach allein für uns vollziehen, sondern dabei immer schon im interaktiven Austausch mit Anderen im Rahmen umfassender kultureller Lebenszusammenhänge stehen. Wir werden als Menschen in eine Kultur hineingeboren, und die Entwicklung unseres „experience" besteht zu wesentlichen Teilen aus einem Hineinwachsen in diese Kultur als einen Raum, der mögliche Sinndeutungen und Handlungsmuster als Resultat des „experience" vergangener und gegenwärtiger Generationen schon für uns bereithält. Solche Enkulturation vollzieht sich für Dewey durch den Erwerb von „habits", die normalerweise weitgehend vorbewusst wirken und die phänomenalen Erfahrungskontexte strukturieren, in denen wir uns in unserem alltäglichen Leben bewegen.[217] Auch diesen Begriff des „habit" möchte ich hier unübersetzt lassen. Dewey meint damit nicht nur Gewohnheiten, die überwiegend passiv wirken, sondern aktive Kräfte der Welterschließung, die sowohl unser Verhalten als auch unsere Formen der Wahrnehmung, unsere Vorlieben und Abneigungen betreffen. Solche „habits" „strukturieren die Art und Weise, wie wir uns bewegen, kleiden und nähren, wie wir unsere Umwelt wahrnehmen und entscheiden, was für uns von Bedeutung ist, wie wir einen Freund begrüßen, ein Geschäft tätigen, ein Gespräch beginnen, Freude und Trauer äußern, einen Streit beilegen, eine praktische Aufgabe lösen oder ein abstraktes Denkspiel durchführen usw. Dabei setzen sie einen kulturellen Kontext, eine bereits geleistete Vermittlung von Verhalten und Bedeutung immer schon voraus." (Neubert 1998 a, 167)

»Habit« ist, mit anderen Worten, Deweys Grundkategorie zur Bezeichnung alle jener Dispositionen, Fähigkeiten, Haltungen und Sensitivitäten, die in ihrer Gesamtheit die Grundlage unseres kulturellen In-der-Welt-Seins bilden. Sie entstehen durch beständige Interaktion mit einer Umwelt, deren Bedeutungen und Werte sie gewissermaßen absorbieren und zu Bestandteilen unseres primären „experience" machen. Sie dienen der Anpassung an diese Umwelt, erscheinen zugleich aber auch als das wesentliche Potential für eine kreative Auseinandersetzung mit ihr. Denn nur durch unsere „habits" sind wir zu einer aktiven Partizipation in der Lage: Sie verleihen unserem primären „experience" die Qualität des Vertrautseins mit einer Welt, an deren grundlegenden Strukturen wir teilhaben und auf die wir deshalb auch unsererseits einwirken können. Sie machen unser „experience" sinnhaft und lassen uns in Situationen leben, auf deren Bedeutungen wir durch eigenes Tun konstruktiven Einfluss nehmen können.

Dies ist nach Deweys Überzeugung insbesondere deshalb erforderlich, weil unser „experience" gerade unter modernen Lebensbedingungen in der Regel kein ruhiger Fluss des immer Gleichen ist, sondern der permanenten und mitunter drastischen Veränderung durch äußere oder innere Einflüsse unterliegt. So geraten wir immer wieder in Situationen,

---

ländischen Metaphysiktradition oftmals zu kategorialen ontologischen Trennungen aufgebauscht worden sind, was zu einem letztlich unlösbaren Streit zwischen Sensualismus und Rationalismus, Materialismus und Idealismus, Objektivismus und Subjektivismus etc. geführt habe.

217 Zur Theorie des „habit" vgl. ausführlich Neubert (1998 a, 142–232).

die unsere bisherige habituelle Sicht- und Handlungsweisen herausfordern, weil sie sich nicht hinreichend in die vertrauten Muster einfügen lassen. Dewey spricht in diesem Zusammenhang von Problemsituationen oder Handlungskonflikten, denen für sein Verständnis von Kreativität eine besondere Bedeutung zukommt. Es entsteht eine Art Schwebezustand, ein Spannungsverhältnis zwischen „habit" und Umweltbedingungen. In mehr oder weniger großer Intensität sind solche Spannungszustände eine permanente Begleiterscheinung unseres „experience", und Dewey meint, dass sie die Voraussetzung oder besser den Ursprung all unserer Bewusstseinsprozesse bilden. In kritischen Momenten, in denen die Spannung groß genug wird, kann es dabei zu einer Art Dezentrierung des habituellen Kontextes kommen – zum Aufklaffen eines Risses –, die eine Reorganisation eines bestimmten Aspektes unseres „experience" und damit die Entstehung von etwas Neuen zur Folge hat. Zunächst wird es meist nur eine vage Antizipation sein, an die wir uns erst allmählich herantasten müssen, um uns eine klarere Vorstellung zu bilden. Nicht immer werden wir eine Lösung finden. Wichtig ist, dass wir genügend Interesse und Motivation empfinden, um einer zunächst nur intuitiv erspürten Problematik näher auf den Grund zu gehen.

Dewey spricht im Geiste der naturalistischen Psychologie seiner Zeit in diesem Zusammenhang auch von Impulsen, die in solchen Situationen freigesetzt werden und als eine Art innerer Antrieb die affektive Grundlage für unsere konstruktiven Bemühungen bilden. Solche Impulse – spontane Vorstellungen, Wünsche, Ideen, Stimmungen – bilden seiner Überzeugung nach jedoch allenfalls den Ausgangspunkt eines kreativen Prozesses. Sie sind wie die plötzliche Verschiebung eines Blickwinkels, die Gewohntes in neuem Licht erscheinen lässt. Um von dieser Verschiebung oder Ver-Störung zu einem konstruktiven Resultat zu gelangen, ist es erforderlich, dass sie in den Kontext habitueller Aktivitäten einbezogen und gewissermaßen eingearbeitet werden, um so zu einer Erweiterung des bestehenden „experience" genutzt werden zu können. „Impulse sind die Angelpunkte, um die sich die Re-Organisation von Aktivitäten dreht, sie bewirken Abweichung, um alten „habits" neue Richtungen zu geben und ihre Qualität zu verändern." (MW 14, 67)

Charakteristisch für Deweys Kreativitätsverständnis ist mithin zunächst die ausdrückliche Situationsbezogenheit: Kreativität ist die Fähigkeit, auf veränderte bzw. unerwartete Situationsbedingungen mit einer flexiblen Interaktion unserer „habits" zu reagieren, um durch eine Reorganisation gewohnter Erfahrungsinhalte neue Aktivitäten und neue Deutungen zu generieren. Es ist damit zugleich die Fähigkeit, an den kontingenten Einflüssen und Herausforderungen unseres „experience" zu wachsen, denn die kreative Situationsbeantwortung geht ihrerseits mit einer – wenn auch geringfügigen – Erweiterung und Neuausrichtung bestehender „habits" einher: ein Prozess, den Dewey mit dem Begriff des „readjustment" bezeichnet und der Ähnlichkeit mit dem hat, was wir nach Piaget als ein

Lernen durch Akkommodation bezeichnen können.[218] Die Erfindung des Neuen vollzieht sich damit nicht in einem luftleeren Raum, sondern sie impliziert immer zugleich die Entdeckung von bisher unrealisierten Möglichkeiten, die in der Textur unserer bestehenden habituellen Weltsicht bereits angelegt sind: Die konstruktive Hervorbringung eines neuen „experience" enthüllt das kreative Potential, das in unserem „experience" enthalten ist. Hier zeigt sich wieder der Gedanke der Kontinuität, der für Deweys Theorie des „experience" kennzeichnend ist.

Dabei sollten wir uns, wie Dewey meint, vor einem falschen Maßstab zur Beurteilung kreativer oder origineller Leistungen hüten. „Wir neigen dazu, Kreativität („creative mind") mit Personen zu assoziieren, die als selten und einzigartig angesehen werden, wie Genies. Doch jedes Individuum ist auf seine eigene Art einzigartig. Jeder erfährt das Leben von einem unterschiedlichen Blickwinkel und hat anderen folglich etwas Besonderes zu geben, wenn er seine Erfahrungen in Vorstellungen verwandeln und sie anderen übermitteln kann." (LW5:127) Ein Maßstab zur Beurteilung von Originalität, so Deweys Überzeugung, sollte daher gerade aus pädagogischer Sicht niemals außerhalb des individuellen „experience" der Beteiligten gesucht werden. Originalität „ist nicht an ihrem äußeren Produkt zu messen (...). Ein Individuum ist nicht nur dann originell, wenn es der Welt eine Entdeckung schenkt, die nie zuvor gemacht worden ist. (...) Der Wert einer Entdeckung im geistigen Leben eines Individuums ist der Beitrag, den sie zu einem auf kreative Weise aktiven Geist macht; er hängt nicht davon ab, dass niemand jemals zuvor auf die gleiche Idee gekommen ist. Wenn sie ernsthaft und geradeaus ist, wenn sie neu und frisch für mich oder dich ist, ist sie originell in ihrer Qualität, auch wenn andere bereits dieselbe Entdeckung gemacht haben." (Ebd., 128)

Um solche Originalität und geistige Kreativität zu fördern, kommt nun vor allem der Kunst nach Deweys Überzeugung eine wesentliche erzieherische Funktion in jeder Kultur zu. Dewey hat seine Kunsttheorie vor allem in seinem umfangreichen Spätwerk „Art as Experience" (1934) entfaltet.[219] Auch dazu kann ich an dieser Stelle nur sehr gerafft einige Grundgedanken skizzieren.[220] Grundlegend ist zunächst die Nähe von Kunst und Alltag, die Dewey gegenüber der hergebrachten institutionellen Isolierung der Künste und der »höheren Kultur« in Museen, Akademien, Konzertsälen etc. wieder zu ihrem Recht verhelfen will. Denn eine „zu sehr am Begriff der Kunst im engeren, akademischen Sinne orientierte Herangehensweise würde seiner Überzeugung nach (...) der primären Einsicht im Wege stehen, dass das Ästhetische nicht nur ein Nebenprodukt, eine künstliche Zutat

---

218 Zu Parallelen und Unterschieden zwischen den Lerntheorien Deweys und Piagets vgl. Neubert (1998 a, 152 f., 177, 217 f.).

219 Dieses Buch liegt unter dem Titel »Kunst als Erfahrung« bei Suhrkamp in deutscher Übersetzung vor. Die Qualität dieser Übersetzung ist allerdings so mangelhaft, dass sie nicht als eine brauchbare Wiedergabe Deweyscher Gedanken betrachtet werden kann. Vgl. dazu ausführlich oben die Ausführungen in Kapitel 14 dieses Buches.

220 Vgl. zu dieser Thematik ausführlicher Neubert (1998 a, insb. 354 ff.); ferner Alexander (1987) und Engler (1992).

zum gewöhnlichen „experience" darstellt, sondern dass dieses „experience" selbst die Quelle und den Ursprung aller Künste der Menschheit bildet." (Neubert 1998 a, 355). Ausgangspunkt seiner Überlegungen ist daher die ästhetische Dimension des alltäglichen „experience". In dieser ästhetischen Dimension verwirklicht sich das, was wir oben als Ganzheitlichkeit des unmittelbaren „experience" bezeichnet haben: Jedes „experience", in dessen Verlauf sich Schritt für Schritt die Ganzheit eines spezifischen Erfahrungszusammenhangs entfaltet und in dem „jeder sukzessive Teil unbehindert, ohne Naht und ohne unausgefüllte Lücken in das fließt, was folgt" (LW 10, 43), zeichnet sich nach Deweys Überzeugung durch eine ästhetische Qualität aus. „Gleichzeitig gibt es dabei keine Aufopferung der eigenen Identität der Teile ... Indem ein Teil in einen anderen überleitet und indem ein Teil das weiter trägt, was zuvor geschah, gewinnt jeder an Bestimmtheit in sich. Das überdauernde Ganze wird durch aufeinander folgende Phasen diversifiziert, die Hervorhebungen seiner unterschiedlichen Farben sind." (Ebd.) Dies können, wie Dewey meint, ganz unterschiedliche Erfahrungen sein: ein Arbeit, die auf eine befriedigende Weise ausgeführt, ein Problem, das gelöst oder ein Spiel, das bis zu Ende durchgespielt wird; das Führen einer Konversation, das Schreiben eines Buches oder die Teilnahme an einer politischen Kampagne; das Essen in einem guten Restaurant oder der Sturm auf offener See während einer Atlantiküberquerung (vgl. ebd., 42 f.).

Soweit ihnen eine abgerundete, ganzheitliche Qualität zukommt, tendieren solche Erfahrungen dazu, sich aus dem allgemeinen Strom unseres „experience" als besonders nachhaltige Erlebnisse herauszuheben. Denn unser gewöhnliches „experience" zeichnet sich, wie Dewey meint, keineswegs immer durch eine solche Beschaffenheit aus. Meist verhindern Ablenkung und Zerstreuung, äußere Unterbrechung oder innere Lethargie, dass ein „experience" im beschriebenen Sinne ganz durchlebt werden kann: „was wir beobachten und was wir denken, was wir wünschen und was wir bekommen, stimmt nicht miteinander überein." (Ebd., 42) In dieser Zerrissenheit spiegelt sich für Dewey eine grundsätzliche Problematik moderner Zivilisation: Je stärker in unserer weitgehend durch wissenschaftliche und technische Rationalität bestimmten Welt das „experience" des einzelnen im Sinne isolierter Produktions- und Konsumtionszwänge einseitig funktionalisiert wird, desto mehr drohen ästhetisch-ganzheitliche Erfahrungen in die Nischen des Außeralltäglichen verbannt zu werden. Hier liegt für ihn eine der wichtigsten zivilisatorischen Bildungsaufgaben der Kunst.

Denn die Kunst wurzelt für Dewey in dem Bemühen, die ästhetische Dimension des gewöhnlichen „experience" in besonderem Maße hervorzuheben und in ihrer Intensität und Wirkung zu steigern. Während anderen Tätigkeiten – selbst dort, wo sie, wie in den oben genannten Beispielen, ästhetische Qualität annehmen – an andere Zwecke gebunden bleiben (z.B. praktische oder intellektuelle Ziele), besteht der primäre Zweck der Kunst darin, den Inhalten, Bedeutungen und Werten des alltäglichen „experience" einen unmittelbar ästhetischen Ausdruck zu verleihen. „Das Erlebnis der Kunst vertieft damit unser Empfinden für die Einheitlichkeit und Ganzheit des gelebten Moments; es lässt uns die

Zusammenhänge und Bedeutungen unmittelbar fühlbar werden, die unserem ‚experience‘ seine dynamische Integration verleihen." (Neubert 1998 a, 357) Das Kunstwerk schafft gewissermaßen ein „experience", in dem sich Facetten unseres In-der-Welt-Seins, die im gewöhnlichen Bewusstsein und Handeln meist zerstreut und isolieren voneinander bestehen, zu einer neu empfundenen Präsenz verdichten. Besser könnte man sagen: das Kunstwerk *ist* dieses neue „experience", denn nur *innerhalb* des „experience" kann ein Kunstgegenstand seine ästhetische Wirkung entfalten (vgl. LW 10). Und dabei ist, wie Dewey betont, der Vorgang auf Seiten des Kunstrezipienten ebenso wie auf Seiten des Künstlers mit einem Aspekt des Machens, einer kreativen Form von Wahrnehmung verbunden, ohne die keine ästhetisches Erleben möglich ist: „... wenn er ästhetisch wahrnimmt, wird er ein ‚experience‘ schaffen, dessen immanenter Inhalt, dessen Substanz neu ist ... Jeder, der auf poetische Weise liest, schafft ein neues Gedicht – nicht dass sein *Roh*-Material neu wäre, denn schließlich leben wir in der selben alten Welt, doch jedes Individuum bringt, wenn es seine Individualität ausübt, eine Art des Sehens und Fühlens mit sich, die in ihrer Interaktion mit altem Material etwas Neues schafft, etwas, das im ‚experience‘ zuvor nicht existiert hat." (Ebd., 113)

Vor diesem Hintergrund versteht Dewey die Kunst auch als die universellste Form von Kommunikation, die Menschen sich geschaffen haben. „Die Ausdrucksweisen, die die Kunst ausmachen, sind Kommunikation in ihrer reinen und makellosen Form. Kunst durchbricht Barrieren, die die Menschen voneinander trennen und die im gewöhnlichen Zusammenleben undurchdringlich sind." (LW 10, 359) Was dabei kommuniziert wird, ist nicht so sehr eine spezifische Botschaft oder Mitteilung, sondern ein unmittelbares Gefühl für die mögliche Vielfältigkeit, den imaginativen Reichtum unseres „experience". Das Kunstwerk stellt die in unseren „habits" enthaltenen Bedeutungsstrukturen in einen neuen Kontext, bündelt sie in einem neuen Objekt und eröffnet uns dadurch eine neue Vision, eine neue Sicht auf unsere Welt. Nur eine imaginative Sichtweise aber könne die Potentiale aufspüren, „die in der Textur des Tatsächlichen verwoben sind" (ebd., 348). Wenn Dewey am Ende seiner Analyse schreibt, dass die Imagination das „Hauptinstrument des Guten" sei (ebd., 350), so hat er dabei insbesondere diese sozialethische Bedeutung der Kunst als integralem Bestandteil einer kreativen, veränderungsfähigen Kultur vor Augen.

Die pädagogische Bedeutung dieses Kunstverständnisses liegt auf der Hand. Die Kunst, meint Dewey, ist ein einzigartiges Mittel, um die Aufmerksamkeit für die lebendigen, aber flüchtigen Werte der Gegenstände unseres „experience" zu steigern und dieses „experience" dadurch neu zu beleben. „Die Erziehung", so schreibt er in seinem pädagogischen Hauptwerk „Democracy and Education" (1916), „hat keine ernsthaftere Verantwortung, als angemessene Vorkehrungen für den Genuss rekreativer Muße zu schaffen; nicht nur um der unmittelbaren Gesundheit willen, sondern in noch größerem Maße – wenn möglich – zum Wohl ihrer dauerhaften Wirkung auf die ‚habits‘ des Geistes. Die Kunst ist (...) die Antwort auf dieses Erfordernis." (MW 9, 213)

Insofern die ästhetische Dimension des „experience" eine unverzichtbare Grundlage für jede aktive und konstruktive Auseinandersetzung mit den Gegenständen und Ereignissen unserer Welt bildet, sollte sie in allen Lernprozessen eine weit umfassendere Berücksichtigung finden, als dies in der herkömmlichen Schulpraxis meist der Fall ist. Dieser kunstpädagogische Gedanke wird in der Rezeption von Deweys Reformpädagogik (als eines „learning by doing") häufig zu wenig beachtet. Er ist aber für ein Verständnis seines Ansatzes von großer Bedeutung. Es wird deutlich geworden sein, dass ästhetische Erziehung dabei für Dewey nur in sehr eingeschränktem Maße verwirklicht werden kann, wenn sie als Gegenstand einzelner, vom übrigen Unterrichtsgeschehen isolierter Fächer praktiziert wird. Effektiver wäre es aus seiner Sicht, sie als einen permanenten, aber zwanglosen Bestandteil in umfassende Unterrichtsprojekte zu integrieren, weil sie nur als Ausdruck eines ganzheitlichen „experience" in vollem Umfang möglich erscheint. Zudem sollte sie niemals abgekoppelt von den alltäglichen Erfahrungsprozessen der Lernenden innerhalb und außerhalb der Schule stattfinden. Vielmehr müsste es in erster Linie darum gehen, künstlerische Praktiken, Techniken und Produkte als Ressourcen für eine möglichst selbsttätige und selbst bestimmte Entwicklung kreativer Ausdrucksformen für alltägliche und kontinuierliche Lernerfahrungen bereitzustellen.

Dewey selbst hatte eine solche Konzeption von ästhetischer Erziehung in ersten Ansätzen bereits in seinem frühen Schulversuch um die Jahrhundertwende intendiert. Kennzeichnend für sein Schulmodell war dabei der Laborgedanke[221]: Die Schule wird als ein Erfahrungsraum verstanden, in dem Kinder unter möglichst umfassender Interaktion mit ihrer inner- und außerschulischen Umwelt experimentierende Lernerfahrungen machen können. Als Ressourcen stehen ihnen Lernräume zu Verfügung, die in möglichst flexibler und offener pädagogischer Gestaltung genutzt werden sollen: Gedacht ist dabei neben Werkstätten für Handarbeiten, Küche und Speisesaal, Bücherei und wissenschaftlichen Labors auch an Ateliers für Kunst und Musik sowie ein „Museum" für eigene und fremde Kunstproduktionen (vgl. MW 1, 39 ff.). Im Mittelpunkt aller Lernprozesse sollen vor allem die kindlichen Interessen und Fähigkeiten des Kommunizierens, des Konstruierens und Herstellens, des Forschens und des künstlerisch-ästhetischen Ausdrucks stehen (vgl. ebd., 29 f.). Während eines Unterrichtsprojekts zur Textilherstellung z.B. werden die genauen Beobachtungen, die bei der Anfertigung eines einfachen Webstuhls, beim Kämmen und Spinnen der Wolle, beim Färben und bei der Herstellung einer selbst entworfenen Navajo-Decke etc. gemacht werden, auch als Ausgangspunkt für Zeichnungen genutzt, die einzelne Aspekte des Themas in ästhetischer Form wiedergeben (vgl. ebd., 30 f.). Die Schule als »Labor« soll einen solch engen und kontinuierlichen Zusammenhang von künstlerischen und anderen Lernerfahrungen ermöglichen, der aus Deweys Sicht als entscheidend für die Wirksamkeit ästhetischer Erziehung im „experience" der Lernenden erscheint.

---

221 Vgl. dazu LW 6, 99–111; ferner Neubert (1998 b).

Deweys „experience"-Theorie und die in ihr enthaltene Kreativitätsidee können auch für gegenwärtige Diskussionen noch vielfältige Anregungen bieten, was eine intensivere Auseinandersetzung mit seinem Werk eigentlich als lohnend erscheinen lassen müsste. Für Konstruktivisten ist sein impliziter Konstruktivismus gerade aufgrund der stark kultur-theoretischen Ausrichtung seiner Philosophie bedeutsam. Dabei ergeben sich aus heutiger Sicht allerdings auch Erweiterungen gegenüber Dewey. Als eine solche Erweiterung möchte ich im Folgenden aus der Sicht des von mir vertretenen interaktionistischen Konstruktivismus drei Beobachterperspektiven skizzieren, die mir insbesondere aus einem pädagogischen Blickwinkel für ein Verständnis kreativer Prozesse als bedeutsam erschei-nen.

15.2   Symbolwelten, Imaginationen und reale Ereignisse – Konstruktivistische Beobachterperspektiven zur Kreativität

Zunächst teilt der interaktionistische Konstruktivismus mit Dewey die Auffassung, dass Kreativität grundsätzlich als ein interaktives Geschehen verstanden werden sollte, das in sozialen Beziehungen stattfindet und in einen umfassenden Kontext kultureller Bedeu-tungshorizonte eingebettet ist. Es setzt mit anderen Worten immer die Interaktionen zwi-schen einem Selbst und Anderen voraus, weil wir als Menschen nicht für uns allein exis-tieren können, sondern in all unseren bewussten oder unbewussten Lebensäußerungen den Anderen als Gegenüber benötigen, um zu uns selbst in Beziehung treten zu können und uns als Ausgangspunkt und Zentrum unseres Tuns und Handelns zu erleben. Dies aber scheint eine notwendige Voraussetzung dafür zu sein, dass wir kreativ sein bzw. uns als kreativ erfahren können.

In neueren Kommunikationstheorien hat man die Unterscheidung von Inhalts- und Be-ziehungsebene eingeführt, um solche kommunikativen Interaktionen besser beschreiben zu können (z.B. Watzlawick u.a. 1990). Demnach könnten wir sagen, in kreativen Prozes-sen werde auf der Inhaltsebene etwas produziert – es wird etwas als Bild, Darstellung, Ausdruck, Vorstellung hergestellt –, das zugleich Einfluss auf die Beziehungswirklichkeit der an dem Prozess Beteiligten hat und seinerseits von ihr abhängt. Um diese Verflech-tung von Inhalten und Beziehungen besser verstehen zu können, verwenden wir im inter-aktionistischen Konstruktivismus die Unterscheidung von drei Beobachtungsregistern, die wir als Symbolisches, Imaginäres und Reales bezeichnen.[222] Im Sinne Deweys könnten wir auch sagen, dass es sich dabei um drei Perspektiven zur Beobachtung und Beschrei-bung unseres „experience" handelt. Ich möchte sie hier thesenartig in Form von konstruk-

---

222 Vgl. dazu ausführlich Reich (1996, 71–117); ferner Neubert (1998 a, 15–41). Als Vorlage haben dabei Theorien des französischen Poststrukturalismus und insbesondere Lacan gedient.

tivistischen Anregungen für einen (kunst)pädagogische Umgang mit Kreativität skizzieren.

15.2.1 Die symbolische Welt als Raum für kreative Prozesse entfalten und Freiräume für symbolische Aneignungen schaffen

Wir sind umgeben von symbolischen Wirklichkeiten, die unsere Kultur uns als Konstrukte möglicher Deutung von und Verständigung über Welt anbietet. Im interaktionistischen Konstruktivismus sprechen wir in diesem Zusammenhang von den symbolischen Vorräten einer Kultur. Jede erfolgreiche Interaktion mit Anderen beruht darauf, dass wir in der Lage sind, uns solche Symbolvorräte in einem Mindestmaß anzueignen und über sie zu verfügen. Wir alle müssen z.B. eine Sprache lernen, die grundlegenden Gewohnheiten, Erwartungen, Verhaltensweisen und institutionellen Regelungen unserer sozialen Welt verstehen und ein beträchtliches Wissen erwerben, um in unserem Alltag bestehen zu können. Nun ist es ein Kennzeichen der Moderne, dass in ihr die Produktion der Zeichen, des Wissens und der Diskurse in zuvor unvorstellbarer Weise angewachsen ist. Zugleich sind damit die Lernanforderungen gestiegen, die an den einzelnen gestellt werden.[223] In den Wissenschaften hat eine Wissensexplosion stattgefunden, die zu einer immer spezialisierteren Auffächerung in Fachrichtungen, Disziplinen und Unterdisziplinen geführt hat. Dabei ist selbst der Eingeweihte heute kaum mehr in der Lage, die weltweite Produktion von Neuerscheinungen innerhalb eines umgrenzten Spezialgebietes hinreichend zu überschauen. Im Alltag begegnet uns in unseren postmodernen Welt zunehmend eine Geschwätzigkeit der Worte und Bilder, die mehr und mehr in eine allgemeine „Ekstase der Kommunikation" (Baudrillard) zu führen scheint. Die Präsenz und Zudringlichkeit der Botschaften, die gehört, der Bilder, die gesehen, der Ratschläge, die befolgt, des Wissens, das berücksichtigt werden will, ist allgegenwärtig. In der U-Bahn, am Arbeitsplatz, im Supermarkt, auf dem Fernsehschirm und im Internet: überall wartet eine bereits symbolisch repräsentierte Welt und drängt darauf, von uns entdeckt zu werden.

Vor diesem Hintergrund erscheint der Zugang zur symbolischen Welt bzw. die Aneignung symbolischer Vorräte als eine entscheidende und zugleich prekäre Voraussetzung für eine kreative Lebensweise. Der Kreativitätsforscher Csikszentmihalyi (1997, 41–79) schlägt in diesem Zusammenhang eine Unterscheidung von Domäne, Feld und Individuum als Komponenten des kreativen Prozesses vor: Die Domäne besteht aus den symbolischen Vorräten in Form von Wissen, Regeln, Verfahrensweisen etc., die einen bestimmten kulturellen Bereich ausmachen – z.B. eine Wissenschaftsdisziplin wie die Mathematik, einen Kunstsektor wie die Malerei, einen Wirtschaftsbereich wie das Versicherungswesen.

---

223 Die Einführung der allgemeinen Schulpflicht und die gestiegene durchschnittliche Schuldauer in den industriellen Ländern spiegeln diese Entwicklung wieder.

Das Feld beinhaltet all die Personen, die in der Rolle von Experten legitimiert sind, den Zugang zur Domäne zu überwachen, die also z.B. darüber entscheiden, was als neuartige Idee oder Produktion – als kreative Leistung – in die Domäne aufgenommen uns was nicht. Das Individuum, das einen kreativen Beitrag in einer der Domänen leisten will, hängt weitgehend von den symbolischen Vorgaben der beiden anderen Ebenen ab. Es muss sowohl das Wissen und die Regeln der Domäne als auch die Entscheidungskriterien und Konventionen des Feldes in der Regel sehr genau kennen und verinnerlicht haben, um überhaupt Zugang zu einer anerkannten Form von symbolischer Produktion zu finden. Wie ihm dies gelingt und welchen Erfolg es dabei hat, hängt von einer Vielzahl von Faktoren ab, über die der einzelne selbst nicht bestimmen kann. Nicht zuletzt der Zufall spielt dabei oftmals eine Rolle.

Für Csikszentmihalyi ist eine systemische Zusammenschau dieser drei Ebenen oder Orte vor allem für ein Verständnis dessen von Bedeutung, was er „große" Kreativität nennt (ebd., 46) – die herausragende innovative Leistung, die einen Bereich der Kultur nachhaltig verändert. Aber auch die Kreativität „im Kleinen" bzw. jene Art von individueller Originalität, von der Dewey oben sagte, dass sie nicht an ihren aufsehenerregenden äußeren Produkten, sondern an ihrem Beitrag zum „experience" der Beteiligten zu messen sei, ist keineswegs unabhängig von den symbolischen Vorgaben und Ordnungen der kulturellen Welt. Auch in ihr geht es darum, im großen Prozess der Symbolisierung von Wirklichkeit eigene Plätze der Artikulation zu besetzen, eigene Sichtweisen und Ausdrucksformen von Selbst- und Weltkonzepten zu entwickeln und in einem symbolischen Medium zu repräsentieren. Der Aneignung und Entfaltung der symbolischen Welt als eines Raumes für kreative Möglichkeiten kommt daher aus konstruktivistischer Sicht eine eminent wichtige (kunst-)pädagogische Bedeutung zu.

Die symbolische Kreativität, die es dabei zu unterstützen und zu fördern gilt, steht durchaus in einem Zusammenhang mit dem, was wir im Sinne Deweys als eine Arbeit am alltäglichen „experience" der an pädagogischen Prozessen Beteiligten bezeichnen können. Der englische Kulturtheoretiker Paul Willis spricht in diesem Sinne z.B. von »elementaren Ästhetiken« („grounded aesthetics") als spontanem Ausdruck der symbolischen Kreativität und Arbeit jugendlicher Alltagskulturen (Willis 1991, 11–46). In der Auseinandersetzung mit modernen Medienangeboten wie Fernsehen, Filme, Computer und Musik suchen Jugendliche immer wieder nach symbolischen Freiräumen in Form von eigenen Stilen oder Lebensformen. Aus der Übermacht der fremdbestimmten Bilder und Repräsentationen ihrer alltäglichen Erfahrungswelt eignen sie sich Identitätsmuster an, die ausprobiert, variiert, kombiniert und verändert werden können. Darin zeigt sich eine Form von symbolischer Kreativität, die pädagogisch sehr bedeutsam ist, im herkömmlichen Schulbetrieb jedoch leider all zu oft nur in Nischenbereichen Beachtung findet.

Kunstschulen können mit ihren offeneren Angeboten hier eine Brückenfunktion für viele Kinder und Jugendliche übernehmen. Ihre kunstpädagogischen Programme können Hilfestellungen geben, um aus der Überfrachtung mit Klischees, Informationsbrocken und brüchigen Identifikationsmustern, mit der Kinder in unserer zunehmend medialisierten Welt täglich konfrontiert sind, zu eigenen konstruktiven Formen symbolischer Aneignung von Lebenswelt zu gelangen. Um ihre Angebote darauf auszurichten, sollten Kunstschulen meines Erachtens insbesondere auch eine altersgemäße Heranführung an den kritischen Umgang mit elektronischer Medien wie Fernsehen, Videotechnik und Computer zu einem festen Bestandteil ihrer kunstpädagogisches Praxis machen.

Aus der Sicht des interaktionistischen Konstruktivismus sollten zudem mindestens drei Ebenen symbolischer Kreativität unterschieden und beachtet werden. Diese umfasst für uns neben eigenen Konstruktionen (Erfindungen) immer auch Rekonstruktionen (Entdeckungen) und Dekonstruktionen (Enttarnungen). Der Aspekt der *Rekonstruktion* bezieht sich auf die Entdeckung und Übernahme symbolischer Leistungen, die uns als Konstruktionen Anderer in unserer Kultur immer schon begegnen. Solche Rekonstruktionen sind in jeder Kultur notwendig; sie bilden einen unverzichtbaren Bestandteil jedes Erziehungsprozesses. Die konstruktivistische Pädagogik fordert allerdings, dass sie niemals um ihrer selbst willen als bloße Rekonstruktionen betrieben, sondern stets in konstruktive Lernprozesse überführt werden sollten, die das Übernommene in eigene Erfindungen umsetzen. Nur so scheint die beanspruchte Konstruktivität des Lernens hinreichend gewahrt werden zu können.

Kunstpädagogische Lernerfahrungen können eine solche Verknüpfung von rekonstruktiven mit konstruktiven Aspekten für Lernende vielleicht in besonders nachhaltiger Form ermöglichen. Denn in der Kunst verbindet sich wie in kaum einem anderen Lernbereich die rekonstruktive Aneignung (von Wissen, Techniken, Stilen, Perspektiven etc.) auf spontane Weise mit der schöpferischen Produktion: Weil es keine Kunst gibt, die bloß rekonstruktiv und nicht zugleich konstruktiv wäre, kann man Kunst auch nur im unmittelbaren Zusammenspiel beider Ebenen unterrichten und erlernen. Wo dies geschieht, kann es zu einem Modell für Lernerfahrungen auch in anderen Bereichen werden.

Auch für Dekonstruktionen kann Kunsterziehung vielfältige Anlässe bieten. Wir verstehen darunter Enttarnungen unserer konstruierten Wirklichkeiten, die sich überall dort eröffnen, wo wir uns erlauben, einmal auf ungewohnte Weise zu schauen, die Blickwinkel zu verschieben und uns in unserer eingespielten Weltsicht verstören und verunsichern zu lassen. Solche Dekonstruktionen enttarnen die Begrenztheit und Beschränktheit unserer Re-Konstruktionen, die uns im Alltag oft zu schnell als selbstverständliche und einzig mögliche Sichtweise erscheinen mögen. Sie öffnen einen Raum für neue Formen symbolischer Kreativität, indem sie das Alltägliche/Erwartete ins Außeralltägliche/Unerwartete verfremden und so neue Bezugspunkte symbolischer Erfindung (Konstruktion) und Entdeckung (Rekonstruktion) eröffnen. Die Kunst ist – insbesondere in ihren postmodernen und avantgardistischen Formen – der herausragende Bereich unserer Kultur, in dem immer wieder gezielt mit solchen Verfremdungen gespielt und ihre Bedeutung für eine kreative Lebensweise unter Beweis gestellt wird.

15.2.2 Kreativität als Imagination und Spiegelung zulassen

Kreativität als Aspekt zwischenmenschlicher Interaktionen hat allerdings nicht nur eine symbolische Seite. Im interaktionistischen Konstruktivismus stellen wir dem Symbolischen als ein zweites Beobachtungsregister das Imaginäre gegenüber. Diese zweite Seite betrifft unser Begehren, unsere Wünsche und inneren Vorstellungen, die die symbolischen Prozesse antreiben. Gerade für die Pädagogik ist eine Beachtung des Imaginären unserer Überzeugung nach wesentlich. Es lässt uns von den symbolischen Formen und Inhalten, über die Interaktionspartner sich verständigen und austauschen, stärker auf die Beziehungsseite ihrer Interaktion schauen. Im Anschluss an Theoretiker wie Lacan fassen wir dieses imaginäre Beziehungsgeschehen als einen Prozess der Spiegelung auf. Was ist damit gemeint?

Bei jedem kreativen Prozess – ob ich einen neuen Gedanken formuliere, ein Bild male, ein Musikstück komponiere, ein Gedicht verfasse oder einen wissenschaftlichen Aufsatz schreibe –, werde ich von inneren Bildern, Stimmungen und Vorstellungen geleitet, denen ich in meinem Tun einen symbolischen Ausdruck zu verschaffen suche. Insofern ist jedes Produkt oder Ergebnis eines kreativen Prozesses ein Spiegel meines imaginären Begehrens, das mich veranlasst, kreativ zu sein. Nun ist es aber entscheidend, dass auch dies niemals unabhängig von Interaktionen mit Anderen geschieht. Selbst wenn kein konkreter Anderer zugegen ist, werde ich zumindest in meinen eigenen Imaginationen immer wieder den verinnerlichten Blicken anderer begegnen, weil diese anderen als innere Bilder längst Teil meines Imaginären geworden sind.[224] Ich spiele ein Musikstück und denke dabei an ein imaginäres Publikum, ich schreibe einen Text und stelle mir dabei einen potentiellen Leser vor. Ohne diese verinnerlichten Bilder der imaginären anderen, so unsere These, würde unsere Kreativität schnell verarmen, weil das Begehren, das in ihr zur Geltung kommt, ein grundlegend interaktives Geschehen ist: ein Begehren, das auf das Begehren des anderen gerichtet ist, das seine Anerkennung und Zuneigung, seine antwortenden Gesten sucht, um sich in ihnen spiegeln.

Damit vervielfältigen sich die Spiegelungen, mit denen wir es hier zu tun haben. Das Gedicht, das ich schreibe, oder das Bild, das ich male, wird zu einem Spiegel meines Begehrens und zugleich zu einem Spiegel des Begehrens der anderen, deren anerkennende oder ablehnende Blicke über es zu mir zurückkehren. Zugleich vervielfältigen sich die inneren Bilder, die in solchen Spiegelungen entstehen: ein Bild meines imaginären Ichs kann ich mir nur vermittelt über meine Vorstellungen von anderen aufbauen, und zwischen diesen beiden Seiten meines inneren Spiegelungsprozesses wird es immer ein Spannungsverhältnis geben, weil ich niemals hinreichend wissen kann, ob meine imaginäre Erwartung den anderen in *seinem* Imaginären tatsächlich erreicht. Gerade diese Spannung

---

224 Ich schreibe den anderen klein, wenn vom imaginären anderen als Teil meiner inneren Vorstellungen die Rede ist, und groß, wenn der symbolisch Andere gemeint ist, der mir in meinen Interaktionen als ein äußeres, unabhängiges Subjekt gegenübertritt, das sich mir symbolisch mitteilt.

verleiht uns in unseren Interaktionen den Antrieb, immer wieder nach Spiegelungen zu suchen, wobei dies nicht notwendig bewusst geschieht, denn die Spiegelungen gehören zu den verborgenen Selbstverständlichkeiten unseres Lebens, die wir meist nur flüchtig wahrnehmen und nur vage symbolisch beschreiben können.

Kunstpädagoginnen und Kunstpädagogen stehen, so denke ich, dieser imaginären Seite besonders nahe, weil sie sich in ihrer Praxis überwiegend mit unmittelbar sinnlich-ästhetischen Ausdrucksmedien befassen, in denen sich die Imaginationen meist ungehinderter und freier entfalten können als in den abstrakteren Symbolwelten des Wissens und der Wissenschaften. Das ist ein Vorteil, den sie im Sinne eines intensivierten Experimentierens mit Spiegelungsprozessen nutzen können. Es gehört zur Kunst der Pädagogik, das imaginäre Begehren von Lernenden anzusprechen und ihnen Spiegelungen zu ermöglichen, in denen sie ihre kreativen Kräfte erproben und entwickeln können. Wichtig dafür erscheint mir insbesondere die Bereitschaft, sich immer wieder auch von den imaginativen Einfällen von Schülerinnen und Schülern überraschen zu lassen und diese nicht von vorn herein symbolischen Erwartungen an festgesetzte Lernfortschritte unterzuordnen. Wo das Imaginäre als Grundlage kreativen Handelns ernst genommen wird, sollten wir vielmehr auf eine Vielfalt möglicher Formen symbolischer Kreativität setzen, die nicht in ein abgeschlossenes System gezwängt und unter eine einheitliche Norm gestellt werden können. Wir sollten lernen, das Imaginäre in Interaktionen als eine Grenze unserer symbolischen Erwartungen zu akzeptieren. Sich für Spiegelungen offen zu halten, bedeutet für Pädagoginnen und Pädagogen daher unter anderem auch, nicht alles aus einem vorgefassten und überlegenen Wissen heraus verstehen und erklären zu können. Es bedeutet, sich gemeinsam mit Lernenden auf Situationen einzulassen, die man zulassen, aber nicht vollständig pädagogisch kontrollieren kann. Es bedeutet, sich ein Gefühl für den imaginären anderen zu bewahren, der mit seinem anderen Blick gerade dort als eine Bereicherung erscheint, wo er mir die Grenze meines eigenen symbolischen Verständnisses erkennbar werden lässt. Dies scheint mir eine wesentliche Grundlage für Kreativität in pädagogischen Interaktionen zu sein.

15.2.3 Das Reale als Grenze und Antrieb kreativer Prozesse beachten

Eine dritte Beobachterperspektive neben dem Symbolischen und dem Imaginären bildet für uns das Reale. Diesen Begriff verwenden wir im interaktionistischen Konstruktivismus in einem spezifischen und zunächst vielleicht ungewöhnlich erscheinenden Sinn. Er bezeichnet für uns nicht eine feststehende ontologische Realität, die irgendwie vorgegeben und unabhängig von unseren Konstruktionen wäre. Vielmehr fassen wir das Reale als die Erfahrung eines Mangels, einer Grenze *innerhalb* unserer imaginären und symbolischen Wirklichkeitskonstruktionen auf. Es ist das Überraschende, Widersinnige und schlichtweg Unerwartbare, das uns immer dann begegnet, wenn unsere bisherigen Konstruktionen nicht richtig „aufgehen", weil wir niemals alle Ereignisse in unserem Leben hinreichend symbolisch vorhersehen und imaginativ erfassen können. Tod und Krankheit sind besonders drastische Beispiele für solche Grenzerfahrungen, die wir zwar benennen und uns zu einem gewissen Grad auch vorstellen können, denen doch aber auch etwas Unfassbares und Unaussprechliches anhaftet, sobald sie als reale Ereignisse in unser Leben treten.

Doch begegnet uns das Reale nicht nur in solchen Extremsituationen. Vor dem Hintergrund der Auseinandersetzung mit Dewey könnten wir sagen, dass wir uns überall dort, wo wir uns auf die sinnliche Unmittelbarkeit unseres primären „experience" einlassen, wo wir noch nicht die Bereitschaft verloren haben, über die Ereignisses unserer alltäglichen Erfahrungswelt zu staunen, an den Rändern eines Realen bewegen, das jederzeit in unsere Gegenwart eintreten kann. Kinder sind in ihrer Wahrnehmung und ihrem Verhalten dieser Welt oft noch viel näher als Erwachsene, weil sie unverbrauchter schauen und über weniger fest gefügte Muster der Beobachtung und Bewertung verfügen. Aber auch als Erwachsene sollten wir uns immer wieder aktiv darum bemühen, die Ränder unserer Wirklichkeiten in realen Erfahrungsprozessen aufzuspüren. Denn der Schock eines Mangels, einer Lücke, eines Leerlaufens imaginärer und symbolischer Erwartungen kann zu einem wichtigen produktiven und kreativen Antrieb werden, um Beobachterperspektiven unserer konstruierten Wirklichkeiten zu verschieben, bisherige Sichtweisen zu dekonstruieren und wieder in einen Fluss des Konstruierens einzutreten, der nicht vorschnell an lieb gewonnenen Gewissheiten zum Stillstand kommt. Die Begegnung und das Erscheinen eines Realen fordert immer unsere imaginären und symbolischen Kräfte heraus, eben weil das Reale die Erfahrung eines Noch-nicht-Sinns ist, die wir nur verdrängen und tabuisieren oder aber in konstruktiver Deutung zu einem Teil unserer Wirklichkeit machen können.

Künstler nutzen das Reale, wie wir es hier verstehen, vielfach als Ausgangspunkt für Intuitionen, die außerordentlich umfangreiche und langwierige Schaffensprozesse zur Folge haben können. Welches Staunen mag Cézanne befallen haben, als er zum ersten Mal den Mont Sainte-Victoire mit künstlerischen Augen betrachtete? In Dutzenden von Bildern hat er versucht, diese Entdeckung eines Realen in immer neuer Perspektive und neuem Licht zu erforschen und zu einer ästhetischen Vision zu formen. Er schuf damit eine Art des Sehens, die auf einen realen Mangel antwortete: Gewiss hatten viele zuvor schon diesen Berg gesehen, aber um ihn so zu sehen, wie Cézanne es in seinen Bildern tat, musste er erst als etwas erfunden werden, das es noch nicht gab und das von niemandem bisher gesehen worden war. Zeitgenössische Künstler setzen das Reale oftmals noch direkter z.B. in Form von Improvisation und Performance ein, wobei sie ihr Publikum unmittelbar mit einbeziehen. John Cage etwa hat ein Klavierstück geschrieben, das nur aus Pausen besteht – musikalischen Leerstellen, wenn wir so wollen, die eine Nicht-Musik hörbar werden lassen. Er gibt die Erfahrung des Realen damit unmittelbar an seine Zuhörer zurück, die selbst zu Produzenten einer Performance werden. Hüsteln, Rascheln, Unruhe, Stimmen: all dies erscheint plötzlich und wird hörbar, weil die Musik – die offizielle und erwartete Kunst – davor verschwunden ist.

Kunsterziehung sollte sich der Begegnung des Realen gezielt öffnen. Sie sollte eine Erziehung zum Staunen sein, indem sie zu einem spielerischen Umgang mit der Vielfalt realer Ereignisse auffordert. Sinnliche Erfahrungen des Riechens, Schmeckens, Sehens, Hörens, der Bewegung und Ruhe gehören ebenso dazu wie das konstruktive Aufgreifen der vielfältigen Beobachtungen und Erfahrungen, die Kinder in ihren alltäglichen Lebenszusammenhängen machen und die sie als eine Art Rohmaterial für ästhetische Lernerfahrungen in die Kunstschulen hineintragen. Kunsterziehung kann Räume schaffen, die dazu einladen, Perspektiven zu verschieben, Gewohntes in ungewohnte Kontexte zu stellen und die Erfahrungen des Realen als Ausgangspunkte einer re/de/konstruktiven Erweiterung symbolischer und imaginärer Wirklichkeiten zu nutzen.

Kapitel 16:

Bausteine für eine Theorie des kreativen Zuhörens
(mit Jim Garrison)

Bei der konstruktivistischen Umgestaltung von Unterricht und Lernkulturen kommt einem Paradigmenwechsel vom Reden zum Zuhören unseres Erachtens besondere Bedeutung zu. Gegenüber dem traditionellen Primat der pädagogischen Rede – z.B. in Form von Instruktion, Belehrung, Aufklärung oder Beratung – scheint ein verstärktes Bewusstsein für die Bedeutung und die Qualitäten des Zuhörens erforderlich, wie sie z.B. in Prozessen der Spiegelung, der Beziehungskommunikation oder des interpretierenden Moderierens zur Geltung kommen. Das Zuhören kann dabei, so unsere These, als ein durchaus aktiver und kreativer Vorgang verstanden werden. In der Art und Weise unseres Zuhörens drückt sich auf sehr grundlegende Weise aus, wer wir sind bzw. was zu werden wir uns erlauben. Wir diskutieren in diesem Beitrag im Anschluss an ausgewählte Grundlagen des Pragmatismus und Konstruktivismus einige theoretische Bausteine für ein Verständnis des kreativen Potentials und der Grenzen interpretierenden Zuhörens.

Unter „Zuhören" versteht man gewöhnlich den Akt eines aufmerksamen Hörens auf Geräusche, Klänge, Laute und Äußerungen. Seltener versteht man darunter einen Vorgang, bei dem wir dem, was wir hören, erlauben, uns zu überzeugen, unser Verhalten zu ändern. In erster Linie interessieren uns hier Laute, in denen menschliche Gefühle zum Ausdruck kommen, sowie Äußerungen, in denen sich personale Identität ausdrückt. Insbesondere geht es uns um den Prozess eines Zuhörens in Dialogen über Identitätsunterschiede hinweg. Weil jeder Mensch allein schon im biologischen Sinne einzigartig ist und kulturell gesehen über einen einzigartigen persönlichen Erfahrungsschatz verfügt, finden letztlich alle menschlichen Dialoge über Unterschiede hinweg statt. Es gehört zu den grundlegenden Aufgaben von Erziehung, gemeinsam effektive und wirksame Dialoge zu ermöglichen.

16.1 Die Grundlage interpretierenden Zuhörens:
Ein pragmatistisches Verständnis selektiver Aufmerksamkeit, kultureller Bräuche und persönlicher Gewohnheiten

Wir wollen damit beginnen, an einige theoretische Bausteine des Amerikanischen Pragmatismus insbesondere in der Tradition John Deweys anzuschließen, um Gewohnheiten als Grundlage des kognitiven Aktes der Deutung und des Verstehens der Laute und Äußerungen anderer herauszustellen und zu erörtern.[225] Gewohnheiten *[habits]* werden im Pragmatismus als im Körper verankerte, lebendige und welterschließende Kräfte verstanden, die eine unverzichtbare Voraussetzung unseres Verhaltens, unserer Wahrnehmung und unserer Erfahrung darstellen. Es sind einerseits Kräfte der Beharrung, die einem Leben in sich verändernden Kontexten Beständigkeit und Kontinuität verleihen. Um nicht zu bloßen Handlungsroutinen zu erstarren, sondern ein lebenslanges Lernen durch Erfahrung zu ermöglichen, müssen sie andererseits aber immer auch ein Mindestmaß an Flexibilität aufweisen und prinzipiell offen für Veränderungen angesichts neuartiger Situationen bleiben (vgl. MW 14; Garrison 1997; Neubert 1998 a; Hickman/Neubert/Reich 2004). Gewohnheiten in diesem Sinne setzen immer einen bestimmten kulturellen Kontext voraus, der in unserem Verhalten, unserer Wahrnehmung und unserer Erfahrung implizit enthalten ist und den wir im Alltag zumeist selbstverständlich unterstellen, ohne explizit darüber reflektieren zu müssen.[226]

Zuhören setzt Aufmerksamkeit voraus, und Aufmerksamkeit ist stets selektiv im Blick darauf, was sie wahrnimmt. Pragmatist/inn/en betonen die Bedeutung von selektiver Aufmerksamkeit und Interessen. Für sie ist Erfahrung *[experience]* ein aktives Geschehen, in dem es stets eine Rolle spielt, auf welche Dinge wir achten, weil sie unser Interesse erregen. Wenn wir ein Bedürfnis haben (z.B. Hunger) oder ein Verlangen verspüren (z.B. uns mit jemandem zu treffen, den wir attraktiv finden), dann beeinflussen diese emotionalen Zustände unsere selektive Aufmerksamkeit. Daher haben Gefühle und emotionale Zustände auch Auswirkungen auf den Akt des Zuhörens.

In Interessen drücken sich Neigungen aus. Sie sind selektiv, und es gibt keine Auswahl ohne Verwerfung. Es gibt vieles, dem Sie als Leser/in in diesem Moment Aufmerksamkeit schenken könnten – obwohl wir uns natürlich wünschen, dass es unser Text ist. Wenn wir auswählen, tun wir das oft, bevor wir darüber nachdenken. Es gibt wichtige emotionale (non-kognitive) Komponenten, die die später hinzu kommenden kognitiven Urteile beeinflussen. Wir denken nur über das nach, was wir beachten und auswählen. Viele unserer Neigungen und Vorurteile sind daher in unsere Wahrnehmung weit unterhalb der Ebene bewusster Aufmerksamkeit eingebaut. Neigungen sind ja nicht notwendigerweise etwas Schlechtes. Als endliche Wesen in einer scheinbar unendlich komplexen Welt benötigen wir alle Vor-Urteile, so dass wir auswählen können, welche Aspekte unserer Welt unsere

---

225 Dieser Beitrag schließt an zahlreiche Vorarbeiten an. Zur speziellen Thematik des Zuhörens vgl. aus pragmatistischer Sicht insb. Garrison (1996). Zu kommunikationstheoretischen Grundlagen und Bezügen im Pragmatismus und Konstruktivismus vgl. unter anderem Garrison (1997, 2004), Neubert (1998 a, 2004), Reich (2004 c), Garrison/Hickman/Neubert/Reich/Stikkers (2004). Grundlegend zum Kölner Konstruktivismus vgl. Reich (1998 a, b, 2002, 2004 a).

226 Vor dem Hintergrund dieses spezifischen Begriffsverständnisses wird in der deutschsprachigen Fachliteratur zur Dewey-Forschung meist auf eine Übersetzung des *habit*-Begriffs verzichtet. Hier wollen wir allerdings der Leserfreundlichkeit halber möglichst wenige englischsprachige Wörter verwenden und gebrauchen daher den Begriff der „Gewohnheiten" im eben erläuterten Sinne.

Aufmerksamkeit verdienen oder erfordern und welche nicht. Anfangs ist es allerdings eher so, dass unsere Neigungen emotionaler Aufmerksamkeit uns „besitzen" – und nicht *wir sie*. Nur indem wir sie uns reflexiv bewusst machen, können wir über sie nachdenken.

Auf der kognitiven Seite haben alle von uns Überzeugungen *[beliefs]*, die die notwendige Vorstrukturierung liefern, die wir brauchen, um unsere Welt zu interpretieren. Wenn selektive Interessen bestimmen, worauf wir achten, wenn wir zuhören, dann bestimmen unsere kognitiven Überzeugungen, wie wir es interpretieren. Für Pragmatist/inn/en sind Überzeugungen emotional aufgeladene und im Körper verankerte Gewohnheiten. Es gibt für sie keine Überzeugung, die frei von aller Leidenschaft wäre. Auf vielfältige Weise bilden unsere Überzeugungen den Kern unserer Selbst-Identität. Wir erwerben unsere Überzeugungen von unserer Umwelt, insbesondere die Normen und Bräuche unserer sozialen Umwelt. Anfangs bestimmen die Bräuche der Kultur, an deren sozialen Praktiken wir teilnehmen, weitgehend unsere personale Identität. Kulturelle Institutionen wie z.B. Schule und Lehrer(in) oder auch MTV bedingen unsere Überzeugungen z.B. durch das, was sie billigen und missbilligen. Erziehung, der Ort kultureller Reproduktion, ist offensichtlich der wichtigste öffentliche Platz für kulturelle Indoktrination. Und wiederum „besitzen" diese Überzeugungen *uns*, bevor *wir sie* reflexiv in Besitz nehmen. Unterschiedliche Kulturen und Subkulturen verleihen ihren Mitgliedern unterschiedliche Überzeugungen und unterschiedliche Weisen, die Welt zu interpretieren, d.h. zu deuten und zu verstehen. Mitglieder unterschiedlicher Kulturen erwerben unterschiedliche Muster selektiver Aufmerksamkeit und gewohnheitsmäßiger Reaktion auf die Welt. Bis zu einem gewissen Grad bewohnen Mitglieder unterschiedlicher Kulturen und Subkulturen unterschiedliche Welten.

Um uns selbst zu „besitzen", müssen wir unsere Überzeugungen und Werte auf der Grundlage bewusster Akte überlegter Untersuchung unserer Welt selbst formen. Und wir fangen erst dann mit dem Untersuchen an, wenn unsere Überzeugungen uns in ungewohnten Situationen im Stich lassen und eine Neuausrichtung erforderlich wird. Wachstum ist ohne die Begegnung ungewohnter Situationen, die real sind oder zumindest imaginativ vorgestellt werden, unmöglich. Mit anderen zu reden, die sich von uns in der einen oder anderen Hinsicht grundlegend unterscheiden, ist eine solche ungewohnte Situation. Wer wachsen möchte, wird sich andere suchen, die unterschiedlich sind, und ihnen sorgfältig zuhören.

Viele Einflüsse wie z.B. Eltern, Peer-Groups und die populären Massenmedien erfassen uns, bevor wir sie kritisch verstehen können. Viele Leute entwickeln niemals ein unabhängiges Denken, das sich von den herkömmlichen Auffassungen in ihrer Kultur abhebt. Jene, die sich eine eigenständige Auffassung und originelle Sichtweise gebildet haben, sind dazu erst durch einen langen Prozess der Kulturkritik, persönlichen Reflexion und Selbsterschaffung gelangt. Damit jemand überhaupt das eigene Selbst in Besitz nehmen und die eigenen je einzigartigen Potenziale verwirklichen kann, muss er bzw. sie den eigenen kulturellen Kontext analysieren, hergebrachte Überzeugungen kritisch prüfen, sie in ihrer kulturellen und historischen Bedingtheit und Begrenztheit reflektieren sowie kulturelle Kontexte teilweise in eigenständiger Konstruktionsarbeit neu erschaffen (vgl. LW 5, 125–143). Der Dialog mit Menschen aus einer anderen Kultur oder Subkultur, die sich von unserer eigenen unterscheidet, ist auch ein besonders wirksamer Ansporn zur kulturellen Reflexion, schöpferischen Imagination und Selbsterschaffung. Er kann zu bewusstem, kreativem und kritischem Denken führen und kann uns daran wachsen lassen.

Um zuzuhören, müssen wir anderen zunächst unsere Aufmerksamkeit schenken und dann versuchen, das, was wir hören, zu interpretieren. Wie wir gesehen haben, stellen unsere Überzeugungen eine notwendige interpretatorische Vorstrukturierung zur Verfügung, obwohl sie auch negative Begrenzungen enthalten. Nur durch ein Aufbrechen unserer interpretatorischen Vorstrukturierung ist es uns möglich, zu lernen und über die Grenzen unserer bereits bestehenden Welt hinaus zu wachsen. Um andere zu verstehen, müssen wir ihnen gegenüber offen sein. Das bedeutet immer auch zum Teil, dass wir unsere bisherigen Überzeugungen aufs Spiel setzen. Und weil diese Überzeugungen so zentral für die Bildung unserer personalen Identität sind, stellt das durchaus kein geringes Risiko dar. Dies ist der tiefste Grund dafür, warum Dialoge über Unterschiede hinweg ebenso schwer wie gefährlich sind und warum sich solche Dialoge manchmal schlicht nicht erreichen lassen. Gleichwohl birgt es in unserer durch Pluralität gekennzeichneten (post-)modernen Welt aber ebenfalls schwerwiegende Gefahren, sich *nicht* an Dialogen über Unterschiede hinweg zu beteiligen – nämlich z.B. Gefahren der Isolation und Stagnation, wenn nicht gar des wachsenden Realitätsverlustes durch Rückzug in eine scheinbar gesicherte, aber zunehmend illusorische „heile" Welt des Privaten bzw. exklusiv und hermetisch definierter Gruppenzugehörigkeiten.

Weil sie im Körper verankerte und emotional aufgeladene Handlungsdispositionen darstellen, sind Überzeugungen und Gewohnheiten nach Ansicht der Pragmatisten oftmals sehr schwer aufzubrechen – ein Umstand, den jeder sofort verstehen wird, der sich einmal bemüht hat, abzunehmen oder mit dem Rauchen aufzuhören. Und weil unsere Überzeugungen weitgehend unser Selbst ausmachen, bringt das Aufbrechen einer Gewohnheit zudem immer teilweise auch ein Aufbrechen der eigenen Selbst-Identität mit sich. Deshalb gibt es immer eine Art „Restgefahr", die in jedem Dialog über Unterschiede hinweg lauert. Oft aber entdecken wir dort, wo wir die größte Gefahr finden, auch die größte Hoffnung und Aussicht auf Wachstum, Staunen und Kreativität.

16.2 Die Kunst der Erzeugung von Bedeutungen und wechselseitigem Verstehen

Die Betonung der Kreativität erlaubt es uns, die non-kognitiven Dimensionen des Verstehensprozesses wie z.B. Imagination, Gefühl und ästhetische Wahrnehmung anzuerkennen. Ein verbreitetes Missverständnis hinsichtlich der Rolle der Interpretation in Dia-

logen über Unterschiede hinweg geht davon aus, dass das Ziel darin bestehe, die abstrakte
und quasi „dekontextualisierte" Bedeutung der Äußerungen eines anderen zu entdecken,
wie sie von diesem anderen im Geiste gemeint gewesen ist, und sie dann in unserer eigenen Auffassung einfach nur zu reproduzieren. Im Gegensatz dazu gehen Pragmatist/inn/en
davon aus, dass das Verstehen ein *konstruktiver* Prozess ist, der in einem spezifischen
Kontext stattfindet, zwischen spezifischen Teilnehmer/inne/n, und der daher stets offen für
neue Konstruktionen ist. Anstatt zu versuchen, den Inhalt der Gedanken eines anderen
einfach nur zu *reproduzieren*, liegt die kommunikative Aufgabe und Herausforderung
vielmehr darin, ein neues Verständnis und neue Interpretationen unter den Teilneh-
mer/inne/n am Dialog zu *produzieren*. Dies aber erfordert von allen Beteiligten neben
kognitiven Leistungen insbesondere auch Imagination und Einfühlungsvermögen.

Die Pragmatisten meinen, dass wir dann, wenn wir hinsichtlich der möglichen Konsequenzen von etwas Übereinstimmung erzeugt haben, zu einer gemeinsamen Bedeutungskonstruktion gelangt sind. Denken Sie z.B. an eine Situation wie die, dass Sie eine stark
befahrene Straße an einer großen Verkehrskreuzung überqueren möchten. Wenn Sie und
die anderen Fußgänger oder Autofahrer nicht über eine gemeinsame soziale Bedeutungskonstruktion hinsichtlich der Konsequenzen von Ampelsignalen, Verkehrszeichen usw.
verfügen würden, könnten sich sehr leicht folgenschwere Unfälle ereignen. So wie in diesem sehr einfachen Beispiel sind für die Pragmatisten alle kulturellen Bedeutungen kreative soziale Konstruktionen. Diese Annahme stellt eine wesentliche Grundlage für unseren
Versuch dar, die positiven und kreativen Möglichkeiten zu erkunden, die im Zuhören in
Dialogen über Unterschiede hinweg liegen.

Wenn wir im Anschluss an die Philosophie John Deweys menschliche Kommunikation
als eine Kunst auffassen – und Kunst als die universellste und wirksamste Form von
Kommunikation (vgl. LW 10) –, dann liegt es nahe, die kreative Dimension von Dialogen
über Unterschiede hinweg besonders zu betonen. Am Besten verstehen wir unter „Kunst"
hier zunächst einfach die kreative Erzeugung kultureller Güter im weitesten Sinne. Wenn
wir erkennen, dass alle kulturellen Bedeutungen sozial konstruierte Artefakte sind, erkennen wir auch, dass künstlerische Kreativität und ästhetische Wahrnehmung universelle
Phänomene in dem Sinne sind, dass alle menschlichen Wesen auf ein Mindestmaß an
künstlerischen Fähigkeiten angewiesen sind, um ihr Leben aktiv gestalten zu können und
dabei insbesondere das Verhalten anderer zu beeinflussen. Alle Bedeutungen, seien sie
nun moralischer, ästhetischer oder kognitiver Art, sind Artefakte, Kunstprodukte, die konstruiert wurden, indem eine gemeinsame Erwartung von Konsequenzen unter Teilneh-
mer/inne/n an einer Kommunikation hergestellt worden ist.

Unser Geflecht von Gefühlen, Interessen, Überzeugungen und personalen Identitäts-
bildern ist ein Produkt der Künste sozialer Konstruktion. Wir müssen uns daher fragen:
Wie kommen wir dazu, erstens uns selbst „in Besitz" zu nehmen und zweitens uns selbst
„neu zu erschaffen" im Sinne eines lebenslangen Entwicklungs- oder Wachstumsprozes-
ses. Die pragmatistische Antwort besteht zum Teil darin, dass wir uns selbst aufgeben,

wenn auch nicht auslöschen müssen. Damit ist gemeint, dass wir einen Teil der Gewohnheiten und Überzeugungen, auf die wir uns stützen und verlassen, aufgeben und damit verwundbar gegenüber anderen werden müssen. Das ist gefährlich, und niemand sollte uns je versprechen wollen, dass es einen Dialog geben könnte, der ganz und gar ungefährlich ist. Als Lehrer/innen bemühen wir uns zwar um die größtmögliche Sicherheit in unseren Klassenzimmern, können uns darüber aber nie ganz gewiss sein. Wenn wir zudem unsere Lernräume zu sehr klinisch rein und aseptisch gestalten würden, dann könnte sich auch im positiven Sinne nichts Neues und Aufregendes in ihnen ereignen. Lernen ist ein kreatives Abenteuer, und wir können nie im Voraus mit Gewissheit sagen, wohin es uns führen wird. Offenheit bringt unvermeidlich auch Gefahr und Verletzlichkeit mit sich. Aber manchmal ist es uns nur unter Gefährdung bestimmter Aspekte unseres gegenwärtigen Selbst möglich, zu überleben und vielleicht sogar zu wachsen.

Das Verstehen von Bedeutungen ist in emotionaler Hinsicht ebenso sehr ein konstruktiver Prozess wie in intellektueller bzw. kognitiver Hinsicht. Tatsächlich ergänzen sich beide Seiten in jeder vollständigen Kommunikation. Ungeachtet der neurophysiologischen Grundlagen emotionalen Ausdrucks im autonomen Nervensystem bleibt die *Bedeutung* emotionaler Äußerungen eine soziale Konstruktion. Dies gilt auch für unsere persönlichen Erfahrungen unseres Gefühlslebens. Wir müssen die Bedeutung unserer eigenen emotionalen Gesten erst von anderen lernen, indem wir zu einer Übereinstimmung hinsichtlich ihrer Konsequenzen gelangen, genauso wie wir die Bedeutung aller anderen Gesten lernen.

Wir neigen zu der Annahme, dass wir unsere Gedanken und Gefühle zunächst in unserem Inneren „haben", bevor wir sie dann bedeutungsvoll auch für andere äußern. In Wirklichkeit muss man schon ein beträchtlich entwickeltes Selbst haben, bevor man über die eigenen Gedanken und Gefühle auch vor deren Äußerung gewissermaßen „verfügen" kann, und selbst dann hängt unsere Selbstreflexivität von unserer Fähigkeit ab, die Haltung anderer einzunehmen und uns selbst imaginativ aus deren Position heraus zu sehen. Deweys pragmatischer Mitstreiter George Herbert Mead hat die Vorstellung ausgearbeitet, dass wir hinsichtlich der Reaktion auf die Reize, die wir selbst aussenden, die Rolle des anderen übernehmen und uns in seine Haltung hineinversetzen müssen, um die Bedeutung unseres eigenen Verhaltens zu verstehen. Darin liegt für ihn ein notwendiges Kriterium für unseren Selbstbezug und unsere personale Identität (vgl. Mead 1967, Joas 1989).[227]

Nehmen wir als Beispiel das Schreien eines Kindes. Anfangs ist das Baby einfach nur in einem affektiven Zustand; die Pflegeperson muss die Aktivität des Kindes als Ausdruck eines intentionalen und emotionalen Zustandes interpretieren, der vielleicht Hunger, Müdigkeit oder eine Verletzung bedeutet. Erst später, wenn das Kind gelernt hat, dass andere seine eigenen Aktivitäten als etwas interpretieren, das ganz bestimmte Konsequenzen hat,

---

227 In diesem Zusammenhang ist für Mead die vokale Geste von besonderer Bedeutung, weil sie auf uns selbst genauso wie auf einen anderen wirkt.

die das Kind erkennen kann (z.B. gestillt, ins Bett gebracht oder umsorgt zu werden), wird es ihre Bedeutung erlernen. Solches Lernen setzt sich ein Leben lang fort. Die Reaktion anderer, die hinsichtlich einer gemeinsam erwarteten Konsequenz mit unseren eigenen Handlungen koordiniert wird, bestimmt die Bedeutung jeglicher Handlung. Das Selbst wird nicht nur sozial konstruiert, sondern es bleibt auch auf subtile Weise abhängig von anderen hinsichtlich der Bedeutung seiner eigenen Handlungen und letztlich seiner eigenen Selbst-Identität. Wenn andere in einer sozialen Situation nicht so auf uns reagieren, wie wir es in dem Versuch, ihre Haltung gegenüber unserer eigenen Handlung einzunehmen, erwartet hatten, mögen wir schnell zu zweifeln beginnen, ob wir tatsächlich die intellektuellen oder emotionalen Absichten hatten, wie wir dachten. In gewissem Sinne sind wir alle Kinder, wenn wir denen begegnen, die sich von uns selbst radikal unterscheiden.

16.3 Die soziale Konstruktion emotionaler Bedeutungen und die Gefahr, abgewiesen zu werden

Die soziale Konstruktion emotionaler Bedeutungen ist mit der Gefahr verbunden, dass unsere Gefühle abgewiesen werden können, wenn andere sich z.B. weigern zuzuhören oder, vielleicht schlimmer noch, die Bedeutung unserer Gefühle zu unserem Schaden umdefinieren im Dienste der Interessen des Zuhörenden. In ihrem einfühlsamen Essay „Being Dismissed" („Abgewiesen zu werden") entwickelt Sue Campbell (1994) einen interessanten Interpretationsrahmen, der diese Gefahr unter besonderer Berücksichtigung des Einflusses von Gender-Vorurteilen näher in den Blick nehmen lässt. Damit der Ausdruck von Gefühlen von anderen interpretiert werden kann, muss derjenige, der seine Gefühle ausdrücken möchte, „ein angemessenes Repertoire an Ressourcen [haben], um die Bedeutsamkeit der Dinge [anderen] verständlich machen zu können", und diese anderen müssen ihre Auffassungsgabe nutzen und versuchen, die gelieferten symbolischen Äußerungen richtig zu interpretieren (ebd., 54). Unsere Gefühlsäußerungen für andere interpretierbar zu machen erfordert, wie oben dargestellt, ihre Haltung gegenüber unseren eigenen Gesten und verbalen Äußerungen einzunehmen. Die bittere Ironie liegt nun aber darin, dass diejenigen, die abgewiesen und aus bestimmten Kommunikationen ausgeschlossen werden, wie dies in allen Machtdiskursen geschieht (vgl. Reich 1998 b, Neubert/Reich 2000), möglicherweise niemals die Chance haben werden, das erforderliche Repertoire an Ressourcen zu erwerben, um sich selbst verständlich machen zu können. Obwohl es oft nur schwer aufzudecken ist, liegt hierin vielleicht die bitterste und wirksamste Form von Ausgrenzung und Unterwerfung, weil sie den ausgeschlossenen anderen dazu bringt, Bilder seiner eigenen Unfähigkeit zu verinnerlichen.

Diejenigen, die die gesellschaftliche Macht haben, die Gefühlsäußerung anderer abzuweisen oder umzudeuten, können diese anderen enorm in Ohnmacht versetzen. Weil die Bedeutung auch der eigenen Gefühle eine soziale Konstruktion ist, die der Spiegelung durch andere bedarf, können solche Situationen zu erheblichen Zweifeln an den eigenen Intentionen führen. Vielfach ist erlernte Hilflosigkeit die Folge solcher Erfahrungen. Wir müssen, wie Campbell sich ausdrückt, verstehen, dass „die Macht des Dialogpartners, der mit seiner Interpretation dazu beiträgt, die Situation zu bestimmen, unsere Intentionen unnachvollziehbar und unverständlich [auch für uns selbst] machen kann" (Campbell 1994, 49). Wir können uns ja nicht selbst direkt „sehen"; wir brauchen zuerst andere mit ihren Interpretationsgewohnheiten, die uns als Spiegel dienen, in die wir schauen, um unsere eigenen Handlungen zu verstehen. Wenn deren Haltung aber abweisend ist, können wir leicht in Verwirrung geraten und an unseren eigenen Gedanken und Gefühlen zu zweifeln beginnen. Weil wir ursprünglich alle nur durch den Blick in den Spiegel der anderen etwas über uns selbst erfahren, müssen wir uns daran erinnern, dass alle Spiegel ihren Gegenstand etwas verzerren. Zudem müssen wir lernen, ebenso weit nach innen wie nach außen zu schauen.

Hilfreich ist in diesem Zusammenhang die im interaktionistischen Konstruktivismus vorgenommene Unterscheidung des Symbolischen, Imaginären und Realen (vgl. Reich 1998 a, b; Reich 2002 a). Emotionale Bedeutungen sind zunächst *symbolische Konstruktionen*. Wir verwenden gemeinsame Symbole, wenn wir unsere Gefühle für andere interpretierbar ausdrücken wollen – sei dies nun in Form von Gesten und anderen körpersprachlichen Ausdrucksformen, die kulturellen Konventionen unterliegen, oder in Gestalt einer Sprache oder eines anderen kulturellen Zeichensystems. Wir verwenden Sprache, Gestik, Darstellung und andere symbolische Mittel, wenn wir uns, wie oben dargestellt, über die Konsequenzen von Gefühlen verständigen und dadurch ihre Bedeutung und Bedeutsamkeit zu bestimmen versuchen. All dies setzt gemeinsam geteilte Symbolwelten voraus, die uns ein Mindestmaß an Ordnung der Gefühle ermöglichen, ohne die eine Kommunikation von Gefühlen nicht denkbar wäre.

Aber mit solchen symbolischen Leistungen sind nicht zugleich schon alle Vieldeutigkeiten, Differenzen und Unwägbarkeiten im Blick auf das subjektive Erleben von Gefühlen erfasst. Wenden wir den Blick von der Ebene des Symbolischen hin zum Imaginären, dann erkennen wir, dass Gefühle stets auch *imaginäre Konstruktionen* sind. Das Imaginäre steht für unser inneres Erleben, es hat mit den Bildern und Vorstellungen zu tun, die wir uns von uns selbst und anderen in unseren Interaktionen machen. Neben allen sozialen Bedeutungskonstruktionen sind Gefühle ja auch immer etwas Singuläres, ein subjektives Erleben, das nur begrenzt symbolisch kommuniziert werden kann. Als imaginäre Konstruktionen sind sie Ausdruck unseres Begehrens, das in Spiegelungen mit dem Begehren von anderen verwoben ist. Solche Spiegelungen erscheinen als grundlegend für die Konstruktion menschlicher Beziehungswirklichkeiten: „So möchte ich mich sehen, so erlebe ich mich selbst in meiner Beziehung zu anderen, und so möchte ich zugleich von diesen anderen als Bestätigung meiner selbst gesehen werden." Aber sehen die anderen mich auch tatsächlich so, wie ich es begehre? Die Theorie imaginärer Spiegelungen betont, dass menschliche Kommunikation kein triviales System von Input und Output ist, das nach eindeutigen symbolischen Vorgaben abläuft. Im Blick auf das Imaginäre bleibt bei aller symbolischen Verständigung stets ein Rest an Unschärfe und Unwägbarkeit. Wir können ja nicht direkt in das Imaginäre der anderen hineinschauen. Hier erscheinen die Sprache und unsere Symbolwelten mitunter wie eine Grenze, eine Mauer, hinter der etwas ist, was wir nur erahnen können – und oft stellt sich solche Ahnung zudem im Nachhinein als trügerisch heraus. Welches innere Bild, welche Vorstellung, welches Begehren bewegt den/die anderen?

Die intersubjektive Kommunikation von Gefühlen erscheint damit als ein hochgradig komplexer und vielschichtiger Vorgang. Hinzu kommt ein weiterer Umstand, der im interaktionistischen Konstruktivismus als „Einbruch des Realen" in unsere symbolischen Verständigungen und imaginären Vorstellungen bezeichnet wird. Damit sind hier insbesondere Ereignisses gemeint, in denen wir z.B. von unseren eigenen Gefühlen überrascht oder überwältigt werden, weil diese Gefühle uns vielleicht als fremd, unerwartet, unpassend, rätselhaft und unverständlich erscheinen. Und doch müssen wir anerkennen, dass sie irgendwie „zu uns" gehören. Häufig können wir uns nicht aus einer gewissen Ambivalenz von Gefühlen befreien, empfinden wir eine innere Widersprüchlichkeit, weil wir das, was wir begehren, mitunter auch verabscheuen, das, was wir lieben, mitunter auch hassen. Im Blick auf solche Grenzerfahrungen spricht der interaktionistische Konstruktivismus auch von der *realen Ereignishaftigkeit* von Gefühlen.

Für eine Theorie des kreativen Zuhörens sind diese Beobachtungen zum Verhältnis zwischen symbolischer Verständigung, imaginärer Spiegelung und realer Ereignishaftigkeit von Gefühlen von großer Bedeutung. Zum einen verdeutlichen sie, dass es gerade für ein Verständnis der Konstruktion emotionaler Bedeutungen wichtig ist, die Grenzen symbolischer Verständigung in den Blick zu nehmen und mit einer erhöhten Vielfalt imaginärer Sichtweisen zu rechnen. Dies setzt neben der Sorge und Aufmerksamkeit auf unser eigenes imaginäres Begehren – was motiviert uns in dem Wunsch zuzuhören, und welche aktuellen oder auch vergangenen Spiegelungserfahrungen sind dabei für uns von Bedeutung? – insbesondere auch eine Offenheit für die grundlegende Andersheit des imaginären Begehrens anderer voraus, die wir gerade auch dort respektieren sollten, wo eine symbolische Verständigung (noch) nicht gelingt. Um kreativ zuhören zu können, müssen wir bereit sein, uns vom imaginären anderen überraschen zu lassen und ein Gespür für die Singularität und Originalität der imaginären Dimension menschlicher Beziehungen zu entwickeln. Zudem ist auch eine Bereitschaft erforderlich, über uns selbst und unsere eigenen Gefühle staunen zu können, was oft eine Voraussetzung dafür ist, dass wir bisherige Überzeugungen und Gewohnheiten teilweise aufs Spiel setzen, um im Dialog mit anderen kreativ neue Sichtweisen und Interpretationen zu konstruieren. Gerade für pädagogische Situationen, für die Kommunikation zwischen Lehrer/inne/n und Schüler/inne/n scheinen uns diese Beobachtungen von großer Bedeutung zu sein, kommt es doch hier in besonderem Maße darauf an, im Dialog über Unterschiede hinweg gemeinsame Verstehens- und Lernprozesse zu ermöglichen. Solche Dialoge müssen Raum für die sprachlichen, emotionalen und kognitiven Imaginationskräfte aller Lernenden bieten. In Hinblick auf eine konstruktive Gestaltung von Beziehungswirklichkeiten in einer durch Pluralität gekennzeichneten Welt stellt die Pflege dieser Kräfte für uns eine zentrale pädagogische Aufgabe dar.

Allerdings stößt das Bemühen um kreatives Zuhören über Unterschiede hinweg nicht selten an die Grenze sozialer Konventionen. Campbell stellt fest, dass jene, die „sich nicht länger bemühen zuzuhören", sich häufig auf unterschiedliche Formen sozial akzeptierter kritischer Einwände berufen können, die dann „zu Gründen oder Entschuldigungen werden", um den Äußerungen eines anderen nicht zuhören zu müssen (Campbell 1994, 51). Sie zitiert in diesem Zusammenhang die schwarze Feministin Audre Lorde, die eine Erfahrung aus dem akademischen Milieu schildert: „Ich ergreife auf einer akademischen Konferenz aus einer direkten und spezifischen Verärgerung heraus das Wort, und eine weiße Frau sagt zu mir: ‚Sagen Sie mir, wie Sie sich fühlen, aber sagen sie es nicht zu barsch, sonst kann ich Ihnen nicht zuhören!' Ist es aber meine Ausdrucksweise oder nicht eher die Gefahr einer Botschaft, die ihr Leben verändern könnte, was Sie vom Zuhören abhält?" (ebd., 51) Hier wird der soziale Brauch, in einer ruhigen und angenehmen Weise miteinander zu reden, als Entschuldigung dafür verwendet, nicht mitfühlend dem Leiden eines anderen zuhören zu müssen. Die Frau in der zitierten Schilderung, die sich durch eine Botschaft bedroht sah, die ihr Leben verändern könnte (etwa indem sie zu einem Schuldgefühl führt oder zu einer Aufforderung zum altruistischen Handeln), hat offenbar sehr gut verstanden, dass Empfänger einer Kommunikation zu sein, die die eigenen Interpretationsgewohnheiten in Frage stellt, eine Veränderung der eigenen Selbst-Identität nach sich ziehen kann. Gegenüber einer Strategie der Abweisung (z.B. unter Berufung auf soziale Konventionen), auf die häufig in solchen Situationen zurückgegriffen wird, haben wir in diesem Beitrag die Möglichkeiten und Potenziale hervorgehoben, die in dem Versuch eines kreativen Zuhörens über Unterschiede und Differenzen hinweg liegen. Wir haben betont, dass ein solches Zuhören Chancen und Risiken zugleich enthält, und dass die Chancen nicht ohne die Risiken zu haben sind. Dennoch wollen wir mit den hier entwickelten Bausteinen einer Theorie des kreativen Zuhörens Lehrer/inne/n und anderen in sozialen oder pädagogischen Berufen Tätigen Mut machen, im Zuhören im Dialog mit anderen, die sich von uns unterscheiden, eine Bedingung für eigenes Wachstum und gemeinsame Perspektivenerweiterung von Lernenden und Lehrenden zu erkennen und wertzuschätzen.

Kapitel 17:

Diskurs und Beziehungswirklichkeit –
Konstruktivistische Überlegungen zu Edward Albees
„Wer hat Angst vor Virginia Woolf ...?"

Die nachfolgenden Überlegungen sollen der Illustration möglicher Anwendungsperspektiven der Diskurstheorie des Kölner Ansatzes des interaktionistischen Konstruktivismus (vgl. Reich 1998, b; Neubert/Reich 2000)[228] hinsichtlich eines vertieften diskursiven Verständnisses von Beziehungswirklichkeiten dienen. Diese Theorie ist in den vergangenen Jahren an der Universität zu Köln entwickelt worden.[229] Ich möchte sie im vorliegenden Beitrag zur Interpretation eines literarischen Beispiels verwenden, wofür ich Edward Albees Theaterstück „Wer hat Angst vor Virginia Woolf ...?" gewählt habe, aus dem ich einzelne Schlüsselszenen zur Deutung herausgreife.

Bei Albees Stück handelt es sich um ein Beziehungsdrama in drei Akten, das dem Zuschauer in einem furiosen Feuerwerk von Dialogen und Konfrontationen, Beziehungsspielen und Beziehungskämpfen mögliche Abgründigkeiten zwischenmenschlicher Beziehungen vor Augen führt. Die Handlung, die sich in einem alltäglichen, banal erscheinenden Rahmen vollzieht, umfasst vier Personen. Da sind zunächst Martha und George, ein in die Jahre gekommenes Ehepaar, das ein Haus auf dem Campus eines amerikanischen *College* bewohnt. Martha ist die Tochter des *College*-Präsidenten, und ihren eigenen Angaben zufolge heiratete sie George einst in der von ihr und ihrem Vater gehegten Erwartung, dass ihr Ehemann der nächste Präsident werden sollte. George erfüllte diese Erwartung jedoch nicht und blieb einfacher Geschichtsprofessor. Das Stück beginnt damit, dass George und Martha um zwei Uhr früh an einem Sonntagmorgen von einer Party bei Marthas Vater zurückkehren. Die gesamte Handlung spielt sich im Wohnzimmer ihres Hauses ab. Trotz der fortgeschrittenen Uhrzeit hat Martha im Anschluss an die Feier Nick und Putzi, ein jüngeres Ehepaar, noch auf einen Drink zu sich nach Hause eingeladen. Nick ist ein Biologieprofessor, der gerade eine Stellung an dem College angenommen hat und mit seiner Frau hierher gezogen ist. Um die beiden Neuankömmlinge willkommen zu heißen, wurde Martha von ihrem Vater gebeten, besonders nett und gastfreundlich zu ihnen zu sein. Wenige Minuten nach George und Martha treffen auch die beiden Gäste bei ihnen ein. Das

---

228 Unter http://www.uni-koeln.de/hf/konstrukt/neubert_works/aufsaetze/reich_29.pdf kann der Einführungstext von Neubert/Reich (2000) zur Diskurstheorie im interaktionistischen Konstruktivismus kostenlos heruntergeladen werden.

229 Zur Grundlegung des Ansatzes vgl. Reich (1998 a, b); weiterführend auch Reich (2002 a), Neubert (1998 a).

Stück entwickelt sich daraufhin in den wechselnden, im Einzelnen sehr komplexen und fast immer dramatischen Beziehungskonstellationen, die diese vier Personen während ihrer bis zum Morgengrauen ausgedehnten Begegnung zueinander eingehen.

17.1 Vier diskurstheoretische Perspektiven

Einige Aspekte des in Albees Stück thematisierten interaktiven Geschehens möchte ich im Folgenden diskurstheoretisch näher beleuchten. Im Mittelpunkt wird dabei das Beziehungssystem Martha/George stehen. Im Blick auf die vielfältigen Beziehungen, die in „Wer hat Angst vor Virginia Woolf …?" thematisiert werden, und insbesondere in Hinsicht auf die komplexen Verstrickungen, in die Martha und George dabei mit den anderen beiden Personen geraten, will die hier gegebene Interpretation keinerlei Vollständigkeit beanspruchen.[230] Meine konstruktivistische Deutung wird sich an vier zentralen Diskursperspektiven orientieren, die ineinander greifen und sich ergänzen, aber analytisch unterschieden werden können. Im interaktionistischen Konstruktivismus werden diese Perspektiven als (1) Diskurs der Beziehungswirklichkeit, (2) Diskurs der Macht, (3) Diskurs des Wissens und (4) Diskurs des Unbewussten bezeichnet. In ihnen drückt sich ein Verständnis von Diskursen aus, das diese als komplexe symbolische Ordnungen begreift, die der sozialen und kulturellen Konstruktion von Wirklichkeit zugrunde liegen. Diskurse in diesem Sinne sind stets offene und dynamische Gebilde, die meist sehr vieldeutig sind und nur im Zusammenspiel unterschiedlicher Sichtweisen angemessen verstanden werden können.

Zur Beschreibung von Diskursen macht diese konstruktivistische Theorie ferner vom Begriff des „Platzes" metaphorischen Gebrauch. „Plätze" in diesem Sinne können in Diskursen besetzt, beansprucht und erobert werden, auf ihnen können Einsätze ins Spiel gebracht und Positionen bezogen werden, auf ihnen finden Ereignisse statt. Zugleich stellen sie Plätze der Beobachtung dar, die von Selbst- und Fremdbeobachtern eingenommen werden können, um in je unterschiedlicher und stets begrenzter Perspektive auf Diskurse zu schauen. Dabei werden die folgenden vier Plätze unterschieden:

---

230 Albees Stück wurde ausführlich auch von Watzlawick, Beavin und Jackson in ihrem Buch „Menschliche Kommunikation" analysiert (vgl. Watzlawick/Beavin/Jackson 1990, 138–170). Obwohl die hier gegebene Interpretation an einigen Stellen Anregungen dieser Autoren aufgreift, reicht sie doch deutlich über die von ihnen gegebene Deutung hinaus. Dies gilt insbesondere für den Aspekt des imaginären Begehrens in den Interaktionen, der in der Theorie von Watzlawick u.a. als »Black Box« systematisch ausgeblendet wird, sowie im weiteren vor allem für den Diskurs des Unbewussten, der aus ihrer an der Beobachtung äußeren Verhaltens ausgerichteten Sicht erst gar nicht in den Blick gerät. Gerade dieser Diskurs aber, so werden wir im Folgenden sehen, ist aus meiner diskurstheoretischen Sicht von entscheidender Bedeutung bei der Analyse dieses Stückes.

(1) Auf dem *Platz des Einen* geschieht zunächst etwas, das den Diskurs antreibt, hier wird etwas behauptet, beansprucht oder eine Handlung ausgeführt. Diese Position ist in allen Diskursen zu beobachten, sie erscheint oft als ihr Ausgangspunkt und als dasjenige, woraus der Diskurs seine Bewegung gewinnt.

(2) Dieses „Eine" trifft auf dem *Platz des Anderen* auf ein Gegenüber, es findet eine Antwort, Erwiderung oder Entsprechung. Eine solche Bewegung zwischen den Plätzen des Einen und des Anderen ist bestimmend für jeden Diskurs, und sie ist meist dasjenige, was auf der Oberfläche am leichtesten zu beobachten ist: ein Wechselspiel von Rede und Gegenrede, Aktion und Reaktion, das sich nicht ohne Rest auf den Platz oder die Position des „Einen" reduzieren lässt.

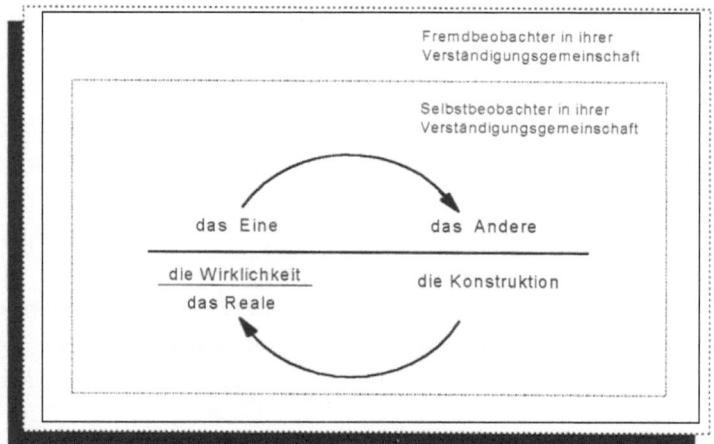

(3) Aus der Bewegung des Einen und des Anderen entsteht in Diskursen ein dritter Platz, auf dem etwas hergestellt wird, das als symbolisches Resultat festgehalten werden kann. Dies ist der *Platz der Konstruktion.* Ohne einen solchen Platz wäre keine tragfähige Ordnung von Diskursen möglich. Aus konstruktivistischer Sicht setzt dies neben Konstruktionen immer auch *Rekonstruktionen* voraus: die Tradierung, Wiederholung und Übernahme bestehender Muster und Deutungen, die dem Diskurs seine Stabilität verleihen und zugleich die Freiheit subjektiver Konstruktionen auf diesem Platz begrenzen. Aber auch mit der Möglichkeit von *Dekonstruktionen* sollte gerechnet werden, weil sich Diskurse auf lange Sicht nie vollständig symbolisch kontrollieren lassen und immer wieder auch neue und überraschende Perspektiven möglich sind, die die bisherigen Sichtweisen verstören oder enttarnen. Gerade in therapeutischen und pädagogischen Kontexten sind solche Dekonstruktionen oft von großer Bedeutung.

(4) Aus dem Zusammenspiel von Konstruktionen, Rekonstruktionen und Dekonstruktionen kommen wir zum *Platz der Wirklichkeit,* wo das Re/De/Konstruierte von den Beteiligten *als* Wirklichkeit ihres Diskurses anerkannt (oder bestritten) wird. Gegenüber den

konstruierten Wirklichkeiten, auf die sie sich dabei verständigen, macht sich hier jedoch oft auch etwas Reales geltend – es geschieht etwas, das nicht vorhergesehen wurde, es zeigt sich etwas, das nicht bedacht worden ist, kurz: es treten reale Ereignisse ein, die die Beteiligten überraschen oder die ihnen als unverständlich erscheinen, die sie mitunter sogar sprachlos machen, weil sie ihre bisherigen Wirklichkeitskonstruktionen verunsichern und sich einer Deutung entziehen. Solche „Einbrüche des Realen" stellen aus konstruktivistischer Sicht eine Grenzbedingung jeder Wirklichkeitskonstruktion in Diskursen dar.

Vom Platz der Wirklichkeit/des Realen kehren wir schließlich auf den *Platz des Einen* zurück, der jetzt nicht mehr als ein voraussetzungsloser Ausgangspunkt erscheint, insofern jeder neuen Aktion auf dem Platz des Einen immer schon vorherige Entscheidungen auf den Plätzen der Konstruktion und der Wirklichkeit vorausgehen. Die Zirkularität des Modells soll somit verdeutlichen, dass es in Diskursen nie einen absoluten Ausgangs- oder Endpunkt gibt, weil Diskurse als Prozess prinzipiell unabschließbar sind.

Ich möchte noch betonen, dass auch die hier vertretene Sicht von Diskursen selbst ein Konstrukt (von Konstruktivisten) ist. Sie beansprucht keine universelle Gültigkeit, sondern gibt sich mit dem bescheideneren Anspruch zufrieden, viable Sichtweisen zur Interpretation von Diskursen (und Beziehungswirklichkeiten) zu liefern für all jene (z.B. Pädagog/inn/en oder Therapeut/inn/en), die diese Viabilität für sich erkennen und sie in ihre eigenen Konstruktionen einbeziehen können. Kommen wir nun aber zu Albees Stück.

17.2 Perspektiven einer diskurstheoretischen Interpretation von Albees Stück

17.2.1 Der Diskurs der Beziehungswirklichkeit

Im Diskurs der Beziehungswirklichkeit können wir auf den Plätzen des Einen und des Anderen zunächst entweder Martha (a/A = der a/Andere) und George (S = das Subjekt) oder George (a/A) und Martha (S) platzieren (siehe das Schaubild auf der nachfolgenden Seite).[231] Das Stück präsentiert uns eine schier endlose Fülle zumeist sehr heftiger Streitszenen zwischen den beiden, in denen jeweils aus der Sicht des Subjekts der/die a/Andere auf dem Platz des Einen agiert, woraufhin die eigenen Aktionen am Platz des Gegenübers vom Subjekt in der Regel als bloße *Re*aktionen, als provozierte und gerechtfertigte Antworten bzw. Vergeltungen aufgefasst werden (nach dem Motto: „Du hast es so gewollt. Jetzt bin ich an der Reihe!"). Für den Fremdbeobachter, d.h. den Zuschauer oder Leser,

---

231 Im interaktionistischen Konstruktivismus wird unterschieden zwischen dem imaginären anderen (klein a) – das imaginäre Bild des anderen, wie es mir als Ausdruck meines subjektiven Begehrens erscheint – und dem symbolischen Anderen (groß A) – der Andere, der sich unabhängig von meinem imaginären Begehren als ein konkreter Anderer symbolisch artikuliert bzw. das Andere, das von ihm artikuliert wird.

vor dem das Stück sich entwickelt, produziert sich dabei – auf dem Platz der Konstruktion – zunächst eine verwirrende Abfolge scheinbar unzusammenhängender Beziehungswahrheiten (W_1), die von den beiden Akteuren aus ihrer jeweiligen Sicht in ihren wechselnden Eskalationen von Angriff und Gegenangriff in Anschlag gebracht werden. Diese Eskalationen vollziehen sich zumeist in einem atemberaubenden Tempo und spitzen sich im Verlauf des Stückes mehrfach zu scheinbar fast lebensbedrohlichen Auseinandersetzungen zu (z.B. Albee 1963, 38, 54, 83). Sie beginnen schon in den allerersten Szenen (ebd., 7–15), die freilich im Vergleich mit dem noch Kommenden nur als ein Vorspiel, eine Art „Aufwärmübung" erscheinen mögen. Dennoch lässt sich die Abgründigkeit dieser Beziehung bereits hier erahnen, wenn George z.B. unter Anspielung auf Marthas Trinkgewohnheiten feststellt: „Martha, ich hab' dir den ersten Preis im Saufen schon vor Jahren zugesprochen ... Es gibt kaum eine Scheußlichkeit, für die du nicht den ersten Preis verdienst", worauf diese kontert: „Ich schwöre es dir: Wenn es dich gäbe, ich ließ' mich von dir scheiden ..." (ebd.,14).

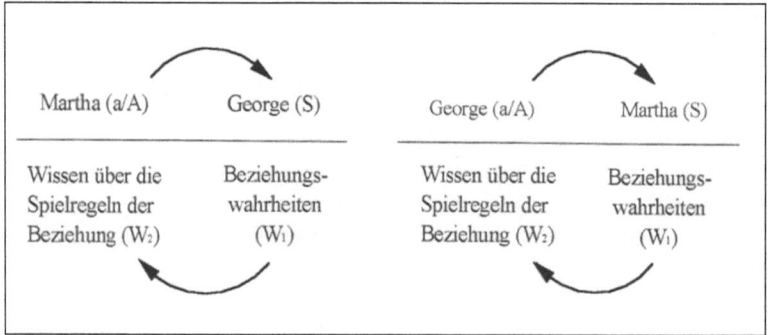

Solche und ähnliche Beziehungswahrheiten produzieren sich in diesem Diskurs von der ersten Minute an scheinbar regellos und völlig ungehemmt vor unseren Augen.[232] Sie lösen beim Zuschauer eine Verwirrung und ein Befremden aus, die die eigentümliche Faszination dieses Stückes von Anfang an prägen. Deutlich wird für den Fremdbeobachter zunächst nur, wie grundlegend unterschiedlich Martha und George ihre wechselseitige Beziehung zueinander auffassen und interpunktieren. Beide sehen im Anderen offenbar nur das eigene imaginäre Bild von klein a agieren, d.h. sie deuten sein Verhalten von vornherein als Spiegelung und Bestätigung ihrer eigenen imaginären Erwartungen. Martha sieht in George vor allem den Versager und Schlappschwanz, der sich beharrlich weigert, an die

---

232 Als einige wenige weitere Beispiele seien die folgenden herausgegriffen – Martha: „Du kotzt mich an!" (ebd., 12) – „Mensch, bist du ein ... Waschlappen!" (ebd., 12) – „Du bist ... Du bist ein Nichts, Nulpe .... ein Loch in der Natur ..." (ebd., 14). George: „Du stellst mich immer vor fertige Tatsachen" (ebd., 11) –„Du säufst wie'n Loch" (ebd., 14) – „Es gibt kaum einen widerlicheren Anblick als dich, mit ein paar Gläsern intus und dem Rock über'm Kopf ..." (ebd., 14).

Stelle ihres idealisierten Vaters zu treten und der Mann zu sein, den sie sich wünscht, und der ihre wütenden und vulgären Angriffe und Demütigungen geradezu herausfordert und braucht, um sich in seiner Männlichkeit beweisen zu können. „Du bist hart im Nehmen!", sagt sie, „(...) Du hast es gern! Darum hast du mich geheiratet!" (Ebd., 92) George hingegen erlebt Martha als aggressiv und fordernd, als stark und herrisch, und sieht sich selbst als Opfer ihrer hochgesteckten Ansprüche, die er nicht erfüllen kann. Seine eigenen sarkastischen und oft hintergründigen Angriffe erscheinen ihm als eine aufgezwungene und passive Gegenwehr, die sie mit ihren Attacken herausfordert.

Für den Fremdbeobachter zeigt sich so eine tiefe Unterschiedlichkeit und Unvereinbarkeit der jeweiligen Bilder von klein a und zugleich eine Unmöglichkeit, klein a an dem zu begrenzen und zu relativieren, was der Andere (A) über sich selbst *sagt*. Diese Unfähigkeit wird besonders deutlich an einer Stelle, wo die beiden versuchen, in eine Metakommunikation über ihre Beziehung einzutreten (ebd., 91 ff.). Als Martha ihre eigene Schwäche und Hilflosigkeit in den Verstrickungen ihrer Beziehung zu erkennen gibt[233], kann George diese Selbstkundgabe, die seiner Imagination von klein a so gar nicht entspricht, nur abwehren und entwerten, indem er sie „ungläubig anstarrt" und für verrückt erklärt (ebd., 92). Wenig später zieht er aus der Unvereinbarkeit ihrer imaginären Sichten und ihrer Unfähigkeit, sich hierüber symbolisch zu verständigen, selbst die resignative Konsequenz: „Der Punkt, an dem wir beide uns treffen könnten, existiert schon lange nicht mehr." (Ebd., 95)

So stellt sich für den Fremdbeobachter, der Martha und George in den Verstrickungen ihrer unterschiedlichen Selbst- und Fremdwahrnehmungen, in der Unmöglichkeit befangen sieht, den Anderen *als Anderen* (A) unabhängig von den eigenen imaginären Erwartungen (a) agieren zu lassen, im Diskurs der Beziehungswirklichkeit zunächst die Frage, welches geheime Band diese Beziehung zusammenhält, was George und Martha trotz der vielfältigen Verletzungen und Demütigungen, die sie sich immer wieder zufügen, aneinander bindet und ihrer Ehe über Jahrzehnte hinweg (wie wir erfahren) Dauer verleiht. Aus diesem Rätsel heraus bezieht das Stück bis zu seinem Ende einen wesentlichen Teil seiner Spannung. Seine Beantwortung, die notwendig unvollständig bleibt, vollzieht sich in mehreren aufeinander folgenden Andeutungen.

Nach und nach erfahren wir zunächst, dass es für Martha und George in ihrer Beziehung verschiedene Spielregeln gibt; die ganze Wirklichkeit ihrer Beziehung selbst scheint für sie ein Spiel zu sein, über dessen Regeln bzw. deren Verletzungen sie ein gemeinsames Wissen haben (W_2). Solche Regeln lauten z.B., dass keiner der Partner das Verhalten des Anderen bestimmen darf; dass jede Herausforderung zum Kampf in ihrem Spiel angenommen werden muss, dass man sich ihr nicht entziehen darf, damit das Spiel selbst weitergehen kann; oder auch, dass jede Beleidigung oder Demütigung, so verletzend sie auch

---

233 „Meine Arme sind so schwach und müde, George, dass ich die Peitsche nicht mehr halten kann!" (Ebd., 92)

sein mag, erlaubt ist, sofern sie prinzipiell durch Gleiches beantwortet werden kann. Welche Imagination, welches Begehren dieses Spiel jedoch aufrechterhält, welche verborgenen inneren Antriebe Martha und George an es binden und ihm damit Bestand verleihen, das erscheint für den Fremdbeobachter in diesem Diskurs zunächst als ein Rätsel, denn am Platz der Konstruktion begegnet uns hier nur der erwähnte Schlagabtausch immer neu ins Gefecht geführter Beziehungswahrheiten (W₁), die eigentlich nur eins nahe zu legen scheinen: die Unfähigkeit, die Wirklichkeit der gemeinsamen Beziehung in der Konstruktion einer tragfähigen Wahrheit zu begrenzen und zu begründen. Das Wissen (W₂) auf dem Platz der Wirklichkeit scheint so von Anfang an durch etwas Reales subvertiert zu sein, ohne dass die Beziehungspartner selbst oder wir als Fremdbeobachter dieses Reale in diesem Diskurs schon hinreichend benennen könnten.

17.2.2 Der Diskurs der Macht

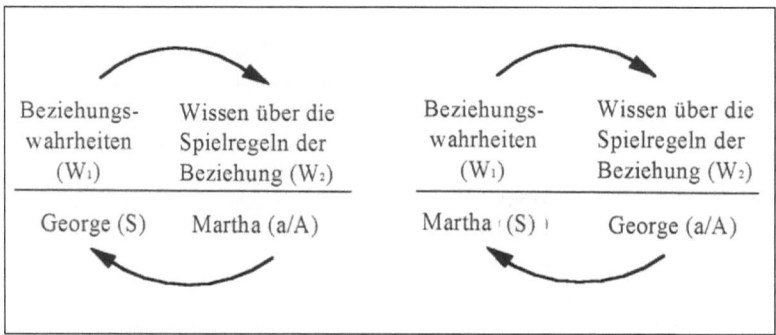

Das prekäre Gleichgewicht der Beziehung von George und Martha, die Unmöglichkeit eines gleichmäßigen Verstehens zwischen ihnen, führt dazu, dass beide immer wieder versuchen, ihre Sicht von klein a *gegen* den Anderen durchzusetzen und zu behaupten, indem sie aus dem Diskurs der Beziehungswirklichkeit in einen Machtdiskurs wechseln. Dieser Mechanismus ist ein Grundprinzip ihrer immer wiederkehrenden Eskalationen, und er begegnet uns im Verlauf des Stückes in immer neuen Variationen, in wechselnden Konstellationen und anhand ganz unterschiedlicher inhaltlicher »Aufhänger«. Gerade die Vieldeutigkeit von W₁, die scheinbare Grenzlosigkeit und Austauschbarkeit dessen, was als Wahrheit dabei gegen den Anderen ins Feld geführt werden kann, die uns im Diskurs der Beziehungswirklichkeit am Platz der Konstruktion begegnet war, führt dazu, dass solche Machtdiskurse zwischen Martha und George niemals von längerer Dauer sind. Eine Symmetrie wird fast umgehend immer wieder hergestellt, weil stets eine neue, weitere Wahrheit am Platz des Einen zum Agieren gebracht werden kann, die die vorhergehende ersetzt. Es gibt mit anderen Worten in diesen Machtdiskursen keine verbindliche Wahrheit, die z.B. eine dauerhafte Komplementarität bzw. Unterordnung eines Partners gestatten könnte, sondern nur eine Ungleichheit im Setzen solcher Wahrheiten (W_1 vs. W_1 vs. W_1 vs. ...). Verbindend scheinen dabei allein die Regeln am Platz des Anderen (W_2) zu sein, d.h. die Gewissheit, dass der jeweils Andere die Regeln kennt und dass, obwohl keiner die Macht hat, allein über diese Regeln zu entscheiden, jeder von ihnen sich auf sie berufen kann, um eigene Machtansprüche zu behaupten.

Am Platz der Konstruktion produziert sich so in diesem Diskurs aus der Sicht des Selbstbeobachters immer neu das imaginäre Bild des anderen (a), wie es dem Begehren nach der eigenen Überlegenheit und Mächtigkeit entspricht, worin wir als Fremdbeobachter zugleich die Negation des Anderen (A) erkennen können, der – im Diskurs der Beziehungswirklichkeit – *als* Anderer nicht zugelassen werden konnte. Für den Selbstbeobachter (George bzw. Martha) mag zwar die Brüchigkeit seines jeweiligen Bildes von klein a daran deutlich werden, dass seine selbstbehauptenden Beziehungswahrheiten, ohne direkt verworfen oder widerlegt werden zu müssen, vom Anderen einfach durch eine weitere Wahrheit ersetzt und damit dekonstruiert werden können. Doch befreit solche Relativierung die Beziehungspartner nicht aus den inneren Zwängen ihrer so gleichsam pulverisierten Machtdiskurse, weil ihr gesamtes Beziehungsspiel auf eine beständige Suche nach Selbstbehauptung im Kampf mit dem Anderen angelegt ist. Dies nötigt sie, am Platz der Wirklichkeit immer wieder die eigene Subjektivität, die eigene subjektive Sicht und Interpretation *gegen* die Sicht und Interpretation des Anderen zu behaupten. Das Fehlen einer verbindlichen, stabilen Definition von W_1 und die Beliebigkeit seiner je spontanen und momentanen Besetzung subvertieren daher zwar jeden konkreten Machtdiskurs zwischen ihnen, der nie von Dauer sein kann (hier erscheint immer wieder das Reale am Platz der Wirklichkeit als von George und Martha zum Teil recht schmerzhaft erfahrene Abwesenheit subjektiver Mächtigkeit, Überlegenheit, Unabhängigkeit, Souveränität, Selbstgewissheit, Unangreifbarkeit, Unverletzbarkeit usw., was die Heftigkeit vieler ihrer Reaktionen erklärt); sie subvertieren aber nicht den ständigen Wechsel oszillierender und eskalierender Macht*kämpfe* zwischen ihnen, der durch die Ungleichheit und Hinfälligkeit der am Platz des Einen jeweils behaupteten Wahrheiten erst verschärft wird und umso unausweichlicher erscheint.

17.2.3 Der Diskurs des Wissens

In ihren »Gesellschaftsspielen« versuchen George und Martha, Dritte (Nick und Putzi) in ihren Diskurs hineinzuziehen und aus ihren Reaktionen eine Spiegelung (Bestätigung oder Verwerfung) ihrer eigenen Beziehung zu erhalten. Hier sitzt am Platz des Einen zunächst das Wissen über diese Beziehung (W_2), nach deren Regeln jede Demütigung und Bloßstellung erlaubt ist, solange sie mit Gleichem vergolten werden kann, und dieses Wissen wird an den Reaktionen Außenstehender erprobt. Gewiss stellen diese Versuche keine Wissensdiskurse im engeren Sinne dar, sondern bestenfalls »Wissensspiele« oder, wenn wir so wollen, Beziehungsexperimente mit deutlichem Überrumpelungscharakter, deren Ausgang zudem im Wesentlichen von vornherein feststeht. Dennoch zeigt sich in ihnen insofern ein Begehren nach Mehr-Wissen in der Spiegelung durch andere (a), als sie eine Bestätigung der eigenen Beziehungswahrheit in dem Maße provozieren wollen, wie Andere, Unbeteiligte sich in diese Spiele hineinziehen lassen.

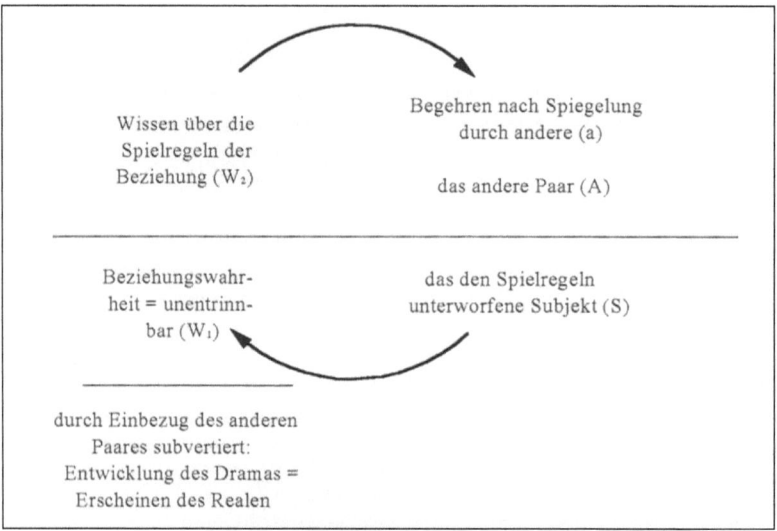

Die Wahrheit am Platz der Wirklichkeit (W_1) hat in diesem Diskurs aus der Sicht des Selbstbeobachters, d.h. für Martha und George, die ihre Gäste in ihre Spiele hineinzuziehen versuchen, allerdings eine andere Gestalt angenommen als in den beiden vorhergehenden. Sie erscheint hier nicht mehr als eine Vielzahl spezifischer, kleiner Beziehungswahrheiten, die gegeneinander ins Felde geführt werden, sondern vielmehr als die Wahrheit oder Gewissheit darüber, dass diese Kämpfe selbst, als ein Spiel um Unterwerfung, Demütigung und Vergeltung, eine *mögliche* und in gewissem Sinne sogar zwingende Form menschlicher Beziehung darstellen. Denn es geht Martha und George bei diesen »Gesellschaftsspielen«, die sie selbst z.B. als »Der gebeutelte Hausherr« oder »Die Gästefalle« sehr treffend zu titulieren wissen, nicht so sehr darum, sich eines bestimmten Vorwurfes an den Ehepartner, einer bestimmten Interpunktion ihrer gemeinsamen Beziehung durch die Zustimmung Dritter zu versichern; es geht ihnen vor allem darum, durch die Einbeziehung des anderen Paares in ihr Beziehungsspiel zu beweisen, dass dieses Spiel trotz seiner auch von ihnen selbst empfundenen Unerträglichkeit gleichwohl möglich und sogar unentrinnbar sein kann. Sie wollen sich mit anderen Worten beweisen, dass nicht nur sie selbst, sondern auch beliebige Dritte in die gleiche Falle tappen, ohne einen Ausweg zu finden, und dass es daher bei aller Ausweglosigkeit in ihrer Beziehung ein Stück

Normalität gibt, weil es anderen ebenso ergeht wie ihnen, weil auch diese anderen beginnen, ihr Verhalten und ihre Selbstwahrnehmung nach den Regeln des Spiels auszurichten, weil mit einem Wort die anderen auch nicht anders sind als sie.[234]

In der Ohnmacht Nicks und Putzis, sich diesem Sog zu entziehen, spiegelt sich für George und Martha so die Mächtigkeit und Unausweichlichkeit des Spiels, aus dem sie sich in ihrer eigenen Beziehung nicht befreien können. Dieses Mehr-Wissen kehrt zu ihnen als Beweis für die Wirklichkeit ihrer Beziehung zurück, weil sie am Platz des Anderen jede relativierende Artikulation eines großen Anderen (A) geschickt zu vermeiden wissen (Überrumpelung). So bestätigt sich für sie am Platz der Konstruktion immer aufs Neue ihre eigene subjektive Sicht, die Unterworfenheit unter die Regeln ihres Diskurses (S). Am Platz der Wirklichkeit aber scheint sich damit zunächst die unausweichliche Wahrheit ihrer Beziehung zu behaupten (W_1), die sich mehr und mehr auch für zunächst Außenstehende, die nichts damit zu tun haben wollten, als Wirklichkeit aufzwingt.

Als Fremdbeobachter können wir dies über mehrere Etappen (die vier »Gesellschaftsspiele«) hinweg beobachten. Aus der Distanz des außen stehenden Beobachters heraus, der sich einen inneren Abstand zu diesen Spielen und den in ihnen agierten Regeln bewahrt, ahnen wir dabei vielleicht schon bald die Brüchigkeit und Doppelbödigkeit in der Selbstwahrnehmung der Akteure. Offenbar wird diese Doppelbödigkeit allerdings erst in der Schlusspassage des Dramas, in der die Wahrheit am Platz der Wirklichkeit durch die Einbeziehung des anderen Paares, d.h. aus der dramatischen Entwicklung der agierten Beziehungsspiele heraus schließlich subvertiert wird. Es erscheint am Platz der Wirklichkeit nämlich schließlich etwas Anderes, Ungeahntes, Undenkbares, es erscheint ein Reales, das im Moment seines Ausgesprochenwerdens die Unwirklichkeit der behaupteten Wahrheit (Beziehung als grenzenloses Spiel um Macht und Unterwerfung) offenbart. Diese Subversion bildet das eigentliche Thema des Dramas. Um sie zu beschreiben, müssen wir allerdings einen weiteren Diskurs einführen.

---

234 Sehr deutlich wird dies am Ende des zweiten Spiels, der »Gästefalle«, in dem George Nick vor den anderen (und insbesondere vor seiner eigenen Frau) bloßgestellt hat, indem er die ihm (von Nick) vertraulich erzählte Geschichte von Putzis Scheinschwangerschaft preisgibt (ein Wissen, das von George in diesem Diskurs konsequent nach den vorausgesetzten Regeln des Spiels auf dem Platz des Einen eingesetzt wird). Nick droht ihm daraufhin, aufs äußerste gereizt.
„NICK: D a s wird Ihnen leid tun, dafür sorge ich.
GEORGE *leise*: Daran zweifle ich nicht. Es war eine bittere Pille, hm? Sie wurmt Sie sehr ... die Schande, was?
NICK: Ich spiel' noch Scharaden mit Ihnen, verlassen Sie sich drauf ... *nach Ihren Spielregeln ... in Ihrer Sprache ... Ich werden genauso sein, wie Sie mich hingestellt haben.*
GEORGE: So sind Sie schon längst, Sie wissen es nur nicht.
NICK *zittert innerlich*: Nein, bis jetzt war ich's nicht. In Wirklichkeit nicht. Aber ich werde es sein, Herr Professor ... Und *wenn das Gestalt annimmt, was Sie in mir wachgerufen haben,* wünschen Sie sich, das schwöre ich Ihnen, Sie wären nie auf den Gedanken gekommen, mich zu provozieren." (Ebd., 90; Herv. d. Verf.)

17.2.4 Der Diskurs des Unbewussten

Der Diskurs des Unbewussten ist das eigentliche und zunächst verborgene Thema von Albees Stück, das erst ganz zum Schluss deutlich zutage tritt. In diesem Diskurs sitzt auf dem Platz der Wirklichkeit ein Begehren (a). Dieses Begehren war uns – als Fremdbeobachtern – im Diskurs der Beziehungswirklichkeit zunächst als ein weitgehendes Rätsel erschienen: Was bringt George und Martha dazu, als miteinander interagierende Subjekte vermittelt über die je aufgebotenen Beziehungswahrheiten immer wieder die gleichen Spielregeln ihrer Beziehung zu re/konstruieren, warum reproduziert dieser Zusammenhang selbst sich für sie unentrinnbar und zwingend stets von Neuem in ihren Aktionen? Im Diskurs des Unbewussten erfahren wir etwas über die Wirklichkeit dieser verborgenen Antriebe. Es zeigt sich hier schließlich ein Imaginäres, das in allen vorhergehenden Diskursen nicht auftauchen konnte, weil es *als imaginäres Konstrukt* nicht ausgesprochen werden durfte: die Vorstellung des gemeinsamen Sohnes. Diese Imagination versinnbildlicht für George und Martha alles, was sie in ihrer Beziehung als Gemeinsamkeit begehren. *Für sie* macht diese gemeinsame Vorstellung die Wirklichkeit ihrer Beziehung aus: sie ist der Rettungsanker, der sie noch zusammenhält.

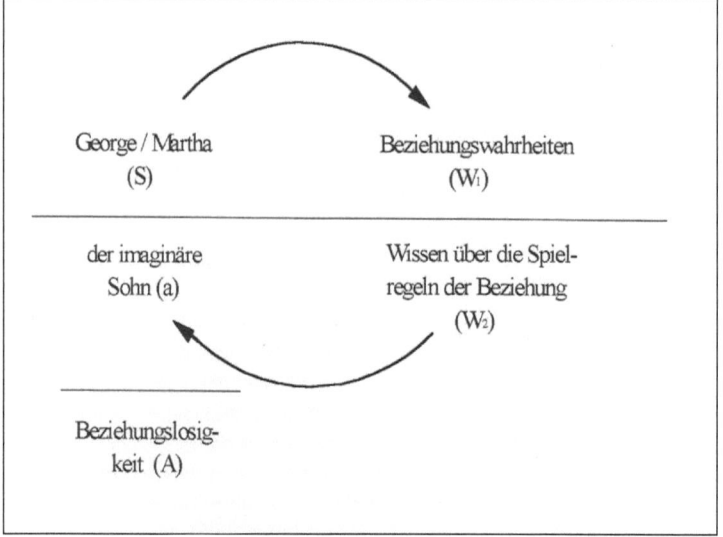

Diese Wirklichkeit ist jedoch problematisch, denn zum einen ist der Sohn bloß eine Imagination, die nicht real werden konnte[235] – und in der gerade deshalb das Reale dieser Be-

---

235 Am Schluss des Stückes (ebd., 142) antworten George und Martha auf Nicks Frage, ob sie „keine Kinder haben konnten", einmütig: *„Wir beide nicht."*

ziehung erscheint. Zum anderen muss er aus eben diesem Grunde auch im Symbolischen abgewehrt und tabuisiert werden: die entscheidende Grundregel, die Georges und Marthas Beziehung vor allem anderen Bestand verleiht, lautet, dass über den Sohn in der Gegenwart Dritter nicht gesprochen werden darf (vgl. ebd., 141). Über ihn zu sprechen, ihn als eine Imagination *innerhalb* der Beziehung auch für Außenstehende sichtbar werden zu lassen, müsste die Wirklichkeit ihrer Beziehung subvertieren und am Platz dieser Wirklichkeit das Reale eines ohnmächtigen Nicht-Verstehens, einer hilflosen Beziehungslosigkeit erscheinen lassen. Dieses Reale führt der Autor uns als Fremdbeobachtern vor Augen (A).

Das Unbewusste, um das es in diesem Diskurs geht, ist nun allerdings noch etwas genauer zu betrachten. Denn aus der Sicht von George und Martha ist dieses Unbewusste nicht einfach nur die Vorstellung des gemeinsamen Sohnes. Diese Imagination ist ihnen vielmehr durchaus bewusst; sie sprechen über den Sohn unter sich so selbstverständlich miteinander, dass ein Außenstehender zunächst an seine tatsächliche Existenz glauben muss. An der Art und Weise, wie sie – nach Marthas anfänglicher Verletzung der Regel, das Thema in Gegenwart Dritter nicht zu erwähnen – Nick und Putzi von ihm erzählen (z.B. ebd., 46, 139 f.), deutet sich auch an, dass sie sich durchaus im Klaren darüber sind, dass der Sohn nur eine Erfindung in ihrer gemeinsamen Vorstellung ist.[236] Als ein imaginäres Konstrukt scheint er für sie zunächst einfach nur ein weiteres Element in ihren Beziehungsspielen zu sein, und dementsprechend bildet er schließlich auch den Inhalt des letzten, abschließenden Spiels, dem George den Namen »Wie sag ich's meinem Kinde« gibt (ebd., 128 ff.).

Was dabei für George und Martha jedoch unbewusst bleibt, ist das Begehren, das sie an dieses Konstrukt binden, das sie antreibt, sich eine symbiotische, tabuisierte und letztlich unmögliche Gemeinsamkeit zu erfinden, die sich in ihren Interaktionen niemals bewahrheiten und daher auch nur hier – in ihrem Diskurs des Unbewussten – auf den Platz der Wirklichkeit treten kann. Dieses Begehren wurzelt im Realen ihrer Beziehungslosigkeit, in der Abwesenheit einer tragenden Gemeinsamkeit zwischen ihnen, die es überdeckt; es ist ein verzweifelter Versuch, diese Beziehungslosigkeit unbewusst zu halten, das Reale am Erscheinen zu hindern, um den endgültigen Zusammenbruch abzuwenden.

Diese Bedeutung des imaginären Sohnes, die dem Zuschauer (Fremdbeobachter) am Ende des Stückes erkennbar wird, verändert im Nachhinein die Wahrnehmung der Bedeutungen aller zuvor geführten Diskurse. Auch für unsere diskurstheoretische Analyse ergeben sich von hierher neue Einsichten. Schauen wir vom Diskurs des Unbewussten z.B.

---

236 Sichtbar wird dies vor allem an der Stelle, wo George in auffälliger und für den Zuschauer zunächst unverständlicher Weise mit der sprachlichen Doppeldeutigkeit spielt, ob über »es« (das imaginäre Konstrukt als Konstrukt) oder »ihn« (den vorgestellten Sohn) gesprochen wird:
„MARTHA: Ach, Lass mich in Ruhe. Es tut mir leid, dass ich es erwähnt hab'.
GEORGE: Dass du »ihn« erwähnt hast ... nicht »es« ... *Zu Putzi und Nick:* Martha redet nicht gern davon ... von »ihm« ... Es tut ihr leid, dass sie es ... »ihn« ... in die Welt gesetzt hat." (Ebd., 46)

noch einmal auf den Diskurs der Beziehungswirklichkeit zurück, so können wir jetzt besser die ganze Abgründigkeit und Ambivalenz des Begehrens (a) verstehen, das wir in Georges und Marthas Beziehungsdiskursen agieren sahen. Dieses Begehren erweist sich in seiner imaginären Verdichtung auf den gemeinsamen Sohn als hintergründiger und widersprüchlicher, als wir zunächst vielleicht ahnen konnten; es beinhaltet (in der Bindung an die tabuisierte Imagination) eine tiefe und weitgehend unbewusste Abhängigkeit voneinander. Das imaginäre Bild des anderen, das sowohl auf Seiten von George als auch auf Seiten Marthas zunächst vor allem durch Züge der Verachtung und Entwertung gekennzeichnet zu sein schien, zeigt sich nun als unauflöslich verschlungen mit dem verzweifelten Wunsch nach einer geglückten Zweisamkeit, einer verborgenen Sehnsucht, die so leidenschaftlich ist wie ihre offen ausgetragenen Attacken. Die Unmöglichkeit dieses Begehrens, die Unerträglichkeit seiner Ambivalenz zwischen Liebe und Hass aber ist jener Mangel, der in ihren Beziehungsdiskursen unbewusst bleibt. Es erscheint zwar wiederholt bis hinein in die konkrete Wortwahl eine Abwesenheit in diesen Diskursen[237]; doch hilft der imaginäre Sohn als Konstrukt von klein a George und Martha, dieses Reale ihrer Beziehungslosigkeit immer wieder abzuwehren und in seiner Wirkung unbewusst zu halten. In der Dominanz von klein a über die Wahrnehmung des Anderen *als* Anderen (A) am Platz des Einen drückt sich in ihren Beziehungsdiskursen von daher gesehen die Angst vor dem eigenen Unbewussten aus, die Angst, dass in der Artikulation eines großen Anderen die ganze unerträgliche Widersprüchlichkeit des eigenen Begehrens zur Erscheinung kommen könnte. Das große Andere (A), das von George und Martha gleichermaßen im Diskurs ihrer Beziehungswirklichkeit abgewehrt wird, ist gerade jene Beziehungslosigkeit, die ihrem Begehren allen Boden zu entziehen droht.

Auch im Diskurs des Wissens können wir hinter dem Begehren nach Spiegelung (a) nun das Konstrukt des imaginären Sohnes vermuten, das in die Wahrnehmung der anderen (Nick und Putzi) projektiv hineinspielt. Insbesondere Nick gerät in dem Stück in diese Stellvertreterposition, was sich deutlich im dritten Gesellschaftsspiel (dem »Hausfrauenschänderspiel«) zeigt, in dem Nick von Martha verführt und in eine deutlich ödipale Dreierbeziehung hineingezogen wird. Dies wäre im Einzelnen noch genauer zu untersuchen. Es scheint nahe liegend, dass ein tatsächlicher und nicht nur erfundener Sohn in eine sehr ähnliche Konstellation geraten wäre, dass er überhaupt das Schicksal des bloß imaginären Kindes, eine unmögliche Beziehung möglich machen zu müssen, geteilt hätte.

Es geschieht nun aber noch etwas anderes am Schluss dieses Stückes, weshalb dem Diskurs des Unbewussten eine so wesentliche Bedeutung für sein Verständnis zukommt.

---

237 So etwa wenn Martha George wiederholt als ein »Nichts«, eine »Loch in der Natur« bezeichnet und feststellt, sie ließe sich von ihm scheiden, *wenn es ihn gäbe*, oder wenn George zu der Einsicht gelangt, dass der Punkt, an dem sie sich treffen könnten, seit langem nicht mehr existiert (s.o.).

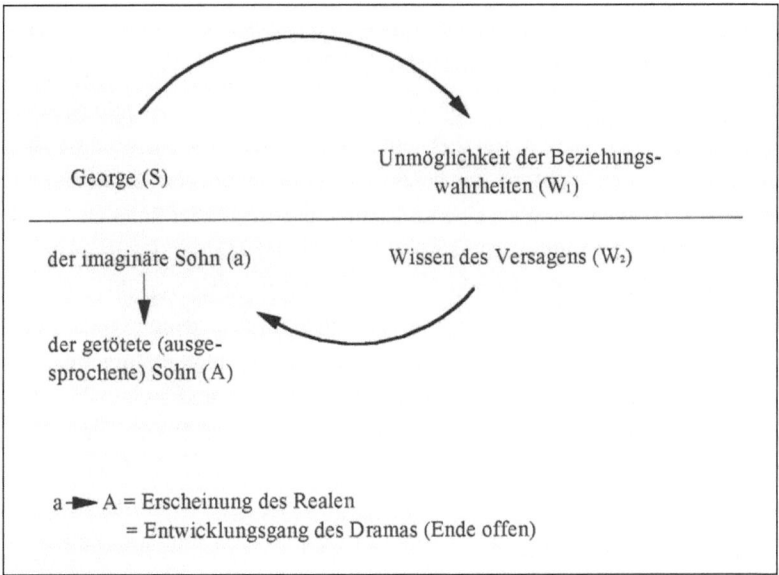

a → A = Erscheinung des Realen
    = Entwicklungsgang des Dramas (Ende offen)

George selbst führt in diesem Diskurs eine wesentliche Veränderung durch, indem er die verborgene Bedeutung des imaginären Sohnes nicht nur für die Außenstehenden zu erkennen gibt – z.B. durch eine Fehlleistung, etwa eine unbeabsichtigte Bemerkung –, sondern dieses imaginäre Konstrukt gezielt und bewusst im gleichen Moment selbst dekonstruiert und damit den Mangel hinter dem Begehren unmittelbar sichtbar werden lässt: er tötet den Sohn, um seine Abwesenheit zu symbolisieren und damit die Bodenlosigkeit des imaginären Begehrens, für das er stand, zu offenbaren. Dies aber verändert auch die übrigen Besetzungen in diesem Diskurs, denn die Tötung des Sohnes symbolisiert das Eingeständnis eines Versagens, eines Unvermögens am Platz der Wirklichkeit; sie ist das Wagnis eines Infragestellens, das die Selbstgewissheiten des Subjekts auf dem Platz des Einen erschüttert. So erscheint am Platz des Anderen nun statt der Wahrheit die Unmöglichkeit und Unhaltbarkeit der bisherigen Beziehungswahrheiten, und am Platz der Konstruktion weicht das Wissen über die gemeinsamen Spielregeln der Einsicht in das Versagen des Wunsches nach Gemeinsamkeit in der Beziehung zwischen George und Martha. Diese Beziehung selbst wird nicht nur für den Fremdbeobachter, sondern zumindest für den Moment auch für George und Martha selbst in ihrer ganzen Unwirklichkeit sichtbar, weil am Platz der Wirklichkeit das Reale nun nicht mehr hinreichend verschleiert und abgewehrt werden kann: es hat sich in den Diskurs eingemischt und hat zu einer Symbolisierung gedrängt (dem symbolischen Mord), die nicht mehr rückgängig zu machen ist.

Als Fremdbeobachter mögen wir die Entwicklung, die im Diskurs des Unbewussten hier schließlich ihre entscheidende Wendung findet, im Nachhinein bis zu ihren Anfängen ganz zu Beginn des Stückes zurückverfolgen. Denn bereits in der allerersten Szene gibt es eine entscheidende Stelle (ebd., 15), die von besonderer Bedeutung für den ganzen weiteren Verlauf des Stückes ist.[238] Nachdem ihre Streiterei erneut an der Frage aufgebrochen ist, wer den Gästen (Nick und Putzi), die eben geläutet haben, die Tür aufmachen soll, gibt George nach („*Liebling, ich tu' alles für dich ...*"), stellt aber zum Ausgleich eine Gegenforderung auf, indem er Martha zunächst bittet und ihr dann befiehlt, den Sohn im Gespräch mit den Fremden nicht zu erwähnen. Er instrumentalisiert damit das imaginäre Grundkonstrukt ihrer Beziehung als eine Meisteraussage (W_1 = der Sohn ist ein Tabu), um Martha in eine inferiore Position zu zwingen (Diskurs der Macht). Er unterstellt ihr, dass sie es ist, die die gemeinsamen Regeln verletzt[239], und verlangt von ihr, sich im Namen einer gemeinsamen Wahrheit (W_1) und unter Berufung auf ihre gemeinsamen Regeln (W_2) ihm unterzuordnen. Damit verletzt er jedoch jene andere Grundregel ihrer Beziehung, wonach keiner dem Anderen sein Verhalten vorschreiben darf, und zwingt Martha, es ihm gleichzutun, indem sie nun ihrerseits den imaginären Sohn als Machtmittel (W_1) instrumentalisiert. Drohend hält sie ihm entgegen: „Es ist genauso mein Junge wie deiner. Wenn ich will, red' ich von ihm." (Albee 1963, 15)

Damit ist nun vorgezeichnet, dass Martha *tatsächlich* von ihm sprechen wird, um in dem von George evozierten Machtdiskurs nicht zu unterliegen. Die Paradoxie ihrer Beziehung, die das Stück entwickelt, ist in Gang gesetzt, denn im Namen der Regeln (W_2), die ihre Beziehung trotz aller Kämpfe bisher in einem prekären Gleichgewicht hielten, werden diese Regeln nun verletzt, bis George schließlich mit dem gleichen Argument, das Martha ihm zu Beginn entgegenhielt – dem Argument, dass er das gleiche Recht hat wie sie, über die Imagination des gemeinsamen Sohnes zu verfügen (ebd., 140 f.) – beschließt, ihn zu töten. Die Wirklichkeit ihrer Beziehung (im Diskurs des Unbewussten) ist damit negiert, das Reale ist als Abwesenheit jeder Gemeinsamkeit, jedes verbindenden Rettungsankers erschienen und hat – vor Zeugen – das imaginäre Band zwischen ihnen subvertiert. Es bleibt am Ende des Stückes offen, ob nach dieser verzweifelten Gewalttat Georges, nach diesem symbolischen Mord als äußerstem Machtmittel, das ihm in ihrem Diskurs unterhalb der offenen Gewaltanwendung noch zur Verfügung stand, nun der tote Sohn anstelle des lebenden zur verbindenden und verbindlichen Wahrheit im Spiel wechselseitiger Abhängigkeit, Unterwerfung und Beherrschung wird, oder ob es Martha und George gelingt, aus dem Verlust solcher Wahrheit im Diskurs der Beziehungswirklichkeit zu einer neuen Offenheit für die Wahrnehmung des Anderen in den wechselseitigen Spiegelungen ihrer Imaginationen zu finden. Die milde gestimmte Schlusspassage, in der der Tumult des Stückes in einer Stille ausklingt, in der Gefühle der Angst und Unsicherheit (auf Seiten Marthas) geäußert werden können und (von George) mit einer zarten, Verständnis bekundenden Geste beantwortet werden, mag zumindest eine Hoffnung auf Versöhnung nahe legen.

---

238 Vgl. dazu auch Watzlawick u.a. (1990, 162 f.).

239 „*... zieh nicht deine Lieblingsnummer ab ...*" (Albee 1963, 15) – gemeint ist das Erwähnen des Sohnes unter Alkoholeinfluss.

„Wir kommen drüber weg", sagt George schließlich zu Martha (ebd., 143). Die Hoffnung bleibt allerdings vage, das Ende des Stückes ist offen. Albee lässt gerade in dieser Schlussszene einen großen Interpretationsspielraum für Regisseur und Schauspieler, die hier durch Mittel wie den Tonfall oder das Tempo der Darbietung verschiedene Deutungen nahe legen können.

Auch für Nick und Putzi bewirkt Georges Gewalttat eine Veränderung. Der Sog, in den sie geraten sind, löst sich in dem Moment auf, in dem am Platz der Wirklichkeit das Reale in Gestalt der Tötung des imaginären Sohnes erscheint, was insbesondere für Nick eine plötzliche Neubewertung der gesamten Situation möglich macht: „Herr im Himmel, ich glaube, ich begreife!" (Ebd., 141) Jetzt wird es ihnen möglich, den ungewollt bis in die Nachtstunden verlängerten Abend zu beenden und sich zu trennen. Die Spiele sind ausgespielt, und George bemerkt leise: „Es ist gleich hell draußen. Ich glaube, die Party ist aus." (Ebd.)

Als Fremdbeobachter (Zuschauer) sehen wir uns so zuletzt in die Offenheit einer Beziehungswirklichkeit zurückgeworfen, deren Wahrheiten fragwürdig geworden sind und die sich am Platz der Konstruktion neue Lösungen erst noch erfinden muss. Für uns selbst mögen wir uns solche Lösungen vorstellen, mögen wir uns ausmalen, welche neuen Wahrheiten, Eingeständnisse und Wahrnehmung für George und Martha in dem Diskurs ihrer Beziehungswirklichkeit an diesem Platz entstehen könnten, nachdem der imaginäre Sohn und damit der Zwang zu einer unmöglichen und nicht lebbaren Gemeinsamkeit zwischen ihnen zerstört worden ist. Das Stück selbst sagt uns nichts darüber, sondern entlässt uns an dieser Stelle in unsere eigenen Beziehungswirklichkeiten. Es mag uns dabei jedoch die Frage bleiben, welches Begehren in unseren eigenen Beziehungen im Diskurs des Unbewussten auf dem Platz der Wirklichkeit sitzt und welches Reale sich dahinter verbirgt. Welche Lösungen finden wir dafür in unseren Beziehungsdiskursen? Wissen wir, wann es Zeit ist, unsere imaginären Kinder zu töten?

Vielfache weitere Überlegungen ließen sich anschließen, um von dieser skizzenhaften und improvisierten Eröffnung einer Diskursanalyse aus weitere Verknüpfungen und Verflechtungen zu untersuchen. Die Wechselbeziehungen zwischen den beiden Paaren, die Verbindungen zwischen ihren jeweiligen Beziehungswahrheiten und Beziehungsgeschichten, konnten zunächst kaum beleuchtet werden. Z.B. scheint mir ein Zusammenhang zwischen Putzis Scheinschwangerschaft – eine Geschichte, die ebenfalls die Imagination eines gemeinsamen Kindes als Grundlage einer Ehebeziehung sowie den realen Mangel ehelicher Kinderlosigkeit symbolisiert – und Georges Entschluss zu bestehen, den imaginären Sohn zu töten. Bildete vielleicht erst diese Geschichte einer Scheinschwangerschaft für George den entscheidenden Antrieb, der es ihm möglich machte, die Scheinhaftigkeit seiner und Marthas gemeinsamer Elternschaft schließlich zu beenden? Ferner bieten sich zum Thema der Ermordung des imaginären Sohnes natürlich weiterführende ödipale Interpretationsmöglichkeiten an, die hier nicht hinreichend berücksichtigt wurden und die insbesondere mit Georges (erfundenen oder tatsächlichen?) Kindheitserlebnissen, d.h. der im Stück mehrfach berichteten oder angedeuteten versehentlichen Tötung beider Eltern, in Zusammenhang gebracht werden müssten. Das Ende ist also offen; wir haben soweit nicht mehr als einen möglichen ersten Einstieg in dieses überaus komplexe und vielschichtige Stück von Edward Albee versucht. Eine konstruktivistische Diskursanalyse, so viel mag immerhin deutlich geworden sein, kann uns dabei helfen, solche Komplexitäten zu erkennen und in einem theoretischen Konstrukt beschreibbar zu machen.

Literaturverzeichnis

Die Werke John Deweys werden nach der kritischen Gesamtausgabe (*Collected Works*) zitiert:

Die vom *Center for Dewey Studies* in Carbondale (Illinois) unter Leitung von Jo Ann Boydston herausgegebene Gesamtausgabe der Werke Deweys enthält insgesamt 37 Bände, die in folgende drei Abschnitte eingeteilt sind. Die Jahresangaben in den runden Klammern bezeichnen die Erscheinungsjahre der Paperbackversion der einzelnen Bände.

The Early Works (EW), Vol. 1–5: 1882–1898. Carbondale & Edwardsville: Southern Illinois University Press / London & Amsterdam: Feffer & Simons (1975).

The Middle Works (MW), Vol. 1–15: 1899–1924. Carbondale & Edwardsville: Southern Illinois University Press (1983, 1985, 1988).

The Later Works (LW), Vol. 1–17: 1925–1953. Carbondale & Edwardsville: Southern Illinois University Press (1988, 1989, 1991).

Die Gesamtausgabe, die durch einen INDEX-Band ergänzt wird, ist heute auch in elektronischer Form erhältlich.

So steht z.B. LW 1, 15 für Later Works, Volume 1, Seite 15.

Weitere Literatur:

Adorno, Theodor W. (1997): Theorie der Halbbildung (1959). In: Ders.: Gesammelte Schriften, Bd. 8, Soziologische Schriften I. Darmstadt (Wissenschaftliche Buchgesellschaft), 93–121.

Albee, Edward (1963): Wer hat Angst vor Virginia Woolf ...? Ein Stück in drei Akten. Frankfurt/M.: Fischer.

Alexander, Thomas M. (1987): John Dewey's Theory of Art, Experience, and Nature. The Horizons of Feeling. Albany (State University of New York Press).

Alexander, T.M. (1995): John Dewey and the Roots of Democratic Imagination. In: Langsdorf, L./Smith, A. R. (Hrsg.): Recovering Pragmatism's Voice. The Classical Tradition, Rorty, and the Philosophy of Communication. Albany (State University of New York Press).

Anderson, Charles W. (1997): Pragmatism, Idealism, and the Aims of Liberal Education. In: Orrill, R. (Hrsg.): Education and Democracy. Re-imagining Liberal Learning in America. New York (College Entrance Examination Board), S. 111–130.

Arnold, Matthew (1998): Culture and Anarchy. Auszüge in: Storey, J.: Cultural Theory and Popular Culture. A Reader. London (Prentice Hall), S. 7–12.

Auernheimer, Georg (1996): Einführung in die interkulturelle Erziehung. 2. Aufl., Darmstadt (Primus).

Auernheimer, Georg (2003): Einführung in die interkulturelle Pädagogik. 3. Aufl., Darmstadt (Wissenschaftliche Buchgesellschaft).

Balibar, Etienne (1990): Gibt es einen »Neo-Rassismus«? In: Balibar, E./Wallerstein, I.: Rasse, Klasse, Nation. Hamburg, Berlin (Argument-Verlag).

Bauman, Zygmunt (1993 a): Postmodern Ethics. Oxford (Basil Blackwell).

Bauman, Zygmunt (1993 b): Modernity and Ambivalence. Cambridge, Oxford, Boston (Polity Press).

Bauman, Zygmunt (1997): Postmodernity and its Discontents. Cambridge, Oxford, Boston (Polity Press).

Bauman, Zygmunt (1999): Unbehagen in der Postmoderne. Hamburg (Hamburger Ed).

Bauman, Zygmunt (2000): Liquid Modernity. Cambridge, Oxford, Boston (Polity Press).

Bauman, Zygmunt (2004): Wasted Lives. Modernity and its Outcasts. Cambridge, Oxford, Boston (Polity Press).

Beck, Ulrich (1986): Risikogesellschaft. Auf dem Weg in eine andere Moderne. Frankfurt/M. (Suhrkamp).

Benhabib, Seyla (1999): Kulturelle Vielfalt und demokratische Gleichheit. Politische Partizipation im Zeitalter der Globalisierung. Frankfurt/M. (Fischer).

Benhabib, Seyla/Butler, Judith/Cornell, Drucilla/Fraser, Nancy (1995): Feminist Contentions. A Philosophical Exchange. New York, London (Routledge).

Bernstein, Richard J. (1967): John Dewey. New York (Washington Square Press).

Bernstein, Richard J. (1983): Beyond Objectivism and Relativism. Philadelphia (University of Pennsylvannia Press).

Bernstein, Richard J. (1992): Incommensurability and Otherness Revisited. In: Bernstein, R. J.: The New Constellation. The Ethical-Political Horizons of Modernity/Postmodernity. Cambridge, Massachusetts (MIT Press), S. 57–78.

Bernstein, Richard J. (1998): Community in the Pragmatic Tradition. In: Dickstein, M. (Hrsg.): The Revival of Pragmatism. Durham and London (Duke University Press), S. 141–156.

Bhabha, Homi K. (1994): The Location of Culture. London, New York (Routledge).

Bhabha, Homi K. (1996): Culture's In-Between. In: Hall, St./Du Gay, P. (Hrsg.): Questions of Cultural Identity. London, Thousand Oaks, New Delhi (Sage), S. 53–60.

Bittner, Stefan (2001): Learning by Dewey? John Dewey und die Deutsche Pädagogik 1900-2000. Bad Heilbrunn/Obb. (Klinkhardt).

Blankertz, Herwig (2000): Theorien und Modelle der Didaktik. 14. Aufl., Weinheim, München (Juventa).

Bohnsack, Fritz (1976): Erziehung zur Demokratie. John Deweys Pädagogik und ihre Bedeutung für die Reform unserer Schule. Ravensburg (Otto Maier).

Boisvert, Raymond D. (1988): Dewey's Metaphysics. New York (Fordham University Press).

Boisvert, Raymond D. (1992): Metaphysics as the Search for Paradigmatic Instances. In: Transactions of the Charles S. Peirce Society. A Quarterly Journal in American Philosophy. Vol. XXVIII, No. 2 (Spring 1992). Greenwood, Florida (Penkeville Publishing Company).

Boisvert, Raymond D. (1998): Dewey's Metaphysics: Ground-Map of the Prototypically Real. In: Hickman, L. (Hrsg.): Reading Dewey – Interpretations for a Postmodern Generation. Bloomington and Indianapolis (Indiana University Press), S. 149–165.

Boisvert, Raymond D. (2003): As Dewey Was Hegelian, So We Should Be Deweyan. In: Gavin, W. J. (Hrsg..): In Dewey's Wake. Unfinished Work of Pragmatic Reconstruction. Albany (State University of New York Press), S. 89–108.

Bollenbeck, Georg (1994): Bildung und Kultur. Glanz und Elend eines deutschen Deutungsmusters. Frankfurt/M. (Insel).

Bourdieu, Pierre (1998) : Die biographische Illusion. In: Praktische Vernunft. Zur Theorie des Handelns. Frankfurt/M. (Suhrkamp), S. 75–83.

Bradley, Harriet (1992): Changing Social Divisions: Class, Gender and Race. In: Bocock, R./Thompson, K. (Hrsg.): Social and Cultural Forms of Modernity. Cambridge, Oxford (Polity Press & Open University), S. 11–67.

Bronfen, Elisabeth/Marius, Benjamin/Steffen, Therese (1997, Hrsg.): Hybride Kulturen. Beiträge zur anglo-amerikanischen Multikulturalismusdebatte. Tübingen (Stauffenburg).

Brunkhorst, Hauke (1998, Hrsg.): Demokratischer Experimentalismus. Politik in der komplexen Gesellschaft. Frankfurt/M. (Suhrkamp).

Büchter-Römer, Ute (2005): Lebensplanung und Lebensrealität. Fanny Hensel, Clara Schumann, Johanna Kinkel – und heute? In: Aschermann, E./Kaiser-el-Safti, M. (Hrsg.): Frauen antizipieren Zukunft III. Interdisziplinäre Beiträge zur Frauenforschung. Biographie: Zwischen Lebenslauf und Lebensplan. Köln: VUB Gilde, S. 91–107.

Burckhart, Holger/Reich, Kersten (2000): Begründung von Moral. Diskursethik versus Konstruktivismus – eine Streitschrift. Würzburg (Königshausen und Neumann).

Burke, Thomas (1994): Dewey's New Logic: A Reply to Russell. Chicago (University of Chicago Press).

Butler, Judith (1990): Gender Trouble. Feminism and the Subversion of Identity. New York, London (Routledge).

Butler, Judith/Laclau, Ernesto/Zizek, Slavoj (2000): Contingency, Hegemony, Universality. Contemporary Dialogues on the Left. London, New York (Verso).

Butler, Judith (2003): Kritik der ethischen Gewalt. Frankfurt/M. (Suhrkamp).

Campbell, James (1992): The Community Reconstructs. The Meaning of Pragmatic Social Thought. Urbana & Chicago (University of Illinois Press).

Campbell, Sue (1994): Being Dismissed – The Politics of Emotional Expression. In: Hypatia, Vol. 9, no. 3, S. 46–65.

Caspary, William R. (2000): Dewey on Democracy. Ithaca & London (Cornell University Press).

Chambers, Iain/Curti, Lidia (1996, Hrsg.): The Post-colonial Question. Common Skies, Divided Horizons. London, New York (Routledge).

Critchley, Simon/Derrida, Jacques/Laclau, Ernesto/Rorty, Richard (1996): Deconstruction and Pragmatism. Edited by Chantal Mouffe. London, New York (Routledge).

Csikszentmihalyi, Mihaly (1997): Kreativität. Stuttgart (Klett-Cotta).

Cuffaro, Harriet K. (1995): Experimenting with the World. John Dewey and the Early Childhood Classroom. New York, London (Teachers College Press).

Dahlmanns, Claus (2008): Die Geschichte des modernen Subjekts. Michel Foucault und Norbert Elias im Vergleich. Reihe Interaktionistischer Konstruktivismus, Vol. 6 (hg. v. Kersten Reich und Stefan Neubert). Münster et al. (Waxmann).

Dalton, Thomas C. (2002): Becoming John Dewey. Bloomington (Indiana University Press).

Deleuze, Gilles (1991): Was ist ein Dispositiv? In: Ewald, F./Waldenfels, B. (Hrsg.): Spiele der Wahrheit. Michel Foucaults Denken. Frankfurt/M. (Suhrkamp), S. 151–162.

Deleuze, Gilles (1995): Die Falte. Leibniz oder der Barock. Frankfurt/M. (Suhrkamp).

Deleuze, Gilles (1997 a): Das Bewegungs-Bild. Kino 1. Frankfurt/M. (Suhrkamp).

Deleuze, Gilles (1997 b): Das Zeit-Bild. Kino 2. Frankfurt/M. (Suhrkamp).

Deleuze, Gilles/Guattari, Félix (1997): Tausend Plateaus. Berlin (Merve).

Dewey, John (1980/1988): Kunst als Erfahrung. Frankfurt/M. (Suhrkamp).

Dewey, John (1993): Demokratie und Erfahrung. Eine Einleitung in die philosophische Pädagogik. Hrsg. v. Jürgen Ölkers. Übers. v. Erich Hylla. Weinheim & Basel (Beltz).

Dewey, John (1995): Erfahrung und Natur. Übers. v. Martin Suhr. Frankfurt/M. (Suhrkamp).

Dewey, John (1998): Die Suche nach Gewißheit. Eine Untersuchung des Verhältnisses von Erkenntnis und Handeln. Übers. v. Martin Suhr. Frankfurt/M. (Suhrkamp).

Dewey, John (2001): Die Öffentlichkeit und ihre Probleme. Hrsg. v. Hans-Peter Krüger, übers. v. Wolf-Dietrich Junghanns. Berlin, Wien (Philo).

Dewey, John (2002): Logik – die Theorie der Foschung. Übers. v. Martin Suhr. Frankfurt/M. (Suhrkamp).

Dewey, John (2003): Philosophie und Zivilisation. Übers. v. Martin Suhr. Frankfurt/M. (Suhrkamp).

Dickstein, Morris (1998, Hrsg.): The Revival of Pragmatism. New Essays on Social Thought, Law, and Culture. Durham, London (Duke University Press).

During, Simon (1999, Hrsg.): The Cultural Studies Reader, 2nd ed. London, New York (Routledge).

Dykhuizen, G. (1973): The Life and Mind of John Dewey. Carbondale, Edwardsville (Southern Illinois University Press).

Eco, Umberto (1977): Zeichen. Einführung in einen Begriff und seine Geschichte. Frankfurt/M. (Suhrkamp).

Eldridge, Michael (1998): Transforming Experience. John Dewey's Cultural Instrumentalism. Nashville & London (Vanderbilt University Press).

Eldridge, Michael (2004): Dewey on Race and Social Change. In: Lawson, B. E./Koch, D. F. (Hrsg.): Pragmatism and the Problem of Race. Bloomington and Indianapolis (Indiana University Press), S. 11–21.

Elias, Norbert (1976): Über den Prozess der Zivilisation. Soziogenetische und psychogenetische Untersuchungen. Erster Band. Wandlungen des Verhaltens in den westlichen Oberschichten des Abendlandes. Frankfurt/M. (Suhrkamp).

Engler, Ulrich (1992): Kritik der Erfahrung. Die Bedeutung der ästhetischen Erfahrung in der Philosophie John Deweys. Würzburg (Königshausen & Neumann).

Finkel, Donald L. (2000): Teaching With Your Mouth Shut. Portsmouth, NH (Boynton/Cook Publishers).

Fish, Stanley (1998): Truth and Toilets – Pragmatism and the Practices of Life. In: Dickstein, M. (Hrsg.): The Revival of Pragmatism. New Essays on Social Thought, Law, and Culture. Durham, London (Duke University Press), S. 418–433.

Fishman, Stephen M. / McCarthy, Lucille (1998): John Dewey and the Challenge of Classroom Practice. New York, London (Teachers College Press.)

Foucault, Michel (1976): Überwachen und Strafen. Frankfurt/M. (Suhrkamp).

Foucault, Michel (1978): Dispositive der Macht. Über Sexualität, Wissen und Wahrheit. Berlin (Merve).

Foucault, Michel (1981 a): The Order of Discourse. In: Young, R. (Hrsg.): Untying the Text – A Post-Structuralist Reader. Boston (Routledge & Kegan Paul), S. 48–78.

Foucault, Michel (1981 b): Archäologie des Wissens. Frankfurt/M. (Suhrkamp).

Foucault, Michel (1989): Michel Foucault oder die Sorge um die Wahrheit. In: Ewald, F. (Hrsg.), Pariser Gespräche. Berlin (Merve).

Foucault, Michel (1991): Die Ordnung des Diskurses. Frankfurt/M. (Fischer).

Foucault, Michel (1999): Der Wille zum Wissen. Sexualität und Wahrheit (Bd.1), 11. Aufl., Frankfurt/M. (Suhrkamp).

Fraser, Nancy (1994): Rethinking the Public Sphere: A Contribution to the Critique of Actually Existing Democracy. In: Giroux, H. A./McLaren, P. (Hrsg.): Between Borders. Pedagogy and the Politics of Cultural Studies. New York, London (Routledge), S. 74–98.

Fraser, Nancy (1998): Another Pragmatism – Alain Locke, Critical 'Race' Theory, and the Politics of Culture. In: Dickstein, M. (Hrsg.): The Revival of Pragmatism. New Essays on Social Thought, Law, and Culture. Durham, London (Duke University Press), S. 157–175.

Fromm, Erich (1980): Die Furcht vor der Freiheit. 12. Aufl. Frankfurt/M. (Europäische Verlagsanstalt).

Garrison, Jim (1995, Hrsg.): The New Scholarship on Dewey. Dordrecht, Boston, London (Kluwer Academic Publishers).

Garrison, Jim (1996): A Deweyan Theory of Democratic Listening. In: Educational Theory, S. 429–451.

Garrison, Jim (1997 a): An Alternative to Von Glasersfeld's Subjectivism in Science Education: Deweyan Social Constructivism. In: Science & Education 6, S. 301–312.

Garrison, Jim (1997 b): Dewey and Eros. Wisdom and Desire in the Art of Teaching. New York and London (Teachers College Press).

Garrison, Jim (1998): John Dewey's Philosophy as Education. In: Hickman, L. A. (Hrsg.): Reading Dewey – Interpretations for a Postmodern Generation. Bloomington and Indianapolis (Indiana University Press). S. 63–81.

Garrison, Jim (2004): Deweys Konstruktivismus – Vom Reflexbogenkonzept zum sozialen Konstruktivismus. In: Hickman, L. A./Neubert, S./Reich, K. (Hrsg.): John Dewey – Zwischen Pragmatismus und Konstruktivismus. Münster, New York, München, Berlin (Waxmann), S. 59–75.

Garrison, Jim (2008, Hrsg.): Reconstructing Democracy, Recontextualizing Dewey. Pragmatism and Interactive Constructivism in the Twenty-first Century. Albany (State University of New York Press).

Garrison, Jim/Hickman, Larry/Neubert, Stefan/Reich, Kersten/Stikkers, Ken (2004): Dewey zwischen Pragmatismus und Konstruktivismus – eine Diskussion. In: Hickman, L. A./Neubert, S./Reich, K. (Hrsg.): John Dewey – Zwischen Pragmatismus und Konstruktivismus. Münster, New York, München, Berlin (Waxmann), S. 163–200.

Garrison, Jim/Neubert, Stefan (2005): Bausteine für eine Theorie des kreativen Zuhörens. In: Voß, Reinhard (Hrsg.): LernLust und EigenSinn. Systemisch-konstruktivistische Lernwelten. Heidelberg (Carl Auer), S. 109–120.

Garrison, Jim/Neubert, Stefan/Reich, Kersten (2012): John Dewey's Philosophy of Education – An Introduction and Recontextualization for Our Times. New York (Palgrave Macmillan, forthcoming).

Gavin, William J. (2003): Contexts Vibrant and Contexts Souring. In: Gavin, W. J. (ed.), In Dewey's Wake, S. 63–85.

Gavin, William J. (2003, Hrsg.): In Dewey's Wake. Unfinished Work of Pragmatic Reconstruction. Albany (State University of New York Press).

Giroux, Henry A. (1992): Border Crossings. Cultural Workers and the Politics of Education. New York, London (Routledge).

Giroux, Henry A. (1993): Living Dangerously. Multiculturalism and the Politics of Difference. New York, Washington D.C./Baltimore et al. (Lang).

Giroux, Henry A. (1994): Disturbing Pleasures. Learning Popular Culture. New York, London (Routledge).

Giroux, Henry A. (1996): Living Dangerously. Multiculturalism and the Politics of Difference. New York, Washington D.C./Baltimore et al. (Lang).

Giroux, Henry A. (1997): Border Pedagogy in the Age of Postmodernism. In: Giroux, H. A.: Pedagogy and the Politics of Hope, S. 147–163.

Giroux, Henry A. (1997): Pedagogy and the Politics of Hope. Theory, Culture, and Schooling. Boulder, Col. (Westview).

Giroux, Henry A./McLaren, Peter (1994, Hrsg.): Between Borders. Pedagogy and the Politics of Cultural Studies. New York, London (Routledge).

Good, James /Velody, Irving (1998, Hrsg.): The Politics of Postmodernity. Cambridge (University Press).

Goodman, Russell B. (1995, Hrsg.): Pragmatism. A Contemporary Reader. New York/ London (Routledge).

Granger, David A. (2006): John Dewey, Robert Pirsig, and the Art of Living. Revisioning Aesthetic Education. New York et al. (Palgrave MacMillan).

Green, Judith M. (1999): Deep Democracy. Lanham, Boulder, New York, Oxford (Rowman and Littlefield).

Green, Judith M. (2002): Deepening Democratic Transformation – Deweyan Individuation and Pragmatist Feminism. In: Seigfried, C. H. (Hrsg.): Feminist Interpretations of John Dewey. University Park, Penn. (Pennsylvania State University Press), S. 260–277.

Green, Judith M./Neubert, Stefan/Reich, Kersten (2012, Hrsg.): Pragmatism and Diversity – Dewey in the Context of Late Twentieth-Century Debates. New York (Palgrave Macmillan).

Grossberg, Lawrence (1994): Introduction: Bringin' It All Back Home – Pedagogy and Cultural Studies. In: Giroux, H.A./McLaren, P. (Hrsg.): Between Borders. Pedagogy and the Politics of Cultural Studies. New York, London (Routledge), S. 1–25.

Grossberg, Lawrence (1996): Identity and Cultural Studies - Is That All There Is? In: Hall, St./Du Gay, P. (Hrsg.): Questions of Cultural Identity. London, Thousand Oaks, New Delhi (Sage), S. 87–107.

Grossberg, Lawrence/Nelson, Cary/Treichler, Paula (1992, Hrsg.): Cultural Studies. New York, London (Routledge).

Habermas, Jürgen (1984): The Theory of Communicative Action. Volume 1. Boston (Beacon Press).

Habermas, Jürgen (1987 a): The Theory of Communicative Action. Volume 2. Boston (Beacon Press).

Habermas, Jürgen (1987 b): The Philosophic Discourse of Modernity. Oxford (Polity Press).

Hall, Stuart (1992 a): The West and the Rest – Discourse and Power. In: Hall, St./Gieben, B. (Hrsg.): Formations of Modernity. Cambridge, Oxford (Polity Press, Blackwell Publishers and The Open University), S. 275–331.

Hall, Stuart (1992 b): The Question of Cultural Identity. In: Hall, St./Held, D./McGrew, T. (Hrsg.): Modernity and Its Futures. Cambridge (Polity Press), S. 273–325.

Hall, Stuart (1994): Die Frage der kulturellen Identitäten. In: Hall, St.: Rassismus und kulturelle Identität. Ausgewählte Schriften 2. Hamburg (Argument), S. 180–222.

Hall, Stuart (1996a): Introduction – Who Needs ‚Identity‘? In: Hall, St/Du Gay, P. (Hrsg.): Questions of Cultural Identity. London, Thousand Oaks, New Delhi (Sage), S. 1–17.

Hall, Stuart (1996 b): When was ‚the Post-colonial‘? Thinking at the Limit. In: Chambers, I./Curti, L. (Hrsg.): The Post-colonial Question. Common Skies, Divided Horizons. London, New York (Routledge), S. 242–260.

Hall, Stuart (1996 c): Critical Dialogues in Cultural Studies. Edited by David Morley and Kuan-Hsing Chen. London, New York (Routledge).

Hall, Stuart (1997 a, Hrsg.): Representation. Cultural Representations and Signifying Practices. London, Thousand Oaks, New Delhi (Sage).

Hall, Stuart (1997 b): The Work of Representation. In: Hall, St. (Hrsg.): Representation, S. 13–74.

Hall, Stuart (1997 c): The Spectacle of the ‚Other‘. In: Hall, St. (Hrsg.): Representation, S. 223–290.

Hall, Stuart (1999): Cultural Studies and Its Theoretical Legacies. In: During, S. (Hrsg.): The Cultural Studies Reader, 2nd ed. London, New York (Routledge), S. 97–109.

Hall, Stuart/Du Gay, Paul (1996, Hrsg.): Questions of Cultural Identity. London, Thousand Oaks, New Delhi (Sage).

Hardt, Michael/Negri, Antonio (2001): Empire. Cambridge, Mass. & London (Harvard University Press).

Hardt, Michael/Negri, Antonio (2005): Multitude. War and Democracy in the Age of Empire. London (Penguin Books).

Hartmann, Dirk/Janich, Peter (1996): Methodischer Kulturalismus. Zwischen Naturalismus und Postmoderne. Frankfurt/M. (Suhrkamp).

Hartmann, Dirk/Janich, Peter (1998): Kulturalistische Wende. Zur Orientierung des philosophischen Selbstverständnisses. Frankfurt/M. (Suhrkamp).

Haskins, Casey/Seiple, David I. (1999, Hrsg.): Dewey Reconfigured. Albany (State University of New York Press).

Heitmeyer, Wilhelm/Müller, Joachim/Schröder, Helmut (1997): Verlockender Fundamentalismus. Türkische Jugendliche in Deutschland. Frankfurt/M. (Suhrkamp).

Hickman, Larry A. (1998, Hrsg.): Reading Dewey – Interpretations for a Postmodern Generation. Bloomington and Indianapolis (Indiana University Press).

Hickman, Larry A. (2000): Habermas' Unresolved Dualism: *Zweckrationalität* as *Idée Fixe*. In: Hahn, L. E. (Hrsg.): Perspectives on Habermas. Chicago and La Salle (Open Court), S. 501–513.

Hickman, Larry A. (2001): Philosophical Tools for Technological Culture. Putting Pragmatism to Work. Bloomington & Indianapolis (Indiana University Press).

Hickman, Larry A. (2004 a): Pragmatismus, Konstruktivismus und Grundfragen einer Philosophie der Technologie. In: Hickman, L. A./Neubert, S./Reich, K. (Hrsg.): John Dewey – Zwischen Pragmatismus und Konstruktivismus. Münster, New York, München, Berlin (Waxmann), S. 99–113.

Hickman, Larry A. (2004 b): John Dewey – Leben und Werk. In: Hickman, L. A./Neubert, S./Reich, K. (Hg.), John Dewey – Zwischen Pragmatismus und Konstruktivismus. Münster, New York, München, Berlin (Waxmann), S. 1–12.

Hickman, Larry A. (2007): Pragmatism as Post-Postmodernism. Lessons from John Dewey. New York (Fordham University Press.).

Hickman, Larry A./Alexander, Thomas M. (1998, Hrsg.): The Essential Dewey. 2 Vol. Bloomington (Indiana University Press).

Hickman, Larry A./Neubert, Stefan/Reich, Kersten (2004, Hrsg.): John Dewey – Zwischen Pragmatismus und Konstruktivismus. Münster, New York, München, Berlin (Waxmann).

Hickman, Larry A./Neubert, Stefan/Reich, Kersten (2009, Hrsg.): John Dewey Between Pragmatism and Constructivism. New York (Fordham University Press).

Hollinger, Robert (1996): The Dark Side of Liberalism. Westport (Praeger).

Horlacher, Rebekka/Oelkers, Jürgen (2002, Hrsg.): John Dewey: Pädagogische Aufsätze und Abhandlungen 1900–1944. Zürich (Pestalozzianum).

Hörning, Karl H./Winter, Rainer (1999, Hrsg.): Widerspenstige Kulturen. Cultural Studies als Herausforderung. Frankfurt/M. (Suhrkamp).

Jackson, Philip W. (1998): John Dewey and the Lessons of Art. New Haven, London (Yale University Press).

James, William (1958): Talks to Teachers on Psychology and to Students on Some of Life's Ideals. New York (Holt).

Jank, Werner/Meyer, Hilbert (1994): Didaktische Modelle. 3. Aufl., Berlin (Cornelsen Scriptor).

Joas, Hans (1989): Praktische Intersubjektivität. Die Entwicklung des Werkes von G. H. Mead. Frankfurt/M. (Suhrkamp).

Joas, Hans (1992 a): Amerikanischer Pragmatismus und deutsches Denken. Zur Geschichte eines Missverständnisses. In: Joas, H.: Pragmatismus und Gesellschaftstheorie, S. 114–145.

Joas, Hans (1992 b): Pragmatismus und Gesellschaftstheorie. Frankfurt/M. (Suhrkamp).

Joas, Hans (1996): Die Kreativität des Handelns. Frankfurt/M. (Suhrkamp).

Joas, Hans (1997): Die Entstehung der Werte. Frankfurt/M. (Suhrkamp).

Joas, Hans (2000, Hrsg.): Philosophie der Demokratie. Beiträge zum Werk von John Dewey. Frankfurt/M. (Suhrkamp).

Jörke, Dirk (2003): Demokratie als Erfahrung. John Dewey und die politische Philosophie der Gegenwart. Wiesbaden (Westdeutscher Verlag).

Kestenbaum, Victor (1977): The Phenomenological Sense of John Dewey – Habit and Meaning. Atlantic Highlands, N.J. (Humanities Press).

Kincheloe, Joe (1996): Introduction. In: Giroux, H. A.: Living Dangerously. Multiculturalism and the Politics of Difference. New York, Washington D.C./Baltimore et al. (Lang).

Klafki, Wolfgang (1985): Neue Studien zur Bildungstheorie und Didaktik. Beiträge zur kritisch-konstruktiven Didaktik. Weinheim, Basel (Beltz).

Kloppenberg, James T. (1997): Cosmopolitan Pragmatism – Deliberative Democracy and Higher Education. In: Orrill, R. (Hrsg.): Education and Democracy. Re-imagining Liberal Learning in America. New York (College Entrance Examination Board), S. 69–110.

Kloppenberg, James T. (1998): Pragmatism – An Old Name for Some New Ways of Thinking? In: Dickstein, M. (Hrsg.): The Revival of Pragmatism. New Essays on Social Thought, Law, and Culture. Durham, London (Duke University Press), S. 83–127.

Koller, Hans-Christoph (1999): Bildung und Widerstreit. Zur Struktur biographischer Bildungsprozesse in der (Post-)Moderne. München (Fink).

Lacan, Jacques (1991): Das Spiegelstadium als Bildner der Ichfunktion (1949). In: Lacan, J., Schriften I. Weinheim, Berlin (Quadriga), S. 61–70.

Laclau, Ernesto (1990): New Reflections on the Revolution of Our Time. London, New York (Verso).

Laclau, Ernesto (1999): Dekonstruktion, Pragmatismus, Hegemonie. In: Mouffe, Ch. (Hrsg.): Dekonstruktion und Pragmatismus. Demokratie, Wahrheit und Vernunft. Wien (Passagen), S. 111–153.

Laclau, Ernesto/Mouffe, Chantal (1991): Hegemonie und radikale Demokratie. Zur Dekonstruktion des Marxismus. *(Orig.: Hegemony and Socialist Strategy. Towards a radical democratic politics.)* Wien (Passagen).

Langsdorf, Lenore/Smith, Andrew R. (1995, Hrsg.): Recovering Pragmatism's Voice. The Classical Tradition, Rorty, and the Philosophy of Communication. Albany (State University of New York Press).

Luhmann, Niklas (1988): Soziale Systeme. 2. Aufl., Frankfurt/M. (Suhrkamp).

Lutter, Christina/Reisenleitner, Markus (1998): Cultural Studies. Eine Einführung. Wien (Turia und Kant).

Lyotard, Jean-François (1984): The Postmodern Condition. A Report on Knowledge. Minneapolis (University of Minnesota Press).

Lyotard, Jean-François (1986): Das postmoderne Wissen. Ein Bericht. Wien (Passagen).

Lyotard, Jean-François (1989): Der Widerstreit. 2. Aufl., München (Fink).

Martin, Jay (2002): The Education of John Dewey. A Biografy. New York (Columbia University Press).

Mayhew, Katherine C./Edwards, Anna C. (1966): The Dewey School. New York (Atherton).

McRobbie, Angela (1992): Post-Marxism and Cultural Studies – A Post-script. In: Grossberg, L./Nelson, C./Treichler, P. (Hrsg.): Cultural Studies. New York, London (Routledge), S. 719–730.

Mead, George Herbert (1934/1977): On Social Psychology. Selected Papers edited by Anselm Strauss. Chicago and London (University of Chicago Press).

Mead, George Herbert (1967): Mind, Self, and Society. Chicago & London (University of Chicago Press).

Memmi, Albert (1992): Rassismus. Hamburg (Europ. Verl.-Anst.).

Mouffe, Chantal (1996): Deconstruction, Pragmatism, and the Politics of Democracy. In: Mouffe, C. (Hrsg.): Deconstruction and Pragmatism, S. 1–12.

Mouffe, Chantal (1996, Hrsg.): Deconstruction and Pragmatism. Simon Critchley, Jacques Derrida, Ernesto Laclau & Richard Rorty. London, New York (Routledge).

Mouffe, Chantal (1999): Dekonstruktion, Pragmatismus und die Politik der Demokratie. In: Mouffe, C. (Hrsg.): Dekonstruktion und Pragmatismus. S. 11–35.

Mouffe, Chantal (1999, Hrsg.): Dekonstruktion und Pragmatismus. Demokratie, Wahrheit und Vernunft. Wien (Passagen).

Mouffe, Chantal (2000): The Democratic Paradox. London, New York (Verso).

Münkler, Herfried (2002): Die neuen Kriege. Reinbek bei Hamburg (Rowohlt).

Nelson, Cary/Treichler, Paula/Grossberg, Lawrence (1992): Cultural Studies – An Introduction. In: Grossberg, L./Nelson, C./Treichler, P. (Hrsg.): Cultural Studies. New York, London (Routledge), S. 1–16.

Neubert, Stefan (1998 a): Erkenntnis, Verhalten und Kommunikation. John Deweys Philosophie des „experience" in interaktionistisch-konstruktivistischer Interpretation. Münster, New York, München, Berlin (Waxmann).

Neubert, Stefan (1998 b): Der Diskurs der Demokratie bei John Dewey. In: Das Argument. Zeitschrift für Philosophie und Sozialwissenschaften, Heft 227, S. 631–644.

Neubert, Stefan (1999): John Deweys „Kunst als Erfahrung" – Anmerkungen zu einer misslungenen Übersetzung. In: Jahrbuch für Historische Bildungsforschung, Band 5. Bad Heilbrunn/Obb. (Julius Klinkhardt), S. 289–300.

Neubert, Stefan (2003 a): Some Perspectives of Interactive Constructivism on the Theory of Education. University of Cologne: http://konstruktivismus.uni-koeln.de (s. Texte: Introduction).

Neubert, Stefan (2003 b): Konstruktivistische Diskurstheorie – Überlegungen zu Edward Albees „Wer hat Angst vor Virginia Woolf ...?" Universität zu Köln, 2003 (http://www.uni-koeln.de/ew-fak/konstrukt/texte).

Neubert, Stefan (2004 a): Eine neue (Allgemein-)Bildung? Herausforderungen durch die ‚Cultural Studies'. In: Tertium Comparationis. Journal für International und Interkulturell Vergleichende Erziehungswissenschaft, Vol. 10, Nr. 1. Münster, New York, München, Berlin (Waxmann), S. 82–104.

Neubert, Stefan (2004 b): Pragmatismus, Konstruktivismus und Kulturtheorie. In: Hickman, L. A./Neubert, S./Reich, K. (Hrsg.): John Dewey – Zwischen Pragmatismus und Konstruktivismus. Münster, New York, München, Berlin (Waxmann), S. 114–131.

Neubert, Stefan (2004 c): Pragmatismus – thematische Vielfalt in Deweys Philosophie und in ihrer heutigen Rezeption. In: Hickman, L. A./Neubert, S./Reich, K. (Hrsg.): John Dewey – Zwischen Pragmatismus und Konstruktivismus. Münster, New York, München, Berlin (Waxmann), S. 13–27.

Neubert, Stefan (2006): John Dewey (1859–1952) – Erziehung zur Demokratie. In: Dollinger, Bernd (Hrsg.): Klassiker der Pädagogik. Wiesbaden (VS Verlag), S. 221–46.

Neubert, Stefan (2008 a): Konstruktivismus, Demokratie und Multikultur. Konstruktivistische Überlegungen zu ausgewählten theoretischen Grundlagen der anglo-amerikanischen Multikulturalismusdebatte. In: Neubert, S./Roth, H.-J./Yildiz, E. (Hrsg.): Multikulturalität in der Diskussion. Neuere Beiträge zu einem umstrittenen Konzept. 2. Aufl., Wiesbaden (VS Verlag), S. 63–99.

Neubert, Stefan (2008 b): Dewey's Pluralism Reconsidered – Pragmatist and Constructivist Perspectives on Diversity and Difference. In: Garrison, J. (Hrsg.): Reconstructing Democracy, Recontextualizing Dewey. Pragmatism and Interactive Constructivism in the Twenty-first Century. Albany (State University of New York Press), S. 89–117.

Neubert, Stefan (2009): Pragmatism, Constructivism, and the Theory of Culture. In: Hickman, L. A./Neubert, S./Reich, K. (Hrsg.): John Dewey Between Pragmatism and Constructivism. New York (Fordham University Press), S. 162–184.

Neubert, Stefan/Reich, Kersten (2000): Die konstruktivistische Erweiterung der Diskurstheorie – eine Einführung in die interaktionistisch-konstruktive Sicht von Diskursen. In: Burckhart, H./Gronke, H./Brune, J. P. (Hrsg.): Die Idee des Diskurses. Interdisziplinäre Annäherungen. Markt Schwaben (Eusl), S. 43–74.

Neubert, Stefan/Reich, Kersten (2001): The Ethnocentric View. Constructivism and the Practice of Intercultural Discourse. In: Cope, B./Kalantzis, M. (Hrsg.): Learning for the Future. Proceedings of the Learning Conference 2001. Australia (Common Ground Publishing): http://www.theLearner.com.

Neubert, Stefan/Reich, Kersten (2002): Toward a Constructivist Theory of Discourse. University of Cologne: http://konstruktivismus.uni-koeln.de (s. Texte: English).

Neubert, Stefan/Reich, Kersten (2006): The Challenge of Pragmatism for Constructivism – Some Perspectives in the Programme of Cologne Constructivism. In: Journal of Speculative Philosophy, Volume 20, Number 3, University Park, PA (Pennsylvania State University Press), S. 165–191.

Neubert, Stefan/Reich, Kersten (2008): Perspectives of Pragmatism – The Cologne Video Project and the Dialogue between Pragmatism and Constructivism (http://www.hf.uni-koeln.de/dewey/31679).

Neubert, Stefan/Reich, Kersten/Voß, Reinhard (2001): Lernen als konstruktiver Prozess. In: Hug, Th. (Hrsg.): Wie kommt Wissenschaft zu Wissen. Bd. 1: Einführung in das wissenschaftliche Arbeiten. Baltmannsweiler (Schneider), S. 253–265.

Neubert, Stefan/Roth, Hans-Joachim/Yildiz, Erol (2002, Hrsg.): Multikulturalität in der Diskussion. Neuere Beiträge zu einem umstrittenen Konzept. Opladen (Leske & Budrich).

Neubert, Stefan/Roth, Hans-Joachim/Yildiz, Erol (2008): Einleitung: Multikulturalismus – ein umstrittenes Konzept. In: Neubert, S./Roth, H.-J./Yildiz, E. (Hrsg.): Multikulturalität in der Diskussion, S. 9–29.

Neubert, Stefan/Roth, Hans-Joachim/Yildiz, Erol (2008, Hrsg.): Multikulturalität in der Diskussion. Neuere Beiträge zu einem umstrittenen Konzept. 2. Aufl. Opladen (VS Verlag).

Oelkers, Jürgen/Rhyn, Heinz (2000, Hrsg.): Dewey and European Education. General Problems and Case Studies. Dordrecht, Boston, London (Kluwer).

Peukert, Helmut (2000): Reflexionen über die Zukunft von Bildung. In: Zeitschrift für Pädagogik, 46. Jg., Heft 4, S. 507–524.

Platon (1994): Timaios. In: Ders.: Sämtliche Werke, Bd. 4. Reinbek bei Hamburg (Rowohlt), S. 11–103.

Popkewitz, Thomas S./Franklin, Barry M./Pereyra, Miguel A. (2001, Hrsg.): Cultural History and Education. Critical Essays on Knowledge and Schooling. New York, London (RoutledgeFalmer).

Posnock, Ross (1998): Going Astray, Going Forward – Du Boisian Pragmatism and Its Lineage. In: Dickstein, M. (Hrsg.): The Revival of Pragmatism. New Essays on Social Thought, Law, and Culture. Durham, London (Duke University Press), S. 176–189.

Putnam, Hilary (1997): Für eine Erneuerung der Philosophie. Stuttgart (Reclam).

Putnam, Hilary (1998): Pragmatism and Realism. In: Dickstein, M. (Hrsg.): The Revival of Pragmatism. New Essays on Social Thought, Law, and Culture. Durham, London (Duke University Press), S. 37–53.

Raters-Mohr, Marie-Luise (1994): Intensität und Widerstand. Metaphysik, Gesellschaftstheorie und Ästhetik in John Deweys „Art as Experience". Bonn (Bouvier).

Reed, Edward S. (1996): The Necessity of Experience. New Haven (Yale University Press).

Rehg, William/Bohman, James F. (2001, Hrsg.): Pluralism and the Pragmatic Turn. The Transformation of Critical Theory. Cambridge, Massachusetts (MIT Press).

Reich, Kersten (1996): Systemisch-konstruktivistische Pädagogik. Einführung in Grundlagen einer interaktionistisch-konstruktivistischen Pädagogik. Neuwied, Kriftel, Berlin (Luchterhand).

Reich, Kersten (1998 a): Die Ordnung der Blicke. Band 1: Beobachtung und die Unschärfen der Erkenntnis. Neuwied u.a. (Luchterhand).

Reich, Kersten (1998 b): Die Ordnung der Blicke. Band 2: Beziehungen und Lebenswelt. Neuwied u.a. (Luchterhand).

Reich, Kersten (1998 c): Das Imaginäre in der systemisch-konstruktivistischen Didaktik. In: Voß, R. (Hrsg.): SchulVisionen. Theorie und Praxis systemisch-konstruktivistischer Pädagogik, S. 189–198. Heidelberg (Carl-Auer-Systeme).

Reich, Kersten (2000 a): Systemisch-konstruktivistische Pädagogik. Einführung in Grundlagen einer interaktionistisch-konstruktivistischen Pädagogik. 3. Aufl., Neuwied, Kriftel, Berlin: Luchterhand.

Reich, Kersten (2000 b): Interaktionistisch-konstruktive Kritik einer universalistischen Begründung von Ethik und Moral. In: Burckhart, H./Reich, K.: Begründung von Moral. Diskursethik versus Konstruktivismus – eine Streitschrift. Würzburg (Königshausen und Neumann), S. 88–181.

Reich, Kersten (2001): Konstruktivistische Ansätze in den Sozial- und Kulturwissenschaften. In: Hug, T. (Hrsg.): Wie kommt Wissenschaft zu Wissen? Band 4: Einführung in die Wissenschaftstheorie und Wissenschaftsforschung. Baltmannsweiler (Schneider-Verl. Hohengehren).

Reich, Kersten (2002 a): Systemisch-konstruktivistische Pädagogik. Einführung in Grundlagen einer interaktionistisch-konstruktivistischen Pädagogik. 4. Aufl., Neuwied u.a. (Luchterhand).

Reich, Kersten (2002 b): Konstruktivistische Didaktik. Neuwied u.a. (Luchterhand).

Reich, Kersten (2004 a): Systemisch-konstruktivistische Pädagogik. Einführung in Grundlagen einer interaktionistisch-konstruktivistischen Pädagogik. 4. Aufl., Neuwied, Kriftel: Luchterhand.

Reich, Kersten (2004 b): Konstruktivistische Didaktik. 2. Aufl., Neuwied u.a. (Luchterhand).

Reich, Kersten (2004 c): Beobachter, Teilnehmer und Akteure in Diskursen – zur Beobachtertheorie im Pragmatismus und Konstruktivismus. In: Hickman, L. A./Neubert, S./Reich, K. (Hrsg.): John Dewey – Zwischen Pragmatismus und Konstruktivismus. Münster, New York, München, Berlin (Waxmann), S. 76–98.

Reich, Kersten (2005): Systemisch-konstruktivistische Pädagogik. 5. Aufl., Weinheim u.a. (Beltz).

Reich, Kersten (2006): Konstruktivistische Didaktik. 3. Aufl., Weinheim u.a. (Beltz).

Reich, Kersten (2007): Interactive Constructivism in Education. In: Education and Culture 23 (1), S. 7–26.

Reich, Kersten (2008): Democracy and Education after Dewey – Pragmatist Implications for Constructivist Pedagogy. In: Garrison, J. (Hrsg.): Reconstructing Democracy, Recontextualizing Dewey. Pragmatism and Interactive Constructivism in the Twenty-first Century. Albany (State University of New York Press), S. 55–87.

Reich, Kersten (2009): Observers, Participants, and Agents in Discourses – A Consideration of Pragmatist and Constructivist Theories of the Observer. In: Hickman, L. A./Neubert, S./Reich, K. (Hrsg.): John Dewey Between Pragmatism and Constructivism. New York (Fordham University Press), S. 106–142.

Reich, Kersten/Wei, Yuqing (1997): Beziehungen als Lebensform. Philosophie und Pädagogik im alten China. Münster, New York, München, Berlin (Waxmann).

Rockefeller, Steven C. (1991): John Dewey: Religious Faith and Democratic Humanism. New York (Columbia University Press).

Rorty, Richard (1979): Philosophy and the Mirror of Nature. Princeton (Princeton University Press).

Rorty, Richard (1984): Dewey between Hegel and Darwin. In: Ross, D. (Hrsg.): Modernism and the Human Sciences. Baltimore (John Hopkins University Press).

Rorty, Richard (1989): Contingency, Irony, and Solidarity. Cambridge and New York (Cambridge University Press).

Rorty, Richard (1991): Objectivity, Relativism, and Truth. Cambridge MA. (Cambridge University Press).

Rorty, Richard (1992): Der Spiegel der Natur. Eine Kritik der Philosophie. 2. Aufl. Frankfurt/M. (Suhrkamp).

Rorty, Richard (1993): Kontingenz, Ironie und Solidarität. 2. Aufl. Frankfurt/M. (Suhrkamp).

Rorty, Richard (1994): Hoffnung statt Erkenntnis. Eine Einführung in die pragmatische Philosophie. Wien (Passagen).

Rorty, Richard (1998): Truth and Progress. Cambridge MA. (Cambridge University Press).

Rorty, Richard (1999): Achieving Our Country. Cambridge, Mass. & London (Harvard University Press).

Rorty, Richard (2000): Philosophy and Social Hope. New York (Penguin).

Roth, Hans-Joachim (2004): Innerer Karneval – Pragmatismus, Konstruktivismus und eine Theorie der dialogischen Imagination. In: Hickman, L. A./Neubert, S./Reich, K. (Hrsg.): John Dewey – Zwischen Pragmatismus und Konstruktivismus. Münster, New York, München, Berlin (Waxmann), S. 132–145.

Ryan, Alan (1995): John Dewey and the High Tide of American Liberalism. New York, London (W.W. Norton & Company).

Said, Edward W. (1982): Orientalismus. Frankfurt/M., Berlin, Wien (Ullstein).

Schilpp, Paul A. (1951, Hrsg.): The Philosophy of John Dewey. 2nd ed., New York (Tudor).

Schmid, Wilhelm (1999): Philosophie der Lebenskunst. Frankfurt/M. (Suhrkamp).

Schmid, Wilhelm (2000): Auf der Suche nach einer neuen Lebenskunst. Frankfurt/M. (Suhrkamp).

Seigfried, Charlene Haddock (1996): Pragmatism and Feminism. Reweaving the Social Fabric. Chicago & London (The University of Chicago Press).

Seigfried, Charlene Haddock (2002): John Dewey's Pragmatist Feminism. In: Seigfried, Ch. H. (Hrsg.), Feminist Interpretations of John Dewey, S. 47–77.

Seigfried, Charlene Haddock (2002, Hrsg.): Feminist Interpretations of John Dewey. University Park, Penn. (The Pennsylvania State University Press).

Semetsky, Inna (2006): Deleuze, Education and Becoming. Rotterdam, Taipei (Sense Publishers).

Shook, John R. (2000): Dewey's Empirical Theory of Knowledge and Reality. Nashville (Vanderbilt University Press).

Shook, John R. (2003, Hrsg.): Pragmatic Naturalism and Realism. Amherst, New York (Prometheus Books).

Shusterman, Richard (1999): Dewey on Experience – Foundation or Reconstruction? In: Haskins, C./Seiple, D.I. (Hrsg.): Dewey Reconfigured. Albany (State University of New York Press), S. 193–219.

Shusterman, Richard (2000): Pragmatist Aesthetics – Living Beauty, Rethinking Art. 2nd edition. Oxford (Rowman & Littlefield Publishers).

Sleeper, Ralph W. (1986): The Necessity of Pragmatism – John Dewey's Conception of Philosophy. New Haven, London (Yale University Press).

Stikkers, Kenneth W. (2004): Der Einfluss von Charles S. Peirce und William James auf die Soziologie des Wissens bei Max Scheler – ein Dialog zwischen Pragmatismus und Konstruktivismus in historischer Perspektive. In: Hickman, L. A./Neubert, S./Reich, K. (Hrsg.): John Dewey – Zwischen Pragmatismus und Konstruktivismus. Münster, New York, München, Berlin (Waxmann), S. 46–58.

Stuhr, John J. (1997): Genealogical Pragmatism – Philosophy, Experience, and Community. Albany (State University of New York Press).

Sullivan, Shannon (2003): (Re)construction Zone: Beware of Falling Statues. In: Gavin, W. J. (Hrsg.): In Dewey's Wake. Unfinished Work of Pragmatic Reconstruction. Albany (State University of New York Press), S. 109–127.

Tanner, Laurel N. (1997): Dewey's Laboratory School – Lessons for Today. New York, London (Teachers College Press).

Taylor, Charles (1997): Multikulturalismus und die Politik der Anerkennung. Frankfurt/M. (Fischer).

Transactions of the Charles S. Peirce Society. A Quarterly Journal in American Philosophy. Vol. XXVIII, No. 2 (Spring, 1992). Greenwood, Florida (Penkevill Publishing Company).

Uslucan, Haci-Halil (2001): Handlung und Erkenntnis – Die pragmatistische Perspektive John Deweys und Jean Piagets Entwicklungspsychologie. Münster, New York, München, Berlin (Waxmann).

Watzlawick, Paul/Beavin, Janet H./Jackson, Don D. (1967): Pragmatics of Human Communication – A Study of Interactional Patterns, Pathologies, and Paradoxes. New York (W.W. Norton & Company, Inc.).

Watzlawick, Paul/Beavin, Janet H./Jackson, Don D. (1990): Menschliche Kommunikation – Formen, Störungen, Paradoxien. 8. Aufl., Bern, Stuttgart, Toronto (Huber).

Welchman, Jennifer (1995): Dewey's Ethical Thought. Ithaca (Cornell University Press).

Wentz, Robert (2006): Demokratie am Scheideweg – Die Aktualität der Sozialphilosophie John Deweys für eine kritische Gesellschaftstheorie. Berlin (Wissenschaftlicher Verlag Berlin).

Westbrook, Robert B. (1991): John Dewey and American Democracy. Ithaca & London (Cornell University Press).

Williams, Raymond (1983): Keywords – A Vocabulary of Culture and Society. London (Fontana Press).

Willis, Paul (1991): Jugend-Stile – Zur Ästhetik der gemeinsamen Kultur. Hamburg, Berlin (Argument).

Yildiz, Erol (2004): Leben in der kosmopolitanen Moderne – Die Öffnung der Orte zur Welt. Habilitationsschrift an der Erziehungswissenschaftlichen Fakultät der Universität zu Köln. Köln (Manuskript).

Yildiz, Erol (2008): Die politische Ethik multikultureller Gesellschaften im globalen Kontext – Multikulturalismusverständnis Seyla Benhabibs. In: Neubert, S./Roth, H.-J./Yildiz, E. (Hrsg.): Multikulturalität in der Diskussion. Neuere Beiträge zu einem umstrittenen Konzept. 2. Aufl. Opladen (VS Verlag), S. 33–61.

Veröffentlichungsnachweise:

Die in dieser Schrift versammelten Beiträge beruhen zum überwiegenden Teil auf früheren Veröffentlichungen.

Die **Einleitung** ist eine leicht veränderte Fassung des Beitrags „Pragmatismus – thematische Vielfalt in Deweys Philosophie und in ihrer heutigen Rezeption" in: Hickman, Larry A./Neubert, Stefan/Reich, Kersten (Hrsg., 2004): John Dewey – Zwischen Pragmatismus und Konstruktivismus. Münster, New York, München, Berlin (Waxmann), S. 13–27.

Kapitel 1 ist unter dem Titel „John Dewey (1895–1952)" erschienen in: Dollinger, Bernd (Hrsg.): Klassiker der Pädagogik (2008). 2. Aufl., Wiesbaden (VS Verlag), S. 221–246.

Kapitel 2 ist eine überarbeitete Fassung des Beitrags „Der Diskurs der Demokratie bei John Dewey", erschienen in: Das Argument, 227, 40. Jg., H. 5, 1998, S. 631–644.

Kapitel 3 ist unter dem Titel „Pragmatismus, Konstruktivismus und Kulturtheorie" erschienen in: Hickman, Larry A./Neubert, Stefan/Reich, Kersten (Hrsg., 2004): John Dewey – Zwischen Pragmatismus und Konstruktivismus. Münster, New York, München, Berlin (Waxmann), S.114–131.

Kapitel 4 ist ein genuiner Beitrag für diese Habilitationsschrift, der zugleich im Internet unter http://www.hf.uni-koeln.de/dewey/30531 veröffentlicht wurde.

Kapitel 5 ist eine überarbeitete Fassung eines von mir verfassten Beitrags, der zusammen mit einem Beitrag von Kersten Reich unter dem Titel „The Challenge of Pragmatism and Constructivism: Some Perspectives in the Programme of Cologne Constructivism" erschienen ist in: Journal of Speculative Philosophy, Volume 20, Number 3, 2006, S. 165–191.

Kapitel 6 ist unter dem Titel „Dewey's Pluralism Reconsidered – Pragmatist and Constructivist Perspectives on Diversity and Difference" erschienen in: Garrison, Jim (Hrsg., 2008): Reconstructing Democracy, Recontextualizing Dewey. Pragmatism and Interactive Constructivism in the Twenty-first Century. Albany (SUNY), S. 89–117.

Kapitel 7 ist eine leicht veränderte Fassung des Beitrags „Democracy and Education in the Twenty-First Century: Deweyan Pragmatism and the Question of Racism", erschienen in Educational Theory, Volume 60, Number 4, 2010, S. 487–502.

Kapitel 8 ist eine leicht veränderte Fassung des Beitrags „Reconstructing Deweyan Pragmatism: A Review Essay", erschienen in Educational Theory, Volume 59, Number 3, 2009, S. 353–369.

Kapitel 9 ist eine leicht veränderte Fassung des Beitrags „Konstruktivismus, Demokratie und Multikultur – Überlegungen zu ausgewählten theoretischen Grundlagen der anglo-amerikanischen Multikulturalismusdebatte", erschienen in: Neubert, Stefan/Roth, Hans-

Joachim/Yildiz, Erol (Hrsg., 2008): Multikulturalität in der Diskussion. 2. Aufl., Wiesbaden (VS Verlag), S. 63–99.

Kapitel 10 ist unter dem Titel „Eine neue Allgemeinbildung? Herausforderungen durch die ‚Cultural Studies'" erschienen in der Fachzeitschrift Tertium Comparationis, Vol. 10, Nr. 1, 2004, S. 82–104.

Kapitel 11 ist unter dem Titel „Biographisierung als Diskursformation" erschienen in: Aschermann, Ellen / Kaiser-el-Safti, Margret (Hrsg., 2005): Frauen antizipieren Zukunft III – Interdisziplinäre Beiträge zur Frauenforschung – Biographie: Zwischen Lebenslauf und Lebensplan. Köln (VUB Gilde Verlag), S. 71–90.

Kapitel 12 ist die nur redaktionell etwas veränderte Fassung des Beitrags „Kultur und Identität – vom Ereignis zum Diskurs (und zurück)", erschienen in: Rosen, Lisa/Farrokhzad, Schahrzad (Hrsg., 2008): Macht – Kultur – Bildung. Festschrift für Georg Auernheimer. Münster u.a. (Waxmann), S. 71–81.

Kapitel 13 ist ein genuiner Beitrag für diese Habilitationsschrift.

Kapitel 14 ist unter dem Titel „John Deweys ‚Kunst als Erfahrung' – Anmerkungen zu einer misslungenen Übersetzung" erschienen in: Jahrbuch für Historische Bildungsforschung. Band 5, 1999. Bad Heilbrunn / Obb. (Klinkhardt), S. 289–300.

Kapitel 15 ist eine leicht veränderte Fassung des Beitrags „Kunst als Erfahrung – Kreativität aus pädagogisch-konstruktivistischer Sicht", erschienen in: Landesverband der Kunstschulen Niedersachsen e.V. (Hrsg., 1999): Kunstschule im Kontext – Die Grammatik von Kreativität. Lingen (LKD Verlag), S. 18–31.

Kapitel 16 ist unter dem Titel „Bausteine für eine Theorie des kreativen Zuhörens" erschienen in: Voß, Reinhard (Hrsg., 2005): LernLust und EigenSinn – Systemisch-konstruktivistische Lernwelten. Heidelberg (Carl-Auer Verlag), S. 109–120.

Kapitel 17 ist ein genuiner Beitrag für diese Habilitationsschrift.